北京国家会计学院/北京首冠教育
高级管理会计师CNMA专用辅导教材

Risk Takers（Second Edition）

Uses and Abuses of Financial Derivatives

John E. Marthinsen

风险管理案例集（第二版）

金融衍生产品应用的正反实例

[美]约翰·E. 马丁森 著
钱泳 王宏 译

东北财经大学出版社
Dongbei University of Finance & Economics Press
大连

图书在版编目（CIP）数据

风险管理案例集：金融衍生产品应用的正反实例（第2版）/（美）马丁森（Marthinsen，J. E.）著；钱泳，王宏译．—大连：东北财经大学出版社，2011.3
（金融瞭望译丛）
书名原文：Risk Takers：Uses and Abuses of Financial Derivatives
ISBN 978-7-5654-0236-4

Ⅰ．风…　Ⅱ．①马…　②钱…　③王…　Ⅲ．金融市场-风险管理-案例　Ⅳ．F830.9

中国版本图书馆CIP数据核字（2011）第011115号

辽宁省版权局著作权合同登记号：图字06-2010-451号

东北财经大学出版社出版
（大连市黑石礁尖山街217号　邮政编码　116025）
教学支持：（0411）84710309
营 销 部：（0411）84710711
总 编 室：（0411）84710523
网　　址：http：//www.dufep.cn
读者信箱：dufep@dufe.edu.cn
大连图腾彩色印刷有限公司印刷　　东北财经大学出版社发行

幅面尺寸：170mm×240mm　字数：325千字　印张：22.5　插页：1
2011年3月第1版　　2011年3月第1次印刷

责任编辑：李　季　杨慧敏　　责任校对：那　欣
封面设计：张智波　原　皓　　版式设计：钟福建

定价：40.00元

序 言

导引

丑闻会“畅销”，但犯罪并没有回报。从一开始，我就试图把***《风险管理案例集：金融衍生产品应用的正反实例》***一书打造成一本关于衍生产品应用的正反案例（即出现问题的案例和正常情况的案例）的书，但是金融灾难确实太有趣了。从别人的错误中能学到很多东西，特别是当错误特别巨大而这些错误背后的人物又是如此迷人时更是如此。学生和同事们富有思想的反馈使我更加充实，使我对读者有了更好的理解，我重写了本书，以提供更多关于衍生工具的案例、思想和背景。在可能的情况下，我也试图更加深入地探究这些著名的金融倒闭案中涉及的金融方面的争议和人物。

本书的目的

本书是笔者在美国马萨诸塞州 Babson Park 市的巴布森学院（Babson College）教授风险管理课程时编写的补充实例教材。撰写本书，不是想替代艰深数学模型与实证研究，以便理解金融的理论架构或衍生产品价值评估，我的目标并没有如此高远，而是希望编写一本通俗的书，在理论与实务间架起一座桥梁。根据我的经验，对衍生产品和风险管理技巧有很多出色的分析方法，但是这些方法常常是技术性的，并且需要具备大量的专业知识。结果，严谨的优点反而成为缺点，读者不易接受。本人试图使本书易于理解，新手也能轻松入门。真实案例提供了背景框架，以便理解和评估衍生工具的潜在风险与收益。这些案例不像传统的案例，简单介绍发生的情境与问题，再提供平台，对可能的解决方案与方法进行小组讨论。相反，本书详细描述真实影响公司或市政当局进行衍生工具决策的策略与事件，并且叙述了案例的最终结果。

本书仍然留下很多讨论的空间，笔者希望读者能够持续对话，形成自己的想法，探讨运用而避免误用衍生产品的方法。一旦失败，重要的是理解失败的原因，撷取许多值得学习的重要教训，进行必要的变革，减少类似不幸在将来发生的可能性。尽管很不幸，几个世纪以来，金融灾难仍不断发生，并仍将成为未来的一部分。如果我们吸取教训，就会建设一个更加健康、更有活力的经济环境并使其免遭破坏。

本书的结构

本书共分为三部分：第 1 章对金融衍生产品进行简单的介绍，第 2、第 3 章讨论了金融衍生产品具有创造性和附加值的运用，第 4 章到第 9 章叙述了金融衍生产品的运用和误用。

第一部分是一个介绍性的章节，可以作为远期、期货和期权合约的一个读本。

第二部分涉及金融衍生产品的正确运用。因为很多读者在其职业的某个时点上会得到股票期权，作为其职业薪酬方案的一部分，第 2 章重点描述员工股票期权，运用这些期权的原因和方法，以及雇主与员工对这些期权会有不同评估的原因。这一章对于工商管理硕士（MBA）的学生而言特别重要，因为这一章使他们能够与潜在的雇主进行工资谈判。第 3 章介绍瑞士跨国企业罗氏控股公司（Roch Holding）如何成功地制定并实行反传统的财务策略，如何运用金融衍生工具（即牛市价差认购权证）作为其策略的一部分。

第三部分按照时间顺序审视了一些公司，这些公司使人们普遍联想到金融衍生产品灾难的“恶名榜”。第 4 章分析了一家德国公司 Metallgesellschaft，该公司由于签订能源衍生工具合约，导致其在 1993 年亏损 13 亿美元。第 5 章分析了宝洁公司（Procter and Gamble，P&G）与信孚银行（Bankers Trust）之间在 1993 年和 1994 年交易的两个利率互换合约。合约造成宝洁损失 1. 57 亿美元，并产生了金融证券法律中具有里程碑意义的一些法院裁决。第 6 章介绍了引发 1994 年加州 Orange County 损失 16 亿美元的投资策略和事件，从而使该郡获得了美国历史上最大的市政破产案的恶名。第 7 章说明了 Nick Leeson 的投机交易，他是巴林银行新加坡分行的中层经理，1995 年亏损 13 亿美元，导致英国最古老、最具声望的商业银行的倒闭。第 8 章分析长期资本管理公司，介绍了该公司与其合伙人设立市场中性投资组合的策略，以及1998年发生的一系列事件，使该公司在大约两个月内亏损45亿美元。最后，第9章探讨了Amaranth Advisors LLC的财务倒闭，这（直至2008年年初）是全球历史上最大的对冲基金倒闭事件——可能也是倒闭最快的事件。

第二版有什么新内容

《风险管理案例集：金融衍生产品应用的正反实例》的第二版进行了全面的改写和更新。为了尽量忠于历史，第一版中的一些内容放到了称作"风险提示板"的短文部分。章节结尾增加了思考题，一些网址的附录被删除，增加了新的附录。

第一版有一个假设，读者对金融衍生产品有基本的知识。因此，为了改善***《风险管理案例集：金融衍生产品应用的正反实例》***的可读性，并且为了更加自成一体，第二版增加了第1章（衍生产品读本），向读者提供必需的信息，以使其理解并更好地把握后面八章的内容。

为了使本书尽量控制在300页内，第二版只得删减了一些内容。对于我而言，删减是最困难的任务——有点像对老朋友说再见。我删减了在第一版中称作"亮点介绍（Content Highlights，现在称作'风险提示板'）"中的一些内容，并在可能的情况下对信息进行了整合。为了让出篇幅给介绍性的章节、关于Amaranth Advisors LLC的新的章节，以及术语汇编，我不得不删减了"三个墨西哥朋友（The Three Amigos）"。这是一个真实的故事，讲述的是三个好朋友的事，他们住得都很近，他们运用看跌期权—看涨期权平价（put-call parity）在很短一段时间内难以置信地大赚一笔。尽管故事是真实的，但读者的反馈是，好像是编造的。虽然未入选本书，但是"三个墨西哥朋友"仍幸存（于美国边境的南方，暂且这么说）于一个特别的网页http：//www. prenhall. com/marthinsen上。

第4章是关于Metallgesellschaft公司及其堆叠—滚动对冲策略（stack-and-roll hedge）的运用。这一章是很多读者认为最难理解的。因此，我对该章的很多部分都进行了重新编写，并且增加了一个计算的例子，对堆叠—滚动对冲的风险和一个未对冲头寸及一年滚动对冲的风险进行了比较。第5章是关于宝洁公司与信孚银行之间的两笔衍生产品交易，举例说明了宝洁公司的利率互换的损失及其类似期权赌注的损失的计算方法。第7章是关于 Nick Leeson 和巴林银行倒闭的。这一章全面进行了重新编写，以便对 Leeson 欺诈的广度和深度及其上级监管人员的完全疏忽提出了更多的见解。第 8 章是关于长期资本管理公司（LTCM）的，阐述了 LTCM 的倒闭是如何由一些因素引发的，包括涉及对整个对冲基金行业造成影响的外生宏观经济冲击的连锁反应，破坏了 LTCM 很多基本的风险管理假设和措施的与对冲基金相关的内生的反应，以及灾难性的反馈效应。最后一章是有关 Amaranth Advisors LLC 的。当*《风险管理案例集：金融衍生产品应用的正反实例》*付梓印刷时，Amaranth 已经倒闭，其财务的繁杂计算在本书中进行了描述，但该基金的法律和司法的后续结果仍在逐步展现。对 Amaranth 及其一些交易员的价格操纵的诉讼正在进行审理，而国会仍未决定，是否对衍生产品交易所设置更广泛的监管体系。

学习资料

为了促进讨论和反思，笔者在章节结尾处提供了思考题，来测试读者对章节中主要原理的理解。为了使本书的篇幅在可控范围之内，Prentice Hall 出版社设立了网页 http：//www. prenhall. com/marthisen，在网页上，可以找到关于很多章节的主题的细节和扩展的内容。上述网页上目前包括以下内容：

第 2 章：员工股票期权：每个 MBA 的必备知识

- 附件 2. 1：员工股票期权：美国会计处理的简要历史

第 3 章：Roche Holding：公司及其财务策略和牛市价差权证

- 附件 3. 1：公司司库应该成为利润中心吗

第 4 章：Metallgesellschaft AG：损益是幻觉，现金流才是现实

- 附件 4. 1：堆叠—滚动对冲的现金流风险以及未对冲头寸和一年滚动对冲的现金流风险
- 附件 4. 2：MGRM 的嵌入期权

第 5 章：震动一个行业的互换：Procter & Gamble 对 Bankers Trust

- 附件 5. 1：Procter & Gamble 对 Bankers Trust 诉讼的具有里程碑意义的法院裁决
- 附件 5. 2：Procter & Gamble 对 Bankers Trust 互换事件后的信息披露改革

- 附件 5.3：Procter & Gamble 对 Bankers Trust 互换事件透视：20 世纪 90 年代引发金融改革的其他衍生产品灾难
- 附件 5.4：公司司库应该成为利润中心吗
- 附件 5.5：在险价值的问题是什么

第 6 章：Orange County：美国历史上最大的市政倒闭案

- 附件 6.1：Orange County 的救助计划
- 附件 6.2：Orange County 的公共服务出了什么事
- 附件 6.3：Orange County 的债务水平和信用评级出了什么事
- 附件 6.4：Orange County 堆积成山的法律案件出了什么事

第 8 章：长期资本的管理不善："JM 和阿勃小子"

- 附件 8.1：LTCM 的主要交易
- 附件 8.2：在险价值的问题是什么
- 附件 8.3：UBS 和 LTCM 认购权证倒闭案

第 9 章：Amaranth Advisors LLC：运用天然气衍生品对气候下注

- 附件 9.1：在险价值的问题是什么
- 附件 9.2：头寸限额和负债水平
- 附件 9.3：豁免商业市场的报告要求

除了网站材料，章节结尾的所有思考题的答案都可以从 The Instructor's Resource Center（http：//www.prenhall.com/irc）以 Word 或 PDF 文件下载获得。

第二版致谢

我非常感谢"风险管理"班级的学生们，他们阅读了这些章节并提供了很有见地的评论。也感谢我的同事，对本书进行反馈，特别是 Dan M. Berkovitz（美国参议院永久调查分委会顾问）、Don M. Chance（来自由 William H. Wright, Jr. 担任金融服务主席的 Lousiana State University）、John C. Edmunds（Babson College 金融助教）、Robert C. Merton（John and Natty McArthur University 教授，Harvard University）、James A. Overdahl（证券和交易委员会首席经济学家）、Eric Rosenfeld（Crescendo 合伙人）和 Amareshwar Sahay（Markit）。

我也非常感谢很多教授给予我的帮助，他们向 Prentice Hall 出版社和我就本书的特定章节进行反馈。

●Don M. Chance, Louisiana State University, Baton Rouge, Louisiana

●BlakeLeBaron, Brandeis University, Waltham, Massachusettes

● John A. MacDonald, Central Connecticut State University, New Britain, Connecticut

●Glen L. Stevens, Franklin & Marshall College, Lancaster, Pennsylvania

Poonam Bajaj 在 2007 年夏天向我提供研究协助，我也得到了 Babson 研究生指导图书管理专家 Kristin Djorup 的帮助。也要感谢 NYMEX 的研究人员，他们提供了天然气期货合约的大量数据。

*《风险管理案例集：金融衍生产品应用的正反实例》*的第一版大大受益于我的同事和学生们。他们很多都作出了特殊的贡献，其中，John Edmunds、Craig Ehrlich、Robert McAuliffe、Erik Sirri 和 Virginia Soybel 都提供了很有价值的想法和建议。第一版的每一章都由全世界的学院和大学的教授及行业专家阅读和评论。本人从以下审阅人提供的反馈中受益颇丰：James Bennett、Jeremy Berkowitz、Antonio Camara、Charles Q. Cao、Mukesh A. Chaudhry、Patrice Clarke、Anna Dodonova、Imad Elhaj、Ekaterina Emm、Michael S. Haigh、Shantaram Hedge、Ufuk Ince、Francis Laatsch、Stewart Mayhew、Lalatendu Misra、Nicholas Valeio III、Niklas Wagner、Jill Wetmore 和 Hongmin Zi。

Prentice Hall 出版社的员工也很出色。Kerri McQueen 从头到尾对第二版进行指导。Donna Battista 为本书的两个新的章节提供了及时和有益的反馈意见。Christina Gleason 负责封面，Heather McNally 组织补充材料，Kathryn Dinovo 监督本书的出版。Nesbitt Graphics Inc. 的 Maria McColligan 和 Janette Krauss 耐心、细致地指导本书的项目管理和出版协调工作。

尽管为努力使本书没有错误和确保论据透明、有力，我已花费了很多时间和精力，但书中错误仍难避免。本人对全书的内容负全责，并恳请读者向我（marthinsen@ babson. edu）提出建议、见解和/或建设性的批评意见以便本书改进。

正如在第一版时一样，我将本书献给我的妻子 Laraine。

译者前言

金融衍生产品的实际运用给我们的启示

在历次全球性金融危机或重大的金融丑闻中无不闪现衍生产品的身影。无论是最近引发全球经济衰退的次贷危机，还是使服务于英国皇家的具有几百年悠久历史的老牌银行——巴林银行轰然倒闭的李森事件，衍生产品几乎都被指责为罪魁祸首。事实上，有一种观点认为，本次次贷危机本身的原因也可被解释为，金融机构打赌的也是一种衍生产品，即房地产市场的看涨期权。金融机构认为，即使房地产按揭人偿付不起按揭贷款，只要房地产价格一直不断上涨，按揭贷款总能偿付，而以按揭贷款资产作为基础资产的各种衍生产品都不会发生问题。

那么，衍生产品在现实世界中到底是怎么运用的？运用的结果又怎样呢？有两个非财务性公司（非财务性公司的案例具有更广泛的意义）运用衍生产品的实际案例为我们提供了两个生动的写照。

一、衍生工具运用的正反实例

20 世纪 90 年代宝洁—信乎利率互换是一个典型的不当使用衍生产品的案例。由于会计处理的原因，宝洁选择场外市场交易进行宝洁—信乎利率互换。互换共有两笔，一笔为美元利率互换（以下简称宝—信美元互换），一笔为德国马克利率互换（以下简称宝—信德国马克互换）。前一笔互换可以简化为一笔普通利率互换和一个对美国利率的投机性赌注。该笔普通利率互换与标准的利率互换有细微区别，互换的浮动利率与商业票据关联而不是伦敦同业拆借利率，且商业票据利率采用每日平均利率而不是某一特定时间点的利率，同时，该笔互换本金是被替代的即将到期互换的两倍。尽管该笔普通利率互换实际上增加的杠杆最后损失仍较为有限，损失了910万美元，但关键的还是附加的对美国利率走向的投机性赌注。由于在该笔普通利率互换中，宝洁要支付浮动利率，而宝洁对利率走向下了一个投机性赌注，认为美国利率会下降或不会大幅上升。该投机性赌注对宝洁相当于一笔履约价格为零，标的资产价格为利差①，每年期权费为0.75%的空头看涨期权。该期权在美国利率下降时的收益以期权费为限，而在利率上升时的损失则无上限。当美国于1993年11月起的半年期间加息时，由于5年期确定期限国债利率（CMT）从5.02%上升至6.71%，而30年期美国国债价格（P）从102.58美元下降至86.84美元，双重作用使利差迅速增加，而宝洁需要在向信孚支付的浮动利率中加上该利差，从而造成巨额损失26.75%，即一年5 350万美元。好在1994年1月重新商定期权费为0.88%，且于3月29日对冲敞口以锁定15%利差，从而使宝洁在投机性赌注中损失了1.058亿美元。宝—信德国马克互换是宝洁盲目自信的结果。在美国利率开始不利变动时，宝洁仍坚持认为德国马克利率会下降，于1994年2月又下了一个以德国马克计价的高成本赌注。在该互换中，宝洁实质获得1%（后略有变化）的固定利率的收入，而支付一个有条件的浮动利率。有条件是指，当第一年德国马克利率互换在4.05%~6.01%（后上调至6.10%）区间时，宝洁实质支付的浮动利率为零，而在此区间以外，则为与4.5%之差的10倍（显然盲目自信导致错误进行杠杆化）。当高于4.5%时，宝洁需付出；当低于4.5%时，宝洁有收入。在互换生效后两周，利率就发生不利变动，随后利率突破上述区间，期间虽然信孚提醒应提早以较低损失结清，但宝洁又拖延了40天，致使损失超过6 000万美元。

另一方面，也有非财务性公司成功运用衍生产品，正确运作其财务策略的案例。1991年Roche Holding公司（以下简称Roche）运用牛市价差

---

① 利差公式为：

$$\text{Spread} = \text{Max}\left\{0, \frac{98.5 \times \dfrac{\text{5-year U. S. T-Note yield (CMT)}}{5.78\%} - \text{Price of a 30-year U. S. T-Bond}}{100}\right\}$$

公式中，Spread为利差；5-year U. S. T-Note yield（CMT）为5年期美国国债收益率；Price of a 30-year U. S. T-Bond为30年期美国国债价格。参见John E. Mathinson，Risk Takers：Uses and Abuses of Financial Derivatives.

权证就是一个典型。公司本来可以按 8.65% 借入普通 10 年期美元资金。为了对收购提供资金并降低融资成本，Roche 选择发行 10 亿美元混合证券（牛市价差证券），由 10 年期的债券和一组 3 年期牛市价差权证构成。债券年息票率只有 3.5%，隐含对公司股价的赌项的权证给予投资人更多的附加价值。权证给予投资人在股价较低（等于或低于 70 瑞士法郎）时的看跌期权，从而为投资人提供 1.9% 的保本收益。权证也给予发行人看涨期权，在股价较高（高于 100 瑞士法郎）时从投资人手中买入权证，从而使投资人有最高 14.7% 的回报。当股价处于中间水平（在 70 ~ 100 瑞士法郎之间）时，回报在两者之间（如股价在 90 瑞士法郎时，回报为 9%）。另外，混合证券的收益还取决于瑞士法郎的汇率变化，当瑞士法郎升值时，投资人的回报也增加。最终公司 3 年后实际股价上升至 125 瑞士法郎，公司行使权证，投资人获得最高收益 7.3 亿瑞士法郎。而期间瑞士法郎汇率也上升了 1.04%，也使投资人进一步受益。另一方面，公司则以 3.5% 的年度息票率为自身进行融资，融资成本低，也为公司获得了收购所需资金。

关于衍生产品，人们耳熟能详的是衍生产品的灾难，如德国金属公司（Metallgesellschaft AG）和美国长期资本管理公司（Long - Term Capital Management），分别由于亏损 13 亿美元和 45 亿美元而面临几乎倒闭的境况，Barings 由于与衍生产品有关的损失达 13 亿美元而被迫宣布破产等等，不一而足。

但现实生活中，正如上述两个案例所显示的，衍生工具既会造成灾难性的后果，也能为实施企业战略发挥突出的作用（Roche Holding 公司案例）。

我们不能因为衍生工具曾经带来恶果而因噎废食，反而应当认真思考应当怎样正确运用衍生工具。

二、运用衍生工具的必要性

首先，让我们来简要分析企业财务部门的职责。

以西门子公司为例，其财务公司（西门子金融服务公司 SFS）主要负责账户集中、结算和支付集中，负责建立资金池，负责集团全球风险管理（包括利率管理、汇率管理、流动性管理），以及建立相关信息系统（集团全球数据中心)。[①]

危机使企业更加注重财务管理，更加关注企业财务部门的作为，更加注重财务管理在企业稳健经营与发展壮大中的作用。在后危机时期，财务管理出现了新的发展趋势：一是从强调企业资金集中管理，延展到资金、结算、投融资、风险的全方位集中管理；二是从逐步明确和规范资金管理职责，到设置独立的资金管理部门，甚至财务公司；三是从追求资金管理的透明、安全、效益，转向实现制度、流程、平台的统筹规划与企业经营的密切耦合；四是随着信息、网络技术的深入应用，通过专业资金管理系统和电子银行服务，满足高效、便捷、个性化的资金管理需求；[②] 五是不只是关注企业自身的财务管理，更加关注上下游企业，是一个链的概念，要从整个产业甚至全球化的视野综合考虑。企业财务部门的具体职责可以概括如下：账户管理、基本结算、资金收付、流动性管理、票据管理、投资管理、融资管理、风险管理和渠道服务。[③] 因此，风险管理、融资管理、流动性管理是企业财务部门职责的题中应有之义。

其次，中国金融环境正在酝酿着深刻的变化。一方面，人民币将进一步国际化。据报道，中国国际化程度最高的银行中国银行已经面向美国客户开放人民币交易。报道称，此次美国企业和个人投资者可以通过其在中国银行美国分行的账户买卖人民币，此举被外界认为是中国在探索人民币交易业务中的重要一步。在 2010 年 7 月之前，受资本管制影响，人民币业务在很大程度上仅限于在中国境内进行。为使人民币在国际金融市场上发挥更重要的作用，同时随着中国经济和政治实力的迅速增长，中国开始通过在香港开放人民币业务开启了探索放松资本管制的过程。2010 年 7 月，中国首次开放人民币离岸交易。央行最近表示，将扩大人民币在跨境贸易和投资中的使用，稳步拓宽人民币流出和回流渠道，推动汇率风险管理工具创新。[④] 另一方面，利率也逐步向市场化迈进。存贷款利率从不能

---

① 参见王增业、姚淑瑜：《西门子：驰骋财务蓝海》，载《中国外汇》，2010 (11 上半月刊)，40 ~42 页。

② 参见郑智勇：《提升现金管理能力 服务企业财务管理需求》，载《企业司库》，2010 (6)，6 页。

③ 同上。

④ 参见北京商情咨询集团：《人民币国际化再迈一步 中国银行在美开放交易》，载《银行每日电讯》，2011 (340)，5 页 (引用腾讯财经 2011 年 1 月 12 日报道)。

浮动到逐步扩大浮动范围，一直到对存款设定上限，对贷款设定下限，根据客户的风险和收益状况灵活把握。特别是外币存贷款利率，从放开外币贷款利率，到大额外币存款利率由金融机构与客户协商确定，以及仅对部分币种小额存款利率实行上限管理。虽然零售市场（即银行对企业/个人市场）中的存款利率上限与贷款利率下限仍处于严格管制中，但批发市场（即银行间市场）利率体系中的大部分利率已基本实现市场化。2006年，央行发出《中国人民银行关于开展人民币利率互换交易试点有关事宜的通知》，正式开展人民币利率互换交易试点。2007 年，Shibor 正式投入运行。2010 年，全国银行间市场贷款转让交易系统启动，为金融机构资产配置和风险管理创造了条件。①

在经济一体化和金融全球化的大背景下，企业应顺应中国利率市场化和人民币国际化的趋势，掌握全球化背景下风险管理的基本技能。可以说，到目前为止，中国大多数企业对风险管理的意识还不强，因为在中国企业的经营环境中，虽说人民币汇率的灵活性不断提高，但长期以来，汇率仍处于基本稳定的状态，而利率仍有存款利率上限和贷款利率下限的严格管制，利差相对稳定。我们在分析业务时习惯于区分人民币业务和外币业务。一旦人民币国际化和利率全面市场化，企业（包括金融机构）的经营环境将会发生巨大的变化。未雨绸缪，提早应对，掌握并正确运用衍生工具是非常必要的。

三、衍生产品运用的实际案例为我们正确运用衍生工具提供了参考和启示

一是明确衍生产品运用的基本原则及目标。一般情况下，运用的目的是避险而不是投机。对衍生工具的运用要有专业团队作支撑，确保风险可控及多层避险预案保障。应关注与企业经营相关的衍生产品标的（货币、利率、大宗商品等）变动趋势。进行衍生产品标的的机会管理，根据标的未来的趋势变化适时调整衍生产品策略。② 在宝一信利率互换的案例

① 参见《中国经济周刊》评论员：《利率市场化的新突破》，载《中国经济周刊》，2010（10），3 页。

② 参见盛中华：《海尔全球化营运资金管理研究》，载《国际商务财会》，2010（7），40～44 页。

中，宝洁最初实施利率互换的目的是对冲即将到期的一笔资金敞口。但在实际执行中，宝洁又在这一普通利率互换之外增加了一个利率走向的赌注，以至于最后失控。同样在这一案例中，宝洁负责这一业务的团队一方面判断失误，未能看准利率趋势，另一方面，盲目自信，不但错误增加杠杆，反而变本加厉又进行一笔德国马克的利率互换，最终导致巨额亏损。

二是要从公司战略层面进行衍生产品策略的设计。在Roche公司衍生产品案例中，公司制定了司库部门作为利润中心来提高盈利能力的策略，并为此制定具体的财务策略，司库部门不再被动地反映营运部门敞口，而是主动管理债务，积极进行投资，支持经营和收购。正是有了公司战略的支持，司库部门才可以从融资和投资角度，运用混合证券，抓住资本市场的机会，从而使衍生产品发挥作用，创造效益。

三是要加强内控制度建设。操作风险是衍生产品中的重大隐患。以巴林银行倒闭案为例，由于机构前后台缺乏基本的职责分工，李森进行了一系列的不合规的操作，包括隐瞒88888账户的存在、伪造报表、虚报利润、假冒客户、编造交易和会计分录。操作风险使衍生产品本身的风险控制手段荡然无存，进行衍生产品交易权限等规定在一个没有任何控制的情况下没有任何实际意义。①

四是注重流动性管理。由于衍生产品自身的特点，在运用衍生产品时要十分注重流动性的管理。衍生产品本身可能流动性不足。很多衍生产品的设计，源于对已有敞口的对冲。要设计出符合投资者需求又能完全对冲原有敞口的衍生产品很难。现实中不乏衍生产品流动性不足的案例。在20世纪90年代德国金属公司（Metallgesellschaft AG）衍生产品案例中，一方面，Metallgesellschaft由于为某些特定能源衍生产品合约提供流动性而成为创新者；另一方面，由于公司在特定合约中的占比过大，因此自身又成为这些合约流动性不足的原因。衍生产品交易保证金也会造成企业流动性不足。在21世纪初Amaranth Advisors LLC天然气衍生产品案例中，正是由于公司要满足巨额的保证金要求，而公司没有能力利用市场中新的交易机会，更为重要的是，由于巨额天然气期货合约敞口头寸以及竞争对

① 参见（美）理查德·罗伯茨：《伦敦金融城》，钱泳译，大连，东北财经大学出版社，2008。

手的落井下石，最终造成公司因财务危机而倒闭。

五是注意防范模型风险。衍生产品，如期货、期权等价格都是从模型中推导而来。像 Black－Scholes 期权定价模型都具有一系列的前提假设，如价格行为服从正态分布、不存在无风险套利机会、交易无摩擦等。甚至风险管理中常用的 VaR（在险价值）模型也是基于历史的数据等假设。而一旦发生危机等突发因素，这些模型所依赖的前提假设都发生了变化。因此，机械地套用这些模型用于衍生产品的决策和风险管理是危险的。

总之，衍生产品作为避险工具而生，也会因为投机工具而遭诟病。关键是看运用工具的人。从衍生金融产品运用的实际案例中我们可以汲取弥足珍贵的经验和教训。

目　录

第 *1* 章

衍生产品读本

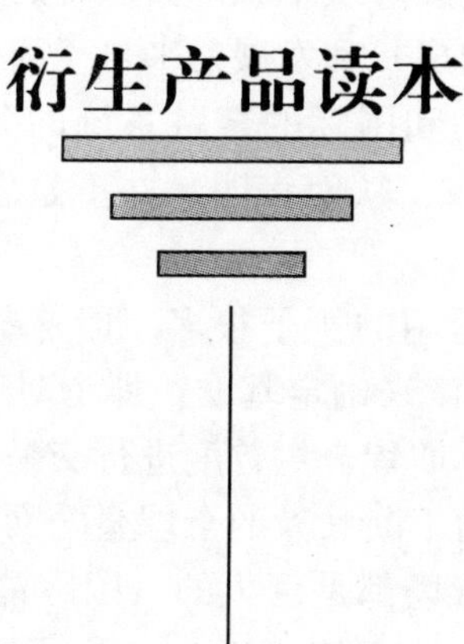

1.1 前言

几千年来，衍生产品合约在商业和贸易中发挥着有益的作用。证据表明，远期合约早在公元前 2000 年就已在印度和阿拉伯湾以及 Mesopotamia 之间的贸易中得以运用。[①] 在古希腊，约公元前 300 年，橄榄种植者运用衍生协议来减少与未来收成相关的风险。在 12 世纪，欧洲贸易集市上的商人商定远期合约以便在未来交割其产品。17 世纪阿姆斯特丹的企业主也常常运用远期和期权合约。事实上，在 17 世纪 30 年代阿姆斯特丹臭名

① Edward J. Swan, *Building the Global Market: A 4000 Year History of Derivatives* (London: Kluwer Law International, 2000).

昭著的郁金香热期间，这些金融工具帮助保护一些商人免受剧烈价格变动的伤害，但是，这些工具也助长了郁金香球茎价格的上升。在17世纪末叶，日本发展了稻米的远期市场。

衍生产品市场，正如我们今天所知道的那样，开始于19世纪中叶，并在20世纪迅速发展。回首四千多年的历史，很明确的一点是，尽管衍生产品合约的数量和种类发生了巨大变化，但其基本功能仍没有改变。衍生产品的存在，是为了把风险从不想承担风险的人那里转移到愿意承担的人那里。这些金融工具的成长和发展是来自于商业诚信和竞争的正面效应的范例。通过改善国家的和国际的金融系统的分配效率，衍生产品工具"把饼做大"，供大家分享，从而表明，并不是生活的所有方面都是零和游戏。

尽管早期衍生产品运用的例子很多，但这些市场的增长常常从相对20世纪70年代早期的角度来确定基准，那个时候，汇率和利率的大幅波动催生了货币期货和利率期货合约首度进行交易。从那以后，全球衍生产品市场蓬勃发展，并成为不断壮大的全球金融网络不可分割的部分。不管用任何标准，衍生产品市场都是巨大的。国际清算银行估计，在2006年年末，全球金融衍生产品的面值接近500万亿美元，是当年全球GDP或全球股票市场市值的10倍左右。①

衍生产品被证明是不稳定、急剧动荡的市场中的有力工具。这些金融工具赋予债务人减少借贷成本、转移不想要的风险以及增加财务灵活性的能力。债权人能够增加其按风险调整的收益，使现金流稳定，转移不想要的敞口，并专注于最了解的风险种类。

通过识别并改变风险—收益模式，发现套利机会，以及创设新的衍生产品工具，中介获取了可观利润并确保其拥有重要客户的有价值的业务。投机商有了活跃的市场，进行合约交易，可能获取高于平均水平的收益。

尽管衍生产品工具已带来净收益，但当这些工具放到错误的人的手里

---

① Bank for International Settlements, "*OTC Derivative Markets Activity in the Second Half of 2006.*" *Table 1*: *The Global OTC Derivatives Market*, 21 May 2007. http://www.bis.org/press/P070521.htm, P. 7. 2007年11月6日上网查询。也参见 Reuters, "Global Stock Values Top $50 Trln: Industry Data." 21 March 2007. http://www.reuters.com/article/idUSL2144839620070321. 2007年8月11日查询。

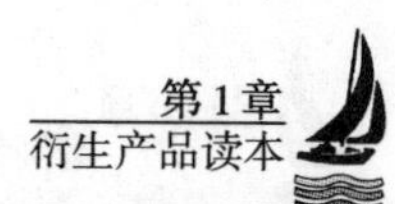

或不受监控时，它们也会产生严重的亏损，且足以使最庞大、最有基础的公司倒闭和市政当局下台。不幸的是，正是这些投机性造成的损失受到了绝大多数媒体的关注，尽管这些损失只是所有交易中的很小的少数的部分。我们将在本书中分析几个这类与衍生产品相关的倒闭案，几乎在每一种情况下，我们都会发现，令人遗憾的结果本来可以通过更好的理解、沟通以及对衍生产品的风险的监控而大大减轻或完全避免。

1.2 什么是衍生产品

衍生产品是现在作出而在将来实施的承诺。每一个衍生产品合约，不管交易的是什么，都从一开始就设定了价格和未来交割日期。所交易的东西称作标的资产（underlier，即它是基础），因为其价值是衍生产品合约价值的基础。事实上，“衍生产品”，顾名思义就是，它们从标的资产中衍生其价值。

从可能性上说，几乎任何东西都可以作为标的资产。一个东西要成功地成为标的资产只有两个大的要求。第一，它必须是可以量化的东西；第二，必须有很多的个人想要根据这一量化的计量方法买卖衍生产品。

最常见的标的资产是大宗商品（例如，贵金属、能源、粮食和肉）、金融证券（例如，股票、短期国债、长期国债以及生息存款）和货币（例如，欧元、英镑、瑞士法郎和日元）。也有一些活跃的衍生产品市场，其标的资产不能交割或很难在到期日交割，其中，有基于气候条件和信誉的衍生产品以及股指，如道琼斯指数。

1.3 谁买卖衍生产品

衍生产品是由最终用户、套利商和中介进行买卖的。*最终用户*包括所有个人、公司和金融机构，他们买卖衍生产品工具以便对冲头寸或投机。通过对冲，他们减少或消除风险，通过投机，他们有意识地承担风险以便获利。

*套利商*与最终用户不同，因为其没有兴趣拥有衍生产品。相反，他们

通过同时买入和卖出衍生工具来赚取较小、（几乎）无风险的利润。通过这种方式，套利商从不同市场上出售的从金融角度相同（或相似）的合约价格的细微差异中获利。

*中介*是衍生产品市场上最后一组参与者。这些金融机构不仅把买方和卖方联系在一起，而且为其客户的金融需求提出独创的衍生产品解决方案。经纪商、银行、交易所和大量的金融才子们通过佣金、手续费以及他们买卖的衍生产品合约的买卖差价赚取利润。

1.4 在哪里买卖衍生产品

衍生产品合约通过场外市场（OTC）或交易所进行交易。场外市场是指，通过交易商网络，把交易通过电话、电传、传真和高速因特网联结的全球网络相联结。与之相对照，交易所交易的衍生产品是在特定的地点买卖的，在这些地方，交易是通过人的叫喊进行的，如在芝加哥商品交易所（CME）和新加坡国际货币交易所（SIMEX），或者通过电子方式进行，如泛欧交易所（EUREX）和大阪股票交易所（OSE）。目前，场外市场交易的衍生产品合约的面值超过了交易所交易的合约的面值，比例几乎是6比1。[①] 尽管如此，全球衍生产品交易所交易的业务量仍很大并正在增长。

1.5 两种主要的衍生产品种类

有两种基本的衍生产品种类：远期和期权。对衍生产品有一些接触的读者可能会自言自语："嘿，期货和互换怎么了？"实际上，期货和互换只是远期合约的不同版本。如果你理解了远期，那么你就理解了期货和互换。期货合约只是在交易所交易的标准化的远期合约，而互换是一系列的远期合约。图表1.1对远期、期权、期货和互换合约进行了简要的解释；

① 2006年，场外市场交易的衍生产品和交易所交易的衍生产品（不包括大宗商品衍生产品）的面值分别为415.2万亿美元和70.5万亿美元。参见 Bank for International Settlements, "*OTC derivative markets activity in the second half of 2006.*" *Table 1: The Global OTC Derivatives Market*, May 2007. http://www.bis.org/press/P070521.htm, P. 7. 2007年11月6日上网查询。

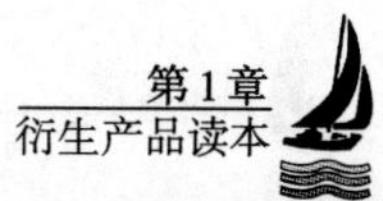

在本章末尾的风险提示板1.1对场外市场交易的衍生产品（即远期和场外市场交易的期权）和交易所交易的衍生产品（即期货和交易所交易的期权）之间的相似点和不同点进行了详细的解释。

在本章，我们将集中讲解远期、期货和期权合约，因此，我们就从所有衍生产品合约都共用的一些术语的定义开始。

图表1.1　衍生产品合约

衍生产品合约	解释
远期合约	●远期合约是场外市场协议，以交易日确定的价格买卖标的资产，但在未来的特定日或未来的特定期间内交割。合约的价格条款（例如，金额和交割日期）是商定的，可以按客户的需求度身定制 ●除非事前冲抵，否则，买方和卖方必须在到期时进行交易
期货合约	●除了在交易所通过经纪商进行交易以及合约的价格条款（例如，金额和交割日期）是定制的以外，期货合约几乎与远期合约一样 ●除非事前冲抵，否则，买方和卖方必须在到期时进行交易
互换合约	●互换是一系列的远期合约，这些合约在互换协议开始到结束期间按顺序到期。通常，互换涉及两笔同时进行的交易，在这些交易中，每一个交易对手支付和收到事前安排的金额（或执行事前安排的价格条款） ●除非事前冲抵，否则，买方和卖方必须在每一个过渡日期和最后到期日进行交易
期权合约	●期权合约赋予买方权利，但不是义务，按交易日确定的价格买入或卖出标的资产，但是在未来指定的到期日当天或之前交割 ●看涨期权赋予买方权利，但不是义务，按现在确定的价格买入标的资产，但是在未来交割 ●看跌期权赋予买方权利，但不是义务，按现在确定的价格卖出标的资产，但是在未来交割 ●只有买方有期权。如果买方在到期时执行期权，卖方必须进行交易

1.5.1 所有衍生产品共用的术语

每一个衍生产品合约都有买方和卖方，称作一笔交易的*交易对手*(counterparties)。因此，每一个交易的衍生产品合约都有一个买方交易对手和卖方交易对手。买方称作*多头*或*持有多头头寸*，而卖方称作*空头*或*持有空头头寸*。所有衍生产品合约在交易日都会确定价格和标的资产在未来进行交割的日期。如果标的资产不能交割，到期时就进行现金结算。交易日（即衍生产品开始的日期）标的资产的价格称作*当前市场价格*(*current market price*)①，而到期时的价格称作*到期市场价格*（*maturity market price*）。②

1.5.2 远期合约

远期合约可以使交易对手按交易日商定的价格买卖标的资产，但是可以在特定日期或在将来的特定时期进行交割和结算。因此，除非协商有抵押品的要求，否则，在启动远期合约时不会立即产生现金流。付款和交割（如有的话）在到期日发生。因为在将来付款的承诺与手上的现金不一样，因此，这些交易具有违约风险。因此，衍生产品交易的参与者必须知道并接受其交易对手的信誉。

远期合约通常适用于相对较短的时间阶段（例如，一年或以内）。场外市场交易的合约的一个重要的好处是，其价格条款是度身定制的，能满足客户的需要。同时，如果一个交易对手想要在到期前平仓，量身定制的好处就可能迅速消失，因为场外市场交易的合约的流动性很差。要解除一个远期交易，一个交易对手通常须进行第二笔交易，该笔交易与不想要的交易金额相等，方向相反。

1.5.2.1 多头远期

举个例子可能有助于说明远期合约。假设，你经营一家连锁的美国的零售商店，并从一家英国生产厂家 Josiah Wedgwood & Sons Limited（即 Wedgewood）购买价值10万英镑的餐具。为了使你有时间销售新的餐具

① *当前市场价格也被称为当前现货价格。*
② *到期市场价格也被称为到期现货价格。*

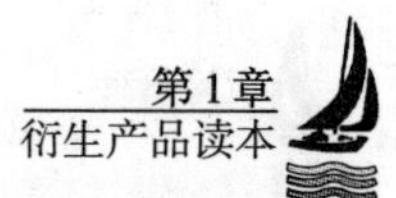

存货，Wedgewood 给你一年的时间付款。你担心明年之前英镑可能升值并减少利润。为了保护自己，你打电话给你的银行并锁定 2 美元/英镑的一年期远期汇率。你的银行要求某种保护，来确保你能履行这笔交易。通常，发起远期交易的公司已在银行那里获得信用额度，而其远期交易就会减少额度。对于很多其他的远期合约，会按个案处理来协商抵押品，而合约要每天盯市。因此，对远期合约，今天你可以什么都不付，但一年以后，你须支付 20 万美元，以便得到所需的 10 万英镑向 Wedgewood 付款。因为你买入英镑用于远期交割并为未来的交易提供保护，你的头寸称作多头对冲。

现在我们把时钟往前拨一年，来评估你的远期合约的结果。记住，你须按 2 美元/英镑的汇率付款而不管一年后实际汇率是多少（即到期市场价格）。图表 1. 2a 显示的是你决定锁定远期英镑价格的*收益图*。收益图显示的是标的资产（在这一例子中是英镑）的价格与你的头寸的价值之间的关系。

图表 1. 2　　**多头和空头远期合约的收益图**

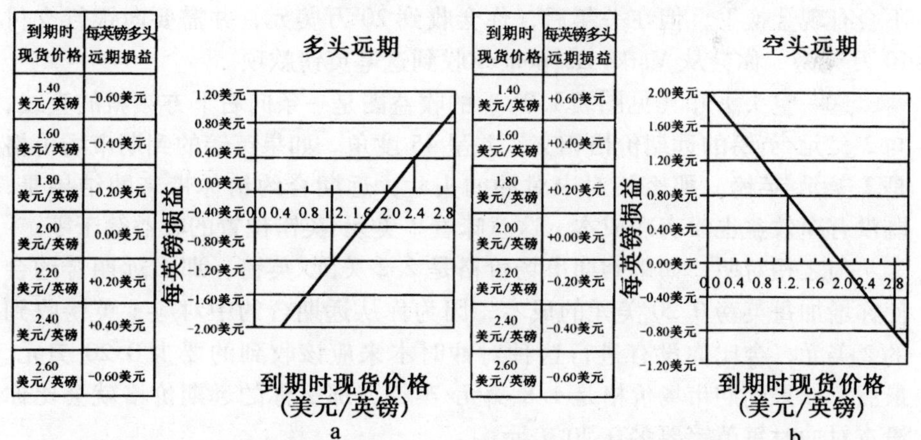

到期时现货价格	每英镑多头远期损益
1.40 美元/英镑	-0.60美元
1.60 美元/英镑	-0.40美元
1.80 美元/英镑	-0.20美元
2.00 美元/英镑	0.00美元
2.20 美元/英镑	+0.20美元
2.40 美元/英镑	+0.40美元
2.60 美元/英镑	-0.60美元

a

到期时现货价格	每英镑多头远期损益
1.40 美元/英镑	+0.60美元
1.60 美元/英镑	+0.40美元
1.80 美元/英镑	+0.20美元
2.00 美元/英镑	+0.00美元
2.20 美元/英镑	-0.20美元
2.40 美元/英镑	-0.40美元
2.60 美元/英镑	-0.60美元

b

如果到期市场价格是 2 美元/英镑，那么你的远期合约相对未对冲的头寸而言，既没节省成本也没增加成本，这意味着，你的收益等于每英镑 0. 00 美元。与之相对照的是，如果到期市场价格是 2. 20 美元，那么你的远期合约就会为你节省每英镑 0. 20 美元。最后，如果到期市场价格是

1.80 美元/英镑，那么，锁定远期价格的决定，会比你去年什么都不做而只是在付款到期时买入英镑，需要你多支付每英镑 0.20 美元。注意，图表 1.2a 的损益是完全对称的；收益图是一条 45 度角向右上方倾斜的模仿远期价格的直线。

1.5.2.2 空头远期

图表 1.2b 显示的是空头远期头寸的收益图。直线的斜率和形状可能不言自明，因为与图表 1.2a 显示的多头头寸正好相反。同样，举个例子可能有助于说明空头远期头寸。假设，你经营一家总部在美国的保健食品公司，刚刚向一家大型英国连锁零售商 Marks & Spencer 出售价值 10 万英镑的什锦坚果盒。合同要求 Marks & Spencer 在一年后向你付款，这就意味着，你主要的担心是英镑在你得到付款前会贬值。

为了使你免除这一风险，你会打电话给你的银行，锁定卖出英镑的一年期远期价格。因为你卖出英镑，是为了远期交割，并保护未来的交易，你的头寸称作空头对冲。正如在上一个例子中一样，假设，你锁定 2 美元/英镑的远期价格。在没有任何抵押品要求的情况下，在进行远期交易时不会有现金换手，但在一年后，你会收到 20 万美元，并需要向银行支付 10 万英镑，你会从 Marks & Spencer 收到这笔英镑款项。

这一空头头寸（见图表 1.2b）的收益图是一条向右下方倾斜的直线，与 2 美元/英镑的远期价格相交，并呈 45 度角。如果英镑的到期市场价格是 2 美元/英镑，那么相对未对冲的头寸，远期合约给你带来的结果是，既没有净效益也没有净成本，这意味着 2 美元/英镑位置的收益等于零。

与之相对照，如果到期市场价格是 2.2 美元/英镑，那么远期合约会使你增加每英镑 0.20 美元的成本，因为你从远期合约中对应 1 英镑收到的 2 美元，会比你没有进行这种对冲时本来应该收到的要少 0.20 美元。最后，如果到期市场价格是 1.8 美元/英镑，那么你的远期价格就会比你没有对冲时每英镑要多 0.20 美元。

1.5.3 期权

期权给予*买方*（即持有人）一项权利，*但不是义务*，在未来一个指定

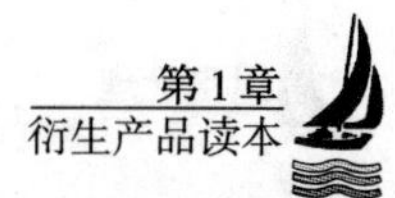

的日期当天或之前，按商定的价格买入或卖出标的资产。[①] 在未来可以买入或卖出标的资产的价格称作成交价格（strike price），买入期权所提供的这种管理灵活性的前置成本称作期权费（premium）。期权的期权费（加上赚有的累积的利息）不管买方作何决定都由卖方享有。

*看涨期权*给予*买方*一项权利，但不是义务，在未来按商定（成交）价格*买入*标的资产。如果买方决定完成这笔交易，那么他或她就会*执行*看涨期权。*看跌期权*给予*卖方*一项权利，但不是义务，在未来按商定（成交）价格*卖出*标的资产。如果买方决定完成这笔交易，那么他或她就会*执行*看跌期权。

重要的是要记住，与具有对称盈利和亏损的远期合约不同，期权合约具有不对称的盈利和亏损。看涨期权买方可能的最大损失是前置期权费（加上与期权费融资相关的累积利息成本），但是，如果市场价格超出成交价格，效益会同步上升。与之相对照，看涨期权卖方的最大收益是期权的期权费（加上在期权费上赚有的累积利息），但是，当标的资产的价格超出成交价格时，卖方的损失也会同步增加。

看跌期权的情况也一样。看跌期权买方可能的最大损失是前置期权费（加上累积的利息成本），但是，如果标的资产的价格低于成交价格，效益会上升，直至标的资产的价格为零。与之相对照，看跌期权卖方的最大收益是期权的期权费（加上赚有的累积利息），而当标的资产的价格低于成交价格时，卖方的损失也会同步增加。

举几个看涨期权和看跌期权的例子会有助于确定其相似点和不同点。为方便起见，我们采用与远期合约一样的情景。

1.5.3.1 多头看涨期权

假设，你的进口企业刚刚从英国的 Wedgewood 买入价值 10 万英镑的餐具。你有一年的期限出售你的新库存来支付货款。由于担心英镑的价值可能会上升，但又有兴趣利用英镑价值贬值的机会，你打电话给你的银行，并锁定成交价格为 2 美元/英镑的一年期看涨期权。对这一期权，你支付每英镑 0.10 美元的前置期权费，相当于英镑价值的 5%。假设，一

① 美式期权可以在到期日之前并包括到期日的任何日期执行。与之相对照，欧式期权只能在到期日执行。

年期美元利率是 10%，年末的总成本就是每英镑 0.11 美元（即 0.10 美元/英镑的期权费，加上每英镑 0.01 美元的利息成本）。

图表 1.3a 显示的是多头看涨期权的损益图。[①] 如果到期市场价格是 2.00 美元，那么期权就是平价（at-the-money），就没有理由行使期权，因为你在现货市场上买入该货币的话会一样地好（并会更加方便）。类似地，对于低于 2.00 美元/英镑的所有汇率，你的期权就是价外（out-of-the-money）（也称虚值，译者注）。你（买方）就不会行使期权，因为你在现货外汇市场上买入该货币会更好。因此，对于平价或价外的期权，你会损失整个 0.11 美元/英镑的期权费。

在高于 2 美元/英镑的任何汇率上，买入期权就是价内（in-the-money）（也称实值），并随着汇率的上升而变得更有价值。例如，汇率为 2.20 美元/英镑时，你就会行使期权并以 2.00 美元/英镑的汇率买入所需的英镑，因而为你自己节省 0.20 美元/英镑。在减去每英镑 0.11 美元的期权费后，你的净收益是 0.09 美元/英镑。结果是，多头看涨期权的损益图，在价格从零到成交价格之间时，是等于 -0.11 美元/英镑的一条水平线随后在成交价格以上时，是一条 45 度角的正斜率的直线。盈亏平衡点是 2.11 美元/英镑。

1.5.3.2　空头看涨期权

空头看涨期权的损益图正好与多头看涨期权相反。在等于或低于成交价格的任何价格时，期权就是平价或价外（虚值）。结果是，买方不会行使看涨期权，这意味着，卖方会享有期权费和任何赚取的累积利息。但是，如果到期市场价格超出成交价格，期权就是价内（实值）。因此，在行使期权时，卖方须按到期市场价格买入该货币，并以较低的成交价格将其出售给买方，从而带来损失。随着现货价格上升，这些损失还会增加。图表 1.3b 显示的是，空头看涨期权的损益图，在价格从零到成交价格之间时，是一条等于 0.11 美元/英镑的直线，在成交价格以上时，是一条 45 度角的负斜率的直线。盈亏平衡点是 2.11 美元/英镑。

---

① 损益图与收益图略有不同，因为损益图包括从期权产生的收益以及初始成本。

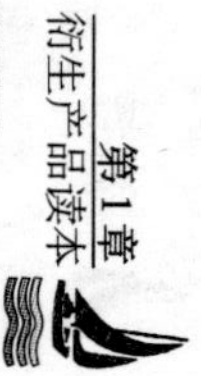

图表 1.3

多头和空头看涨期权和看跌期权的收益图

a

到期时现货价格	每英镑多头看涨期权损益
1.60 美元/英镑	-0.11 美元
1.80 美元/英镑	-0.11 美元
2.00 美元/英镑	-0.11 美元
2.11 美元/英镑	0.00 美元
2.20 美元/英镑	+0.09 美元
2.40 美元/英镑	+0.29 美元
2.60 美元/英镑	+0.49 美元

多头看涨期权

每英镑损益：0.80美元、0.60美元、0.40美元、0.20美元、0.00美元、-0.11美元、-0.20美元、-0.40美元

0.0 0.4 0.8 1.2 1.6 2.0 2.4 2.8

到期时现货价格（美元/英镑）

b

到期时现货价格	每英镑空头远期损益
1.60 美元/英镑	+0.11 美元
1.80 美元/英镑	+0.11 美元
2.00 美元/英镑	+0.11 美元
2.11 美元/英镑	0.00 美元
2.20 美元/英镑	-0.09 美元
2.40 美元/英镑	-0.29 美元
2.60 美元/英镑	-0.49 美元

空头看涨期权

每英镑损益：0.30美元、+0.11美元、0.00美元、0.30美元、0.60美元、-0.90美元

0.0 0.4 0.8 1.2 1.6 2.0 2.4 2.8

到期时现货价格（美元/英镑）

c

到期时现货价格	每英镑多头看跌期权损益
1.40 美元/英镑	+0.49 美元
1.60 美元/英镑	+0.29 美元
1.80 美元/英镑	+0.09 美元
1.89 美元/英镑	0.00 美元
2.00 美元/英镑	-0.11 美元
2.20 美元/英镑	-0.11 美元
2.40 美元/英镑	-0.11 美元

多头看跌期权

每英镑损益：+1.89美元、1.80美元、1.40美元、1.00美元、0.60美元、0.20美元、-0.11美元、-0.20美元、-0.40美元

0.0 0.4 0.8 1.2 1.6 2.0 2.4 2.8

到期时现货价格（美元/英镑）

d

到期时现货价格	每英镑空头远期损益
1.40 美元/英镑	-0.49 美元
1.60 美元/英镑	-0.29 美元
1.80 美元/英镑	-0.09 美元
1.89 美元/英镑	0.00 美元
2.00 美元/英镑	+0.11 美元
2.20 美元/英镑	+0.11 美元
2.40 美元/英镑	+0.11 美元

空头看跌期权

每英镑损益：0.40美元、0.11美元、-0.40美元、-1.20美元、-1.89美元、-2.00美元

0.0 0.4 0.8 1.2 1.6 2.0 2.4 2.8

到期时现货价格（美元/英镑）

1.5.3.3 多头看跌期权

假设，你的总部在美国的保健食品公司刚刚向 Marks & Spencer 出售价值10万英镑的什锦坚果盒，付款确定在一年以后。由于担心英镑贬值但又想在英镑升值时受益，你就会打电话给你的银行，买入成交价格为2美元/英镑的看跌期权，期权费为0.10美元/英镑。假设美国的利率为10%，年末的总的期权费的成本就是每英镑0.11美元（即0.10美元/英镑的期权费加上每英镑0.01美元的利息成本）。

图表1.3c显示的是多头看跌期权的损益图。如果到期市场价格是2.00美元/英镑或以上，就没有理由行使期权，因为你在现货市场上卖出10万英镑会更好。结果是，对于等于或高于2.00美元/英镑的所有汇率，看跌期权就是平价或价外（虚值），你（看跌期权的买方）就不会行使期权。结果是，你会损失0.11美元/英镑的期权费。

与之相对照，如果到期的现货汇率低于2美元/英镑，你的看跌期权就是价内（实值），并变得更有价值。例如，当现货价格为1.80美元/英镑时，你就会行使期权，并按2.00美元/英镑的价格卖出每一英镑，从而比你没有买入看跌期权时多赚0.20美元/英镑。多头看跌期权的净损益就是0.09美元/英镑（即买入的该货币的0.20美元/英镑的收益，减去期权的0.11美元/英镑的期权费成本）。结果是，多头看跌期权的损益图，在现货价格等于或高于成交价格时，是一条等于-0.11美元/英镑的水平线，而在低于成交价格时，是一条45度角的正斜率的直线。盈亏平衡点是1.89美元/英镑。

1.5.3.4 空头看跌期权

空头看跌期权的损益图正好与多头看跌期权相反。对于等于或高于成交价格的所有价格，期权是平价或价外（虚值）。因此，买方不会行使看跌期权，而卖方会赚取期权费加上任何累积的利息。但是，如果现货价格低于成交价格，期权就是价内（实值）并被执行，迫使卖方以2美元/英镑的低于现货市场的价格买入英镑。例如，当现货价格为1.8美元/英镑时，看跌期权的卖方会被要求以2美元的价格买入英镑，而英镑在市场上只能卖1.80美元，产生0.20美元/英镑的损失。这些损失会部分地被0.11美元/英镑的期权费所抵消，只造成0.09美元/英镑的净损失。在

1.60 美元/英镑的价位时，净损失就是 0.29 美元/英镑（即期权上损失 0.40 美元/英镑，部分地被 0.11 美元/英镑的期权费所抵消）。图表 1.3d 显示，空头看跌期权，在等于或高于成交价格时，是一条等于 +0.11 美元/英镑的水平线，而在低于成交价格时，对于所有的现货价格，是一条 45 度角的负斜率的直线。盈亏平衡点是 1.89 美元/英镑。

风险提示板 1.1

交易所交易的衍生产品和场外市场交易的衍生产品对比

我们来简要审视场外市场交易的衍生产品（即远期和场外市场交易的期权）和交易所交易的衍生产品（即期货和交易所交易的期权）之间的相似点和不同点。

RN1.1.1　相似点

远期合约和期货合约在功能上是类似的，因为它们都可以使客户现在就锁定价格，用于到期时交割标的资产或进行现金结算。对于两种合约，都确定在未来的指定日期进行交割，但也可以在特定的时间阶段内（例如，在未来的 10 天的一个时间窗口）交割。类似地，场外市场交易的衍生产品和交易所交易的衍生产品在功能上是类似的，因为它们都赋予买方权利，但不是义务，在未来指定的日期当天或之前按商定的价格买入或卖出标的资产。

RN1.1.2　不同点

交易所交易的衍生产品和场外市场交易的衍生产品之间的主要的不同点是基于其标准化的水平以及用以保护交易对手不受信用（即违约）风险伤害的方法。

RN1.1.2.1　度身定制的程度

场外市场交易的衍生产品的市场就像金融小商店，根据客户的独特的要求（例如，金额和期限）定制产品。与之相对照，交易所交易的衍生产品提供交易所标准化的现成的合约，客户只有接受所提供的产品，这意味着，客户唯一的灵活性是他们买卖的合约的数量，但即使是数量也有最低和最高限额。

RN1.1.2.2　信用风险（即违约风险）

RN1.1.2.2.1　交易所进行的交易

交易所交易的衍生产品的买方和卖方（即客户）的交易对手风险极低，因为其交易对手是交易所的清算所。如果他们的合约不履行，那么整个交易所就得违约。与之相对照，交易所所面对的交易对手的风险可能是巨大的。为了保护自己，交易所要求经纪商（即交易所的清算所的清算会员）以及最终用户和套利商提交初始保证金，并对未结清的合约进行盯市。

保证金是根据合约（或根据头寸）规定的固定的金额，占总价值的很小比例（例如，5%）。正常情况下，保证金可以用现金或可接受的证券（例如，国债和信用证）提交。根据法律，保证金由经纪商在与客户分离的账户中保管，以便确保保证金存款与经纪商的运营资金分开。

交易所交易的合约是直接在清算会员（例如，经纪商）和清算所之间达成的。结果是，经纪商对清算所，客户对清算所，有单独的保证金要求。交易所根据诸如标的资产的价格波动（例如，每天最大变动）和整体市场流动性这类的因素确定最低客户保证金要求。标的资产的价格越是活跃，波动越大，而市场的流动性越差，保证金要求就越高。允许经纪商把客户的保证金提高到高于交易所的最低要求的水平，取决于经纪商对客户风险以及客户可能交易的业务量的认知。

与其说保证金是真正的标的资产的首付资金，还不如说是履约金，确保经纪商和交易所按恰当的方式对合约进行结算。正是这个原因，交易所交易的合约在每个工作日进行盯市，这意味着，合约要重新估值，资金从亏损方的账户划拨到盈利方的账户，好像合约结清后再重新设立一样。因此，即使标的资产的价格不断地大幅变动，每天的资金划拨和阶段性地对保证金账户补充资金，仍会确保交易所收到足够的现金，在合约到期时向盈利的交易对手付款。

每天盯市是一个切实可行的方法，保护交易所免受客户在合约期间违约所产生的负债的危害。如果一切运行顺利，清算所应能使账册完全轧平，盈利方每天从其保证金账户向亏损方付款（原文如此，该句似应改为“亏损方每天从其保证金账户向盈利方付款”。译者注）。因此，交易所的客户信用风险应该是很低的。

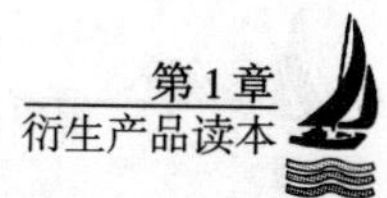

期货合约要求买方和卖方*都*要存入保证金，而且合约在每一个工作日进行盯市。与此相对照，交易所交易的期权只要求期权的卖方（writer）向交易所存入保证金，只有卖方的头寸每天进行盯市。期权的买方不要求存入保证金，而其合约也不盯市。这一差别的理由是，期权的买方支付了前置的期权费，获得了在价格发生不利变动时取消交易的权利。买方的最大损失是在合约开始时就已支付的期权费加上损失的利息。与之相对照，卖方在合约的整个期间都存在巨大的风险。

RN1. 1. 2. 2. 2　场外市场进行的交易

场外市场交易的衍生产品的交易对手的风险是巨大的，并可能使这笔交易中断。正是这个原因，交易商常常采取预防措施来尽量减少这种风险。聊以自慰的重要的一点是，这些保护措施是在两个交易对手之间进行双边协商的。因此，这些措施随不同的客户和不同的交易而有所不同。交易商的第一道防线是，对每一个交易对手确定一个信用额度，该额度对该客户能与该交易商续做业务的金额设定限额。信用额度是基于客户的信用的，客户越有信用，信用额度越高。通常，会考虑客户的*净*敞口，以便考虑相互抵消风险（如同一合约的多头头寸和空头头寸），而不是交易的总的业务量。同时，当前的和潜在的敞口会（或应当）从现有的信用额度中减去。

对于任何场外市场的交易起关键作用的是主协议，该协议为每笔场外市场的交易确立了价格条件。主协议规定了重要的合约细节，例如，陈述、保证、限制条款、触发违约的事件，以及轧差的条件、抵押品的出售和提前终止等。场外市场的交易商越来越多地通过事前收取抵押品和/或一旦合约遭受重大损失时要求支付现金来保护自己免受其客户的伤害。正常情况下，用国债和现金当做抵押品，但公司债券和股票也能接受。大多数抵押品存款都运用削价差额（haircut），这意味着，只有这些资产的市场价值的一部分（98%）才算作抵押品；其余部分（2%）就是削价差额。

正如交易商会保护自己免受相对较弱的客户的伤害一样，较强的交易对手也可能运用相同的措施来保护自己免受相对较弱的交易商的伤害。事实上，只有一方交易对手提交抵押品的*单边*抵押品协议，正让位于双方交易对手都承担这种义务的*双边*协议。

RN1. 1. 2. 3　利润风险和现金流风险

当场外市场交易的衍生产品和交易所交易的衍生产品用于修正客户的风险收益状况时，其对收益状况的影响很大程度上都是一样的。衍生产品交易的损益（部分或全部）抵消了现有或预期头寸的损失或收益；与之相对照，现金流效应可能会很不相同，对于运用这些市场的任何人（特别是正的现金流对于其生存很关键的企业）而言，这种差别应牵记在心。很多场外市场交易的合约要求支付前置抵押品，而当合约逐步到期时，合约每天盯市。抵押品和保证金付款，要求有一笔较小的初始支出，而盯市的规定随着合约逐步到期则很有可能要求大得多的付款。

对于每一份未结清的合约，交易所会监控有多少资金作保证，并且对于任何价格变动中处于亏损一方的客户，交易所通过经纪商，要求并获得客户提供的额外资金。与之相对照，保证金账户中资金超过最低要求的客户，可以提取和使用多余的资金。对保证金账户中资金低于*维持保证金*（也常称作*变动保证金*）要求的客户，会发出*催缴保证金通知*，其账户中的资金须立即增加到全额的初始保证金水平之上。如果没有满足催缴保证金的要求，交易商会结清合约，剩余的保证金（如有的话）会返还给客户。交易商也会警惕地监控其场外市场交易对手的抵押品和头寸，如有必要，会收取额外的抵押品。

图表 RN1. 1. 1 总结了场外市场交易的衍生产品和交易所交易的衍生产品之间的最重要的差别。

图表 RN1. 1. 1　场外市场交易的衍生产品和交易所交易的衍生产品的差别

场外市场（远期和场外市场交易的期权）	交易所（期货和交易所交易的期权）
在场外市场交易	在交易所交易
定制价格条款	标准化的价格条款
交易对手风险：风险可能很高	交易对手是交易所：低风险
前置抵押品按个案协商	要求保证金
盯市要求按个案协商	每天盯市
交割或现金结算常常在到期时发生	到期交割很少见（头寸常常在到期前结清）

1.6 结论

既然我们审视了衍生产品的基本类型、其收益或损益图，以及场外市场交易衍生产品和交易所交易衍生产品之间的相似点和不同点，那就让我们运用这些信息来探究这些金融工具应用的正反案例。

思考题

1. 衍生产品交易的标的资产必须是在到期时能够交割的资产吗？如果是这样，请解释。如果不是，请解释当合约到期时会发生什么情况。一资产要成功作为标的资产的两个主要的要求是什么？

2. 假设一份12月15日到期的合约的远期价格是50美元/份。

a. 请画出空头远期合约的收益图。如果到期现货价格为68美元/份，盈利或损失是多少？如果到期现货价格为48美元/份，盈利或损失是多少？

b. 请画出多头远期合约的收益图。如果到期现货价格为68美元/份，盈利或损失是多少？如果到期现货价格为48美元/份，盈利或损失是多少？

3. 对以下术语进行定义：看涨期权、看跌期权、多头看涨期权、空头看涨期权、多头看跌期权、空头看跌期权、平价看涨期权、平价看跌期权、价内看涨期权、价内看跌期权、价外看涨期权、价外看跌期权、期权费、成交价格、行使、保证金、维持保证金和催缴保证金要求。

4. 假设现在是7月10日，而微软股票当前的现货价格是40美元。请对以下看涨期权按价值从高到低进行排序：

a. 成交价格为45美元/股的9月10日微软看涨期权

b. 成交价格为40美元/股的9月10日微软看涨期权

c. 成交价格为35美元/股的9月10日微软看涨期权

5. 假设现在是7月10日，而微软股票当前的现货价格是40美元。请对以下看跌期权按价值从高到低进行排序：

a. 成交价格为45美元/股的9月10日微软看跌期权

b. 成交价格为40美元/股的9月10日微软看跌期权

c. 成交价格为35美元/股的9月10日微软看跌期权

6. 请画出以下期权的损益图并解释它们的风险。

a. 成交价格为100美元/股的9月16日的多头看涨期权 =4美元

b. 成交价格为100美元/股的9月16日的空头看涨期权 =4美元

c. 成交价格为100美元/股的9月16日的多头看跌期权 =4美元

d. 成交价格为100美元/股的9月16日的空头看跌期权 =4美元

7. 假设，一年前，你买入成交价格为2美元/欧元的看涨期权，期权费为0.10美元/欧元。期权今天到期，欧元的现货价格是2.05美元。计算执行这一期权的损益。你应该执行这一期权吗？

8. 如果你把具有相同标的资产、成交价格和到期日的多头看涨期权与空头看涨期权相结合，你会得到什么样的收益图？

9. 如果你把具有相同标的资产、远期价格和到期日的多头远期合约与空头远期合约相结合，你会得到什么样的收益图？

10. 交易所怎样保护自己免受交易对手风险的伤害？

11. 以下判断正确还是错误？如果错误，请说明理由。

交易所交易的衍生产品和场外市场交易的衍生产品的重要区别是：

a. 交易所交易的衍生产品具有标的资产，而场外市场交易的衍生产品没有标的资产。

b. 交易所交易的衍生产品是标准化的，而场外市场交易的衍生产品是定制的。

c. 交易所交易的衍生产品需要支付前置保证金，而场外市场交易的衍生产品不需要前置付款。

d. 交易所交易的衍生产品是盯市的，而场外市场交易的衍生产品不盯市。

e. 相对场外市场交易的衍生产品，交易所交易的衍生产品具有较高的信用（即交易对手）风险。

f. 场外市场交易的衍生产品要求到期交割，而交易所交易的衍生产品不需要交割。

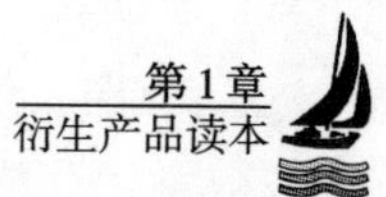

参考资料

Chance, Don M. , and Robert Brooks. *An Introduction to Derivatives & Risk Management*, 7th ed. Mason, Ohio: Thomson South-Western, 2007.

Edward J. Swan, *Building the Global Market: A 4000 Year History of Derivatives.* London: Kluwer Law International, 2000.

Hull, John C. *Options, Futures and Other Derivatives.* 5th ed. Upper Saddle River, New Jersey: Prentice Hall, 2005.

Kolb Robert W. , and Overdahl, James A. Futures, Options, and Swaps, 5th ed. Malden, MA: Blackwell Publishing, 2007.

McDonald, Robert L. *Derivatives Markets*, Second Edition, Boston, MA: Pearson Addison Wesley, 2006.

第2章

员工股票期权：每个 MBA 的必备知识

2.1 前言

微软公司（Microsoft Corporation）在 1975 年创立到 2003 年期间，为所有员工提供股票期权（stock options），作为员工薪酬的一部分。如果你在这期间在微软工作，像你这种从业资格的人的市场流行薪酬是 80 000 美元，微软提供的薪酬会包含 40 000 美元至 48 000 美元（即市场薪酬的 50% 至 60%）的底薪，和价值 40 000 美元至 32 000 美元的股票期权（即市场薪酬的 50% 至 40%）。

微软的报酬计划让许多下至秘书上至资深行政主管的员工，年纪轻轻即成为千万富翁。要理解这一点，可以假设你在 1986 年（微软公开上市当年）进入微软，年度底薪为 48 000 美元，加上 2 050 份总价值 32 000

美元的年度看涨期权（call options）。再假设，这些看涨期权的期限为10年，按平价（at-the-money）提供。[①] 因为微软当时的股票价格是28美元，而期权赋予你权利而非义务，在未来10年，按28美元买入微软股票，而不管市场价格上升多高。

在1986至1996年这10年间，微软的股价上升6 500%（即每年约52%）。[②] 如果你一直等待，而在1996年执行期权，你就会获得约370万美元额外收入的意外之财，使薪酬总额（仅仅1986年）提高到375万美元。[③] 相反，如果微软的运营像很多其他公司一样，股价始终维持在28美元或更低，那么期权就没有执行的价值，你1986年的最终收入就仅仅是48 000美元的底薪。

2003年7月，微软震惊了业界，宣布它将打破过去28年的传统，用限售股员工薪酬计划取代股票期权薪酬计划[④]。一些市场分析师将此决策诠释为微软的标志性事件，标志着企业文化将由优先考虑资本利得与未来财富的巨大潜力，转变为更多地着眼于现金报酬与更稳定的未来资产。[⑤] 政策的变化也被解读为，微软承认其股价不可能按过去的超高速度增长了。[⑥]

微软的决策提出许多问题。对在薪酬计划中采用员工股票期权的公司而言，有什么优势和劣势？对领取股票期权来替代直接薪酬的员工来说，有什么效益、成本和风险？股东们应如何面对这些状况？员工股票期权可否让经理人像股东一样思维？对提供股票期权而不是仅仅发放薪酬，你会（应）作何反应？有关这些问题的答案，部分取决于涉及的当事人和企业，因为寻求、欢迎并接受期权报酬的员工反映出他们对风险的容忍，而

---

① 美国大部分的员工股票期权按平价提供，期限为10年期。

② 在1986年和1996年之间，微软的股价从28美元上升到略高于100美元，但这是在五次拆股之后的结果。对拆股进行调整，在1986年3月至1996年3月的10年期间，微软股价上升幅度略低于6 500%（即从1986年3月13日的0.194美元上升到1996年3月13日的12.61美元）。

③ 因为你会在你收到48 000美元的底薪后10年收到375万美元，这几百万美元的数字应折现以反应现值——但这仍是一大笔现金。

④ 限售股给予员工（实际）股票作为薪酬，但只是在员工留在公司一段要求的时间（即服务期）之后。

⑤ 参见 Jonathan Weil, "Microsoft's Move on Restatement Seems Unusual," *Asian Wall Street Journal* (11 July 2003), M1。

⑥ 同上。事实上，这正是所发生的事情。从2003年到2007年，微软的股票上升速度没有道琼斯工业平均指数、纳斯达克综合指数以及标普500指数那么快。

提供股票期权的企业反映出对他们认为最能激励员工的激励措施很有想法。

本章的目的在于解答每一个问题，对与员工股票期权有关的重要问题进行概述，让读者能够对这种具有争议的报酬形式形成自己的看法。本章将探讨风险报酬矩阵的方方面面，为什么这些因素使员工愿意放弃现有收入来换取未来收益更高的可能性，使公司愿意将员工报酬与股价相关联。

2.2 员工股票期权：管理层薪酬的重要支柱

管理层薪酬通常由四大支柱构成：底薪（base salary）、年度绩效奖金（annual performance bonus）、股票期权以及长期激励计划（long-term incentive plan）。[①] 这些薪酬计划的股票期权部分常以看涨期权的形式出现，使员工有权利，但非义务，在特定期间内（或未来的特定日期）以预定价格（称为履约价格（strike price）或执行价格（exercise price））购买公司股票。如果股价低于（含）履约价格，期权到期时没有价值，员工最终只能获得底薪。但如果股价高于履约价格（即期权为价内（in-the-money）），员工就会执行期权，回报可能相当可观。

看涨期权的魅力在于，它永远不会让持有人在股价低于（含）履约价格时背负债务，且一旦股价高于履约价格时，持有人又可以赚取高出股价差额的每一分钱。当然，虽然股票期权消除了下行风险（downside risk），但对于想通过期权致富而放弃高薪工作的员工来说，这一点丝毫不会带来安慰。因为股票期权的最终价值变幻莫测，对风险厌恶[②]（risk-averse）者和预期经济活动下行（例如，衰退）的人吸引力不大；相形之下，较喜欢冒险的投资人可能偏好能提供薪酬上行潜力的风险因素。

---

① 本章总体是有关员工股票期权的，但其侧重点是管理层股票期权。参见 Kaye A. Thomas, *Consider Your Options*: *Get the Most from Your Equity Compensation* (Lisle, IL: Fairmark Press, 2007)。关于这一话题的一个极好的资料来源是 Kevin J. Murphy, Executive Compensation. http://papers.ssrn.com/sol3/papers.cfm?abstract_id=163914, April 1998（录入数据库时间：1999 年 5 月 19 日）。2007 年 11 月 9 日查询。

② *风险厌恶*是指一个人不喜欢非预期结果。一个风险厌恶的人面对两种具有相同预期收益但不同风险的方案时会选择风险较低的方案。

2.3 公司为什么要采用员工股票期权

公司在薪酬计划中采用股票期权通常是因为以下一个或多个理由：关联性激励措施、员工聘用和留住人才、调整薪酬以适应员工风险容忍水平、员工税收最优化，以及现金流最优化。

2.3.1 关联性激励措施

财经文献历来指出，多数大型企业，负责经营的管理层大部分都不是主要股东。因此，管理层的目标不一定会与股东相同。① 人们的期望是，让员工成为股东，股票期权能建立起归属感和使命感，鼓励员工不断提高技能，促使决策与公司战略一致，与股东利益最大化的最终目标一致。人们的担心是，没有这类的激励措施，员工会追求利己的目标，例如，提升工资与权力基础，办公环境极尽奢华，招待客户与出差时过度使用公司费用。②

逻辑上讲，公司投资于增值的项目的机会越多，越需要一个激励机制，激发员工努力使股东价值最大化。事实上，实证证据也支持以下观点，创造价值的机会（即为股东价值做贡献的项目）较多的公司，相对没有这类增长前景的公司，就会更多地运用员工股票期权。③

2.3.2 员工聘用与留住人才

要想聘用并留住一流人才，股票期权很关键。许多公司发现，在竞争

① 对这一话题的经典处理可在 Adolph A. Berle and Gardner C. Means, *The Modern Corporation and Private Property*（New York: Macmillan, 1932）中找到。对于委托—代理理论的论述感兴趣的读者，在本章的参考读物中可以得到更全的参考读物清单。

② 参见 John Kenneth Galbraith, *The New Industrial State*（Boston: Houghton Mifflin, 1967）。

③ 参见 Sung S. Kwon and Qin Jennifer Yin, "Executive Compensation, Investment Opportunities, and Earnings Management: High-Tech Firms Versus Low-Tech Firms," *Journal of Accounting* 21（2）（Spring 2006）, 119 – 148; and Clifford W. Smith Jr. and Ross L. Watts, "The Investment Opportunities set and Corporate Financing, Dividend, and Compensation Policies," *Journal of Financial Economics* 32（1992）, 263 – 292。有较多机会的公司是否真地将资源转向真的投资这一点及其对公司业绩的影响都是有争议的。参见 Daniel A. Bens, Venky Nagar, and M. H. Franco, "Real Investment Implications of Employee Stock Option Exercises," *Journal of Accounting Research* 40（2c）（May 2002）, 359 – 393。

对手提供员工股票期权的环境里，提供员工股票期权很有必要。

为了让公司与员工更为紧密地结合，许多股票期权计划会有服务期的规定，要求员工等待 3 至 5 年（更长）才可行使期权获得收益（假设有收益的话）。实际上，许多人力资源主管与市场分析师都认为，公司延长员工股票期权期限或服务期，都是留住核心员工的绝佳妙方，因为，这两种方式增加员工离职的成本，让虎视眈眈想挖走人才的对手抬高筹码。①

如果没有股票期权，那么成长快速但缺乏现金的新公司，可能就会因为要与财力雄厚的资深企业竞夺人才而面临极大压力。本章后续章节将会详细说明有关员工股票期权的现金流量效应，但现在，重要的是要认识到，倘若股票期权没有采取对冲，那么公司在发放期权时并无现金流出的负担。其次，在期权到期或执行之际，公司现金流出的大小与时点，依赖于期权到期时是否是价内，该公司是否对冲其敞口，以及该公司是否发行新股以满足员工执行期权的需求。

2.3.3 调整薪酬以适应员工风险容忍水平

作为薪酬支付给员工的股票期权的数量取决于两个重要的因素：每份期权的价格和期权薪酬的总价值。例如，如果你获得总价值 32 000 美元的期权报酬，而每份期权的价值为 1 美元，那么你获得的期权的数量就是 32 000 份。如果每份期权的价值为 2 美元，那么你只能获得 16 000 份。明显处于价外（out-of-the-money）（即履约价格比现行市价高出许多）的期权的价值会相对较低，因为这些期权在到期时处于价内的概率很低。

公司虽然具有选择公司认为最能激励员工的履约价格的弹性，但这一选择是把双刃剑。履约价格越高，每一份期权的价值越低，因为期权得到回报的机会较少。由于期权价值较低就必须给员工更多的股票期权，才能达到预定的薪酬水平。与之相对照，较低的履约价格增加期权的价值，这意味着，员工只得到较少的期权就可以达到预定的薪酬水平，但当期权到期时期权有所回报的可能性会较大。通过改变履约价格，就可调整股票期

① 较长期限和较长服务期的一个问题是，这样可能限制公司在未来发行新期权的能力，因为原先发行的期权在等待到期。喜欢较短期限和较短服务期的那些人感到，公司应鼓励员工较早行使期权并成为股东。

权计划来适应不同员工对确定收入或不确定未来收益的偏好。年轻、单身且干劲十足的大学毕业生，通常会急切地选择价外程度极高的期权，因为期权的较低价值意味着获得更多份数的期权。如果股价大幅上升，这些年轻的员工就可能在30岁前成为百万富翁。与之相对照，背负大额房屋抵押借款并有子女上大学的已婚员工，则可能会偏好履约价格低得多的期权和确定性高得多的收入来源。

2.3.4 员工税收最优化

员工股票期权的税收处理国与国之间各不相同。一些国家，如美国，在发放员工股票期权时不收税，除非期权有内在的价值（即在价内发行），但随后会对期权价值实现的任何的增值部分收税。其他国家，如瑞士，做法正好相反，在发放时把员工股票期权作为一般收入收税，但对期权的增值（即资本利得）不收税。在股票期权增值作为资本收益（而不是作为一般收入）确认的国家，员工股票期权可能会非常吸引人，因为资本收益的税率常常比一般收入税率要低得多。重要的一点是，千万要搞清楚员工股票期权的处理方法。这一点很重要，并且可能很麻烦。

员工股票期权为持有人对其实现的收入的时机选择提供相当程度的可控性。执行期权的员工，可以选择按履约价格买入公司股票，或者干脆将其收益变现，获得股票的市场价格与其履约价格之间的（每份期权）差价。在美国，将股票期权变现时，收益（常常）作为一般收入处理，而按照一般收入的税收水平收税。如果员工执行期权，买入公司股票，并继续持有股票，任何更多的股票增值产生的收入，按资本利得的税率收税，该税率比一般收入的税率要低。

2.3.5 公司现金流最优化

当且仅当股票价格高于履约价格时，员工股票期权才会更有价值，而股价上升通常与较好公司绩效以及对未来收入和现金流的有利的预期相对应。因此，人们会预期到的是，与执行的员工股票期权相关的现金流出的增加，会与公司支付股票期权的能力增加相重合。

有关员工股票期权的现金流量效应，可基于下列三大重点进行评估：

何时发行、何时（是否）对冲，以及何时执行或到期。发行时，现金流量效应取决于公司是否对该期权进行对冲。而在执行（或到期）时，现金流量效果则取决于期权当时是否在价内以及是否对冲的综合情况。

2.3.5.1 发行时的现金流量效应

无论公司按平价、价内或价外发行员工股票期权，股票期权都没有立即、明确而负面的现金流量效应。事实上，发行员工股票期权的公司可视为拥有隐含的现金流入（implicit cash inflows），因为期权是用来取代更高额的直接薪酬。[①] 尽管如此，如果公司通过买入多头看涨期权，以覆盖由员工股票期权所产生的敞口，那么，在实施对冲时，就会产生现金流出，金额相当于期权价格乘以买入的期权数量。

如果公司通过公开市场购入股票（即增加其司库的股票），以抵补其空头看涨期权头寸，那么，在实施对冲时，就会产生现金流出，金额相当于期权价格乘以买入的期权数量。股票需求的增加应对股价产生向上的压力，但同时通过消耗其现金资产，公司的账面价值应下降。[②]

2.3.5.2 执行或到期时的现金流量效应

如果股价保持在履约价格水平或更低，那么期权到期时便毫无价值，公司也不会有任何现金流出效应。类似地，如果公司对冲其员工股票期权，那么因执行期权所产生的现金流出会被所做的对冲抵消，同样，不会有现金流出效应。

与之相对照，如果公司没有对冲其员工股票期权，而期权在到期时处于价内，那么就会有正的或负的现金流量效应。假设员工股票期权履约价格为每股100美元，在市场股价为150美元时执行期权，而员工希望拥有股票。如果公司不发行新股，未进行对冲的公司就须每股支付150美元来收购股票，而这些股票每一股都只会按100美元转移到行使期权的员工的名下。净效应是，消耗公司的现金储备，金额为50美元乘以执行的股票期权的数量。另一种情况是，如果员工没有兴趣买入股票，而只想得到现金，那么就无需在公开市场买入股票，而只需就每份执行的期权向员工净

---

① 公司须将员工股票期权确认为费用，但利润的减少与现金流出不一样。

② 因为公司不是每天、每周或每月上报资产负债表，因此投资者很可能不会立即知道现金资产的减少以及对股票所增加的需求的来源。

支付50美元。

最后，如果期权到期时处于价内，且公司发行新股来满足需求，就会产生净现金流入，因为公司发行新的股票并收到一笔现金，金额等于执行的期权数量（即买入的股份）乘以履约价格。该笔现金收入就会增加公司的流动资产与实付资本，股票总数也会增加。

风险提示板 2.1

员工股票期权对利润有什么影响？是否应作为费用？[①]

2005年以来，美国公司已*被要求*将其支付员工服务的基于股票的薪酬的*公允价值*[②]作为费用。这一会计处理的变化是由于2004年12月美国财务会计标准委员会（FASB）发布了规则123（R）。[③] 新规则于2005年开始实施，从每一家公司新财年开始。

根据FAS 123（R），基于股票的薪酬可以以两种基本的形式进行支付：权益工具或负债工具。权益工具，如股票、股票期权、影子股票（phantom stocks）和股票升值权（SARs），在赠与日进行计价，而负债工具，如现金结算的SARs和现金结算的股票薪酬，在结算日进行计价。[④] 这些成本随后在员工服务的估计年份中进行摊销，正常情况下就是服务期，而*基于公允价值方法*是用来对这些期权的价值进行评估的（而不是内在价值法）。[⑤]

2005年之前，公司可以选择。公司可以将其员工股票期权的公允价值或内在价值作为*费用*。选择内在价值法的公司还被要求报告其基于股票

---

① 对于有兴趣知道美国员工股票期权会计处理简要历史概况的读者，请参见 Online Appendix 2.1：*Employee Stock Options：A Brief History of U.S. Accounting Treatment* at http：//www.prenhall.com/marthinsen。

② *公允价值*是指，期权的价值采用*基于公允价值的方法*进行测度，这种方法解释了期权的内在价值和时间价值。

③ 参见财务会计标准委员会，*Statement of Financial Accounting Standards No. 123 (revised 2004)：Share-Based Payment*（December 2004）。参见 http：//www.fasb.org/news/nr121604_ebc.shtml。2007年11月9日查询。FAS 123（R）为广泛的基于股票的薪酬工具提供了会计指导。参见 Anne L. Leahey and Raymong A. Zimmermann, "A Road Map for Share-Based Compensation," *Journal of Accountancy*. 199（4）（April 2005），63-68。

④ 因为负债工具在员工提供服务后才提供薪酬，选择这种薪酬形式的公司要求在每一个报告日对这些负债进行估价。

⑤ 只有在某些情况（例如，对非公共公司而言，由于比较复杂或缺少可比较的对象）下，公司才能采用内在价值作为其估价的方法。

的薪酬的公允价值，但公司可以在财务报表的附注中而不是作为明确的费用进行披露。大多数公司选择内在价值法，因为平价期权（员工薪酬的常见形式）没有内在价值。因此，选择这种估价方法降低了成本，使利润高于过去的水平。很多观察家担心，FAS 123（R）由于降低了美国公司报告的收入会伤害到股价，但这似乎没有发生。①

2004 年 2 月，国际会计标准委员会（IASB）发布了国际财务报告标准第 2 号（IFRS 2），② 很多欧洲国家的公司遵循委员会的规则，上述标准要求欧洲公司采用基于公允价值的方法将员工股票期权的赠与日的价值作为费用。因此，FAS 123（R）的好处之一是使美国会计规则更接近于欧洲标准，从而简化了国际财务的比较。

通过 FAS 123（R）和 IFRS2 以来的一个紧要的问题是找到适当的方法来估价员工股票期权。最流行的基于公允价值的方法是 Black-Scholes 公式、二项网格模型和蒙特卡洛方法，但监管机构在这一领域给予公司很大的相机抉择权。③ 例如，2007 年，美国证券和交易委员会允许总部位于 Utah 的 Zions Bancorporation 公开拍卖相对较小金额的员工股票期权升值权（ESOARS），以便为公司的员工股票期权得到基于市场的价值，这种升值权具有 Zions 员工股票期权的所有收益特点。④

对于大多数的学术界和商业界的读者，不管期权是在公司报告的财务报表里明确地确认，是仅在财务报表的附注中披露，还是根本不报告，期权都是成本。如果说期权成本仅在公开披露时才影响股价，等于说股票市场会长时期地以系统但不理性的方式行动。同时，更好的报告清晰程度可允许市场体系更有效、更高效地运行。期权确认为薪酬的成本过去（现在）都得到 FASB、IASB、学术界的很多成员（例如，Myron Scholes 和

---

① 参见 David Aboody, Mary E. Earth, and Ron Kasznik, "Firms' Voluntary Recognition of Stock-Based Compensation Expense," *Journal of Accounting Research* 42 (2) (May 2004), 123 – 150; and Zvi Bodie, Robert S. Kaplan, and Robert C. Merton, "For the Last Time: Stock Options Are an Expense," *Harvard Business Review* 81 (3) (March 2003), 62 – 71。

② IFRS 2 代表的是国际财务报告标准第 2 号，基于股票的付款。

③ 参见 Greg Regan, Matt Lombardi, and Michael Gray, "FAS 123R: Accounting for Stock Options," *California CPA* 75 (8) (March/April 2007), 12 – 15。

④ 为什么 Zions' ESOARS 的市场价值低于 Black-Scholes 公式测算的理论价值是一个有争论的事情。参见 Floyed Norris, "What Seller Wants a Low Price?" *The New York Times* (1 June 2007), C1。

Robert Merton，他们由于在设计 Black-Scholes 公式中的作用而获得 1997 年的诺贝尔经济学奖）以及很多央行、政府和商业领袖（例如，前美联储主席格林斯潘和亿万富翁投资人 Warren Buffet）的支持。

最后，逻辑的压力和透明度的要求占了上风，以至于完全费用化的员工股票期权薪酬现在必须记录和披露。① 也许 FAS 123（R）背后的情绪通过 Warren Buffet 说以下这句话的时候最好地表达出来，"如果期权不是一种薪酬，它们是什么呢？而如果薪酬不是费用，它们是什么呢？而如果费用不应进入收入的计算，到底它们应该放在哪里呢？"②

FAS 123（R）是走向更佳会计透明度、相关性和一致性的一步。如果它是成功的，那么主要的受益人将不仅是股东、分析师和监管机构，而且也是员工和经理，因为新的标准使股票期权计划的会计处理比较平衡。结果是，普通型股票期权计划（即平价看涨期权）的处理方式将不再与较创新的计划，如指数期权（将会在本章稍后部分讨论）不同。FAS 123（R）为员工股票期权计划增添更多的创新性和灵活性扫清了障碍。

2.4 期权估值差异和人力资源管理

股票期权由于对同一现实情况呈现了两种不同的景象可能产生错觉。这一错觉的一个例子是发生在现有的或潜在的员工对期权的估值与提供期权的公司产生差异的时候。这些差异可能非常重要，因为这种差异意味着，一边是发现或留住人才，一边是人才流失到竞争对手处——常常在之前已经进行了广泛的搜寻并在没有结果的招聘努力上花费了数千美元和上百小时。

为了更好地理解期权产生的错觉，想象自己正试图在两种有吸引力的工作机会之间作出决定。一个职位为你提供的是纯粹的薪酬，另一个提供的是薪酬和股票期权的组合。你怎样着手决策该选哪一个呢？为了使选择

① 参见 Junning Cai，"Accounting for Employee Stock Options and Mandatory Expensing：An Economics Perspective，" *Journal of Derivatives Accounting* 2（2）（September 2005），137 – 154。

② 参见 Warren Buffet，"Stock Options and Common Sense，" *The Washington Post*（9 April 2002），A19。

更加有趣，我们假设，理论上，附带期权的方案比纯粹薪酬的方案要高出约10%。下面的对话使你设身处地考虑这种情况。对话解释了她怎样作出系统化的决定，哪一个方案对她来讲更好。在这一过程中，你会更好地理解，很多公司对*他们*在员工股票期权上*所赋予*的价值得出结论的方法，以及这些价值与员工的结论之间造成很大差异的原因。希望这一对话中产生的思想在你将来协商薪酬合同时对你有所帮助。

Helvetia Holding是一家位于马萨诸塞州波士顿市的制药公司，花费9个月的时间找到了一位科学家来领导公司整体的研发活动；但距其不远、位于Cambridge有着一样影响力的美国制药公司Zentrum Inc. 也正积极延揽这名科学家。当Helvetia得知Zentrum开出年薪550 000美元的条件之后，便以总值600 000美元的报酬方案予以反击，包括400 000美元的直接底薪和价值200 000美元的股票期权。当这位科学家认为Zentrum提供的条件财务上更有吸引力因而拒绝Helvetia的方案时，Helvetia的人力资源主管的惊讶程度可想而知。你也许会问："为什么两个人会对期权价格这样看起来很简单明了的东西做出如此迥异的评价？"

要理解这一问题的答案，我们将时间拉回Helvetia提出聘用方案的前一天。很有可能的情况是，Helvetia的人资主管相当了解看涨期权的效益、成本、风险和回报，但他却不知道该如何进行评估，评估的事要靠Helvetia的司库部门。让我们来审视提出聘用方案的前一天Helvetia人资主管Daniel Weiss与其助理司库Tom Benson之间的对话。

Daniel Weiss：Tom，谢谢你，通知的时间这么短，你就赶来，我需要尽快知道Helvetia股票看涨期权的市价。你可以帮我吗？这需要多少时间计算呢？

Tom Benson：Daniel，我很乐意帮忙。一旦我们对一些细节取得共识，只需一分钟左右，将数据输入计算机，计算出期权的市价。不过，我首先需要你提供一些信息。任何期权的价格会取决于6个重要的因素，包括现行股价、执行（或成交）价格、期限、预期股价波动性、无风险利率以及预期红利。我来的时候准备了大部分信息，但我仍需要你告诉我期限与履约价格。

Daniel Weiss：这没问题。目前公司股价是50美元，那么你能告诉我

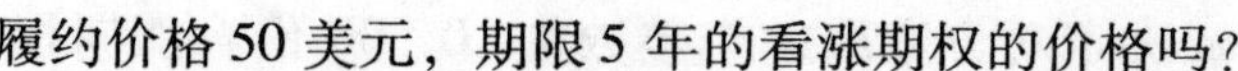

履约价格 50 美元，期限 5 年的看涨期权的价格吗？

Tom Benson：好的，那么你想知道 5 年期平价看涨期权的价格。需要知道的信息都有了。让我将要用到的这 6 个变量汇总到表格里，就是让你确信，我输到计算机里的数据对你都是透明的。

Helvetia 期权定价信息	
当前股价	50 美元
履约价格	50 美元
期限	5 年
股价波动幅度	35%
无风险利率	4.75%
红利	0 美元

根据这些资料，Black-Scholes 公式告诉我们，该期权的市场价格是 19.49 美元。

Daniel Weiss：仅仅为了比较，你能告诉我，履约价格同样为 50 美元，但期限 10 年的看涨期权的价格吗？

Tom Benson：10 年期的平价看涨期权的市价应为 27.84 美元。

Daniel Weiss：好的。给我一秒钟，让我把这些数据记录下来。这比我想象的简单多了。谢谢帮忙，Tom。

看涨期权价格@履约价格 50 美元

5 年期看涨期权 = 19.49 美元

10 年期看涨期权 = 27.84 美元

有了这种知识，Daniel Weiss 现在可以向身兼麻省理工学院（MIT）研究教授与马萨诸塞州 Wellesley 市的 Bio-Pharm Associates 公司的研发部门主管的科学家 Jennifer Smith 提出聘用方案。Weiss 心想，如果平价 5 年期股票期权值 19.49 美元，想向 Smith 提供总值 200 000 美元的股票期权，那么薪酬方案就应包含 10 262 份期权①。为了让数目更为简单，

① 200 000 美元 ÷ 每份期权 19.49 美元 = 10 261.67 份期权 ≈ 10 262 份期权。

交易更具吸引力，Weiss 决定对方案取一个整数为 10 500 份看涨期权。第二天上午，他便拨了电话给 Jennifer Smith，提出薪酬方案。在向她解释时，Weiss 强调，她每年会涨工资，并得到与工资成比例的额外的股票期权。

Jennifer Smith 一直在焦急地等待 Weiss 的来电，因为 Zentrum 正极力敦促她尽快回复。Weiss 向 Smith 解释 400 000 美元底薪与 10 500 份期权的薪酬方案背后的计算方法，并主动提出，如果她对 Helvetia 评估期权的方法有什么技术上的疑问，可由助理司库 Tom Benson 提供咨询服务。Smith 并未对薪酬方案或期权评估立即提出问题。乍看之下，Helvetia 公司的价码十分诱人，她心想："想想看，比 Zentrum 高出 50 000 美元。我怎么能够说不呢?"

Jennifer Smith 并不真正了解期权定价的任何微妙之处，所以她不确定该如何答复 Weiss 的提议。她所能想到的问题是，这些期权是否有服务期之类的限制条件。Weiss 由于疏忽而感到窘迫，便回答说，Helvetia 所有的员工股票期权有 3 年的服务期。Smith 从经验知道，这很正常。

在企业从业多年，Jennifer Smith 善用聪明头脑与天才手段，赢得了明星般的专业声誉；然而，无数次凭直觉让自己幸免于难的她，这次，直觉又亮起了红灯。理智告诉她，Helvetia 的条件远胜于 Zentrum，但如果真是如此，为什么对她而言似乎并没有好到多出 50 000 美元的程度？必定是事有蹊跷，为了保护自己，她要求 Weiss 给她几天的时间考虑。Weiss 则勉强同意给她 3 天的时间。

Smith 只花了一天时间就得出结论，Helvetia 的条件在财务上的吸引力并不如 Zentrum，等到她打电话给 Daniel Weiss 时，她已经决定接受 Zentrum 的聘用合同。Weiss 大吃一惊。因为他非常确信她会接受他的方案，以至于他也早已通知首席执行官，将她的名字列入组织机构图中。Helvetia 超过 600 000 美元的方案怎么会在财务上没有竞争对手的 550 000 美元的方案更有吸引力呢?

Weiss 问 Smith 能否当天稍晚打电话给她。他意识到自己已输给 Zentrum，不想再重蹈覆辙。他很快打电话给 Tom Benson，问他是否能够加入与 Smith 的会谈。Benson 很乐意提供协助，但也对发生的事很好奇。

以下为当天稍晚时候的对话。

Daniel Weiss：Smith博士，失去您，让您加盟竞争对手，我们很失望。您确定我们真地无法让您回心转意了吗？

Jennifer Smith：Daniel，谢谢你，但真地不用了。我已经接受Zentrum的提议，我对自己的决定很满意。

Daniel Weiss：我让Tom Benson与我们保持通话，好让他帮我把问题的症结点找出来。你记得Benson先生曾协助我评估股票期权吗？我告诉过你吧，我们是用Black-Scholes公式进行评估的。

Tom Benson：Smith博士，您好。谢谢您允许我加入你们的谈话。我和Weiss先生一样有兴趣了解您是如何做出决定的。

Jennifer Smith：我能了解你们两位一定都认为我疯了，尤其是在诺贝尔奖颁给Black-Scholes公式的发明人之后，但我能说的就是，这个公式所算出的，是Helvetia期权应有的价值，而不是我认为所值得的价值。我的推论过程是这样的：首先，开始讲述之前，我承认有人协助我做出这个决定。Daniel，在昨天通过电话后，我打电话给一位在附近大学教书的老朋友John。昨晚我们一起共进晚餐，他也为我理清了一些技术细节。而我问他的第一个问题是：有没有办法可以让我能够立即锁定Helvetia公司所提出的200 000美元的股票期权薪酬。

Daniel Weiss：这听起来很合逻辑。那么他怎么回答呢？

Jennifer Smith：他解释说，看涨期权使我有权利在3年服务期以后任何时候按50美元认购Helvetia的股票。锁定期权价值的一种方法，是做空Helvetia股票——我现在明白这意味着我必须融券，以当前市价卖出，并约定在未来回购。

Daniel Weiss：我听说过做空，但从未真正了解其真正含义。通常，当我想到有人赚钱时，我想的是，今日买进并在未来高价出售。你要做的事却恰好相反：今日卖出Helvetia的股票，然后5年后再以股票期权保证的履约价格买回。这好像是绕了一大圈——先卖后买。

Jennifer Smith：没错！一旦我先做空股票收到资金后，便须将这些资金投资于安全资产，如美国国债。Helvetia股票期权期限是5年，因此我是基于将该笔资金一直投资到期权到期来进行计算的。

Daniel Weiss：但是，Smith 博士，以这种方式做空 Helvetia 的股票合乎道德和法律吗？

Jennifer Smith：当我发现，即使我想做，我仍不能做空 Helvetia 股票，可想而知，我有多么惊讶。很显然，美国现行法令对于员工做空公司股票有严格的限制。

Daniel Weiss：如果没记错，1934 年《美国证券交易法》16 – C 章节禁止高管和董事尚未拥有公司股票时出售该公司股票。还可能有内部交易的问题。

Jennifer Smith：是的，完全正确。但重点是，即使能够做空 Helvetia 的股票，并假定贵公司股票会上涨（我确信会上涨），我至多也只能锁定约 137 100美元，而要这样做，我还必须等上 5 年的时间！计算过程是这样的：

如果我以每股 50 美元的价格，做空 10 500 股 Helvetia 股票，便可以获得 525 000 美元的收入，我可以将此笔资金进行为期 5 年的投资。目前，5 年期的美国国债收益率为 4.75%，若以年复合利率 4.75% 计算，则投资 525 000 美元在 5 年后将会增加到 662 109 美元。在 5 年的期末，如果 Helvetia 股价超过 50 美元，我便会执行期权，以 525 000 美元回购，并归还借入的 10 500 股股票，剩下 137 109 美元。

Daniel Weiss 忙乱地试图在便条本上记下这一切。现在他了解了 Jennifer Smith 是如何得出数字的，想到稍后可以和 Tom Benson 讨论笔记内容，便放下心来。她的计算是有道理的。尽管如此，他仍想请 Tom Benson 进行确认。

锁定期权的最低价值

· 做空 10 500 股股票：

收到：10 500 × 50 美元 = 525 000 美元

· 投资 5 年，年利率 4.75%：

收到：525 000 美元 × $(1.0475)^5$ = 662 108.95 美元

· 5 年后，买入股票抵补空头头寸：

支付：10 500 × 50 美元 = 525 000 美元

· 净额：662 108.95 美元 – 525 000 美元 = 137 108.95 美元 ≈ 137 109 美元！

Daniel Weiss：Benson先生，你认同Smith博士的想法吗？

Tom Benson：没错，我认同。有一个问题。期权的最初价格会在下限和上限之间变动。如果Smith女士可以做空Helvetia股票，计算出的可以锁定的137 109美元的金额，相当于每份期权的价格是13.06美元。进行折现后，每份期权的价格是10.35美元，很接近期权最初价格的下限。最初价格的上限则是Helvetia当前的股价50美元。由于我们在这里不讨论Black-Scholes公式的原因，计算得出的Helvetia期权的市场价格为19.49美元，处于该下限—上限的范围之内。事实上，如果Smith女士想要抵补其头寸，她所能做的便是锁定未来可能回报的一个范围，以137 109美元为下限。

Daniel Weiss：如果137 109美元是她可能锁定的最小金额，那她又如何赚得上限的价值呢？

Tom Benson：唔，这时的Smith博士很具有外交的思维。要获得超过137 109美元的利润，Helvetia股价得在她5年后执行期权时跌至50美元以下，而若要赚到上限值，Helvetia股价得跌至0。

Daniel Weiss：我明白了。看涨期权赋予她权利而非义务在5年后按50美元的价格买入Helvetia股票。若股价下跌至0，她便会任由期权到期，无须支付什么便可以归还借入的股票。在5年的期末，全部投资金额662 109美元（本金和利息），将全部归她所有。

Tom Benson：完全正确。

Daniel Weiss：Smith博士，虽然我不是对冲专家，但我一直认为，如要对冲，你须持有与你已有的头寸正好相反的头寸。换句话说，持有你已有的，再做一个反向操作。由于Helvetia会以多头看涨期权向你提供薪酬，为了对冲这一头寸，我认为你会希望卖出相同履约价格与期限的期权。

Jennifer Smith：Daniel，你说得一点都没错，是的，昨晚我和约翰讨论过做空Helvetia股票的看涨期权的可能性。问题是，Helvetia在美国有交易所交易的期权，但是这些期权与你会给我的期权的期限和履约价格不一样。即使有这样的期权，John告诉我，由于有保证金催缴通知，我仍有相当大的现金风险的敞口。

锁定期权的最低价值
·做空 10 500 股股票:
收到: 10 500 ×50 美元 =525 000 美元
·投资 5 年，年利率 4.75%:
收到: 525 000 美元 × $(1.0475)^5$ =662 108.95 美元
·5 年后，买入股票抵补空头头寸:
支付: 10500 ×0.00 美元 =00.00 美元
·净额: 662 109 美元 −00.00 美元 =662 109 美元!

Daniel Weiss：保证金催缴通知？这怎么是个风险呢？Helvetia 看涨期权所得到的收益应该正好会与对冲产生的损失相互抵消——反过来不是也一样吗？不是吗？

Jennifer Smith：长期来看，你说的并没有错。的确，Helvetia 看涨期权的损益最终会与对冲的损益相互抵消。但在短期内，我在财务上可能会像坐过山车一样。问题是，如果 Helvetia 股价急速上涨，因为 Helvetia 股票的多头看涨期权便会处于价内状态，账面上我就会很富有。换句话说，期权会有很多的内在价值，但是我不会收获这些收益，直到我行使期权——而从现在起 3 至 5 年内是不会行使的。同时，交易所交易的期权——我做的对冲——会每天重新定价，不断上升的价格会要求我不断向我的经纪商提交保证金。最后会耗尽我的储蓄的！

Daniel Weiss 看了看他在便条本上写下的内容。目前虽然只有三个重点，但他内心深处直觉告诉他问题还不止这些。

主要问题
1. 没有可交易性
2. 价值无法锁定
a. 不能做空
b. 下限价值与上限价值
3. 保证金支付风险

Daniel Weiss：Smith 博士，谢谢您这么详细、耐心，不惜花费时间。但我今天要找时间和老板说明你回绝的理由；所以麻烦您再回答我一个问题就好。我们公司所提出的条件比 Zentrum 多出 50 000 美元，但为什么你还是觉得 Zentrum 的条件比较具有财务上的吸引力呢？只是因为 Zentrum 提出的薪酬是确定的，而我们所提出的带有不确定性吗？您是否曾考虑过，我们的条件有不确定性，也会存在着意外致富、成为百万富翁的机会呢？

Jennifer Smith：我会确切告诉你，我不会不关注成为百万富翁的机会的，但 Helvetia 方案的根本问题是，你们所给的看涨期权的价格与我所认定的价值并不相同。就行使期权的时机选择而言，相对于公司外的任何人我是有优势的，即使考虑到这一点，你们的方案仍达不到要求。

Daniel Weiss：我们——我是指 Benson 先生和我——并没有随意确定期权的价格。我们运用的是市场普遍接受的 Black-Scholes 公式。我一直认为，该公式被公认为是公正并高度准确的期权估值方法。

Jennifer Smith：昨晚我问约翰的第二个问题是："这个 Black-Schoels 公式是什么？为什么这个公式得出的期权价格与我的直觉如此不匹配呢？"公式的准确性令我不安。任何断言期权的价值就是 19.48 美元的公式都会让我怀疑——或者应该说是让我不安。身为科学家，我知道 Black-Scholes 公式必须基于一组假设。我也清楚，一个晚上，让我搞清楚期权定价模型的所有复杂细节的可能性也不大，因此我选择一种较为简单且直接的方法。我想知道的是，Black-Scholes 公式背后的假设使 Helvetia 的期权对我而言变得更理想还是不那么理想？这是一个简单的加分或减分的评价，最后，我会问我自己，这个差别是否大到可以抵消 Helvetia 方案的50 000美元的优势。对我而言，Helvetia 的方案差了一点，因此，我就接受了 Zentrum 的方案。

Daniel Weiss：您在一个晚上做了这么多功课真了不起。现在我更加遗憾无法与您共事了。

Jennifer Smith：这是我从约翰那里发现的东西。Black-Scholes 公式是用于可交易的短期期权，而不适用于不可交易、不可转让的长期期权，就像 Helvetia 提供给我的一样。John 说，你们很可能基于过去的市场统计数据确定期权的价格，将 6 个重要的参数输入 Black-Scholes 公式，并假设这些因素在期权的期限内保持不变。

Daniel Weiss：没错，这正是我们所做的。

Jennifer Smith：那么，我想，只要稍稍修改你们的假设，随着时间推移，修改它们不变的特性，给我的期权的价值就会大大超出或大大低于 Black-Scholes 公式估计的价值。

Daniel Weiss：我理解。您不仅质疑我们输入公式的因素，而且质疑随着时间推移这些因素的稳定性，由于这一风险，您拒绝了我们的方案。

Jennifer Smith：一点都没错。我很惊讶地发现，在昨天晚上的整个过程中，我是一个怎样的风险规避者。你知道，Black-Scholes 公式还有什么困扰我吗？

Daniel Weiss：请说。

Jennifer Smith：就是公式中运用的一些假设背后的常识，或者说缺乏常识。

Daniel Weiss：常识？假设要符合常识吗？

Jennifer Smith：对我而言，要符合常识。记得吧，我是个做研究的科学家，受过分析方面的教育，但很少或几乎没有接受过财务的训练。

Daniel Weiss：您可以举个例子吗？

Jennifer Smith：以波动性为例。我现在明白，波动性为什么对期权定价很重要，而我们刚摆脱经济和政治的动荡阶段。波动性的增加提升了你们提供给我的运用 Black-Scholes 公式得出的价格，但奇怪的是，对我而言，这却降低了期权的价值。

Daniel Weiss：您对未来有什么预测？

Jennifer Smith：展望未来，我预期将来形势会比较稳定——这意味着波动性下降——我的期望对 Helvetia 期权的价格有一种奇怪的反面的影响。对我而言，它降低了 Black-Schoels 公式得出的价格，但却提升了价值。Daniel 和 Tom，我很抱歉，但看不出波动性和不确定性增加对我有什么帮助。要让我对 Helvetia 期权给出较高的价值，我需要相信期权价值会

稳步地正增长，因此我可以在3至5年后行使期权而获利。波动性增加对我是个威胁，因为允许我或我想行使期权的期间可能与股价大跌的时间一致。这使我想到可交易性的问题。

Daniel Weiss：所以，又是可交易性。您是说，因为这些期权不可交易，其价值就减少了？

Jennifer Smith：完全正确，或者说，对我而言，这是个很大的负面因素。期权不可交易，期权也不可转让。换句话说，只有我才可以执行期权，当我行使期权时，我只能向Helvetia要求行使期权。John告诉我，波动性高，增加了可交易期权的价格，但是，它无法增加不可交易的期权的价值，正像你们提供给我的期权一样。Black-Scholes公式假设，投资者较早行使看涨期权是不明智的，或更正规地说，是"次优"的，因为投资者总是可以在市场上按期权的内在价值和时间价值卖出期权。

例如，假设今天我买入的5年期Helvetia股票的看涨期权，履约价格为50美元，然后稍后在3年后卖出，这时的市场价格是60美元。我会从这一金额中得到10美元，期权处于价内10美元——这称为期权的内在价值——而我会为剩余期限的2年得到额外的回报——这称为期权的时间价值。你提供给我的Helvetia期权不能在市场上卖出。我得直接向Helvetia出售，然后我只能得到期权的内在价值。换言之，因为期权不可交易且不可交换，期限中的剩余时间，我什么也得不到。由于期权缺乏可交易性，你们的方案在我这里又有一个污点。

Daniel Weiss：您似乎很正确，直接讲到Black-Scholes公式的关键假设，并以我们不会想到的方式提出质疑。好的，Smith博士，我开始明白您的意思，因此，Benson和我应重新计划，并且——

Jennifer Smith：等等！我还没说完，还有更多的观点需要考虑。既然我引起你们的注意，我可以继续吗？

Daniel Weiss：请吧。

Jennifer Smith：你们的服务期也让我烦恼。我知道，3年的服务期是正常的——我不需要John告诉我这一点——但是，服务期的长短不是John说到的Black-Scholes公式中使用的6个因素之一。我想，如果像这类的限制输入公式，肯定会减少期权的价格，并减少期权对于我的价值。这些限制不会提供价值。这样来看的话，Daniel，我可能辞职或在3年的服务期结束前被开除，而如果我真地辞职或被解聘，我会什么也得不到！同样，我把这一因素放在负面的一栏，但我承认，我并不确信对我最后的决定会产生多大的差异。

Daniel Weiss：您做了这么多功课，教了我这么多，真令我汗颜。就这么多，或是还有更多的想法吗？

Jennifer Smith：差不多就这些。接受你们的方案，会让我的投资组合甚至比原来更加不稳定，因为我会在Helvetia敞口中飘浮，没有机会多样化，直至我行使期权。这种脆弱性的增加，是我对Helvetia看涨期权的评估可能与你们的评估不同的另一个原因。我还担心，Black-Scholes公式假设，这个世界，投资者没有交易成本，并有能力做空股票——我已经提到过，这应是做不到的。Daniel，我对你们的方案思考得越多，我越是意识到，你们认为你们付给我的溢价，对我而言并不是溢价。

Daniel Weiss：如果我提供给你的期权履约价格不变，但期限为10年而不是5年，你会认为怎样？Benson先生计算的结果是，10年期权的价格应是27.84美元。

Jennifer Smith：你提到这点很有趣。在昨晚临近晚餐结束时，John和我开始梳理问题，以便找到使你们的方案更具吸引力的方法。我们讨论到延长期权的期限，因为Black-Scholes公式说明，期限越长，期权价格越高。

Daniel Weiss：我想这是我们都能同意的一点！

Jennifer Smith：并不尽然。

Daniel Weiss：令人难以置信，这怎么可能呢！

Jennifer Smith：原因是这样的。首先，如果你们向我提供价值27.84美元的10年期看涨期权，但仍只给我价值200 000美元的股票期权的薪酬，那么你们所做的只是减少我得到的期权的数量，从10 262份减少到7 200份。我知道，你大方地把我的薪酬取整数变成10 500份期权，但你会明白我的意思。

Daniel Weiss：是的，我明白您的意思。如果是那种情况的话，我们本来应该进行调整。

Jennifer Smith：但是，Daniel，这并不是我的重点。对于增加这些期权的期限，我的主要问题是，对我而言，这不会大大提升价值，因为期权不会变得可交易，而且我也不能做空 Helvetia 股票。期限加倍对于你和 Black-Scholes 公式在价值上的变化会超过8美元，但对我而言，如果有差别的话，差别也是很微小的。

Daniel Weiss：这怎么可能呢？

Jennifer Smith：我问自己，"如果要等10年来兑现期权这种事情是不会发生的，而且我也没有办法卖出期权来利用剩下的期限，那么，期权的期限加倍又有什么用呢？" John 提醒我，总体而言，一个人越是风险厌恶，股票期权作为其资产组合的一部分就越显得重要，她也会越有可能要早一点行使这些期权。他进一步解释，大多数人在服务期结束后很快就会兑现员工股票期权，在我的情况下，服务期是3年。他认为，我很可能会做同样的事，因此，无论你给我5年期的期权还是10年期的期权，对于我而言，相关的时间期限仍然是约3年。

期权的期限加倍可能对 Methuselah（圣经人物，译者注）这样的人会有巨大的吸引力，他会活到969岁。如果我的资产组合多元化程度很高，而你们的股票期权只是我的总财富的很小一部分，那么，围绕其价值的不确定性对我而言就不会那么重要。即使股价下降，我也承受得起，一直等到行使期权。抱歉，Daniel，但即使你增加期权的期限，很可能也不会有多大差别——但仍谢谢你问我这个问题。

Daniel Weiss：Benson 先生，从头到尾你都相当沉默，不符合你的性格。对于 Smith 博士的观点，你有什么说的吗？

Tom Benson：事实上，我有点难为情，因为我对所有这些都赞同。Smith 博士做得很好，但要辩驳的话，我会努力回答你问我的问题，就是"履约价格为50美元的5年期期权的市场价格是多少？"抱歉，我本来应该对你需要得到期权的价格更为警觉。一起研究的话，我们本来能够避开很多这些估值和沟通的问题。

Daniel Weiss：Smith 博士，我代表 Benson 先生和我，感谢您花费时间，感谢您的坦率和诚恳。这次谈话真是让我大开眼界，不过我可能得花些时间来消化。

Jennifer Smith：我很高兴。我相信，如果到贵公司工作我会很愉快的。

Daniel Weiss 知道，在下午见到 Helvetia 首席执行官时要做很多解释。现在，有一点对他很清晰，股票期权的估值并不是他想象的那样黑白分明。在将来，在对 Helvetia 的员工股票期权确定价值时，他需要对 Smith 博士为他总结的所有的问题想得更深刻一些。

主要问题
1. 没有可交易性
2. 价值无法锁定
a. 不能做空
b. 价值下限和上限
3. 保证金支付风险
4. 假设受到质疑
a. 波动性
b. 可交易性——再次提到
c. 服务期
d. 没有多元化
e. 交易成本
f. 期限

2.5 员工股票期权的问题

正如你从 Jennifer Smith、Daniel Weiss 和 Tom Benson 之间的谈话中可以了解的一样，运用股票期权为高管提供薪酬的决定可能会带来困难。Black-Scholes 公式（以及其他期权定价模型）在为员工股票期权定价方面的缺点，很久以来得到学术界和企业界承认，并正寻求解决。为此，设计了新的期权估值模型，来解释员工股票期权的特性。[①] 此外，公司正对解决方案进行试验，以便解决一些这样的特定的问题。例如，2007 年，Google 为员工提供可转让的股票期权，[②] 从而使员工可以获得期权的内在价值和时间价值。其他公司，如总部位于瑞士的 Roche Holding 和 Givaudan SA 多年来为其员工提供交易所交易的期权，而不是只能向公司行使的期权。

除了估值困境外，还有其他的重要问题，例如，如果好的公司的股价一直迅速上涨，期权是否是调动员工的最佳方法？如果期权改进公司绩效，期权是否促发不当行为？奖赏绝对绩效的期权是否是基于期权的激励薪酬的最佳形式？让我们来密切地审视每一个问题。

2.5.1 员工激励

要获得成功，任何按绩效付酬的薪酬计划应把推动公司成功的因素与定义清晰、透明的措施相关联，这些措施是员工理解并能够影响——但不能操纵的措施。换言之，必须确立坚定的目标，这些目标是员工理解并有权力影响的目标，但目标不能被利用。

很多人感到，员工股票期权是激励员工的理想方法，因为只有在股价上升时才会有回报，因此，公司才有可能支付额外薪酬。但应该把期权给*所有的*员工吗？[③] 作为一个一般化的结论，确实，每一个员工的行为会影响股价，但在一个更为日常的操作层面，一个公司中有多少人相信他们的所作所为会对每天、每周、每月和每年的股票价值波动产生任何直接的可

① 例如，参见 Charles Baril, Luis Betancourt, and John Briggs, "Valuing Employee Stock Options under SFAS 123R Using the Black-Scholes-Merton and Lattice Model Approaches." *Journal of Accounting Education* 25 (1/2) (January 2007), 88 – 101; Lookman Buky Folami, Tarun Arora, and Kasim L Alli, "Using Lattice Models to Value Employee Stock Options Under SFAS 123 (R)," *CPA Journal* 76 (9) (September 2006), 38 – 43; J. Carr Bettis, John M. Bizjak, and Michael L. Lemmon, "Exercise Behavior, Valuation, and the Inventive Effects of Employee Stock Options," *Journal of Financial Economics* 76 (2) (May 2005), 445 – 470; and John D. Finnerty, "Extending the Black-Scholes-Merton Model to Value Employee Stock Options," *Journal of Applied Finance* 15 (2) (Fall/Winter 2005), 25 – 54。

② 这些期权最初的期限是 10 年，期权只有在服务期后才能出售。一旦出售，期权的期限就减少至 2 年，除非至到期日剩下不到两年。参见 Ben Charny, "UPDATE: Google to Let Employees Trade Their Stock Options to Institutions," *Dow Jones Business News* (12 December 2006)。

③ 一些公司，如 Cisco、PepsiCo、Southwest Airlines 和 Starbucks 给大多数或所有员工（尽管常常受到可接受的业绩评价的限制）股票期权或降价买入股票的权利。

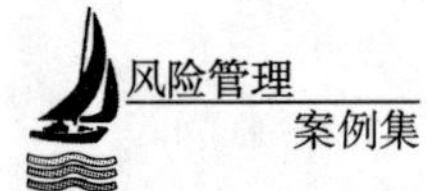

识别的影响呢?[①] 激励员工与奖励绩效的一个更好的激励措施可能是设定更加直接处于员工控制范围的目标，如增加生产的目标，更好的客户服务水平，较少的退货商品，或较少的客户投诉。

批评人士会问：“在后台部门工作的员工、维修人员，或成本中心反思其生产率会怎样影响股份的频率有多高呢?”甚至在员工对股价可能有相对较大程度的影响的情况下（例如，高级别管理人员），一群具有相似头衔与职责的同僚可能也会使任何个人决定的分量及其很小的职责似乎变得渺小。当然，这里出现了一个矛盾，因为一个公司的大多数员工的集体行为确实对股价具有直接的重大的影响，但尽管如此，这些个体中仅仅一个人的行为在大多数情况下的影响是相对很小的。

2.5.2 “好”公司的股价

股票期权可能不是激励员工的好方法的另一个原因，是因为好的公司并不总是为股东赚取高于平均水平的收益。尽管这一论断可能看起来不合逻辑，稍微想一想就会发现，这是正确的。如果一个公司运作良好，具有良好的未来前景，而投资者知道所有这一切，那么市场已经把优质管理和光明前景反映到当前的股价中。只要公司达到（没有超出或达不到）市场业已很高的预期，股价就只应获得平均收益。当且仅当业绩好于预期，股票才会获得高于平均水平的收益。[②] 对于在视作华尔街宠儿的公司工作的员工，取得好于市场预期的前景是很困难的，因此，员工要从股票期权薪酬安排中获利丰厚收益的可能性是很低的。

2.5.3 促发不当行为

员工股票期权可能鼓励在业务决定中的短视行为，因为期权关注股价上升的最终目标，而不是引起股价上升的重要能力因素（enabling factor），如利润增长率、销售增长、资本成本、折现现金流[③]。设立股票期权计划

---

① 一个公司股价波动的很大部分是由于任何员工的控制之外的外部因素，如行业、股市、气候和宏观经济环境的一般性变动。

② 参见 Tim Koller, Marc Goedhart, and David Wessels, *Valuation: Measuring and Managing the Value of Companies*. 4th ed. New York: Wiley, 2005。

③ 同上。

可能鼓励经理人通过减少股利支付，用现金回购现有股票，和/或借款来为股票回购融资，人为使股价升高——从而增加公司的杠杆和风险水平。① 此外，因为期权的市场价值会随着波动性上升，有理由推测，给予期权是否会助长经理人不明智地放大公司的营业风险和非营业风险。一些行业分析师相信，像Enron和WorldCom，管理人员似乎狭隘地关注于提升其期权薪酬的短期价值，这类公司的财务不当行为，至少是Microsoft和其他公司改变其激励计划使其远离员工股票期权的部分动机。②

不当行为的一个好的例子是非法地将员工股票期权的日期提前。当一个公司在某一日期（例如，6月1日）发放员工股票期权，然后在后来改变期权的发行日期（例如，提前至3月1日），因此期权价值就会变大，这时就使日期提前。实际上，只要及时准确地报告，使期权日期提前是合法的。不合法的是伪造、变造和/或不报告重大的期权费用。日期提前在当前的辩论中具有特殊的标志性意义，因为它把财务透明度与涉及公平的管理人员薪酬以及平等的税赋有关的问题联系起来。③

2.5.4 改善绩效

对“为什么采用员工股票期权?”这一问题而言，很关键的一点是当前关于股票期权是否真能有效改善公司绩效的争论。批评者会问，是否有任何证据表明，采用股票期权计划的公司业绩比不采用该计划的公司要好？美国采用这种形式的薪酬已有超过15年的广泛的经验，因此，有大量的信息可用来评估股票期权对公司绩效的影响。不幸的是，结果是模棱

---

① 参见 George W. Fenn and Nellie Liang, “Corporate Payout Policy and Managerial Stock Incentives,” *Journal of Financial and Quantitative Analysis* 24, No. 4 (December 1989), 409 - 425; and Hideaki Kiyoshi Kato, Michael Lemmon, Mi Luo, and James Schallheim, “An Empirical Examination of the Costs and Benefits of Executive Stock Options: Evidence from Japan,” *Journal of Financial Economics* 78 (2) (November 2005), 435 - 461。

② 参见 Jonathan Weil, “Microsoft's Move on Restatement Seems Unusual,” *Asian Wall Street Journal*, (11 July 2003), M1。

③ 参见 Dow Jones News Service, “Companies Responding to Stock Option Investigations (8/30),” *Dowjones Newswires* 30 August 2007。也请参见 Erik Lie, “On the Timing of CEO Stock Option Awards,” *Management Science* 51 (5) May 2005, 802 - 812。

两可的，这意味着最终的裁决尚有待定夺。①

质疑：并没有证据指出已采取股票期权计划的公司，绩效表现会显著地优于未采取者。美国采取此种报酬形式虽然已经长达10年，目前也有许多相关资料可用以评估股票期权对公司绩效的影响。但令人遗憾的是，结果仍是众说纷纭。值得注意的是，有一份广受引述，将执行长选择权报酬与公司绩效相联结的研究发现，这两者之间并不具有强烈的关联性。尽管如此，两者间的最终结果仍有待市场定夺。

2.5.5 绝对绩效与相对绩效

股票期权另一个潜在的问题是其回报的绝对性而不是相对性。水涨就会船高，即使是载重过量或迷失方向的船只也是如此。在上升的市场中，即使员工的绩效比竞争对手差，股票期权也会给员工带来回报。在下跌的市场中，即使员工的绩效相对竞争对手很突出，股票期权也不会给员工带来薪酬。这种不对称性和相对比较的缺失，为员工的薪酬带来不确定性和不公平的因素，并使薪酬取决于更宽广的宏观经济环境。由于这种不对称性，在下跌的市场中，股票期权会促使受过专门训练的员工变换雇主，以便得到更好的具有向上潜力的新的股票期权。

---

① 赞成的证据有 Marion Hutchinson and Ferdinand A. Gull, "The Effects of Executive Share Options and Investment Opportunities on Firms' Accounting Performance: Some Australian Evidence," *The British Accounting Review* 38 (3) (September 2006), 277 - 297; Eric Schulz, Stewart L. Tubbs, "Stock Options Influence on Manager's Salaries and Firm Performance," *The Business Review* 5 (1) (September 2006), 14 - 19; Swee-Sum Lam and Bey-Fen Chng, "Do Executive Stock Option Grants Have Value Implications for Firm Performance," *Review of Quantitative Finance and Accounting* 26 (3) (May 2006), 249 - 274; James C Sesil, Maya K Kroumova, Joseph R Blasi, and Douglas L. Kruse, "Broad-based Employee Stock Options in U.S. 'New Economy' Firms," *British Journal of Industrial Relations* 40 (2) (June 2002), 273 - 294; and D. Yermack, "Good Timing: CEO Stock Option Awards and Company News Announcements," *Journal of Finance* 52 (2) (1997) 449 - 476。反对的结论来自 J. Brickly, S. Bhagat, and R. Lease, "The Impact of Long-Range Managerial Compensation Plans on Share-holder Wealth," *Journal of Accounting and Economics* 7 (1 - 3) (1985), 115 - 129。也请参见 Kevin J. Murphy, *Executive Compensation*. http://papers.ssrn.com/sol3/papers.cfm?abstract_id=163914, April 1998 (Date posted to database: 19 May 1999) 2007年11月8日查询，以及 Hideaki Kiyoshi Kato, Michael Lemmon, Mi Luo, and James Schallheim, "An Empirical Examination of the Costs and Benefits of Executive Stock Options: Evidence from Japan," *Journal of Financial Economics* 78 (2) (November 2005), 435 - 461。

2.6　员工股票期权问题的一些创新解决之道

一些解决“普通（plain vanilla）”员工股票期权缺陷的创新薪酬计划被提出并实施。让我们来审视主要的几种创新。

2.6.1　按溢价定价的股票期权

做企业的才能常常被混淆为在正确的时间出现在正确的地方。一旦股价上升，即使升值低于竞争对手平均升幅并且升值完全是因为整体市场趋势（即不是由于有效的管理或超人的策略），一般的平价股票期权也会给员工带来回报。要使竞技场公平的一种方法是，提供*按溢价定价的股票期权*（premium-priced stock options），这种期权的履约价格是处于25%至100%价外的价位。为了获得内在价值，股价须上升至溢价之上，这种期权提供的方法要求企业提高员工的绩效门槛（performance hurdle）。假设，一个公司的股价为40美元，公司提供5年期的员工股票期权，溢价为50%。为了使期权处于价内，公司的股价须上升至60美元以上（40美元加上50%的溢价）。

按溢价定价的股票期权的好处是，期权相对透明（员工理解期权的含义，但并没有像一般的平价期权理解透彻），这种期权将回报与设定的绩效水平相联结。换言之，这种期权使薪酬摆脱无法区分的绩效水平或公司股价幸运上升的情况。

按溢价定价的期权计划的一个问题是，这种期权相对一般的平价看涨期权计划，潜在地稀释股东的收入和股东控制权的程度更为严重。提升回报水平使每一个看涨期权价值降低，因此，采用这种期权的公司预计会用更多数量的期权为每位员工提供确定水平的薪酬。如果在将来执行期权，而公司发行新股来满足对股票的需求，就会造成所有权和收入的稀释。

按溢价定价的期权计划有助于解决当股份出现任何正面变化时出现“搭便车”的问题，但是在下跌的市场中，这种期权无所作为，无法奖励业绩卓越的员工。为了解决这一问题，让我们来探讨指数期权。

2.6.2 指数期权

指数期权是一种在上升市场和下跌市场中对高于平均水平的公司的业绩以公平方式给予员工回报的方法，因为这种薪酬将期权履约价格与同类股票指数相联结。① 为了搞清楚此类计划可能的运作方式，我们假设，2007年，Aztec Microchip，Inc.（AMI）设计了一种指数期权计划，提供5年期平价股票期权，这种期权只有在AMI的股价跑赢其4个领先的竞争对手时才会有正的回报。为了确保这一结果，AMI期权的履约价格在到期时按指数增长或下降的百分比进行调整。

2006年年末，AMI的股价是50美元，其4个竞争对手的股价分别是15美元、20美元、25美元和40美元，因此，在开始时，AMI比较其业绩的"指数"等于100。② 图表2.1总结了5年后AMI员工看涨期权的回报，假设AMI股价平均年增长率为5%（第6栏），而指数每年变动的比率为10%、5%、0%、-5%或-10%（第2、3、4栏）。在情景A的情况下，指数在5年期间年复合增长率为10%（第4栏），因此2011年AMI的履约价格就是80.53美元，原来履约价格（50美元）在5年内按年复合增长率10%上涨（第7栏）。因为AMI的股价只上升5%至63.81美元（第6栏），期权到期时处于价外，员工获利就为零（第8栏）。在情景B的情况下，回报也是零，因为期权的履约价格按与指数相同的年复合增长率上涨，因此期权就是平价。在情景C的情况下，AMI的期权就会处于价内，因为其平均年度业绩（5%）大于指数（0%）。因此，AMI期权的履约价格仍为50美元，期权的回报就是13.81美元（第8栏），这一金额是AMI股票的市场价格和期权的履约价格之间的差额（63.81美元-50美元=13.81美元）。在情景D和E的情况下，回报也都为正。下跌的市场引起履约价格以与指数相同的年复合增长率下跌，因而提升了AMI期权的回报。

图表2.1中的所有情景说明的是假设AMI股价上升5%的情况。即使

---

① 参见Alfred Rapport，Alfie Kohn，Egon Zehnder，and Jeffrey Pfeffer，*Harvard Business Review on Compensation*（Cambridge：Harvard Press Book，25 January 2002）。

② 100美元是AMI四个竞争对手股价（即15美元、20美元、25美元和40美元）的加总。

AMI股份在期权的5年期限内下跌，只要下跌百分比小于指数，期权的回报就仍会是正的，因为AMI期权的履约价格比期权股票的市场价格要低。

图表2.1　Aztec Microchip Inc.（AMI）**公司型看涨期权案例**

1	2	3	4	5	6	7	8
情景	2006年年末指数价格	2011年指数价格	2007—2011年指数年变化百分比	2006年年末AMI股价	2011年AMI股价（假定年增长率为5%）	2011年AMI期权的履约价格*	每个看涨期权回报**
A	$100	$161.05	+10%	$50	$63.81	$80.53	$0
B	$100	$127.63	+5%	$50	$63.81	$63.81	$0
C	$100	$100	0%	$50	$63.81	$50.00	$13.81
D	$100	$77.38	-5%	$50	$63.81	$38.69	$25.12
E	$100	$59.05	-10%	$50	$63.81	$29.52	$34.29

*2011年AMI履约价格＝50美元×（1+指数年变化百分比）^{5}。

**每个看涨期权回报＝0美元或（2011年市场价格－履约价格）中比较大的那个。

采用相对的基于业绩的激励措施，不管市场的整体股份如何变动都可使薪酬对称。这样，指数期权计划减少了员工薪酬的变动，更好地使回报与业绩相关联，因而增加了公平性。正是这些原因，很多人力资源的分析师感到，指数化的薪酬应构成所有管理人员薪酬计划的第三支柱。

尽管指数期权为公司带来很多优势，但指数期权也有其缺点。指数型计划的一个主要的劣势是其复杂性。员工无法只是翻开报纸的财经栏目，就可以从股票的报价中计算其期权的内在价值。要计算的话，员工需要计算其公司相对指数中的公司的业绩表现。这种复杂性可能导致对这种基于激励措施的计划的热情减弱，因而减少业绩，但公司可通过在其网站上设立链接提供关于期权价值每日更新的信息来克服这种潜在的复杂计算。

指数期权的另一个问题是，指数期权潜在地稀释公司收入和控制权的程度比一般的股票期权的程度更为严重。与溢价期权一样，指数期权没有常规（普通）期权有价值，因为指数期权奖励的是相对绩效而不是绝对绩效。因此，公司应预期向员工为任何设定水平的薪酬支付更多的期权。[①] 结果，如果所有额外的期权都被执行，而公司通过发行新股来满足这一增长的需求，而不是通过衍生产品对冲，或在公开市场回购股票，就会产生股东收入和控制权的稀释。[②]

在采用指数期权计划前，公司应完全清楚公司创设的激励措施。我们已经提到过，指数期权比传统的期权风险要小，因为指数期权在上行和下行的市场中都（能）给员工带来回报。但是，要考虑的东西还有很多很多。例如，研究表明，只要期权处于价外的程度不是太高，指数期权对标的商品价格的变动以及波动性的变动要比传统的期权更为敏感。[③] 因此，指数期权为经理人提供了更大的增加风险的动力。

关于波动性的影响，应铭记在心的是，指数期权的价值受到公司独有的特定风险的影响而不是整体市场或行业风险的影响。过滤掉对行业中所有企业所共有的整体波动性的部分，会增加指数期权对风险的敏感性。[④] 结果是，经理人有更大的动力增加其企业的独特的风险，寻求能减少企业绩效和指数绩效之间相关性的业务。这类决定可能改变公司业务的性质，并影响重要的管理决策，例如，如何和怎样多元化或对冲。由于有这些禁忌，规定实施指数期权计划的企业应密切监控这些计划，并考虑设置风险闸门，以确保业务运作在合理的界限内进行。

指数期权计划不是可以克服基于普通型期权的薪酬计划的缺点的万能药。运用这些计划，大多必然会带来新问题，例如，确定所使用的适当的指数（如市场指数或行业指数），以及确定应锁定薪酬条件的日期。尽管如此，指数期权还是值得考虑的，因为指数期权纠正了传统员工股票期权的一个重大缺点，这就是，传统期权奖励经理人的因素是受他们控制的因

---

① 参见 Shane A. Johnson and Yisong S. Tian, "Indexed Executive Stock Options," *Journal of Financial Eocnomics* (July 2000), 35 - 64。Johnson 和 Tian 表明，在正常情况下，指数期权的价值应约为传统期权的34%。也请参见 A. Louis Calvet and Abdul H. Rahman, "The Subjective Valuation of Indexed Stock Options and Their Incentive Effects," *The Financial Review*. 41 (2) (May 2006), 205 - 227。

② 在20世纪90年代期间，当公司请求他们给予股票期权的授权时，股东"不同意"的选票大幅增加。股东担心的一个主要原因是收入和控制的潜在的稀释。

③ 参见 Shane A. Johnson and Yisong S. Tian, "Indexed Executive Stock Options," *Journal of Financial Eocnomics* (July 2000), 35 - 64。

④ 同上。

素，而对不受他们控制的因素并不会对他们进行惩罚。

2.6.3 限售股票

限售股票（restricted shares）以接受股票的权利的形式向员工提供薪酬。与股票期权不同，期权当且仅当公司的股价高于履约价格时才会有价值，限售股是实际支付股票，即使股价下跌，限售股仍保有价值（尽管价值缩水）。限售股的一个附加的好处是更加强调较长时间阶段的财务表现。

限售股薪酬不是新的想法，相反，它是一个人所共知的薪酬备选方案，受股票期权影响而黯然失色。一般而言，限售股有1至10年的服务期，但收到限售股的员工有权获得全部股息和投票权。收到限售股的员工面临的主要限制与限售股的转让和出售权利有关。会计处理可能各有不同，但在美国，公司可将限售股的成本确认为薪酬费用，这些费用在服务期内按比例分摊。此外，员工须将非限售股票薪酬申报为应纳税收入。

2.6.4 综合计划

综合计划（omnibus plans）会列出各种可能的常见薪酬选择方案，交由公司在各个国家的薪酬委员会或管理团队，设计符合当地员工的期望、偏好、规则、法律和惯例的薪酬协议。综合计划允许给予各种不同的奖励措施，从传统的期权到股票升值权利，到限售股计划和各种各样的基于绩效的奖励措施。对于要为处于多个地理区域的业务机构设计基于股票的薪酬体系的公司而言，这些计划是有意义的。通过提供共同的选择方案，公司可以促进和维系企业的共同目标。

2.7 结论

员工股票期权作为一种薪酬形式在20世纪90年代的牛市时期大受欢迎，但如果股市遭遇长期的下挫，正如在21世纪初的几年中发生的一样，这种期权就会凋零萎缩。很多公司非常欢迎员工股票期权，因为这种期权比较灵活，鼓励员工增加股东价值，提供一种非货币的招收员工并留住人才的方法，使现金支付与公司的支付能力相匹配，并在现金流方面起到激励作用。员工也欢迎员工股票期权，因为这种期权的税收处理较为有利，但主要的原因是期权限制了下行风险，又提供员工暴富的可能。

由于员工股票期权的独特特性，一般用来评估交易所交易的期权的公式和模型（例如，Black-Scholes 公式、二项网格模型和蒙特卡洛模型）可能会不恰当。但还是有帮助解决的途径。新的创新方法正不断出现，可以解释诸如服务期、相关的期限，以及可转让性和可交易性的缺失等因素。

当员工完全投身于创造，并且员工认识到计划的效益、成本和风险时，股票期权薪酬计划会变得非常有效。为使股票期权恰当地与激励手段相匹配，员工就必须理解其所作所为与其对公司股价的影响之间的因果关系。如果实施员工股票期权计划是为了使对员工的激励与对公众股东的激励相匹配，公司就必须对这一目标保持公开的态度，并应意识到要实现这一目标是比较困难的。

思考题

1. 解释员工股票期权作为薪酬的一个来源背后的推理过程。在工资和奖金调整无法实现的方面，期权可以实现什么？在一个公司中，谁应该获得员工股票期权？

2. 为你公司的人力资源部门的负责人，就平价股票期权作为 CEO 的薪酬的优势和劣势，作一个简短的演示。

3. 解释为什么员工得到的股票期权的市场价格与员工自己对期权作出的评估价值相差很大。

4. 解释按溢价定价的股票期权。在使员工利益与股东价值匹配方面，这种期权的优势和劣势是什么？

5. 解释指数型期权。在使员工利益与股东价值匹配方面，这种期权的优势和劣势是什么？这些期权应根据什么进行指数化？

6. 对于引入股票期权计划的公司，你预期对公司股利会有什么影响？请予解释。

7. 对于引入股票期权计划的公司，你预期对股票赎回的规模和数量会有什么影响？请予解释。

8. 假设Cadbury-Schweppes公司分拆出独立法人机构Snapple，并将其股票在NYSE上市。Snapple的CEO决定以价值400万美元的股票期权作为高管的薪酬。

a. 支付400万美元的股票期权薪酬对Snapple的损益表会产生什么影响？

b. 当期权被行使时，Snapple会从哪里获得股票来满足员工的需求？其意义是什么？

9. 用下表中的恰当信息回答有关Snapple的问题。

a. 运用Black-Scholes公式来确定Snapple期权的市场价格。

b. 运用表格和你在问题9（a）的答案回答问题。假设提供给你100 000美元的股票期权的薪酬。如果期权按其市场价格确定价值：

（i）你会得到什么期权？

（ii）是否有方法立即锁定这些期权的价值？如果有，怎么锁定？如果没有，为什么没有？

（iii）如果，3年后（即到期时），Snapple的股价上升10%，你的股票期权的价值变动（如有的话）是多少？如果你行使期权，你会得到多少钱？

c. 假设，5年后（即到期时），Snapple的股价上升到130美元。如果你行使期权：

（i）如果你想拥有这些股票，你须支付多少（如需要付款的话）？

（ii）如果你想套现，你会得到多少钱（如有的话）？

（iii）如果3年后股价上升至130美元，并且你行使期权（即在3年后而不是在5年后行使期权），你对以上问题的回答，如有变化，会怎样变化？

Snapple期权定价信息			
Snapple股价	50美元	服务期	3年
无风险利率	4.75%	波动性	35%
通货膨胀率	2%	股利	0美元
GDP增长率	4%	履约价格	50美元
期限	5年		

阅读资料

请访问 http：//www. prenhall. com/marthinsen 网址，你可以找到以下内容，对本章内容进行补充和丰富：

● Appendix 2. 1：Employee Stock Options：A Brief History of theU. S. Accounting Treatment

参考资料

Aggarwal, R. and Samwick, A. "The Other Side of the Trade-off: The Impact of Risk on Executive Compensation." *Journal of Political Economy* 107 (1999), 65 – 105.

Anonymous. "The Trouble with Stock Options." *The Economist Magazine* (August 7th 1999), 13 – 14.

Baril, C., Betancourt, L., and Briggs, J. "Valuing Employee Stock Options under SFAS 123R Using the Black-Scholes-Merton and Lattice Model Approaches." *Journal of Accounting Education* 25 (1/2) (January 2007), 88 – 101.

Bebchuk, Lucian and Fried, Jesse. *Pay without Performance: The Unfulfilled Promise of Executive Compensation.* Cambridge: Harvard University Press, 2006.

Bens, D. A., Nagar, V., and Franco, M. H. "Real Investment Implications of Employee Stock Option Exercises." *Journal of Accounting Research* 40 (2c) (May 2002), 359 – 393.

Berle, Adolph A. and Means, Gardner C. *The Modern Corporation and Private Property.* New York: Macmillan, 1932.

Bettis, J. C., Bizjak, J. M., and Lemmon, M. L. "Exercise Behavior, Valuation, and the Incentive Effects of Employee Stock Options." *Journal of Financial Economics* 76 (2) (May 2005), 445 – 470.

Black, Fischer and Scholes, Myron. " The Pricing of Options and Corporate Liabilities. " *Journal of Political Economy* 27 (1973), 637 – 654.

Bodie, Z., Kaplan, R. S., and Merton, R. C. " For the Last Time: Stock Options Are an Expense. " *Harvard Business Review* 81 (3) (Mar 2003), 62 – 71.

Boody, D., Barth, M. E., and Kasznik, R. " Firms' Voluntary Recognition of Stock-Based Compensation Expense. " *Journal of Accounting Research*, 42 (2) (May 2004), 123 – 150.

Booth, Richard A. " Other Voices: Views From Beyond the Barons Staff—Payment Optional: Attacking Some Myths About Executive Compensation. " *Barron's* (7 December 1998), 52 – 53.

Brenner, M., Sundaram, R., and Yermack, D. " Altering the Terms of Executive Stock Options. " *Journal of Financial Economics* 57 (2000), 103 – 128.

Brickly, S. Bhagat and Lease, R. " The Impact of Long-Range Managerial Compensation Plans on Shareholder Wealth. " *Journal of Accounting and Economics* 7 (1 – 3) (1985), 115 – 129.

Buffett, Warren. " Stock Options and Common Sense. " *The Washington Post*, (9 April 2002), A19.

Cai, Junning. " Accounting for Employee Stock Options and Mandatory Expensing: An Economics Perspective. " *Journal of Derivatives Accounting* 2 (2) (September 2005), 137 – 154.

Caivet, A. Louis and Rahman, Abdul H. " The Subjective Valuation of Indexed Stock Options and Their Incentive Effects. " *The Financial Review* 41 (2) (May 2006), 205 – 227.

Carpenter, J., " The Exercise and Valuation of Executive Stock Options. " *Journal of Financial Economics* 96 (1998), 453 – 473.

Charny, Ben. " UPDATE: Google To Let Employees Trade Their Stock Options to Institutions. " *Dow Jones Business News* (12 December 2006).

Conyon, M., and Sadler G. " CEO Compensation, Option Incentives and

Information Disclosure." *Review of Financial Economics* 10 (2002), 251 -277.

Demsetz, Harold. "The Structure of Ownership and the Theory of the Firm." *Journal of Law and Economics* 26 (1983), 375 -390.

Eaton, Tim V. and Prucyk, Brian R. "No Longer an 'Option'." *Journal of Accountancy*. 199 (4) (April 2005), 63 -68.

Fama, Eugene F. "Agency Problems and the Theory of the Firm." *Journal of Political Economy* 88 (1980), 288 -307.

Fama, Eugene F. and Jensen, Michael C. "Separation of Ownership and Control." *Journal of Law and Economics* 26 (1983), 301 -325.

Fenn, George W. and Liang, Nellie. "Corporate Payout Policy and Managerial Stock Incentives." *Journal of Financial Economics* 60 (1) (Apr 2001), 45 -72.

Financial Accounting Standards Board. *Statement of Financial Accounting Standards No. 123 (revised 2004): Share-Based Payment.* (December 2004). http://www.fasb.org/news/nr121604_ebc.shtml. Accessed on 9 November 2007.

Folami, L. B., Arora, T., and Alli, K. L. "Using Lattice Models to Value Employee Stock Options under SFAS 123 (R)." *CPA Journal* 76 (9) (September 2006), 38 -43.

Galbraith, John Kenneth. *The New Industrial State.* Boston: Houghton Mifflin Company, 1967.

Garen, J. "Executive Compensation and Principal-Agent Theory." *Journal of Political Economy* 102 (1994), 1175 -1199.

Gibbons, R. "Incentives in Organizations." *Journal of Economics Perspective* 12 (1998), 115 -132.

Gilson, Stuart, and Vetsuypens, Michael R. "CEO Compensation in Financially Distressed Firms: An Empirical Analysis." *Journal of Finance* 48 (2) (1993), 425 -458.

Greene, Thomas M. and Bianchi, Alden J. "Mixing Oil and Water:

Backdated Stock Options under IRC Section 409A." *Benefits Law Journal* 20 (2) (Summer 2007), 45 – 50.

Grossman, Sanford J. and Hart, Oliver D. "An Analysis of the Principal-Agent Problem." *Econometrica* 51 (1983), 7 – 46.

Hall, B. J. and Murphy, K. J. "Stock Options for Undiversified Executives." *Journal of Accounting and Economics* 33 (2002), 3 – 42.

Hall, B. J., and Murphy, K. J. "Optimal Exercise Prices for Executive Stock Options." *AEA Papers and Proceedings* 90 (2000), 209 – 214.

Hart, Oliver D. "The Market Mechanism as an Incentive Scheme." *Bell Journal of Economics* 14 (1983), 366 – 382.

Himmelberg, C., Hubbard, G., and Palia, D. "Understanding the Determinants of Managerial Ownership and the Link Between Ownership and Performance." *Journal of Financial Economics* 53 (1999), 353 – 384.

Holmström, Bengt. "Managerial Incentive Problems: A Dynamic Perspective." *Review of Economics Studies* 66 (1999), 169 – 182.

Holmström, Bengt. "Moral Hazard and Observability," *The Bell Journal of Economics* 10 (1979), 74 – 91.

Hutchinson, Marion and Gull, Ferdinand A. "The Effects of Executive Share Options and Investment Opportunities on Firms' Accounting Performance: Some Australian Evidence." *The British Accounting Review* 38 (3) (September 2006), 277 – 297.

Jenkins, Holman W. Jr. "The Backdating Molehill." *The Wall Street Journal* (7 March 2007), A16.

Jensen, Michel C. and Meckling, William H. "Theory of the Firm: Managerial Behavior, Agency Costs and Ownership Structure." *Journal of Financial Economics* 3 (1976), 305 – 360.

Jensen, Michael and Murphy, Kevin. "CEO Incentives—It's Not How Much You Pay, but How." *Harvard Business Review* 68, Iss. 3 (May/June 1990), 138 – 149.

Jensen, Michael C. and Ruback, Richard S. "The Market for Corporate

Control: The Scientific Evidence." *Journal of Financial Economics* 11 (1983), 5 -50.

Jin, Li. "CEO Compensation, Diversification, and Incentives." *Journal of Financial Economics* 66 (1) (October 2002), 1 -46.

Johnson, Shane A. and Tian, Yisong S. "Indexed Executive Stock Options." *Journal of Financial Economics* (July 2000), 35 -64.

Kahl, M., Liu, J. and Longstaff, F. "Paper Millionaires: How Valuable Is Stock to a Shareholder Who Is Restricted from Selling It?" *Journal of Financial Economics* 67 (2003), 385 -410.

Kato, H. K., Lemmon, M., Luo, M., and Schallheim, J. "An Empirical Examination of the Costs and Benefits of Executive Stock Options: Evidence from Japan," *Journal of Financial Economics 78* (2) (November 2005), 435 -461.

Koller, T., Goedhart, M., and Wessels, D. *Valuation: Measuring and Managing the Value of Companies*, 4th ed. New York: Wiley, June 2005.

Kulatilaka, Nalin and Marcus, Alan J. "Valuing Employee Stock Options." *Financial Analysts Journal* (November-December 1994), 46 -56.

Kwon, See Sung S. and Yin, Qin Jennifer. "Executive Compensation, Investment Oppor- tunities, and Earnings Management: High-Tech Firms Versus Low-Tech Firms." *Journal of Accounting* 21 (2) (Spring 2006), 119 -148.

Lam, Swee-Sum Lam and Chng, Bey-Fen. "Do Executive Stock Option Grants Have Value Implications for Firm Performance?" *Review of Quantitative Finance and Accounting* 26 (3) (May 2006), 249 -274.

Lambert, Richard A., Lanen, William N., and Larcker, David F. "Executive Stock Options Plans and Corporate Dividend Policy." *Journal of Financial and Quantitative Analysis* 24 (4) (December 1989), 409 -425.

Leahey, Anne L. and Zimmermann, Raymond A. "A Road Map for Share-Based Compensation. *Journal of Accountancy*." 203 (4) (April 2007), 50 -54.

Lewellen, W. G., Park, T., and Ro B. T., "Self-Serving Behavior in

Managers' Discretionary Information Disclosure." *Journal of Accounting and Economics* 21 (1996), 227 - 251.

Merton, Robert C. "Theory of Rational Option Pricing." *Bell Journal of Economics and Management Science* 4 (1973), 141 - 183.

Milbourn, T. T., "CEO Reputation and Stock-Based Compensation," *Journal of Financial Economics* 68 (2) (May 2003), 233 - 262.

Mirrlees, James A. "The Optimal Structure of Incentives and Authority within an Organization." *Bell Journal of Economics* 7 (1976), 105 - 131.

Morck, Randall, Shliefer, Andrei, and Vishny, Robert W. "Management Ownership and Market Valuation: An Empirical Analysis." *Journal of Financial Economics* 20 (1988), 293 - 315.

Morgenson, Gretchen. "Stock Options Are Not a Free Lunch." *Forbes Magazine* 161 (10) (18 May 1998), 212 - 217.

Muelbrock, L. "The Efficiency of Equity-Linked Compensation: Understanding the Full Cost of Awarding Executive Stock Options." *Financial Management* 30 (2001), 5 - 30.

Murphy, Kevin J. "Executive Compensation," http://papers.ssrn.com/sol3/papers.cfm?abstract_id=163914 (April 1998, posted to database: 19 May 1999), 29.

National Center for Employee Ownership. *The Stock Options Book.* 8th ed. Oakland, CA: National Center for Employee Ownership, February 2007.

National Center for Employee Ownership. *National Employee Ownership and Corporate Performance (ESOPs, etc.) and Corporate Performance.* NCEO Library, http://www.nceo.org/library/corpperf.html. Accessed on 9 November 2007.

Norris, Floyd. "What Seller Wants a Low Price?" *The New York Times* (1 June 2007), C1. Ofek, E. and Yermack, D. "Taking Stock: Equity-Based Compensation and the Evolution of Managerial Ownership." *Journal of Finance* 55 (2000), 1367 - 1384.

Perry, Tod and Zenner, Marc. "Pay for Performance? Government

Regulation and the Structure of Compensation." *Journal of Financial Economics* 62 (3), December 2001, 453 - 488.

Pfeffer, Jeffrey. "Six Dangerous Myths About Pay." *Harvard Business Review*. Reprint number 98309 (May-June 1998).

Rappaport, A., Kohn, A. K, Zehnder, E., and Pfeffer, J. *Harvard Business Review on Compensation*. Cambridge: Harvard Press Book, I November 2001.

Regan, G., Lombardi, M., and Gray, M. "FAS 123R: Accounting for Stock Options." *California CPA* 75 (8) (March/April 2007), 12 - 15.

Rogerson, William. "The First-Order Approach to Principal Agent-Problems." *Econometrica* 53 (1985), 1357 - 1367.

Rosen, C., Case, J., and Staubus, M. "Every Employee an Owner. [Really]." Harvard *Business Review* 83 (6) (June 2005), 122 - 130.

Ross, Stephen A. "The Economic Theory of Agency: The Principal's Problem," *American Economic Review* 63 (1973), 134 - 139.

Schulz, Eric and Tubbs, Stewart L. "Stock Options Influence on Manager's Salaries and Firm Performance." *The Business Review* 5 (1) (September 2006), 14 - 19.

Sesil, J. C., Kroumova, M. K., Blasi, J. R., and Kruse, D. L. "Broad-Based Employee Stock Options in U. S. 'New Economy' Firms," *British Journal of Industrial Relations* 40 (2) (June 2002), 273 - 294.

Sickles, Mark W. "Managing the Workforce to Assure Shareholder Value." *HR Focus* 76 (8) (August 1999), 1, 14, 15.

Smith, Clifford W., Jr. and Watts, Ross L. "The Investment Opportunity Set and Corporate Financing, Dividend, and Compensation Policies." *Journal of Financial Economics* 32 (1992), 263 - 292,

Thomas, Kaye A. *Consider Your Options: Get the Most from Your Equity Compensation*. Lisle, IL: Fairmark Press, 2007.

Yermack, D. "Good Timing: CEO Stock Option Awards and Company News Announcements." *Journal of Finance* 52 (2) (1997), 449 - 476.

第 *3* 章

Roche Holding：公司及其财务策略和牛市价差权证

3.1 前言

丹麦哲学家 Soren Kierkegaard 曾说过："理解……生命要回头看，但过日子要向前看。"① 我们所有人都会赞赏这一格言，因为事件总是在反省后才能理解得更清晰，但这一点对首席财务官（CFO）特别合适，他们基于对未来的想法选择用这样那样的工具借款，但如果他们赌错了，却是在年底被追究责任。但是，当他们赌对了，CFO 及其公司就能创造历史，赢得声誉。

---

① 实际的引用是："有一点是完全正确的，正如哲学家们所说，理解生命必须回头看。但他们忘掉了另一个观点，过日子必须向前看。"这一引用来自 1843 年 Kierkegaard 的日志，第 89 页。参见 Alexander Dru，ed.，*The Journals of Kierkegaard*（Harper Torchbooks，1959）。

Roche Holding 及其 CFO 在 1991 年至 2000 年之间的十年中赢得的正是这种声誉。在营运方面，Roche 通过强劲的内部增长、储备充足的新产品线、重大的收购行动，以及与不成功或达不到临界规模的非保健相关业务的大规模脱钩，赢得全球声誉，成为以研究为导向的保健行业的领先者。在非营运方面，公司享有同样响亮的盛誉，成为全球金融领域的一个发动机。Roche 成为全世界最熟练运用最新融资技巧[①]的公司之一，在 1991 年至 2000 年期间的 10 多次融资中，在欧元市场和瑞士资本市场发行结构性票据[②]。发行的这些债券的总面值达到 130 多亿美元，其中，很多（例如，牛市价差（bull spread）、触及失效（knock out）、流动收益期权票据（LYON，liquid yield option note）、收益或折现型股票债券期权（Rodeo，return or discount equity bond option）、武士债券（samurai）与变色龙债券（chameleon））因其新颖而开先河。

本章讨论 Roche Holding 公司。该公司被迫采取非传统的手段，将公司的司库部门转化为利润中心。本章也会解释由 Roche 的董事长和首席执行官 Fritz Gerber 及首席财务官 Henri B. Meier 所创立的用来引领企业的增长策略，并解释由于强有力的公司和行业特有的环境的趋同而产生的根深蒂固的财务上的“地雷阵”。本章探讨，首席财务官们作为一个整体，特别是 Roche 的首席财务官对采用普通债券还是混合债券的决策过程。最后，本章剖析 Roche 公司一个早期的交易，1991 年发行的 10 亿美元的牛市价差期权，先分析预期的投资者收益率，再换一个角度从 Roche 的视角进行分析。

3.2 Roche Holding AG：从贷款人向借款人的转变

Roche Holding AG[③] 成立于 1896 年，是一家从事生产具有统一药效和

---

① Kari Nars, ed. , *Excellence in Debt Management* (London, England: Euromoney Publications, PLC, 1997) 演示了世界上一些最老练的融资人。在这群主权机构、超国家机构、半主权机构的融资机构中，Roche 是仅有的私营企业，用了整整一个章节。

② 术语“混合债券”或“混合票据”作为“结构性债券”或“结构性票据”的近义词使用。

③ 在德语中，AG 表示 Akteingesellschaft，相当于英语中“incorporated”或“limited (Ltd.)”的公众持股公司。

质量的药品的企业，销售遍及全球。到了20世纪90年代中期，在企业成功经营了一个世纪之后，它已经发展成诊断仪器与试剂、维生素与精细化工产品以及香料和香精[①]等行业的全球领先者。其制药部门处于行业领先水平，在基础护理业（primary care sector）居主导地位，在医院市场行业（hospital market）处于世界领先水平。

对Roche而言，走向全球领先地位的道路并不平坦。在20世纪60年代和70年代，公司成为自身成功的牺牲品。Roche极其成功的医药产品Valium[②]为公司带来了充裕的资金，Roche进行了一连串收购。这些收购与医药行业是不相关的，耗费了公司所需的来自主业的（财力和人力）资源。[③]

3.2.1 Valium在美国失去专利

1985年，Valium失去其美国专利的保护，因而大大减少了Roche用于流动资本、资本支出和收购的资金的主要融资来源。尽管有产品的品牌形象和质量保障，通用产品仍迅速引入，导致业务收入直线下跌，营运利润率跌至5%以下。Valium销售收入的下降使Roche较早时期的多元化错误甚至变得更加明显。

3.2.2 研发成本迅速增加、市场增长和行业整合

如果Roche失去Valium专利是仅有的一个问题，那么公司本来也许应该克服困难大踏步前行，但事实却非如此。此外，Roche需要迅速、机敏地作出反应，来应对制药行业研发成本蹿升、产业快速整合、生化技术革命，以及医疗诊断与治疗之间不断提高的协同效应等共同的威胁。制药行业在20世纪70年代和80年代迅速扩张，原因是婴儿潮一代的需求不断增长，行业辐射范围也日益全球化。要在这种变化的竞争环境下生存，

---

① 2000年4月，Roche将其香料和香精部门Givaudan Roure分离出去，作为一个单独的公司经营，2002年9月，Roche的维生素和精细化工产品部门出售给一家荷兰的生命科学产品和功能物质公司DSM。

② Valium（又称diazepam）是世界上最著名的镇静剂之一。从1969年至1982年，Valium是美国开药方最多的药品。

③ Roche收购的公司是在诸如物理仪器、农用化工产品、香料和香精以及液态晶体等行业中具有市场地位的公司。

Roche 需要融资，来支撑其现有产品线的国际扩张、新产品开发和收购的协同效应。

随着研发融资的成本迅速上升到极高水平，医药产品成功的机会不断减小。制药企业在把新产品推向市场前会面临很长的延迟（一般为 10 年）。世界级科学家的成本，监管机构加强审查，共同推高成本，延长了发明和入市之间的间隔时间。制药企业会面临 10 年或更长时间的巨额负现金流的前景，并且到最后，其产品没有获得核准的可能性越来越大。即使产品被核准，这些公司会面临侧重药品与其他治疗方法相互作用等因素的跟踪研究会将产品驱逐出市场这样的可能性。

3.2.3 Roche 独特的资本结构

成本暴涨、收入减少以及快速的行业整合迫使 Roche 寻求外部融资，但公司面临因极不寻常的资本结构而产生巨大的财务障碍——这一结构是几十年来 Roche 公司治理的一个特征。[①] 尽管 Roche 很大，其具有投票权的股份仍由相对较小的一群投资者占有多数，这群投资者由 Hoffman 和 Oeri-Hoffman 家族以及 Dr. Paul Sacher 组成。这群人形成一个正式的股东组合，目的是确保对重要公司决策拥有多数投票权。[②]

尽管这一投资者群体在股东价值最大化中有既得利益，仍必然会有特殊和强有力的理由，牺牲其多数投票权。显然，这类特殊和强有力的理由从未出现在这群人的头脑中。由于这一投资者群体的存在，不可能增加 Roche 的股本，这就会从实际意义上稀释或可能稀释投票主体的地位。这一约束限制了公司增加股本的能力，因此，与发行股票相反，Roche 依靠财务创新，运用创新的混合债务工具进行融资。

---

① 这一结构甚至在 Roche 1989 年进行的企业和资本的重大结构变革后仍保留了下来。约 60 年前为了免受税收、商标设计以及德国国家社会主义的压力而设计的 Roche/SAPAC 的双重持有结构解体了。SAPAC 有限公司是 20 世纪 20 年代后期成立的，后来的作用是持有公司的海外子公司。Roche 股份的所有人自动成为 SAPAC 的所有人。

② 1989 年，Roche 的股票权益从 8 000 万瑞士法郎翻番至 1.6 亿瑞士法郎（即从约 4 900 万美元增加至 9 800 万美元），但公司的投票控制权仍处于由 Hoffman-Oeri-Hoffman-Sacher 组成的这一小群有投票权的群体的手中。参见 *Roche Group: Annual Report and Group Accounts* 1995（Basel, 1995），63。

3.2.4 运用混合债务工具的局限性

Roche 在 20 世纪 90 年代发行的混合债券是有权证的债券，与公司的有投票权的股票或无投票权权益证券（NES）相关联（参见图表 3.1）①。为了确保多数所有权仍控制在这一股东群体手中，并避免营业收入被稀释，发行这些混合工具，既不增加 Roche 的股票，也不增加无投票权权益证券。

这使 Roche 股东很高兴，因为为了满足行使对混合债券的看涨期权的投资者的要求，公司须在公开市场上买入自己的股票或无投票权权益证券（NES），这会提升股票的价格。当然，这种购买股票的做法，存在严重侵蚀 Roche 赢利能力和现金流的可能。发行具有看涨期权或可转换债券的公司的正常企业惯例，过去是（现在也是）通过发行新股来满足行使期权或债转股的要求。Roche 由于其股票结构的性质限制这样做。结果，公司面临重大的未来现金流的敞口并威胁到盈利能力。

图表 3.1　**什么是没有投票权的权益股票和股利权证（Genuβschein）**

没有投票权的权益证券和股利权证	没有投票权的权益证券和股利权证是两种不同形式的权益证券，但它们是如此相似以至于它们常常分在同一组，并称为“Genuβschein”（复数形式为 Genuβscheine）。这两种证券都没有投票权。没有投票权的权益证券和股利权证之间的一个小的区别在于其财务权利。股利权证的所有人只有权参与股利的分配。没有投票权的权益证券具有除了名义资本的清算和投票权之外的股东的*全面*财务权利。根据瑞士公司法，Genuβschein 证券不能用来融资

3.2.5 Roche 引入一位新的领导人取代公司管理委员会

为了生存，Roche 需要迅速、剧烈地进行变革，为此，公司需要一位新的领导人。因此，1978 年，Roche 聘用 Fritz Gerber 当董事长和 CEO。

---

① 参见风险提示板 3.1：认购权证与期权有何区别？

Gerber 在欧洲和瑞士以聪明、不允许废话的商人而出名,[①] 以其果断、清晰的决策和吸引杰出人才而颇负盛名。Gerber 早期在 Roche 的一个决定是，对公司的相当高的层次清理门户。在 20 世纪 80 年代中期，他在部门负责人中引入一批新鲜血液。他还采取通过使公司的司库部门成为利润中心来提高盈利能力的策略，但这种打破传统的措施需要聘用具有可靠的成功经历的首席财务官，他能从融资和投资两方面完全理解资本市场。

Gerber 选中了 Dr. Henri B. Meier，瑞士 HandelBank N. W. 的投资银行部的前主管。Henri B. Meier 有相当大的自由来承担可控制的风险，但这些风险不能威胁到公司的清偿能力。Gerber 也说得很明白，司库部门的成败直接由 Meier 负责，并且由他个人就所有与司库相关的决定对 Gerber 负责。

3.2.6 新的财务策略

Gerber 对 Meier 的指示——把司库部门变成利润中心——意味着公司的资本结构和非营运资产的风险—收益状况不再需要被动地进行调整或反映营运部门的敞口。司库部门的新工作是以尽可能便宜的利率融资（即使并不立即需要资金），主动管理各个期限的债务，以便使现金流支付最小化，对尚未运用的剩余资金积极进行投资，以便支持稍后的经营或收购。

Meier（作为行政委员会的一部分）设计了一个五个方面的财务策略，为 Roche 的增长融资。这一策略的几个方面是：（1）通过在适当时机融资建立起收购资金库；（2）通过发行混合债券进行融资使现金流出最小化；（3）裁减部门，出售没有用的部门，增加现金流；（4）减少股利，以增加现金流；（5）改善 Roche 的财务透明度和股票市场的形象。

3.2.6.1 通过在适当时机融资建立起收购资金库

Roche 在资金便宜而并不一定需要的时候开始融资。在有清晰定义的需要前融资的想法似乎是先斩后奏，抑或成本高昂，但收购的机会是不能

---

① Fritz Gerber 在 1974 年成为 Zurich Insurance 管理委员会的主席；从 1977 年至 1995 年，他担任 Zurich Insurance 董事会的董事长。在突出显示企业智慧和勇气的事件中，Gerber 在掌舵 Roche 后仍担任 Zurich Insurance 的负责人，领导两家公司走过较长一段繁荣时期。

精确预测的，而手里有资金可以增加 Roche 对市场的反应速度，因此，为公司提供了议价的优势。结果，收购的决策很大程度上取决于 Roche 的资本成本。但公司赌的是，未来的收购机会会通过较大幅度的利润率而克服这一障碍——而他们做到了。①

用这种方式融资意味着，Roche 走的是资本市场的钢丝绳，走错一步都会导致债务—股本比率恶化，融资成本上升。随着融资变得越来越带有机会主义色彩，并与经营越来越不相关，Roche 发现自身有很大的流动资产池可以投资。Meier 的策略创立了新的资产管理职责，要由 Roche 的司库部门进行管理。为了在这些资金上获得高于平均水平的收益，Roche 对这些资金进行主动管理，这意味着，使司库部门放手承担可容许的风险，以获得更高的收益。

3.2.6.2 发行混合债券进行融资使现金流出最小化

为使现金流出最小化（即息票和本金支出）和获得低成本的长期融资，Henri Meier 依靠混合金融工具和向投资者提供没有投票权的权益股票（即 Genuβschein）作为附带股权（equity kickers）。有时，Meier 能够发现资本市场的不完善，他能够进行套利，从而减少融资成本。例如，混合证券可以分拆，分开出售给目标投资者群体。Roche 常常找出独特的投资者类别，他们对具有特别的风险和/或收益特点的证券有额外的需求，然后把公司的混合证券的价格条款进行度身定制，来匹配这些债权人的准确的需求。此外，通过选择性地选取较有募集能力的投资银行，Meier 能够稳健地引导每次发行的债券的一部分，远离对冲基金，这些基金，为了设法对冲其权证的敞口，可能已经在现货市场上做空 Roche 股票，从而打压股价。公司的策略是寻求在使其债务工具的最初卖出价格最大化的同时使融资的现金流出最小化，并增加其投资银行的募集能力。

混合债务证券除了其使现金流出最小化和减少资金成本的能力外，对于普通的债券和贷款还有另外一个关键的优势。混合债券提供了通过对冲和不对冲头寸来接受可控的投机性风险的机会，从而使融资成本甚至更

① 在 20 世纪 80 年代后期和 20 世纪 90 年代，Roche 的主要收购包括 1990 年的 Genentech（制药生化技术公司），1994 年的 Syntex（药品公司），1997 年的 Tastemaker（香料公司），以及 1998 年的 Böhringer-Mannheim（诊断公司）。

低。当然，人们会说，任何公司都能通过设立对冲基金并在市场上投机来做同样的事情，但有一个重大的区别，混合债券为 Roche 提供了对其自身股票与市场对抗的机会，对自身股票，公司有巨大的信息优势。

3.2.6.3 裁减部门并出售没有用的部门来增加现金流

Roche 财务策略的第三个方面是，使自己与已成为财务负担和/或不能对公司的目标和核心能力做出贡献的部门和子部门脱钩。为了有助于作出类似脱钩这种艰巨决策的过程，Roche 引入了管理信息系统，这些系统对所有需要绩效的部门的经理都施加了巨大的压力。在关于部门绩效和资本预算项目的所有讨论中都融入了低限回报率（hurdle rate）。

不能清除绩效障碍的部门出售给出价最高的竞标者。[①] 从脱钩中产生的收益用于对新的收购的融资以及改造继续运营的业务。当没有近在眼前的收购目标或没有明显支持继续运营业务的途径时，几十亿美元的剩余现金会流入 Roche 的司库部门，产生了甚至更大的需求，需要一个具有专业管理能力的投资部门。

3.2.6.4 减少股利以增加现金流

Roche 寻求对尽可能多的扩张项目进行内部融资。为实现这一目标，有意识地使股利支出比率保持在低水平（平均约为收入的16%），而用非现金的利益（一般是用产生资本利得的结构性衍生产品）回报股东。[②]

3.2.6.5 改善 Roche 财务透明度和股票市场的形象

最后，为执行公司的财务策略，Roche 需要尽可能大的潜在的股东群体，并需要透明度的声誉。为此，公司彻底改造了企业架构和财务架构（1989 年），在瑞士主要的股票交易所上市（1989 年），对当地法定审计和集团报送都采用了“单一审计师概念”，成为在估值方法、会计准则和报送原则方面第一家采用国际会计标准的瑞士公司之一（1990 年）。这些变化改善了 Roche 财务报送的透明度、质量和范围，提升了对财力风险、收益和成本的控制能力。

---

① 在这几年，Roche 于 1989 年出售了 Fluka（专用化学产品和分析试剂）和 Kontron（工具），于 1990 年出售了 Dr. R. Maag AG & Maag Agrochemicals（厂房保护/农用化学品）和 Medi-Physics。

② 投资者以资本利得的形式获得的收益在瑞士大多数行政区都是免税的，在其他国家，资本利得税率水平也常常低于所得税率。

3.3 Roche于1991年发行的牛市价差证券

Roche于1991年发行的牛市价差证券，可以代表Henri Meier在Roche设计的财务策略。这些混合证券以非常低的息票率为Roche提供了长期融资；证券针对的是资本市场中的特定的类别，从可能存在的资本市场中的任何不完善中获利，而并不增加股票的数量，最重要的是，证券为Roche的司库部门提供了10年的机会，从可控的投机风险中获利。牛市价差证券的面值为10亿美元，债券的期限是10年，息票率为3.5%。权证（稍后讨论）增加了投资者的潜在收益。

3.3.1 Roche为什么选择长期的美元计价债券

对Meier为什么借入长期美元资金有很多可能的解释，但有强有力的理由相信，发行这些债券与Roche收购加州生化公司Genentech 60%的股权有关。[①] 总部在美国的Genentech继续经营，给Roche带来的是巨额的长期美元敞口。Roche购买Genentech的资金，来源是短期的美元过桥贷款，该贷款使公司易受利率上升的伤害。为保护Genentech预期的长期现金流入的瑞士法郎的价值，Henri Meier通过创设冲抵性的长期美元负债设立了一个自然的对冲。

3.3.2 发行的牛市价差证券的细节

Roche的每份牛市价差证券价值10 000美元，且给予每位投资者73份牛市价差权证。权证期限3年，到期时，如果每股的收盘价小于或等于7 000瑞士法郎，每100份权证可以赎回从而获得7 000瑞士法郎，或者，

---

① 当Roche在1990年收购Genentech的60%多数股权时，收购协议给予Roche到1995年6月30日赎回所有Genentech股票的选择。协议也允许Roche在公开市场上在最初60%持有权之上再额外收购Genentech 15%的股票。1995年5月，Roche和Genentech同意按预定的价格延长对所有Genentech股票的看涨期权，这些期权会每季度上涨并于1999年6月30日到期。Roche于1999年行使期权，意图是重新出售Genentech高达19%的股票，从而使公司继续成为公开交易的独立法人。Roche在1999年7月出售了Genentech约17%的股票。然后，在1999年10月，Roche出售了Genentech 2 000万股普通股，将其在公司的权益减少至约65%。Roche在2000年3月进一步减少Genentech的权益至58%，当时Roche出售了更多的Genentech的普通股股票，并给予承销商购买更多普通股股票的选择，来覆盖超额配售。

如果收盘价大于10 000瑞士法郎，公司可以选择是1股或是10 000瑞士法郎（参见图表3.2）。

图表3.2　　Roche公司1991年发行的牛市价差证券情况汇总

1991年5月16日发行
牛市价差证券
10亿美元
3½%
2000年5月16日到期
附牛市价差权证

债券发行人	Roche Holdings, Inc. USA
债券	10亿美元，息票利率3½%，2001年到期
利率	3½%（每年5月16日付息）
到期日	2001年5月16日
牛市价差权证发行人	Roche Investments Limited, Bermuda (RIL)
权证	每10 000美元=73份牛市价差权证
权证数量	7 300 000
行使权利	如果一份不记名股票的收盘价低于或等于7 000瑞士法郎，100份牛市价差权证授权持有人在1994年5月16日（从RIL）获得7 000瑞士法郎，或者，如果收盘价大于10 000瑞士法郎，公司可以选择是1股或是10 000瑞士法郎
上市地点	卢森堡、苏黎世与巴塞尔股票交易所

3.3.3 目标投资者群体

在确定所发行的牛市价差证券的结构时，Meier组织协调，努力使证券的条款从总体上适合机构投资者，特别是要适合总部在瑞士的机构投资者。牌局大多数按有利于Roche的方式进行。公司的信用评级很高，公司享有正面的所在国的偏好，Roche持有的债务相对较少，因此，对希望资产组合多元化的机构投资者而言增加了稀缺性的价值。投资者也欢迎牛市价差证券提供的有保证的最低收益和可观的上行潜力。证券设计的结构是，至少获得7.7%的（税前）收益，这一水平高于法定要求的瑞士养老

基金须获得的收益，证券还提供额外的对纳税人的激励手段，因为其收益的一部分是按资本利得税率，该税率比一般的所得税率要低。

风险提示板3.1

认购权证与期权有何区别?

认购权证是给予其持有人财务上特权的金融工具。这些特权可以是纯粹的看涨期权的形式，这种期权给予所有人权利而不是义务按预定的价格在未来预定的日期（或在确定的一个时间阶段）买入规定数量的股票（或其他标的资产，如参与证或自然资源）。权证也可以是看跌期权的形式，这种期权给予所有人权利而不是义务按预定的价格在未来预定的日期（或在确定的一个时间阶段）卖出规定数量的股票或其他资产。认购权证也可以给予看涨期权、看跌期权和远期合约权利的组合权利。最常使用的认购权证给予的是看涨期权的权利。

认购权证在两个重要的方面不同于期权。第一，权证的期限较长（即常常1年或持续很多年），而相比较而言，期权期限较短（常常持续1年或更短）。第二，权证由企业自己发行，而不是通过金融中介（例如，银行、交易所和经纪商）。

权证会减少债券附带的息票的利率，因为权证会向投资者提供财务上的激励手段，并提供风险可接受的机会。权证（例如，看涨期权）常常按远远处于价外的价格（例如，价外20%或更多）发行，以至于要产生大幅的资本升值才会有内在的价值。如果在到期前达到权证的履约价格，权证的持有人会面临与期权持有人一样的激励手段。价内的权证在到期前很少会行使，因为投资者通过出售获得权证的内在价值和时间价值可以获利更多，而不会行使权证只获得内在价值。

为什么一个公司会担心所发行权证的不确定成本呢？如果公司股价上升，公司难道不能只发行新股来满足任何权证的行使而产生的需求？而在这种情况下，难道资金本质上对公司而言不是自由的吗？答案是一个重重的“否!”新股的发行会导致收入和投票权的稀释。如果权证用现金支付，现有的股东一般会更富足，而这是股东常常抵制公司发行新股来满足权证要求的一个主要原因。①

到期时，没有对冲其权证敞口的公司有三个基本的方法来兑现价内权证的责任。可以发行新股，因而会稀释现有的股东群体，或者可以用现金结算，或者可以在相对价格较高的现货市场上买入需要的股票，然后再以较低的履约价格出售给权证持有人。在公开市场上获得股票对现有股东有好处，因为这样会抬高股价，并确保股利会在当前（确定的）股东群体中分配（即没有稀释）。按市场价格获得股票（或用现金结算）的最大劣势是买入股票产生的大额的负面现金流以及公司在交易（即按市场价格买入股票并按较低的履约价格出售股票）上遭受的损失。

图表 RN3.1.1 总结了期权和权证之间的主要区别。

图表 RN3.1.1　**期权与权证之间的区别**

期权	认购权证
短期	长期
金融中介机构发行	企业发行
独立于任何其他的债务工具发行	通常与债券共同发行
以各种不同履约价格发行	以按远远处于价外的价格发行，或根据嵌入的权证按一个履约价格发行
金融中介满足行使期权的投资者的需求	企业满足行使期权投资者的需求

3.3.4 牛市价差证券投资者收益的分析

发行的牛市价差证券可以分成两个主要的组成部分（参见图表 3.3）：1 份 10 年期的债券和一组 73 份的牛市价差认购权证，权证的期限为 3 年，具有看跌期权、看涨期权和远期的组合条款。发行的牛市价差证券的权证部分可以作为投资者和 Roche 之间的“次要赌项”，赌的内容是 1994 年 5 月 16 日（即证券发行 3 年以后）的股价有多高。Roche 的牛市价差

① 进一步的分析，参见 Stephen A. Ross, Randolph W. Westerfield, and Jeffrey Jaffe, *Corporate Finance*, 8th ed.（New York: Irwin-McGraw Hill, 2008）, Chapter 24。

证券一旦发行，债券和权证就被分开，并在二级市场上单独卖出。[①] 由于牛市价差证券的可分性，Roche 实际上向公众提供了三种投资选择：(1) 没有认购权证的债券（不附权证债券）；(2) 没有债券的认购权证（不附债券权证）；(3) 有认购权证的债券（即附权证的债券）。我们将在以下章节中分析这三种工具中的每一种工具，但在分析前，我们需要对发行债券的债券部分和认购权证部分分开进行估值。

图表 3.3　**混合融资：普通债券与认购权证（“单边下注”）**

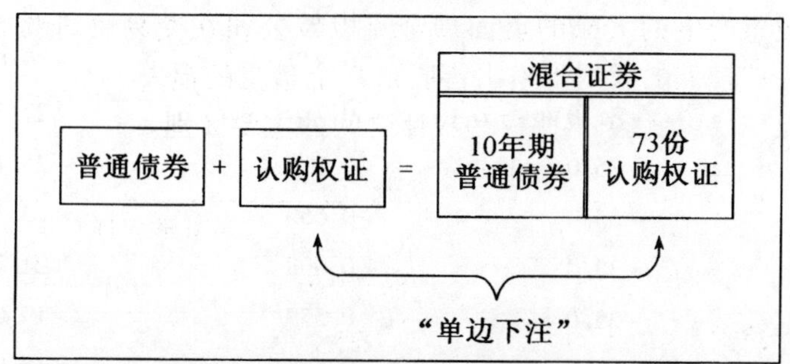

3.3.4.1　对发行的牛市价差证券的债券和认购权证部分进行估值

因为投资者在牛市价差债券上的收益是对债券的收益和 73 份认购权证的加权平均收益，分析这些工具的第一步是将其价值分开。幸运的是，有一种相对容易的方法。然后，我们可以计算牛市价差证券每一个组成部分的收益，以及混合（即债券和认购权证）投资的收益。

1991 年，Roche 本来可以按约 8.65% 借入普通美元面值的 10 年期资金。但是 Roche 选择以 3.5% 的年息票利率发行 10 亿美元的牛市价差证券。因此，对于发行债券的 10 年中的每一年，Roche 须支付 3 500 万美元的息票利息，然后，在到期时，须支付 10 亿美元的本金。图表 3.4 显示了这些现金流出，计算其按 8.65% 折现后的现值，该利率是 Roche 本来可以借款的固定利率资金的利率。该 6.643 亿美元的折现后现值是 Roche

① 为增加吸引力（即主要是就流动性和灵活性而言），常常构建混合工具，以便债券和权证可以分开，作为独立的金融工具卖出。这种“可分性”的特征对于本章的分析很重要。参见 Frank K. Reily and Keith C. Brown, *Investment Analysis and Portfolio Management*. 8th ed. (Mason, OH, Thomson-Southwestern, 2006), Chapter 23: Swap Contracts, Convertible Securities, and Other Embedded Derivatives。

发行的牛市价差证券的债券部分的价值。由于发行债券的总价值是10亿美元，认购权证应该有的价值是3.357亿美元，该价值是10亿美元和6.643亿美元之间的差值。

图表3.4 **牛市价差证券"固定"现金流量的折现现值**

年度	来自3.5%息票债券的现金流出（百万美元）	折现因子@8.65%	按8.65%折现的现值（百万美元）
1992	-35.0	0.920	-32.2
1993	-35.0	0.847	-29.6
1994	-35.0	0.780	-27.3
1995	-35.0	0.718	-25.1
1996	-35.0	0.660	-23.1
1997	-35.0	0.608	-21.3
1998	-35.0	0.559	-19.6
1999	-35.0	0.515	-18.0
2000	-35.0	0.474	-16.6
2001	-1 035.0	0.436	-451.5
普通债券部分的价值			**-6.643亿**
		发行总额	**发行比重**
混合证券价值		10亿美元	100%
普通债券部分的价值		6.643亿美元	66.4%
认购权证部分的价值		3.357亿美元	33.6%

认购权证价值＝混合证券价值－普通债券价值

3.3.4.2 债券持有人收益的分析

只持有牛市价差证券的债券部分的投资者获得8.65%的收益，该收益由3.5%的年度息票和10年期间接近50%的资本利得。该资本利得反映的是到期时混合债券的全部面值（10亿美元）与6.643亿美元的买入价格之间的差额（参见图表3.5）。

图表 3.5　　　　不附认购权证的债券持有人的收益

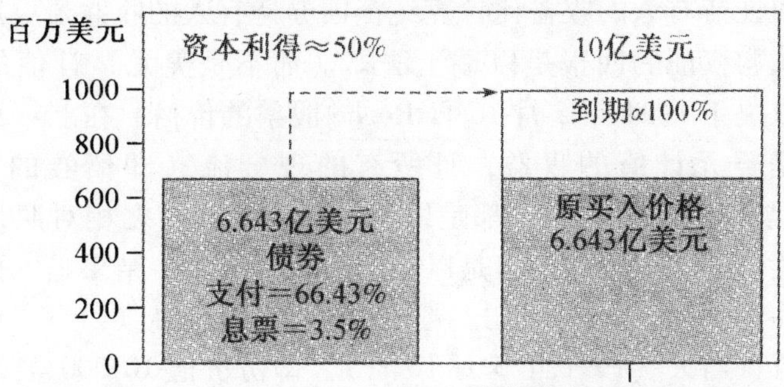

举个例子可能有助于我们理解债券持有人获得的收益。假设，投资者购买 Roche 公司 10 000 美元的牛市价差证券，将纯粹的债券与认购权证分开，并出售纯粹债券。某个人要得到这样的债券，应支付多少呢？给定当前的宏观经济环境和市场对 Roche 风险水平的认知，投资者预计从 Roche 债券中得到 8. 65% 的收益，正如投资者在 10 年期普通固定利率债券上本来应得到的一样。如果投资者卖出 10 年期的债券，获得 6 643 美元，买方每年获得 350 美元，然后在最终第 10 年获得全部的面值 10 000 美元，从而获得 8. 65% 的内部收益率（参见图表 3. 6）。

图表 3. 6　　与 Roche 牛市价差证券的债券部分相关的美元现金流

年份	债券现金流（美元）
1991	-6 643
1992	350
1993	350
1994	350
1995	350
1996	350
1997	350
1998	350
1999	350
2000	350
2001	10 000 +350 = 10 350
内部收益率	8. 65%

3.3.4.3 认购权证持有人收益的分析

计算权证持有人的收益比计算纯粹债券持有人的收益要更加复杂，因为Roche认购权证的回报是以瑞士法郎（而不是美元）计值的，认购权证的收益取决于1994年5月16日Roche股票的价格。在上一章节计算的债券收益是美元计值的收益，且所有的现金流（即债券的买入价格、3.5%的息票和偿还的本金）都是以美元计值的。与之相对照，认购权证是以美元偿付的，但履约价格是以瑞士法郎计值的。结果是，投资者买入权证，面临着到期时（3年后）瑞士法郎贬值的威胁。

在发行日当天（1991年5月16日），每份价值10 000美元的票据的认购权证部分的价值为3 356.63美元，而即期汇率约为1美元1.44瑞士法郎。因此，权证的瑞士法郎的价值为4 833.55瑞士法郎（即＄3 356.63 ×SFr 1.44/＄ =SFr4 833.55），因为每10 000美元的牛市价差证券附有73份权证，每一份权证的价值为66.21瑞士法郎（即SFr 4833.55 ÷73 = SFr 66.21）。

在给定这一信息的情况下，让我们在下一章节来审视Roche牛市价差证券的认购权证在假设汇率不变情况下可能的收益率，看看如果汇率确实变化时会发生什么。

●股价等于或低于7 000瑞士法郎时的收益。看跌期权赋予投资者权利而不是义务，卖出100份权证，获得7 000法郎。因为每份权证价值为66.21法郎，100份权证的起始价值为6 621瑞士法郎。因此，Roche为投资者担保至少为379瑞士法郎的收益,[①] 相当于3年的年收益为1.9%（参见图表3.7和3.8）。[②]

●股价等于或高于10 000瑞士法郎时的意义。Roche牛市价差证券认购权证赋予Roche权利而不是义务，在1994年5月16日从投资者那里买入100份权证，最高价格为10 000瑞士法郎。结果是，不管Roche的股价上升多高，投资者最多可以获得3 379瑞士法郎或14.7%,[③] 这一数字反映的是10 000瑞士法郎履约价格与6 621瑞士法郎（即1996年5月16

---

① SFr7 000 - SFr6 621 = SFr379。
② $(1+379/6\ 621)^{(1/3)}-1=1.9\%$。通过计算内部收益率可以得出同样的答案。
③ $(1+3\ 379/6\ 621)^{(1/3)}-1=14.7\%$。通过计算内部收益率可以得出同样的答案。

图表3.7　1994年5月16日Roche股价低于7 000瑞士法郎时认购权证的瑞士法郎损益图

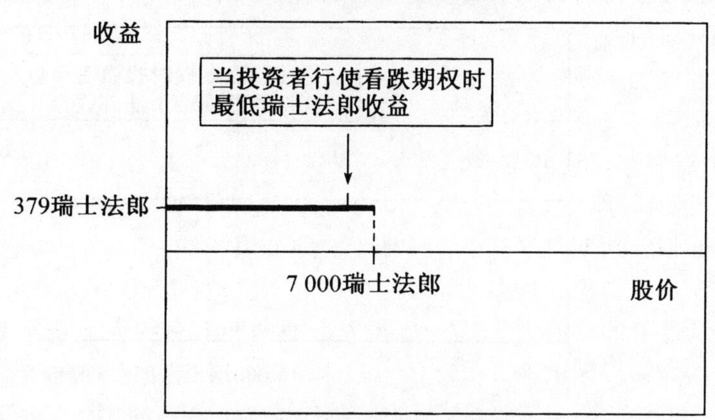

图表3.8　1994年5月16日Roche股价等于或低于7 000瑞士法郎时认购权证的损益图

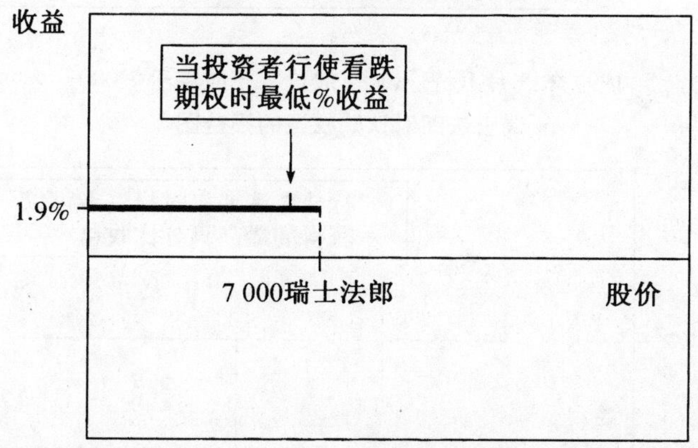

日当证券卖出时100份权证的价值）之间的差额。图表3.9和3.10显示的是当股价高于或等于10 000瑞士法郎时看涨期权空头的损益图。

●股价高于7 000瑞士法郎但低于10 000瑞士法郎时的意义。到期时，如果股价高于7 000瑞士法郎但低于10 000瑞士法郎，投资者会因股价高出7 000瑞士法郎的每1瑞士法郎而获得1瑞士法郎对1瑞士法郎的收入。图表3.11显示的是7 000瑞士法郎和10 000瑞士法郎之间1瑞士法郎对1瑞士法郎的损益图。

图表 3.9　　1994 年 5 月 16 日 Roche 股价高于 7 000 瑞士法郎时认购权证的瑞士法郎损益图

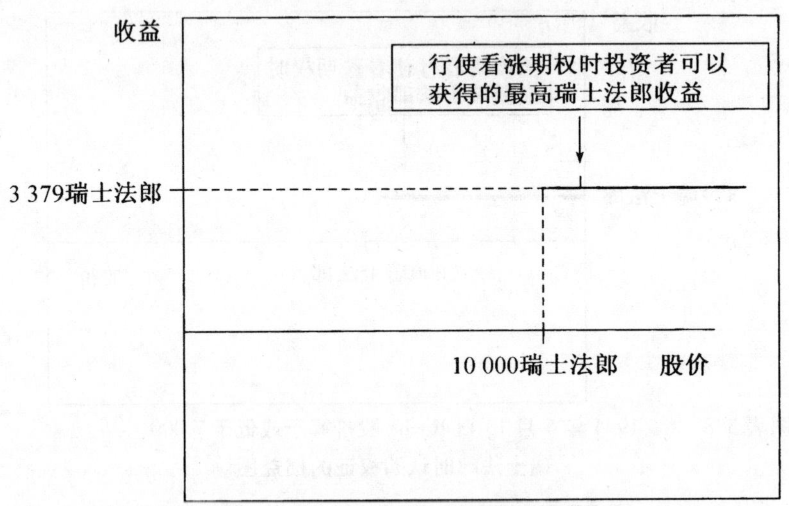

图表 3.10　　1994 年 5 月 16 日 Roche 股价等于或高于 7 000 瑞士法郎时认购权证的损益图

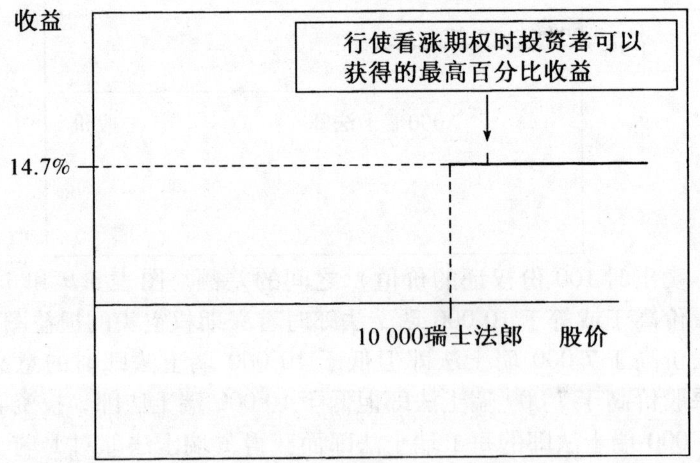

图表 3. 11　1994 年 5 月 16 日 Roche 股价高于 7 000 瑞士法郎但低于 10 000 瑞士法郎时认购权证的瑞士法郎损益图

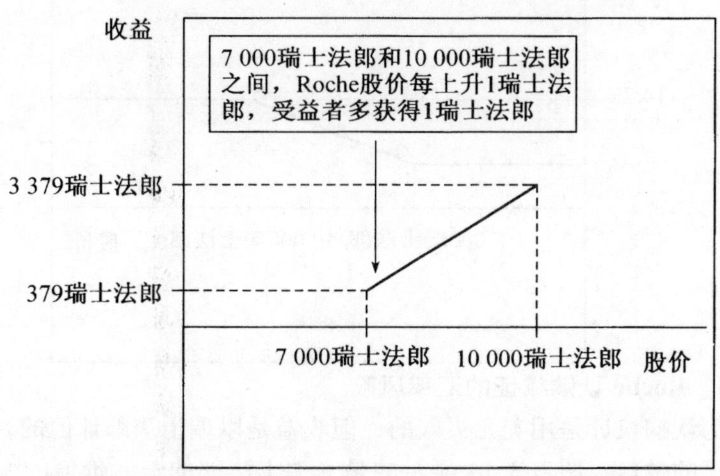

图表 3. 12 与图表 3. 13 将三个股价区间的损益图结合在一起，显示出变形后的混合形式是牛市价差工具的形式。

图表 3. 12　任何 Roche 股价下认购权证的瑞士法郎损益图

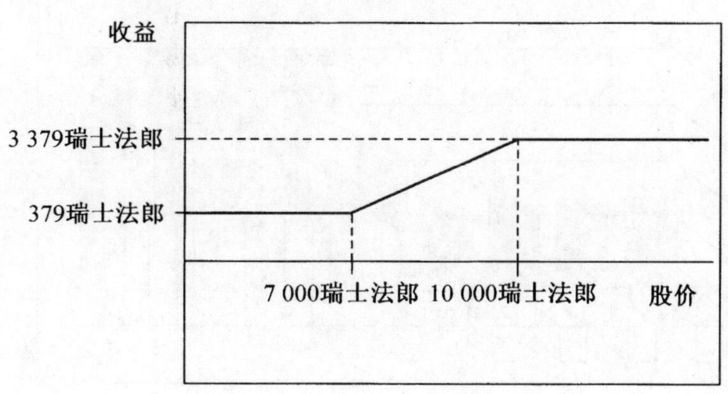

图表 3.13　　任何 Roche 股价下认购权证的损益图

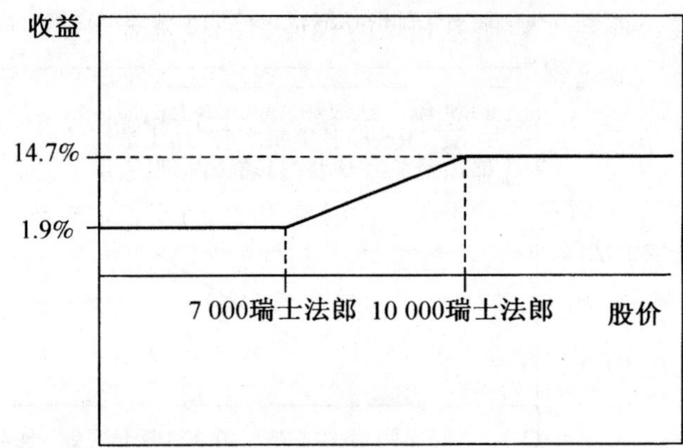

3.3.4.4　Roche 认购权证的汇率风险

因为认购权证是用美元买入的，但收益是以瑞士法郎计值的，投资者面临外汇的敞口。图表 3.14 显示的是，瑞士法郎的美元价值的变化对权证持有人的美元收益的影响。注意，随着瑞士法郎走强，美元收益上升。也请注意，如果瑞士法郎贬值过大，权证收益也可能是负的。

图表 3.14　　不同股价和汇率下权证的收益

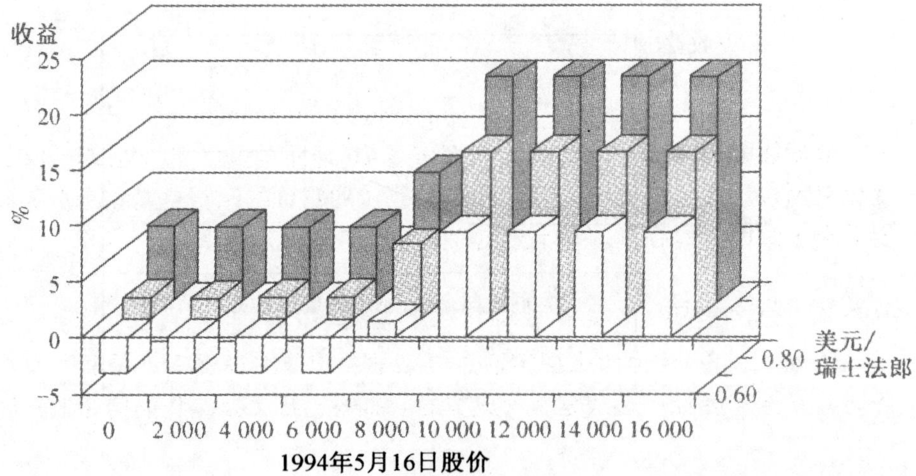

3.3.4.5 债券持有人和认购权证持有人收益的分析（即附权证的债券）

持有混合证券（即债券和认购权证）的投资者获得平均收益率，反映了两个重大的因素。第一，发行证券的债券部分是66.4%，而发行证券的权证部分是33.6%，因此，债券在混合证券的收益中占主导（参见图表3.4）。第二，债券收益持续10年，但权证收益在3年末支付。图表3.15显示的是不附权证的债券、不附债券的权证和附权证的债券的内部收益率。注意，债券的收益恒定为8.65%（参见图表3.6），而认购权证的收益在1.90%和14.7%之间变动（参见图表3.13）。因此，附权证的债券的收益（即加权平均收益）在7.7%和9.7%之间变动。①

图表3.15　**附权证的债券、债券和认购权证的瑞士法郎收益**

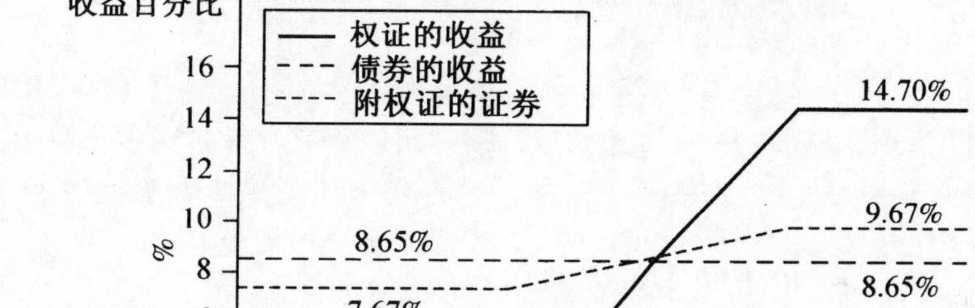

●**附权证的债券的外汇风险。**图表3.16显示的是，瑞士法郎价值的变化对附权证的债券的收益的影响。因为认购权证的回报是以瑞士法郎计值，瑞士法郎越是强劲（美元越是疲软），美元收益越高。

3.3.5 从Roche一方对牛市价差证券进行分析

Henri B. Meier为什么决定通过复杂的牛市价差证券而不是通过发行普通的债券来融资？这只是一个成本的问题吗？如果是，他如何能把不确

① 附权证的债券的加权平均收益的计算在“风险提示板3.2：Roche附权证的债券的加权平均收益的计算”中解释。

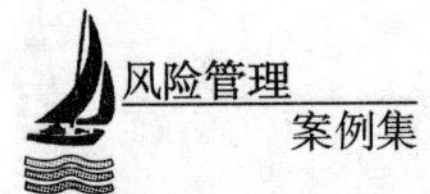

定的混合证券的全部成本与所有现金流都能提前了解的普通债券进行比较呢？牛市价差证券是否为 Meier 提供了更大的灵活性？如果是，Roche 是否以风险和不确定性的增加而支付了罚金？

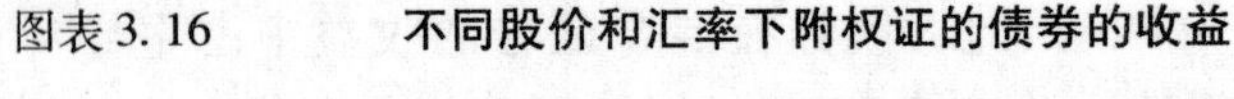
图表 3.16　　不同股价和汇率下附权证的债券的收益

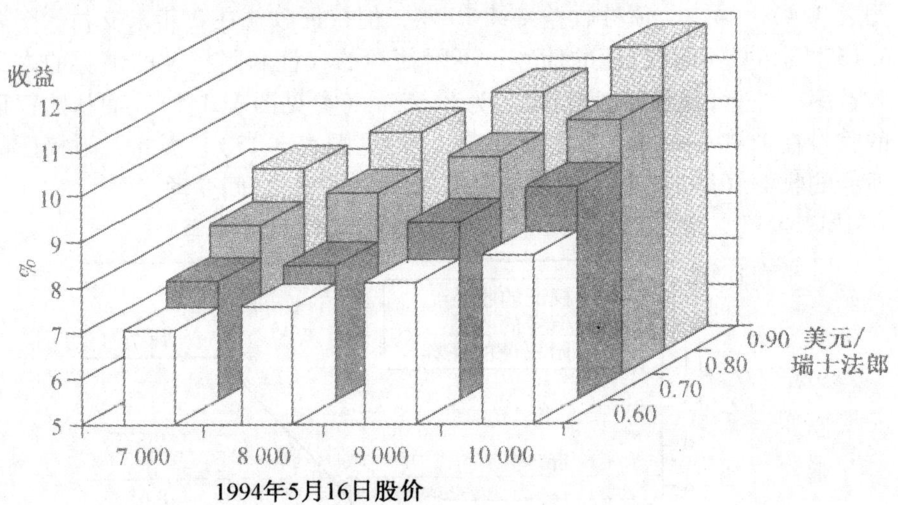

3.3.5.1　牛市价差证券与普通债券的成本比较

为了对两种融资来源的成本差异进行有效的评估，重要的是要比较相似的内容，但是，如果与普通债券相关的现金流从一开始就知道，而混合证券的现金流取决于股价，只有在结束时才知道，这种比较怎么可能呢？答案是，我们须计算出对冲混合证券的某些现金流的成本，再把对冲成本加入到混合证券整体资金成本之中。那样，我们就能比较现金流从一开始就知道的两种融资来源的成本。

举个例子会有助于说明这一点。如果 Roche 发行 10 年期普通债券融资，公司应支付 8.65%。与之相对照，Roche 发行牛市价差证券，息票利率只有 3.5%，但投资者愿意接受较低的息票利率，因为投资者得到了比普通债券获利更多的前景。发行牛市价差证券对 Roche 也更有吸引力，因为附加的权证减少了息票利率，这就会减少公司的现金流出，支持其整体财务策略。

风险提示板3.2

Roche附权证的债券加权平均收益的计算

前言

附权证的债券的持有人的加权平均收益（参见图表3.15）计算方法如下。1991年，投资者为牛市价差证券支付10 000美元。债券价值6 643.37美元，73份认购权证价值3 356.63美元。1994年，当权证到期时，需要100份权证，获得最少7 000瑞士法郎或最多10 000瑞士法郎。结果是，加权平均收益的计算是基于投资者的，该投资者在1991年为发行的牛市价差证券支付10 000美元，在1994年获得权证73/100的回报。1991年，瑞士法郎—美元汇率是SFr1.44/US $。

RN3.2.1　Roche公司1994年5月16日股价低于或等于7 000瑞士法郎情况下的内部收益率

如果Roche在1994年5月16日（即权证到期日）的股价低于或等于7 000瑞士法郎，附权证的债券的内部收益率（IRR）将等于7.7%（参见图表RN3.2.1）。注意，投资者每年获得10 000美元证券面值3.5%的息票利息，而在1994年，投资者从认购权证中获得回报。如果5月16日Roche的股价低于7 000瑞士法郎，投资者可以行使看跌期权并获得5 110瑞士法郎（即73/100 × SFr7 000）。假设汇率不变（即汇率保持在SFr1.44/US $），投资者会在1994年从认购权证中获得3 548.61美元（即SFr5，110 ÷ SFr1.44/US $）。因此，1994年投资者总的现金流入是3 898.61美元（即 $350 + $3.548.61 = $3 898.61）。将1991年至2001年的所有现金流汇集起来，图表RN3.2.1显示的是，Roche股价低于或等于7 000瑞士法郎时的内部收益率为7.7%。

图表RN3.2.1　**附权证的债券的内部收益率**

（假设1994年5月16日Roche股价低于或等于7 000瑞士法郎且汇率不变）

年度	债券现金流量	权证现金流量 （73份权证按1.44瑞士法郎兑换1美元）	总现金流量
1991	– $6 643.37	– $3 356.63 = – SFr4 833.55	– $10 000
1992	$350		$350

续图表

年度	债券现金流量	权证现金流量 （73 份权证按 1.44 瑞士法郎兑换 1 美元）	总现金流量
1993	$350		$350
1994	$350	（73/100×SFr7 000） ÷SFr1.44/$ =SFr $3 548.61	$3 898.61
1995	$350		$350
1996	$350		$350
1997	$350		$350
1998	$350		$350
1999	$350		$350
2000	$350		$350
2001	$10 350		$10 350
内部收益率			**7.7%**

RN3.2.2　Roche 股价在 1994 年 5 月 16 日高于或等于 10 000 瑞士法郎时的内部收益率

同样的程序可以用于计算假设 Roche 股价在 1994 年 5 月 16 日高于或等于 10 000 瑞士法郎时附权证的债券的内部收益率。唯一的现金流变化是，1994 年，当时，投资者对于每 100 份认购权证会获得 10 000 瑞士法郎的与权证相关的现金流。假设汇率不变，这些与权证相关的现金流的美元价值就是 5 069.44 美元（即（73/100） ×SFr10 000÷SFr1.44/US $ = $5 069.44），1994 年的总的现金流就是 5 419.44 美元（即 $350 + $5 069.44 = $5 419.44）。在这些情况下，内部收益率上升至 9.7%（参见图表 RN3.2.2）。

RN3.2.3　Roche 股价在 1994 年 5 月 16 日高于 7 000 瑞士法郎但低于 10 000 瑞士法郎时的内部收益率

对于 1994 年 5 月 16 日所有高于 7 000 瑞士法郎并低于 10 000 瑞士法郎的 Roche 股价，计算方法与图表 RN3.2.1 和 RN3.2.2 中显示的一样。这些股价中的一个股价留作一道思考题。

图表 RN3.2.2　　附权证的债券的内部收益率

（假设 1994 年 5 月 16 日 Roche 股价高于或等于 10 000 瑞士法郎且汇率不变）

年度	债券现金流量	权证现金流量（73 份权证按 1.44 瑞士法郎兑换 1 美元）	总现金流量
1991	－$6 643.37	－$3 356.63＝－SFr4 833.55	－$10 000
1992	$350		$350
1993	$350		$350
1994	$350	（73/100×SFr10 000）÷SFr1.44/$＝SFr$5 069.44	$5 419.44
1995	$350		$350
1996	$350		$350
1997	$350		$350
1998	$350		$350
1999	$350		$350
2000	$350		$350
2001	$10 350		$10 350
内部收益率			**9.7%**

在本章较前的部分，我们确定，发行的牛市价差证券的纯粹债券部分的价值为6.643亿美元，牛市价差证券的认购权证价值为3.357亿美元。如果资本市场进行完美套利，对冲牛市价差证券敞口的成本（即进行一组相互冲抵的看跌期权和看涨期权）就是3.357亿美元，该金额正好是权证的价值。按百分比计算，在充分套利的市场中对冲的成本是5.15%，该百分比是直接发行债券的成本8.65%和3.5%的息票利率的差额。在这些情况下，公司可能对直接发行成本8.65%和对冲的混合成本8.65%比较麻木。概括而言，如果资本市场充分套利，那么两个完全相同的资产（负债）不可能同时进行买卖，来获取无风险利润。[①] 这两者之间不应有

① 这两个同质的资产的价格的区别不应超过交易成本。

区别。

与之相对照，如果资本市场并非完全套利，对冲认购权证的成本就会大于或小于 335.7 美元（即 5.15%）。例如，如果对冲成本只有 2 亿美元，Roche 本来应该可以通过发行息票利率为 3.5% 的牛市价差证券并用 2 亿美元来抵补认购权证的敞口来减少其全部融资成本。如果对冲的费用是 2 亿美元，这些资金的成本就会是 6.25%，比直接发行债券整整低了 2.4%。事实上，Roche 本来要支付 3.5% 的息票利率，然后再以只有 2.75% 的成本进行对冲，而不是在市场完全套利情况下本来要支付的 5.15%。按年计算，10 亿美元的债券省下 2.4%，价值就是 2 400 万美元。

Henri Meier 之所以选择牛市价差证券是因为他发现了市场的不完善，可以使他对资本市场进行套利而以较低的成本融资，低于他选择较容易的途径而以纯粹债券融资的成本。同样可能的是，他选择混合债券而不选择纯粹债券，原因是，混合证券给予他在市场中进行操作的机会，在认购权证三年期限内对其权证头寸进行对冲或取消对冲。

通过在发行时对市场套利来减少成本，与在债券的期限内操作市场（即投机）来减少成本之间存在巨大差异。对资本市场的不完善进行套利，可提前且没有任何不确定性地减少成本，因为在发行时锁定了较低的成本。与之相对照，因为*预期*的所有期末（即*事后*）现金流出比纯粹发行债券要少而选择混合债券，是一种投机，打赌企业会逆势而为并在该债券的期限内执行。一直到债券到期，或认购权证的头寸已被对冲，或到期的限制条款已被执行，公司才会完全知道实际的所有成本。只有那时，才能确定，其现金流出是否比采用简单的普通债券（或完全对冲的混合债券）所支付的要少。

3.3.5.2 资本市场缺陷的来源

在完全的竞争世界中，市场缺陷并不存在，权证应被合理定价，不会直接给借款人提供补贴，但在真实的世界中，扭曲可能也确实发生。由于混合债券体量庞大，发现定价缺陷可能为公司在该债券期限内节省上千万美元的借款成本。市场缺陷越严重、越持久，公司从暂时的市场异常中获利的可能性越大。

首席财务官或投资银行家怎样在发行债券前识别这次机会呢？要了解权证是否合理定价，并因此知道混合证券比普通证券成本低还是高，需要一种计算对冲潜在权证头寸的成本的方法。如果具有相同特征的权证或期权已在场外市场或交易所卖出，这一任务就会比较容易。在这种情况下，对冲的成本可以直接从金融媒体的现货报价中获知，或通过向投资银行打电话而获取。

不幸的是，具有与新发行的权证相同的风险—收益特征的繁荣市场并不总是存在的。因此，必须采用一些其他的估值方法。一种产生关于权证价值信息反馈的方法是运用期权估值公式，如或有求偿权定价模型，Black-Scholes 公式的一种变化形式，或二项网格定价模型。这些公式运用以下信息计算期权价格，如当前股价和成交价格之间的关系、预期股息支付、无风险利率、权证的期限、标的资产的预期波动情况。

另一种方法是采用首次公开发行（IPO）经常采用的做法，称作“询价圈购（book building)”，投资银行家通过对大型投资人进行取样来推断信息，以便确定他们对各种价格和期限的混合证券所要买入的金额。首先，投资银行家基于近期类似的证券的风险、期限和规模来确定可能价格的区间。然后，联系市场参与者，以便了解他们在各种价格下对该债券的需求。

什么样的缺陷会对债券和权证的市场产生套利扭曲呢？其中一些缺陷是政府引发的扭曲，如不同种类债券工具的差别税收、不均衡的法规和优惠补贴。其他缺陷是由信息不完善引起的，如投资者对不同公司的相对熟悉程度、投资偏差（例如，相对外国公司更偏好本土公司)、对公司风险和/或市场风险的多种多样的看法。

通常，允许套利发生的资本市场的缺陷会迅速得到修正或中和。大量的套利资本会快速流动来调整价格。造成这种趋同现象的套利力量，在投资者有能力区分混合债券的组成成分并在资本市场中分开卖出的情况下会得到加强。

3.3.5.3 关于资本市场套利的最后几句话

如果资本市场缺陷是对冲混合证券和普通债券之间成本差异的来源，那么这些成本差异是事前知道的。尽管如此，仅仅因为对冲混合证券比普通债券成本较低并不意味着首席财务官（CFO）就会对冲权证敞口。对冲是一项决定，而不是一种要求。当CFO明确地决定不对冲新的敞口，这一决定可能是因为新的头寸抵消（即对冲）了现有的敞口。

同时，同样可能的是，这一不对冲的决定是受到承担经过计算的风险的意愿引起的，因为不支付对冲成本就意味着CFO可以将资金用于其他目的。不对冲的有意识的决定可能意味着，CFO愿意提高公司风险的水平，以期通过用剩余的资金进行投机来提升盈利能力。这样做，CFO是在用自己的才能（和员工的才能）与市场抗衡。

因为CFO有机会进行对冲或不对冲其混合证券敞口，所以，这些债券工具就提供了比普通债券更大的财务灵活性。不幸的是，这些工具也使债券成本的评估（因而也使CFO的绩效的评估）不那么透明。CFO被赋予了更大的自由度来行使其核心能力，从而影响公司的风险和收益水平；因而，这一更大的自由度增加了公司的总裁、CEO和董事会的责任。

每当CFO决定不对冲其混合债券的衍生风险时，他们也引入了在通过普通债券或对冲混合债券融资时本来不会产生的风险。这一风险有两个重要的方面需要考虑。一个方面与混合债券影响公司的债务权益比率的方式有关，因为混合债券影响债务权益比率的方式与普通债券不同。如果混合债券不对冲，那么公司的债务权益比率在债券期限内对权益进行盯市时就会变动。这一风险的第二个方面是混合债券影响公司投资决定的方式。如果一个公司，例如Roche公司，需要巨额融资（例如，在公开市场上买入股票所需资金并存放在司库的资金）对冲其混合债券，那么这些资金就会从其他具有较高附加值的项目中抽取资金。这一机会成本可能是巨大的，应该予以考虑。

3.3.6 Roche公司牛市价差证券的最终结果

1994年5月16日，Roche公司的股价报收12 500瑞士法郎，比隐含买入期权的成交价格高出2 500瑞士法郎。结果是，Roche公司行使牛市价差权证，并向持有人支付7.3亿瑞士法郎。这一结果对所有参与者都是最好的。投资者获取了最大可能的收益，因为100份权证，投资者获得了

最高收益10 000瑞士法郎，甚至汇率也配合着提高了投资者的总额收益。在1991年5月16日和1994年5月16日期间，瑞士法郎升值了约1.04%（即从1991年5月16日每瑞士法郎兑换0.6940美元的汇率上升至1994年5月16日的0.7012美元）。

Roche公司也从这一交易中受益，因为其司库部门能够实施两项重要的公司财务策略（即通过在最佳时机融资为收购储备了资金，并用混合证券使现金流出最小化）（参见图表3.17）。

图表3.17 **Roche公司的财务策略**

1. 在最佳时机融资为收购储备了资金
2. 用混合证券使现金流出最小化
3. 缩减或出售表现不佳部门以提高现金流量
4. 减少股利支付以增加现金流量
5. 改善财务透明度与股市形象

很难确定Roche公司发行普通10年期收益率为8.65%的美元债券是否会日子更好过，因为Henri B. Meier的团队可能在债券3年期限内进行了很多次的对冲和取消对冲，以便从暂时性机会中获利；也有可能Henri Meier从一开始就对整个债券进行对冲，而由于暂时性的资本市场缺陷，能够锁定比在其他情况下可能获得的更低的资金成本。留给我们的仅仅是猜测，但一个事实显而易见，就绩效和价值创造而言，Roche公司的操作是优秀的。

正如图表3.18所显示的，在1991年牛市价差权证发行时，到1994年当权证行使时这一期间，Roche公司的股市市值令人吃惊地上升了382亿瑞士法郎（158%）！在同一期间，公司的权益占总资产的百分比下降了12%，但仍保持在48%的健康水平上。这一权益比率的变化是可以理解的，因为Roche公司取得这一成绩并没有使流通股或无表决权股票的数量发生变化。

图表 3.18　1991 年和 1994 年 Roche 公司流通股、无表决权权益股票与市值对比

	1991 年	1994 年	变化
流通股股数	1 600 000	1 600 000	0
无表决权权益股股数（Genuβscheine）	7 025 627	7 025 627	0
合计	8 625 627	8 625 627	0
权益资产百分比	59.7%	47.7%	-12.0%
市值（单位：百万瑞士法郎）	24 254	62 467	38 213
增长百分比			157.6%

资料来源　Roche Group: Annual Report and Group Accounts 1994（Basel, 1994）90&117.

3.4　结论

Roche 公司决定将其司库部门转变成利润中心，并运用其财务资源作为公司整体战略中的策略性武器是具有很大的典型意义的。董事长 Rritz Gerber 和首席财务官 Henri Meier 知道，公司会面临新的风险，与其经营活动（即生产、营销和分销）中的风险具有很大的差异。实施这一策略基于两个重要的假设：

●财务活动产生的风险—收益形象要比其他的战略选择更具吸引力。

●Roche 公司能够形成从资产负债表的资产和负债方面都获得盈利所需要的财务技能。

对于很多非财务性的公司而言，Roche 公司所采取的策略步骤是保守财务的一般原理所反对的，因为竞争优势（特别是对于医药公司而言）的重要来源被认为是来自于其他因素，如新产品、研发、创新应用、老产品线的延伸、通过新产品（例如，找到简化药品运用和审批过程的方法）对市场作出快速反应、剔除不盈利的产品、加强营销和分销、开办联合营销和/或研究企业。

在对关键成功因素有这样的印象的情况下，容易理解的是，传统智慧对司库的作用应该是提供稳定现金流来支持长期的研究和开发这一点会持

怎样的观点。传统的观点过去是（现在是，甚至到今天仍然是），司库应确保在需要资金时可以提供资金，并确保设立风险管理系统，以便公司对现金流的威胁保持警惕。[①] 承担额外的财务（即非经营）风险来提升盈利会受到阻拦——即使公司的 CFO 和司库团队具有明显的超越竞争对手的竞争优势。相反，会建议对公司的平均经营利润率（在医药行业中会很高）进行对冲，作为司库部门辅助相对风险较高的经营活动的最佳的可能方式。

纽约洋基队的传奇经理人 Casey Stengel 曾经说过："我总是听人说，这行不通，但有时，这一观点并不总是对的。"[②] Stengel 的格言对于 Roche 公司是合适的，因为格言强化了这一结论，并没有一个适用于每一家企业的最佳解决方案。对于正常环境下经营的说得过去的一般的公司而言，经验法则会是很好的建议，但为了兴旺和生存，一些公司必须寻求更具创造力的解决方案。在这种情况下，生存可能取决于修改、转变并打破经验法则。正如首席财务官 Henri Meier 经常说的一样，为什么一个公司的利润目标要仅仅局限于其资产的一部分（即经营资产），从而排除来自其余部分（例如，流动性资产）的利润呢?

Roche 公司老到地运用混合金融工具作为其财务策略的一部分。为了成功，公司需要技艺高超的员工，能理解不断变化的衍生工具选项，并对判断何时对冲和取消对冲头寸有感觉。公司也需要决策人员，能理解承担的风险，不把财务风险独立于公司的整体战略定位来看待。成功，一部分是技能，一部分是直觉，一部分是幸运——有点类似奥运会上障碍滑雪赛获胜，或引入新产品。首席财务官 Henri Meier 在向投资者的陈述中不断强调，他会把 Roche 公司的财务业务经营成公司经营活动中风险最小的部分。

从 1991 年到 2000 年，Roche Holding 公司以提升股东价值的方式来运用衍生工具。在极具特色的资本工具以及市场力量的推动下，首席财务官

---

① 参见 Kenneth A. Froot, David S. Scharfstein, and Jeremy C. Stein, "A Framework for Risk Management," *Harvard Business Review* (November-December 1994), 91 – 102。

② 参见 R. Thomas Berner, *St. James Encyclopedia of Pop Culture*, "Casey Stengel." 在 http://findarticles.com/p/articles/mi_glepc/is_bio/ai_2419201158 网站上可获得。2007 年 12 月 14 日查询。

通过运用像牛市价差债券这样的混合证券，权衡利弊后再承担风险，利用市场缺陷为Roche公司获取上千万的瑞士法郎。他成功的一个关键是常态监控敞口的能力，并且只有在非常有利于Roche公司的情况下才承担风险。牛市价差债券仅仅是Roche公司在20世纪90年代进行的很多这类业务中的一个例子，表明分析型风险管理工具可以怎样以创新和建设性的方式进行组合。

思考题

1. 总结Roche公司将司库部门转变成利润中心的理由。作为利润中心运营的司库部门的主要效益是什么？主要的劣势是什么？

2. 阐述本章中下列这句话的含义："Meier能够稳健地引导每次发行的债券的一部分，远离对冲基金，这些基金，为了设法对冲其权证的敞口，可能已经在现货市场上做空Roche股票，从而打压股价。"假设权证是对Roche公司股票的看涨期权多头，解释做空Roche公司股票本来会怎样对冲对冲基金的敞口。

3. 阐述本章中下面这段话的含义："总部在美国的Genentech继续经营，给Roche带来的是巨额的长期美元敞口。Roche购买Genentech的资金，来源是短期的美元过桥贷款，该贷款使公司易受利率上升的伤害。为保护Genentech预期的长期现金流入的瑞士法郎的价值，Henri Meier通过创设冲抵性的长期美元负债设立了一个自然的对冲。"为什么Roche公司容易受到利率上升的伤害？解释自然对冲是什么，以及Roche公司是如何使用的。

4. 请解释Roche公司履约价格为7 000瑞士法郎的实值（价内）牛市价差看跌期权怎么会相当于固定利率生息证券。为什么投资者对拥有具有看跌期权的证券比拥有相同收益率的生息证券更有兴趣？为什么瑞士政府反对发行具有看跌期权的证券？

5. 为什么像瑞士养老基金这样不能投资股票的投资者会对Roche公司的牛市价差证券感兴趣？

6. 为什么当公司发行混合证券时公司的很多股东感到有威胁？解释

为什么 Roche 公司的股东不觉得受到 1991 年发行的牛市价差证券的威胁。

7. 从投资者的角度分析牛市价差证券。假设，1991 年，Roche 公司本来可以直接以 9% 的利率借入 10 年期美元面值的资金。又假设，Roche 公司提供年息票利率为 4% 且与 1991 年发行的证券具有相同权证条款（即每 10 000 美元债券拥有 73 份牛市价差权证，而 100 份牛市价差权证，使持有人在不记名股票的收盘价在 3 年内小于或等于 7 000 瑞士法郎的情况下，有权获得 7 000 瑞士法郎，并在收盘价大于或等于 10 000 瑞士法郎时，有权获得 1 份股份或 10 000 瑞士法郎）的 10 亿美元牛市价差证券。

a. 计算该证券债券部分的价值和该证券权证部分的价值。

b. 计算债券持有人的收益率。

c. 计算权证持有人的收益率的范围。

d. 计算含权证债券持有人的收益率的范围。

e. 解释瑞士法郎/美元汇率的变化会怎样影响债券持有人、权证持有人和含权证债券持有人的收益率。

f. 解释 Roche 公司怎样可以对冲其权证敞口。

g. 如果市场可完全套利，Roche 公司要对冲其权证敞口的成本是什么？

h. 假设对冲该权证敞口的实际成本是 2 亿美元。计算 Roche 公司运用该牛市价差证券的有效利率成本。

i. 什么样的市场缺陷可能产生 2 亿美元的非均衡对冲成本？

8. 当把普通债券的全部成本与混合证券的全部成本进行比较时，一直等到证券到期再比较两只证券各自实际支付多少，会有什么问题？

9. 如果 Roche 公司 1994 年 5 月 16 日的股价为 9 000 瑞士法郎，采用本章中的数字计算含权证债券持有人的收益率。

阅读资料

请访问 http：//www. prenhall. com/marthinsen 网址，你可以找到以下

内容，对本章内容进行补充和丰富：

●Appendix 3.1：Should Corporate Treasuries be Profit Centers?

参考资料

Froot，Kenneth A.，Scharfstein，David S.，and Stein，Jeremy C. "A Framework for Risk Management." *Harvard Business Review*（November-December 1994），91－102.

Marthinsen，John. "Buried Treasure：Risks and Value-Added from Using Corporate Treasuries as Profit Centers，" Streben Nach Wertschopfung，Basel，Switzerland：Schwabe AG，Verlag，Basel，Weber-Thedy Corporate & Financial Communications，178－197，2006.

Nars，Kari（ed.）. *Excellence in Debt Management.* London，England：Euromoney Publications，PLC，1997.

Reilly，Frank K.，and Brown，Keith C. *Investment Analysis and Portfolio Management.* 8th ed. Mason，OH：Thomson-Southwestern，2006.

Roche Group：Annual Report and Group Accounts 1994. Basel，1994.

Roche Group：Annual Report and Group Accounts 1995. Basel，1995.

Ross，Stephen A.，Westerfield，Randolph W.，and Jaffe，Jeffrey. *Corporate Finance.* 8th ed. New York：Irwin-McGraw Hill，2008.

第4章

Metallgesellschaft AG：损益是幻觉，现金流才是现实

4.1 前言

Metallgesellschaft AG① (MGAG) 的故事，不能公然地称得上成功，也不全然是失败。相反，这是一个一流公司的故事，它曾经是能源衍生产品②行业的领导者，引入了具有创新性和迫切需求的衍生对冲产品，结果却由于没能理解和管理卖出产品的风险致使企业遭受崩溃的命运。在

① 在德语中，AG 表示 Akteingesellschaft，相当于英语中"incorporated"或"limited (Ltd.)"的公众持股公司。

② 能源衍生市场是对合约而言的，如原油、取暖用油、汽油、天然气和电等的远期、期货、期权、期货期权，以及互换。本章侧重原油和天然气。远期、期权和互换是在场外市场上交易的，而期货、期权和期货期权是在各种交易所（例如，纽约商品交易所［NYMEX］和美国州际交易所［ICE］）交易的。结算各不相同，取决于合约，可以是现金或实际提交实物商品的形式。交易所交易的合约是标准化的。例如，NYMEX 原油合约价值 1 000 桶油。

1991 年至 1993 年 12 月的 3 年中，MGAG 的美国关联公司，Metallgesellschaft Refining and Marketing Company（MGRM），尽管拥有热心支持的客户群体、快速增长的销售额、占主导地位的行业地位以及获得高度评价的产品，最终还是在能源衍生业务中损失 13 亿美元。MGAG 的故事在很多层面上具有意义，但在说服我们接受下面这一观点方面特别有价值，识别和管理风险的能力对于成功而言，与想象力、创造性和企业家精神一样重要。

4.2 Metallgesellschaft：公司的演变及其产品线

20 世纪 90 年代初期，MGAG 的 250 家国内外附属企业产生的年销售额达到近 150 亿美元，成为德国最大跨国公司。虽然公司在有色金属采矿与冶炼这一环境肮脏、成长缓慢的行业中确立了声誉，但要在这些艰难前行的行业中获得增长很困难，波动性很大的价格使规划决策变得很危险。①

1989 年，MGAG 选举奥地利出生的 Heinz Schimmelbusch 作为新任首席执行官，他和他的管理团队几乎立即就设计出一种提升销售增长率和盈利能力的策略。他们的方法是，进行多元化，进入具有高附加值的新的产品线，通过脱钩从现有业务中裁减已成累赘的业务。Schimmelbusch 首先把 MGAG 分成三部分：原材料、服务和工业，特别关注交易、国外销售和迅速增长的减污行业。到 20 世纪 90 年代初期，MGAG 已花费 10 亿德国马克收购新的产品线，扩大公司的能源资产，包括种类众多的产品，从能源衍生产品到减污设备，② 到炸药，一直到石油。

Schimmelbusch 的多元化策略在实施后几乎立即遭受到压力，因为 MGAG 的核心产品线的销售增长率和盈利能力继续恶化。销售下降的一个

① MGAG 主要生产化工产品和金属，并提供工程和交易服务。此外，公司生产种类繁多的产品，包括（不限于）供热物资、铸件、不锈钢、飞机配件、塑料和汽车配件。

② MGAG 激进地扩大在减污行业的地盘，仅 1992 年就支出 15 亿德国马克收购环境领域的公司，结果引人注意。例如，MGAG 开发了欧洲第一个回收汽车蓄电池的系统，建造了具有领先优势的脱硫工厂，设计了回收冶金尘和盐型熔渣的完整的系统。参见无名氏，"Dreaming of Butterflies," *The Economist* 327（7817）（26 June 1993），65 – 71。

主要原因是金属（例如，铝、镍和铅）价格的急剧下降，很大程度上是由前苏联以极低廉价格在全球市场上出售金属引起的。成本上升也侵蚀了利润；德国昂贵的劳动力，坚挺的德国马克，以及 MGAG 有几个新的冶炼厂①无法使用，对其困境更是雪上加霜。它也成为自身时机选择错误的牺牲品，因为公司选择在 20 世纪 90 年代初期用昂贵的最先进的低排放设备来更新其很多的生产设施。所有这些影响一起重创了 MGAG 的销售和盈利能力，结果是，压力不断上升，致使其新的产品线停滞下来。

4.3 MGRM 的能源衍生工具

在新产品线中，最有前景的一个是创设了石油和天然气的长期固定利率远期合约的市场。MGAG 在 1991 年认真地作出承诺，向该市场提供这些新颖的与能源有关的衍生工具，当时，公司聘用 W. Arthur Benson 来经营其美国下属企业 MGRM，他是 Louis Dreyfus Energy 公司的前高管。德国母公司希望引入一系列的与能源有关的创新金融衍生工具，方法是运用 MGAG 的庞大金融资源来放大 Benson 的行业理解力和管理技能的效用。Benson 接受了这一挑战，并带来 50 位在 Louis Dreyfus Energy 公司的前同事。

Arthur Benson 在 Louis Dreyfus Energy 公司时，在能源价格上升的时代，已经在航空燃料市场上成名，但有关他是否能在这一新的价格下降的环境下识别机会的疑问很快得到平息。他和他的团队提供了一整套的大受欢迎的能源衍生工具，到 1993 年 9 月，MGRM 已经向约 100 家独立的供热石油和汽油零售商出售了 1.85 亿桶②的固定利率长期远期合约。③

4.3.1 如坐过山车的能源市场

1988—1994 年期间，能源价格剧烈变动（参见图表 4.1），即期和远期能源价格之间的关系也是这样。结果是，应该保护 MGRM 的远期石油

① MGAG 在其 Rheinische Zinkgesellschaft 工厂锌和铅的冶炼上遇到问题。
② 一桶油有 42 加仑。
③ MGAG 的发言人解释，MGRM 的头寸相当于科威特 85 天的产量。

和天然气交易的对冲大量消耗了现金，造成公司的交易策略看起来具有疯狂的投机性。要理解为什么，让我们从研究使能源绝对和相对价格发生变动的供求状况开始。随后，我们将把这些价格变动与 MGRM 的对冲策略和公司大量的现金流出联系起来。

图表 4.1　　　　世界石油价格：1984—1998 年

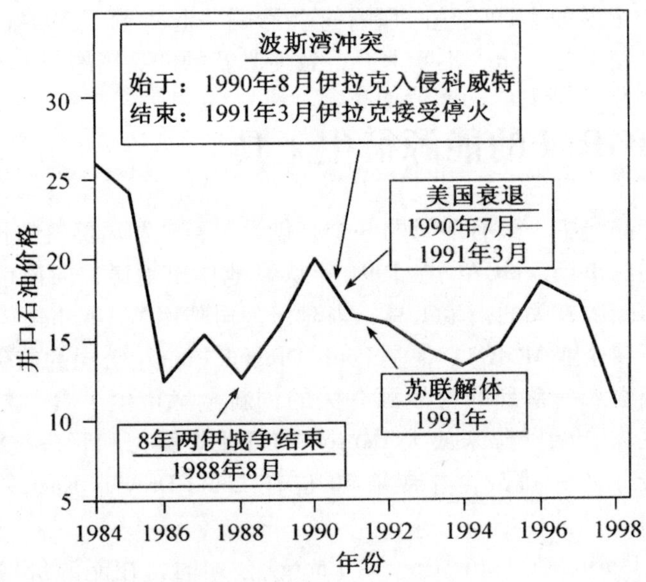

资料来源　U. S. Department of Energy, U. S. Petroleum Prices.

4.3.1.1　能源价格上升和现货溢价

1988—1994 年，就在 Benson 调任到 MGRM 之前，能源价格上升。价格的上升受到需求和供应相关的两方面因素的刺激。在需求方面，较长的全球经济扩张助长了石油消费，提升了石油价格。在供应方面，东欧动荡的双重效应（例如，柏林墙推倒、捷克斯洛伐克发生大规模暴动、前苏联开始崩溃）以及担心海湾战争造成石油管线的破坏，这些都推动石油价格上升至每桶 20 美元以上。

由于可能发生的海湾战争产生的不确定性，能源用户推动了持有石油和天然气实物库存的行为，而不是对未来提交的货物拥有所有权。结果

是，能源现货价格上升，超出能源远期价格。当这种情况发生时，市场就处于*现货溢价*（backwardation），讨论现货溢价的简单方法是从标的资产（在当前例子中，指石油和天然气）的*基差*（basis）的角度进行。基差是标的资产的现货价格和远期价格之间的差额。因此，当市场处于现货溢价时，标的资产的基差是正的（参见图表4.2）。[①]

4.3.1.2 能源价格下降和期货溢价

从1990年至1994年，由于宏观经济和行业相关的组合因素影响，能源价格不断地急剧下滑。能源需求减少的一个主要原因是美国从1990年7月开始的衰退。衰退使美国真实GDP减少0.5%，但是，幸运的是，并没有与全球衰退相吻合（世界经济上升近3%），因此，石油价格的下降是渐进的而不是突然的。在行业层面，由于海湾战争后欧佩克成员间生产配额的争议产生的过度生产，石油价格下降的状况恶化。

图表4.2 **现货溢价和期货溢价的定义**

现货溢价	现货价格 > 远期价格	基点 = 现货 - 远期 >0
期货溢价	现货价格 < 远期价格	基点 = 现货 - 远期 <0

在1991年2月期间联合国军队在科威特打败Saddam Hussein的军队后，石油和天然气市场回到正常状态。较低的全球风险水平，减少或消除了能源用户对拥有实物石油和天然气相对拥有未来提交的能源合约给予的溢价。由于担心全球能源短缺消失，石油和天然气的现货需求相对远期需求下降，引起能源市场从现货溢价向期货溢价转变，基差从正值向负值变动（参见图表4.2）。

风险提示板4.1
期货溢价和现货溢价之间的区别是什么？

商品的现货价格和远期价格之间应不应该有区别？如果应该，现货价格应该大于还是小于远期价格呢？当标的资产的远期价格大于现货价格时，市场被称为期货溢价。当相反的情况成为事实（即现货价格大于远期价格）时，标的资产的市场被称为现货溢价。

---

① 参见“风险提示板4.1，*期货溢价和现货溢价之间的区别是什么？*”更详细解释了现货溢价为何是一种非正常状态。

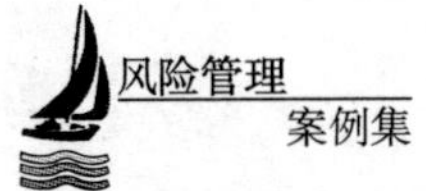

RN4.1.1　净利息费用

常识会使我们大多数人相信，像石油这样的大宗商品的远期价格应永远大于现货价格，但我们会发现，并不总是这样。要理解这一关系的常识，让我们来审视一个公司，它正试图增加石油储备，并且正在考虑是在现货市场还是在远期市场上购买石油。

假设，石油市场处于现货溢价，石油现货价格为每桶 20 美元，1 年期远期价格为每桶 18 美元，1 年期国债利率为 10%，一个公司想再购买 160 000 美元的石油作为储备。在考虑是在现货市场还是在远期市场上购买石油时，公司可能会作出以下推理：当我可能在今天商定一个多头的远期合约将 1 年期提交的石油价格锁定在每桶 18 美元时，我为什么要在今天以每桶 20 美元的价格买入 8 000 桶石油？同时，我可以用 160 000 美元投资无风险的国债赚取 10%，在年底，我会得到 176 000 美元（即 160 000美元的投资金额，加上 10% 的利息）。1 年后，我可以用 176 000 美元中的 144 000 美元来结算我买入 8 000 桶石油的远期债务，而我还会剩下 32 000 美元。与现在用 160 000 美元买入 8 000 桶石油而明年只拥有这8 000桶石油（即不会有额外的现金）相比，这似乎是一个好得多的选择。

我们可以从这一例子中得出的经验法则似的结论是，当市场处于现货溢价时，想囤积石油的理性的个人和机构总是会在远期市场中买入大宗商品，而决不会在现货市场中购买。①

RN4.1.2　影响远期价格的其他因素：储藏成本和便利价值

到目前为止，在现货价格和远期价格之间的关系中我们只考虑了净利息费用（即利息成本减去收入），但两个其他的重要因素——储藏成本和便利价值——也应予以考虑。

RN4.1.2.1　储藏成本

在决定是在现货市场还是在远期市场上购买标的资产时，储藏成本是很重要的，因为，如果一个公司在现货市场上购买像石油这样的大宗商品时，它就得支付储藏费用，这些成本会减少利润。在远期市场上购买大宗

① 他们也可以通过在现货市场上卖出商品，将所得进行投资，再在远期市场上买入来为自己进行抵补卖出的商品，以赚取无风险利润。这类机会应该是例外，而不是规则。

商品的公司不会发生这一成本。当然，诸如股票和债券这样的资产，储藏成本很轻微甚或是没有，但还有诸如石油或贵金属这样的其他资产，储藏成本很大。

由于有储藏成本，即使不考虑净利息费用，人们也会预期远期价格比现货价格高，高出的部分就是储藏成本的复合价值。例如，假设，石油的现货价格是每桶20美元，无风险利率为0%，远期价格是每桶20美元，每年的储藏成本为每桶1美元（提前支付）。在给定这样条件的情况下，寻求买入石油用作库存的公司会更愿意在远期市场上购买。现在买入1桶石油意味着，每桶花费21美元用于购买和储藏这一资产。与之相对照，在远期市场上买入1桶石油只花费20美元。

RN4.1.2.2　便利价值

便利价值反映的是个人因手头拥有一项资产而具有的价值，该资产具有在贸易、生产和/或消费中的某种实际的用途。这是拥有一项资产的优势，而不仅仅是在未来买入的权利。在这一方面，在诸如国债或公司债这样的没有实际用途的投资资产和诸如石油、铜、银或金这样的可以在生产和/或消费活动中使用的资产之间有很大的差别。现成的供应为个人提供了灵活性，在机会时不时出现时可以利用。也许更为重要的是，现成的供应确保了公司（例如，炼油厂）会获得业务运营所需要的库存材料。当可以从现成的供应获得利益时，这一正值就称为资产的便利价值。

净利息费用和储藏成本一般称作持有成本。考虑到持有成本和便利价值，资产的现货价格和远期价格之间的关系就应表示为等式4.1。

远期价格 = 现货价格 + 持有成本 − 便利价值　　　　等式4.1

其中：

“持有成本”是所有利息费用的复合价值减去所有投资收益的复合价值，加上所有储藏成本的复合价值，“便利价值”是个人附加于拥有现成的资产拥合会所产生的复合价值，以及个人对资产未来的可获得性的期望。

4.3.2　MGRM的创新能源衍生产品

MGRM在向客户提供急需的与能源有关的金融衍生产品方面曾是一

个创新者——这一事实常常被遗忘。对这些合约的主要需求的来源来自试图以相对较低的价格锁定长期供应合同的独立的石油和天然气零售商。在20世纪80年代和20世纪90年代初期，美国汽油零售的激烈竞争逼迫独立的燃料石油公司和加油站与大牌公司及其分销商相互争斗，但是，独立的公司一方在这场战争中失败。结果是，独立的加油站和石油零售商的数量（与其市场份额一起）都下降了。品牌经销商的相对成功大都是因为其供应可以得到保证，并在不景气的时期，可以依靠来自其较大的跨国母公司的财务支持。最后，演变成一场利润战（即石油产品的零售价格与加油站和石油零售商支付的批发价格之间的差额），而独立公司一方无法竞争。①

20世纪90年代初期，MGRM的远期合约为这些独立的公司提供了机会，使他们通过在较长时期（长达10年）内锁定（相对较低的）石油价格来稳定其未来的利润。② 在MGRM参与进来以前该行业的问题是，对长期固定利率石油远期合约的需求，与愿意并能够提供合约的对手之间不匹配。已有的远期和期货市场主要用于以相对较短期限进行对冲（或投机）。当时，石油期货市场上约有90%的合约在4个月内到期，这意味着，日期确定得较长的合约的需求（或供应）任何较大的变动都会导致重大的价格变动。③ 日期确定得较长的能源衍生工具的流动性不足也导致买卖价差畸高。在这种情况下，MGRM有自信能运用其能源市场的知识、对冲的专门知识，以及庞大的金融资源，通过卖出长期的固定利率能源远期衍生工具大赚一笔。④

由于能源行业对长期对冲产品和有生命力的替代方案的需要，MGRM

---

① 参见 Ed Krapels, "Re-examining the Metallgesellschaft Affair and Its Implications for Oil Traders," *Oil & Gas Journal* (26 March 2001), 70-77。

② 1993年9月，MGRM合约的约64%是*实盘-固定型*（*firm-fixed*），这意味着，客户被要求在固定的合约日期接受石油或天然气的提货。MGRM合约的其他36%是*实盘-灵活型*（*firm-flexible*），这意味着，客户可以变更提货的时间，但在合约期末须买入任何推迟的数量。1993年9月MGRM远期合约的约90%有10年的期限；其余有5年的期限。这些合约自身也有终止的期权。MGRM的期权及其影响在本书的在线附录中进行了解释（参见Appendix 4.2：MGRM's Embedded Options at http://www.prenhall.com/Marthinsen）。

③ 在纽约商品交易所（NYMEX），交易量的76%是在最近期的两个月份中，而90%是在前四个月进行交易的。参见 Ed Krapels, "Re-examining the Metallgesellschafts for Oil Traders," *Oil and Gas Journal* (26 March 2001), 70-77。

④ 如果客户提前45天通知MGRM，他们可以请求提交实物。参见 Ed Krapels, "Re-examining the Metallgesellschafts for Oil Traders," *Oil and Gas Journal* (26 March 2001), 70-77。

能使公司的远期产品销售量大幅上升。这些销售也是受到了MGRM提供远期产品的便宜费率的刺激。因为MGRM没有计算其衍生产品的所有风险（特别是流动性风险），没能对合约进行恰当的估值，而客户对这些定价过低的合约作出了热情的反应。

由此产生的巨大敞口使MGRM处在一个甚至连最小的差错也可能（并的确）导致重大的损失的境地。问题是，MGRM疏忽或没能严肃考虑的风险并不是细微的，结果是，当市场环境发生不利的变化时，现金流出就会很庞大。要理解这些风险，让我们来研究MGRM的对冲策略。

4.4 理解MGRM如何对冲其远期敞口

聘用Arthur Benson是为了激活MGAG的销售增长，并帮助提高公司的利润。他的策略涉及在能源现货价格和远期（或期货）价格之间的关系上进行巨额的下注，他运用堆叠和滚动对冲（将在稍后部分解释）来实施这一策略。客户们欢迎MGRM提供的衍生产品，但很多市场分析人士对MGRM增加销售和净敞口的速度很担心。MGRM是否有对冲如此庞大的净头寸的专门知识？是否有足够大的市场让MGRM来消化其不想要的风险？

4.4.1 空头远期头寸的收益图

MGRM卖出的固定利率石油和天然气远期合约，期限每月延期长达10年。图表4.3显示的是空头远期头寸的向下倾斜的收益图。由于没有对冲，如果到期现货价格超出远期价格，该敞口会导致损失，远期价格在几个月或几年前在启动远期合约时就已确定（参见图表4.3的A点）。如果到期现货价格小于远期价格，就会产生正的收益。例如，如果MGRM商定明年以20 $/bbl的价格卖出石油，在1年后到期现货价格为18 $/bbl，它就会赚取2 $/bbl；在1年后到期现货价格为22 $/bbl，它就会损失2 $/bbl。

图表 4.3　　Metallgesellschaft 空头远期头寸收益图

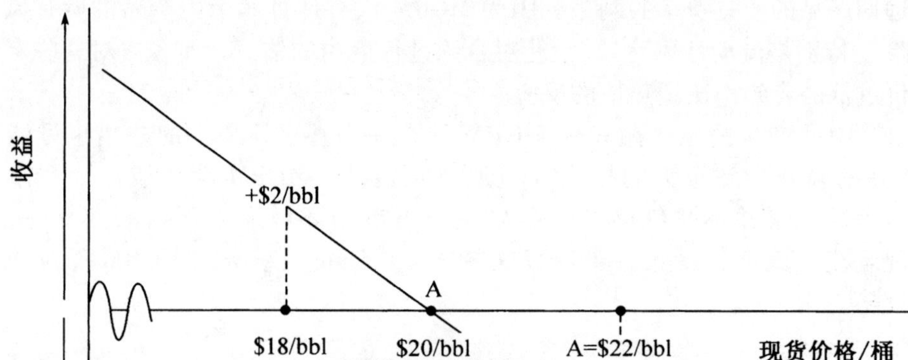

图表 4.4 描述的是 MGRM 在 1992 年时的头寸，有大量的空头远期敞口，由一系列的（月度）向下倾斜的直线（收益图）表示，从 1992 年 6 月延伸至 2002 年 5 月。

4.4.2　无法获得理想的对冲

这些空头敞口的理想对冲（即延伸长达 10 年的一系列的卖出石油和天然气的月度合约）本来应该由 MGRM 通过达成一系列的具有相同数量和期限的多头远期或期货合约进行对冲（参见图表 4.5）。但是，这是不可能的，因为远期市场和期货市场在 1 年以上是没有流动性的。因此，这些市场不可能满足 MGRM 巨大的需求。

图表4.4　　　MGRM 延伸10年的每月空头头寸

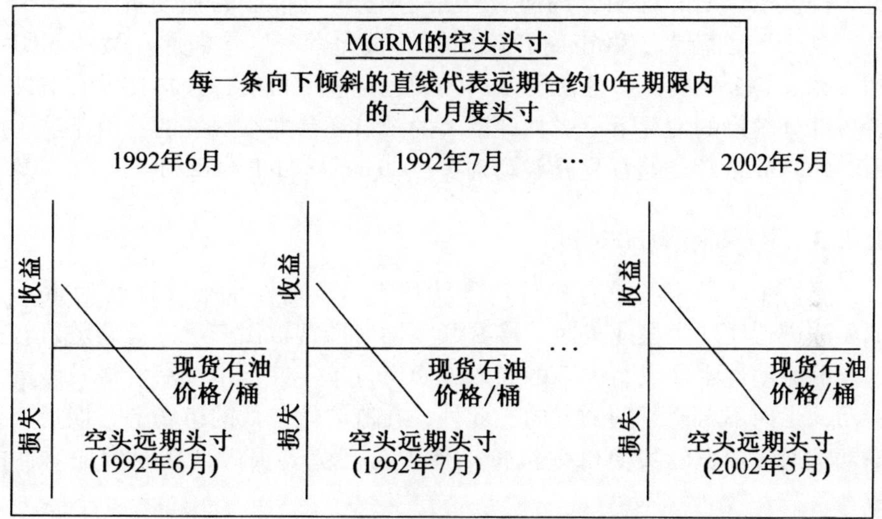

图表4.5　理想的对冲：有一个多头远期或期货合约对应每一个空头远期合约

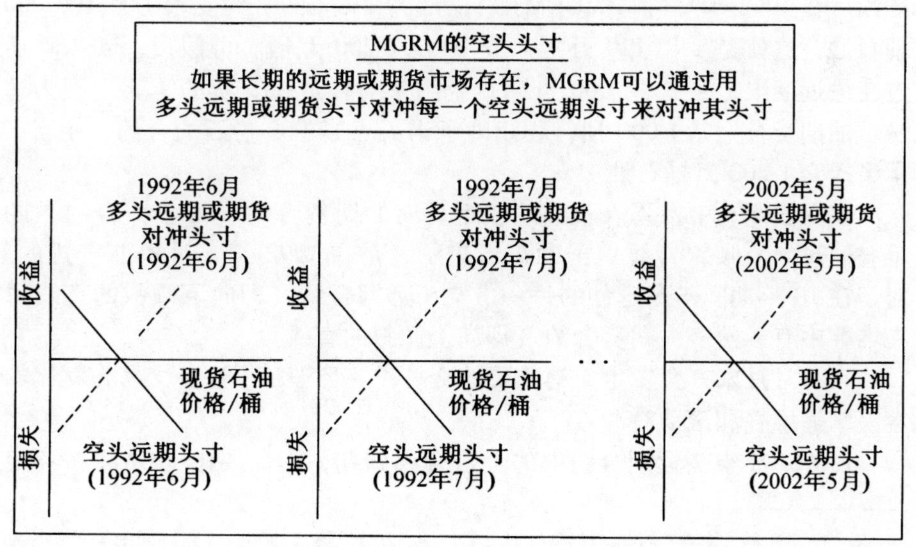

较长期的石油和天然气市场上缺乏对冲交易对手是不难理解的。毕竟，提供较长期的远期合约应算作是 MGRM 对行业的独创贡献。MGRM 是“这个”创新者、做市商和该领域的领导者。尽管如此，虽然 MGRM 拥有庞大的金融资源，能源的专门知识也是唾手可得，公司在没有对冲至少一部分敞口的情况下承受如此巨大的敞口还是非常疯狂的。由于这个原因，MGRM 依赖的是*堆叠和滚动*对冲（stack-and-roll hedge）。

4.4.3 堆叠和滚动对冲

当衍生产品市场没有较长期限品种或当流动性水平（即交易量）太低无法进行任何大笔业务时，堆叠和滚动对冲常被用来对冲长期敞口。在这样的流动性水平上，大额的买入或卖出订单会使衍生产品价格发生重大变动，走向不希望看到的方向。此外，在流动性较低的市场上，期货交易商常常通过较宽的买卖价差报价来保护自己免受损失，从而增加对冲的成本。

堆叠和滚动对冲涉及在较近日期的期限品种上堆叠足够多的期货合约来对冲一系列的长期远期合约的总敞口。[①] 例如，假设，一个独立的石油炼油厂在 1992 年 6 月与 MGRM 签订合约。10 年的合约要求 1 月 100 000 桶石油，这就是 1 年 120 万桶，或 10 年 1 200 万桶。再假设，MGRM 通过在最近期限上买入 12 000 份期货合约来对冲这一交货的承诺。因为每份石油期货合约是 1 000 桶，MGRM 承诺买入 12 000 份石油合约，相当于承诺提交 1 200 万桶石油。

在图表 4.6 中，买入石油的较近日期的期货合约（即多头合约）的堆叠通过向上倾斜直线划出的矩形表示，是在 1992 年 6 月提前安排的。对于在 10 年期间不断延伸的每一份空头远期合约（即向下倾斜的直线），在堆叠中有 1 份多头期货合约（即向上倾斜的直线）。

在每月月末，会发生 3 笔重要的交易，一旦理解了这些交易，就比较容易掌握堆叠和滚动对冲。

1. MGRM 空头远期合约中的 1 份合约到期，因而要求 MGRM 按商定

① MGRM 的大多数对冲合约都是针对无铅汽油、2 号供热汽油和西德克萨斯中等轻质原油的下一笔到期期货合约的。

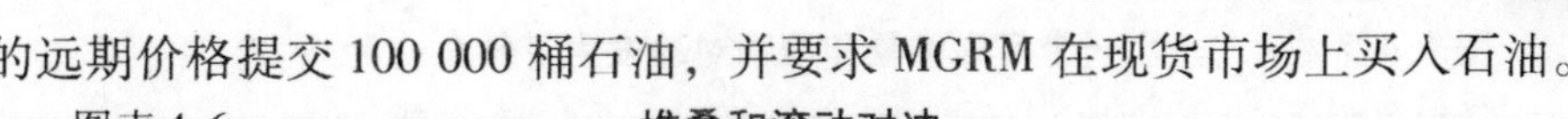

的远期价格提交100 000桶石油，并要求MGRM在现货市场上买入石油。

图表4.6　　　　堆叠和滚动对冲

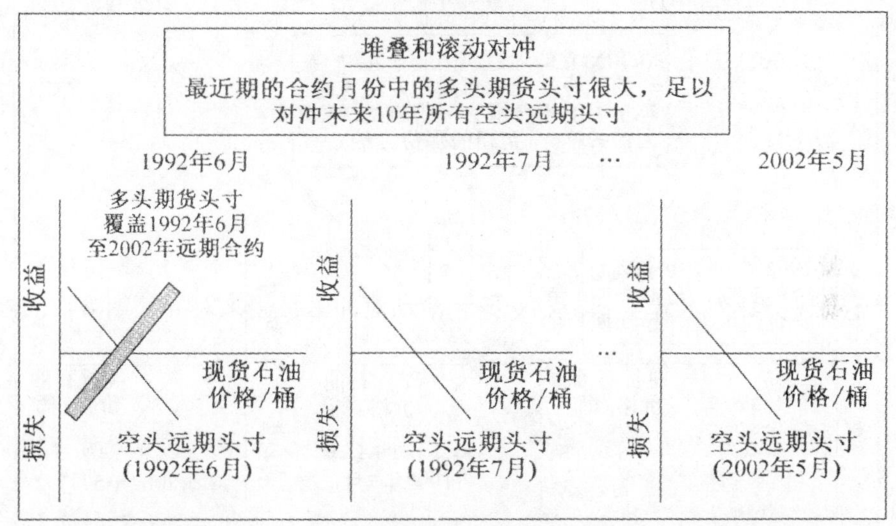

2. MGRM总数达1 200万桶的整个堆叠的期货合约到期，因此，MGRM须通过平仓（即通过打电话给经纪商并卖出12 000份期货合约）来结清这些合约。

3. MGRM重新对冲其头寸，但是，因为其远期合约中的1份到期，当它重新对冲时，多头期货头寸的堆叠就会减少100 000桶石油，就是1个月的合约价值。注意，在图表4.7中，堆叠每个月向前前移1个月，堆叠就减少1份多头远期合约（即其大小为1 190万桶石油）。换言之，10年的这个系列中的1份空头远期合约消失，堆叠中的1份多头期货合约也会消失。①

4.4.4　堆叠和滚动对冲会多么有效

举个例子可能有助于解释堆叠和滚动对冲减少风险的潜力。让我们

① 这个例子是一种简化，因为它给人以这样的印象，MGRM会达成10年的远期合约，进行对冲，然后不会在这之后再达成新的合约。现实中，新的合约会继续开始，而旧的合约会结清，因此，需要重新对冲总的远期头寸的期货合约的金额，会取决于合约消长的净结果。尽管如此，出于教学的原因，这里的解释是理解堆叠和滚动对冲的最佳方法。

图表 4.7　　一个月后堆叠和滚动对冲发生了什么

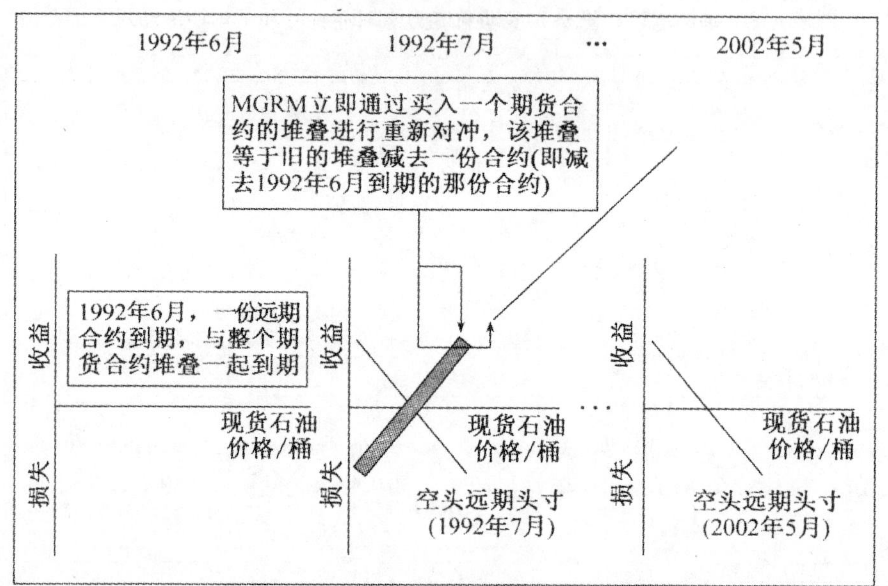

把堆叠和滚动对冲与两个替代方案进行比较：一个完全未对冲的头寸以及一个正好覆盖下一阶段的 1 年期滚动对冲。① 1 年期滚动对冲可能要作一些说明。给定 MGRM 崩盘发生期间期货市场上相对短期期限的品种，一个自然的问题会是："如果仅仅对不到 1 年期限的合约存在具有足够流动性的期货市场，那么，为什么 MGRM 不只是对冲在即将到来的 1 年中到期的远期合约而对其余合约不对冲呢？随后，随着时间过去，先前未对冲的远期合约会落在 1 年的期限范围内从而可以在期货市场上对冲。"这个随着期限到来向前滚动对冲的叠代的过程就是 1 年滚动对冲。

为了简化比较这三个对冲选择方案的任务，让我们假设，MGRM 卖出 500 万桶远期石油合约给一个独立的炼油厂，远期合约的期限只有 1 年和 2 年。第一个远期合约期限为 1 年（即第 1 年后交割），是 400 万桶石油。图表 4.8 显示的是，第 0 年、第 1 年和第 2 年石油现货和远期价格，

① 本节中的关系在 Appendix 4.1, *A Comparison of the Cash Flow Risks of a Stack-and-Roll Hedge, Unhedged Position, and One-Year Rolling Hedge* 中进行了代数上的推导。可以在 http://www.prenhall.com/marthinsen 网站上获得。

以及第 0 年和第 1 年相关的基差数据。图表 4.8 中使用的缩略符号如下：

图表 4.8　举例假设：堆叠和滚动对冲与未对冲头寸和 1 年期滚动对冲的比较（数据单位为美元）

	第 0 年	第 1 年		第 2 年
	$S_0=30$			
	${}_0F_1={}_0F_1^*=29$			
第 0 年	${}_0F_2=28$			
	${}_0B_1=(30-29)=+1$			
	${}_0B_2=(30-28)=+2$			
	现货溢价			
		基差下降	基差上升	
		$S_1=25$	$S_1=25$	
	油价下降	${}_1F_2^*=26$	${}_1F_2^*=23$	
		${}_1B_2=-1$	${}_1B_2=+2$	
第 1 年				
		$S_1=35$	$S_1=35$	
	油价上升 ${}_1F_2^*=36$	${}_1F_2^*=36$	${}_1F_2^*=33$	
		${}_1b_2=-1$	${}_1B_2=+2$	
		期货溢价	现货溢价	
	油价下降			$S_2=21$
第 2 年				
	油价上升			$S_2=39$

- S_x是第 X 年石油的现货价格；
- ${}_xF_y^*$是第 X 年开始第 Y 年到期的合约的期货价格；
- ${}_xF_y$是第 X 年开始第 Y 年到期的合约的远期价格；
- ${}_xB_y$是第 X 年开始第 Y 年到期的合约的基差。

图表 4.9 考虑的是当石油价格下降或上升以及基差下降或上升时三个对冲选择方案的现金流量效果。[①] 从 1991 年至 1993 年，MGRM 面临的是下降的石油价格和下降的石油基差。事实上，石油合约的基差从现货溢价

① 石油合约的基差保持一致的情况留作章节末尾的两道思考题。

图表 4.9　三种对冲策略的现金效果的比较：未对冲、堆叠和滚动对冲和 1 年期滚动对冲（数据单位为美元）

第1栏	第2栏	第3栏	第4栏	第5栏	第6栏
对冲的种类	行动	价格下降和基差下降	价格下降和基差上升	价格上升和基差下降	价格上升和基差上升
未对冲					
第0年	●卖出 100 万桶远期石油，1 年期限交货，价格 $29/bbl，卖出 400 万桶远期石油，2 年期限交货，价格 $28/bbl				
第1年	结清远期	1M×(29－25)＝＋4M	1M×(29－25)＝＋4M	1M×(29－35)＝－6M	1M×(29－35)＝－6M
第2年	结清远期	4M×(28－21)＝＋28M	4M×(28－21)＝＋28M	4M×(28－39)＝－44M	4M×(28－39)＝－44M
	结果	＝＋32M	＝＋32M	＝－50M	＝－50M
堆叠和滚动对冲					
第0年	●卖出 100 万桶远期石油，1 年期限交货，价格 $29/bbl，卖出 400 万桶远期石油，2 年期限交货，价格 $28/bbl ●在期货市场上买入 500 万桶，用于 1 年期限按 $29/bbl 价格交货				
第1年	结清远期	1M×(29－25)＝＋4M	1M×(29－25)＝＋4M	1M×(29－35)＝－6M	1M×(29－35)＝－6M
	结清远期	5M×(25－29)＝－20M	5M×(25－29)＝－20M	5M×(35－29)＝＋30M	5M×(35－29)＝＋30M
	第 1 年后净现金流	－16M	－16M	＋24M	＋24M
	重新对冲	在期货市场中买入 400 万桶，用于 1 年期限交货			

续图表

第1栏	第2栏	第3栏	第4栏	第5栏	第6栏
第2年	结清远期	4M×(28－21)＝+28M	4M×(28－21)＝+28M	4M×(28－39)＝－44M	4M×(28－39)＝－44M
	结清远期	4M×(21－26)＝－20M	4M×(21－26)＝－20M	4M×(39－36)＝+12M	4M×(39－36)＝+12M
	第2年后净现金流	+8M	+20M	－32M	－20M
	净现金流：第1年+第2年	－8M	+4M	－8M	+4M
1年期滚动对冲					
第0年	●卖出100万桶远期石油,1年期限交货,价格$29/bbl,卖出400万桶远期石油,2年期限交货,价格$28/bbl ●在期货市场上买入100万桶,用于1年期限按$29/bbl价格交货				
第1年	结清远期	1M×(29－25)＝+4M	1M×(29－25)＝+4M	1M×(29－35)＝－6M	1M×(29－35)＝－6M
	结清远期	1M×(25－29)＝－4M	1M×(25－29)＝－4M	1M×(35－29)＝+6M	1M×(35－29)＝+6M
	重新对冲	在期货市场中买入400万桶,用于1年期限交货			
	第1年后净现金流	0	0	0	0
第2年	结清远期	4M×(28－21)＝+28M	4M×(28－21)＝+28M	4M×(28－39)＝－44M	4M×(28－39)＝－44M
	结清远期	4M×(21－26)＝－20M	4M×(21－23)＝－8M	4M×(39－36)＝+12M	4M×(39－33)＝+24M
	第2年后净现金流	+8M	+20M	－32M	－20M
	净现金流：第1年+第2年	+8M	+20M	－32M	－20M

（正值）向期货溢价（负值）转变。因此，以下的详细分析侧重于 MGRM 面临的实际情景，之后，归纳出一般性结论，以便包含所有情景。

4.4.4.1　未对冲头寸的现金流量效果

如果 MRGM 完全未对冲，那么会要求它以到期现货价格买入石油，来履行其第 1 年和第 2 年到期的远期合约。MGRM 承诺在第 1 年年末以 29 $/bbl 的价格卖出 100 万桶石油，在第 2 年年末以 28 $/bbl 的价格卖出 400 万桶石油。如果石油价格下降或上升，MGRM 的现金流会发生什么情况呢?

石油价格下降　让我们考虑图表 4.9 的第 3 栏和第 4 栏，在这两栏中，对价格下降的影响进行了分析。[①] 假设石油价格从第 0 年的 30 $/bbl 下降到第 1 年的 25 $/bbl，再下降到第 2 年的 21 $/bbl。在第 1 年，MGRM 每桶石油须支付 25 $/bbl，但它会因在第 0 年签订的远期合约而获得 29 $/bbl。结果是，交割 100 万桶的净现金流入就是 400 万美元。类似地，在第 2 年，每桶交割的石油，MGRM 只需支付 21 $/bbl，但它会因在 2 年前的第 0 年签订的远期合约获得 28 $/bbl。每桶的净现金流入是 7 美元，意味着，400 万桶石油的总的现金流入是 2 800 万美元。结果是，第 1 年和第 2 年的累计（非复合）现金流入是 3 200 万美元（即第 1 年的 400 万美元，加上第 2 年的 2 800 万美元）。

石油价格上升　图表 4.9 的第 5 栏和第 6 栏显示的是，当石油价格从第 0 年的 30 $/bbl 上升到第 1 年的 35 $/bbl，再上升到第 2 年的 39 $/bbl。累计现金流出等于5 000 万美元。MRGM 在第 1 年会支付 600 万美元，因为其 100 万桶石油的远期合约在现货市场上会花费 35 $/bbl，但 MGRM 从其远期合约中只获得 29 $/bbl。类似地，在第 2 年，净现金流出等于 4 400 万美元，因为 MGRM 所交割的400 万桶石油的每一桶会获得 28 $/bbl 的远期价格，但它会支付 39 $/bbl 的价格在第 2 年的现货市场上买入石油。因此，第 1 年和第 2 年的累计（非复合）现金流出等于 5 000 万美元（即第 1 年的 -600 万美元和第 2 年的 -4 400 万美元）。

---

① 因为我们是在分析未对冲的合约，基差上升或下降不重要。

4.4.4.2 堆叠和滚动对冲的现金流量效果

如果 MGRM 运用堆叠和滚动对冲，其现金流量可能结果的范围相对未对冲的头寸而言会小得多。让我们来考虑石油价格下降和基差下降的情况。

石油价格下降和基差下降 图表 4.9 的第 3 栏显示的是，石油价格从第 0 年的 30 \$/bbl 下降到第 1 年的 25 \$/bbl，再下降到第 2 年的 21 \$/bbl，1 年远期和期货合约的基差从第 0 年的 +1 \$/bbl 下降到第 1 年的 -1 \$/bbl。要实施堆叠和滚动对冲，MGRM 会在第 0 年买入 5 000 份期货合约[①]用于 1 年期交割。这些合约会正好冲抵 MGRM 第 1 年和第 2 年石油交割的义务。

第 1 年：远期合约的现金流 如果石油价格下降到第 1 年的 25 \$/bbl，MGRM 需要在现货市场上支付 2 500 万美元以获得它须提交的 100 万桶石油，但公司会从其远期合约中获得 2 900 万美元。结果是，MGRM 会获得 400 万美元的现金流入。

第 1 年：期货合约的现金流 在第 1 年年末，MGRM 会支付 29 \$/bbl 的 1 年期期货价格，这一价格是在第 0 年商定的。500 万桶石油的总支出是 1.45 亿美元。如果在第 1 年，石油价格下降到 25 \$/bbl，MGRM 能够通过以现货价格卖出 500 万桶石油来结清其到期的期货头寸。[②] 于出售中产生的收入为 1.25 亿美元，因此，从 MGRM 买入和卖出期货合约中产生的净现金流出等于 2 000 万美元。

第 1 年：净现金流 在第 1 年，MGRM 远期合约产生的现金流入是 400 万美元，而从其堆叠的期货合约中产生的现金流出是 2 000 万美元。因此，MGRM 第 1 年的净现金流出为 1 600 万美元。

在分析第 2 年现金流量之前，重要的是要记住，在这一时点上，MGRM 第 2 年的石油交割量（即 400 万桶石油）是完全未对冲的。因此，MGRM 需要通过在从第 1 年延伸至第 2 年的 1 年期期货市场上买入 400 万

---

① 每一份期货合约是 1 000 桶石油，因此，5 000 份合约相当于 500 万桶石油。

② 正常情况下，期货市场上不会进行实物交割。交易对手（例如，MGRM）只是结清其期货头寸并获得现金收益。在这里的这种情况下，*结清其期货头寸*是指承担对冲（卖出）头寸。在期货合约到期的当天，（用于当天交割的）期货价格须等于现货价格；否则，就会有机会进行无风险套利。

桶石油来重新对冲其头寸。第1年的1年期期货价格（即第1年卖出第2年到期的合约的价格）等于26 $/bbl。除去最初的保证金要求，不会有其他的与其重新对冲交易相关的现金流出。

第2年：远期合约的现金流量 如果石油价格从第1年的25 $/bbl下降到第2年的21 $/bbl，那么，MGRM需要在第2年在现货市场上支付21 $/bbl以便获得所需的400万桶石油，履行其第0年产生的远期合约。MGRM会获得第0年的远期价格，是28 $/bbl。因此，第2年到期的2年期远期合约的净现金流入是7 $/bbl，共400万桶石油，净现金流入等于2 800万美元。

第2年：期货合约的现金流量 最后，让我们来考虑第2年的期货交易。在第1年年末，MGRM通过按26 $/bbl的价格在1年期期货市场（即从第1年到第2年）上买入400万桶石油来重新对冲其头寸。因此，在第2年年末，MGRM通过按26 $/bbl价格买入400万桶石油并以21 $/bbl的现货价格卖出来结清期货合约的堆叠。净现金流出是5 $/bbl，因此，400万桶石油，净现金流出等于2 000万美元。

第2年：净现金流量 MGRM从其第2年远期合约中产生的净现金流入是2 800万美元，而其第2年期货合约中产生的现金流出是2 000万美元。因此，第2年的净现金流入等于800万美元。

第1年和第2年累计现金流量的总结 MGRM第1年远期和期货合约产生的净现金流出为1 600万美元，而第2年这些合约的净现金流入等于800万美元。因此，两年期间累计（非复合）现金流出等于800万美元。

归纳两年后净现金流量效果 纵观图表4.9中堆叠和滚动对冲的所有情景（即第3栏到第6栏），我们发现，随着石油价格上升或下降，并随着基差的上升或下降，两年累计现金流量在-800万美元到+400万美元之间变动。可能结果的范围只变动1 200万美元，大大小于（幅度几乎为85%）未对冲头寸的可能结果的范围变动（即8 200万美元）。

4.4.4.3 1年期滚动对冲的现金流量效果

如果MGRM采用1年期滚动对冲，其可能结果的范围比未对冲头寸的范围要小，但比堆叠和滚动对冲的范围要大。让我们来考虑图表4.9的

第三栏中的一个例子，在这一例子中，石油价格下降，基差下降。之后，我们会归纳结果。

第1年：远期合约的现金流量　与堆叠和滚动对冲的情况一样，MGRM在第0年卖出1年期远期合约，价格29 $/bbl，共100万桶石油，2年期远期合约，价格28 $/bbl，共400万桶石油。如果石油价格下降到第1年的25 $/bbl，MGRM会在现货市场上支付25 $/bbl，以便获得100万桶石油，但它从其远期合约中获得29 $/bbl。结果是，其净现金流入等于400万美元。

第1年：期货合约的现金流量　因为期货市场最长期限为1年，MGRM只对冲了其第1年的敞口，而剩下的400万桶石油未对冲。因此，在第1年年末，MGRM会结清其100万桶石油的期货合约。因为石油价格下降到25 $/bbl，MGRM须按之前确定的29 $/bbl的期货价格买入石油，而仅以25 $/bbl价格卖出。因此，净现金流出为4 $/bbl，对于它买入和卖出的100万桶石油，合计400万美元。

在现在第1年的对冲结清的情况下，MGRM会重新对冲其头寸。因为现在的期货市场从第1年延伸至第2年，MGRM会按26 $/bbl的价格在1年期期货市场上买入400万桶石油。注意，除去最初的保证金要求，没有其他的现金流出与其重新对冲交易有关。

第1年：净现金流量　在第1年，从MGRM的1年期远期合约产生的盈利会正好匹配其期货合约产生的损失。因此，第1年的净现金流量会等于零。

第2年：远期合约的现金流量　如果石油价格从第1年的25 $/bbl下降到第2年的21 $/bbl，MGRM会为所需的400万桶石油在第2年的现货市场上支付2 100万美元，以便履行其第0年的远期合约。因为（第0年）2年期远期价格是28 $/bbl，而第2年的市场价格是21 $/bbl，MGRM从第2年到期的远期合约中产生现金流入等于7 $/bbl，400万桶石油，就是2 800万美元。

第2年：期货合约的现金流量　最后，MGRM会结清在第1年年末买入的期货合约的堆叠（即400万桶石油）。如果石油市场价格在第2年为21 $/bbl，而第1年年末的1年期期货价格是26 $/bbl，MGRM会有等

于5 $/bbl 的净现金流出，400 万桶石油，就是2 000 万美元。

第 2 年：净现金流量　MGRM 从第 2 年的远期合约中产生的净现金流入是2 800 万美元，从第 2 年期货合约中产生的现金流出是 2 000 万美元。因此，第 2 年的净现金流入为 800 万美元。

第 1 年和第 2 年累计现金流量的总结　在第 1 年，MGRM 的净现金流量等于零，在第 2 年，净现金流入等于 800 万美元。因此，2 年期间的累计（非复合）现金流入等于 800 万美元。

4.4.4.4　比较结果：未对冲、堆叠和滚动对冲、以及 1 年期滚动对冲

从图表 4.9 的分析中可以得出一些重要的结论。纵观价格和基差组合的所有 4 种组合（第 3 栏到第 6 栏），让我们考虑第 1 年年末的现金流量效果。这些结果在图表 4.10 中进行了总结。

图表 4.10　**三种对冲选择方案的结果的范围**

对冲的种类	第 1 年后净现金流的范围	第 2 年后净现金流的范围
未对冲	-600 万美元至 +400 万美元（范围 =1 000 万美元）	-5 000 万美元至 +3 200 万美元（范围 =8 200 万美元）
堆叠和滚动对冲	-1 600 万美元至 +2 400 万美元（范围 =4 000 万美元）	-800 万美元至 +400 万美元（范围 =1 200 万美元）
1 年期滚动对冲	0 美元（范围 =0 美元）	-3 200 万美元至 +2 000 万美元（范围 =5 200 万美元）

第 1 年年末的现金流量：对 MGAG 恐慌原因的深入理解　在给定图表4.9 中价格和基差变化的 4 种情景的情况下，未对冲头寸的净现金流量变动范围从 -600 万美元的低点到 +400 万美元的高点，绝对差额为 1 000 万美元。与之相对照，堆叠和滚动对冲的现金流量结果的变动范围从 -1 600万美元的低点到 +2 400 万美元的高点，绝对差额为 4 000 万美元。最后，1 年期滚动对冲的现金流量效果是 0 美元，没有变动范围。我们可能会吃惊地发现，堆叠和滚动对冲的结果是未对冲头寸的 4 倍。由于这一原因，我们必须记住，在到期前对堆叠和滚动对冲减少风险的可能进行判断是危险的。

通过只考虑第 1 年的净现金流量，我们可以获得一个更好的角度，来

了解德国母公司 MGAG 可能认为 MGRM 堆叠和滚动对冲具有高度投机性的原因。如果 MGRM 没有对冲，它本来应该获得 400 万美元的现金流入，而如果它达成 1 年期的滚动对冲的协议，它本来应该盈亏平衡。堆叠和滚动对冲造成现金流出为 1 600 万美元！但是记住，只有我们分开考虑第 1 年情况时才会得出这一结论。当我们考虑第 2 年时，让我们来看看发生的情况。

第 2 年年末的现金流量　如果我们考虑第 2 年后的累计现金流量时，堆叠和滚动对冲的好处是显而易见的。图表 4.10 表明，可能结果的范围发生重大变动。堆叠和滚动对冲的范围（1 200 万美元）比未对冲(8 200 万美元)要低约 85%，比 1 年期滚动对冲（5 200 万美元）要低 77%。

4.4.4.5　堆叠和滚动对冲对 MGRM 是否是最佳策略

图表 4.10 表明，在 3 种选择方案中，堆叠和滚动对冲产生的净现金流量在 2 年期间的波动性最低，但这并不意味着，堆叠和滚动对冲总是为每一家公司带来最好的结果。例如，在 20 世纪 90 年代初期，石油和天然气价格下降，能源市场从现货溢价变为期货溢价。很清楚，如果 MGRM 有绝对的远见，它的最佳行动本来应该是让所有的远期头寸不对冲。图表 4.9 表明，在 3 种选择方案中，未对冲头寸 2 年后的净现金流量为 +3 200 万美元，1 年期滚动对冲获得 800 万美元的现金流入，而堆叠和滚动对冲造成 800 万美元的现金*流出*。问题是，公司并没有绝对的远见，这正是他们进行对冲的首要的原因。

如果我们剥离数字，图表 4.9 就会呈现出一个可以拿出来分享的关键点。选择不对冲的公司把自己暴露在*现货价格的风险*中。在 MGRM 的情况下，其空头未对冲远期头寸使其成为任何现货价格下降的受益者和任何现货价格上升的受害者。因为第 2 年的石油合约比第 1 年要多。与之相对照，1 年期的滚动对冲面临的是*期货价格风险*。在 MGRM 的情况下，期货价格的任何上升都会对 1 年期滚动对冲造成伤害，任何下降都会有所帮助。

与堆叠和滚动对冲相关的风险与未对冲头寸及 1 年期滚动对冲不同，因为它把*基差风险*替换成现货价格风险或期货价格风险。如果基差保持相同，能源价格是升是降，堆叠和滚动对冲不会产生差异。如果基差上升，堆叠和滚动对冲会改善，而如果基差下降则会恶化。通常（但并不总是这样），基差风险比现货或期货价格风险要小。对 MGRM 而言不幸的是，在 20 世纪 90 年代初期，能源合约的基差波动性极大。因此，如果 MGRM 试图使其石油收益的变动最小化，如果基差波动比现货价格或期货价格要小，则堆叠和滚动对冲就是最佳选择。

堆叠和滚动对冲比率　MGRM 对其堆叠和滚动对冲采用的是 1 比 1 的对冲比率，这意味着，它将每一份空头远期合约（延伸 10 年）与一份较近日期的多头期货合约相匹配。采用 1 比 1 的对冲比率是一项决定而不是法律；公司可以并应该根据其财务目标修正这一比率。很清楚，如果风险最小化是 MGRM 的目标，那么，其最优的对冲比率与能使潜在利润最大化的比率不同。[①]

有两种微调公司对冲比率的方法。第一种方法是分析过去的数据，发现石油和天然气基差的可预测的变动，然后预测基差预期在未来将如何变动。另一种微调对冲比率的方法是通过跟踪对冲（tailing the hedge），意思是，对因每天对期货合约盯市产生的损失（或盈利）的预期支付（赚取）利息调整对冲比率。考虑到其庞大的头寸以及不盯市的远期合约和盯市的期货合约的不对称现金流量效应，跟踪对 MGRM 本来应该特别重要。

4.4.5　MGRM 的巨额头寸引发问题

毫无疑问，从现货溢价到期货溢价的转变主要是市场力量的结果，但有强有力的理由相信，MGRM 在纽约商品交易所（NYMEX）上头寸的绝对和相对规模，相对于在交易所交易的能源期货合约的总数，与其最佳利益背道而驰。当时，取暖用油和无铅汽油期货市场的平均交易量在每天

① MGRM 的 1 比 1 的堆叠和滚动对冲比率可能比一个完全未对冲的头寸更具投机性。根据 1989 年 3 月 20 日至 1994 年 6 月 20 日石油和天然气的价格数据，使 MGRM 收益方差最小化的对冲比率可能远低于 1 比 1（更接近 0.5 比 1）。一项研究表明，如果 MGRM 采用适当的方差最小化的对冲比率，MGRM 的收益本来应减低 70% 至 80%，而其 1993 年的现金流出本来可能只是其最终规模的一小部分。参见 Stephen Craig Pirrong，“Metallgesellschaft：A Prudent Hedger Ruined，or a Wildcatter on NYMEX?” *The Journal of Futures Markets* 17（5）（1997），543 – 578。

15 000 至 30 000 份合约之间。MGRM 持有的头寸高达 55 000 份合约。因为堆叠和滚动对冲要求 MGRM 每月将其头寸转期，并且因为这些合约占交易所总交易量如此高的比例，公司的买盘如此之大足够提升期货相对现货的价格。这对 MGRM 的业务不会有帮助，因为市场完全了解该公司每月会进入市场充当巨额的买家。聪明的交易商开始利用这一信息谋取私利，方法是在整个月份有意识地对买盘和卖盘进行布局，利用 MGRM 不间断的需求使月末期货价格上升。①

能源价格的下降，以及向期货溢价的转移，导致 MGRM 期货头寸的堆叠大量消耗现金，因为这些头寸每天盯市造成重大损失，然后转期。MGRM 的现金流出达到 3.47 亿德国马克。因为公司对冲 1.85 亿桶价值的远期合约，一些月份催缴保证金通知的金额达到 9 000 万美元。② 催缴保证金通知和 MGRM 所报告损失的合并效应在 MGAG 全体上下敲响了警钟，对公司的管理委员会、董事会和主要股东扮演了闹钟的角色。③ 为了阻止亏损泛滥，MGAG 首席执行官 Heinz Schimmelbusch，以及 MGAG 董事长 Ronaldo Schmitz 决定 MGRM 的期货头寸须立即清盘。④

4.4.6 MGRM 迎面顶撞 NYMEX 和 CFTC

MGRM 的现金方面的苦恼不仅对于 MGAG 的董事会（监事会）而且对于纽约商品交易所（NYMEX）和商品期货交易委员会（CFTC）都成了一种担心。要完成正在进行的业务量，MGRM 需要 NYMEX 的特别允许，才能超出交易所的交易限额。当 MGRM 的正的现金流变成很大的负的现金流时，交易所收紧了对 MGRM 的控制，施加了超额保证金要求的

---

① 参见 Ed Krapels，"Re-examining the Metallgesellschaft Affair and Its Implications for Oil Traders，" *Oil & Gas Journal*（26 March 2001），70－77。Krapels 称，有证据表明，华尔街协调的交易动作要对 MGRM 受到挤压负责。

② 堆叠和对冲的滚动要求 MGRM 在 1993 年 10 月和 11 月支付 8 800 万美元。参见无名氏，"Metallgesellschaft：Germany's Corporate Whodunit，" *The Economist* 334（7900）（4 February 1995），71。

③ 主要股东包括 Deutsche Bank AG，Dresdner Bank AG，Daimler-Benz，Allianz，Allgemeine Verwaltungsgesellschaft fur Industriebeteiligung GmbH，Kuwait Investment Authority（20%），Australian Mutual Provident Society（5%），和 M. I. M. Holdings，Ltd（1%）。

④ 参见 Jay Lorsch and Samantha Date Graft，*Governance at Metallgesellschaft*（A）. Product number：9－495－055（Harvard Business School，10 July 1996）and Jay Lorsch and Samantha Date Graft，*Governance at Metallgesellschaft*（A）. Product number：9－495－056（Harvard Business School，10 July 1996）。

限制，这只会加重 MGRM 负现金流的问题。

商品期货交易委员会（CFTC）指控 MGRM 在交易所之外非法卖出与能源相关的期货产品（即具有期货合约属性但并未在交易所上市因而不受 CFTC 监管的合约），将 MGRM 的合约贴上了“投机”的标签，因为实物资产的交割很少发生。[①] MGRM 未来业务前景的风险可以想见，这些指控所起的作用只会增加这种风险，并使 MGRM 所涉及的整个业务线受到挑战。[②]

对于很多观察家而言，CFTC 的指控是荒谬的。当然，MGRM 是在交易所之外出售与能源有关的期货产品。那是公司的策略，是 MGRM 为市场带来的附加值。

4.4.7 MGRM 的盈利能力：全凭你如何进行解释

价格下降以及从现货溢价向期货溢价的转移对总部在美国的 MGRM 和总部在德国的 MGAG 所报告的营业收入的影响是不对称的。德国的公司遵循的是成本或市场孰低（LCM）的会计准则，要求公司报告业务发生时衍生交易的实质损益。因此，当石油和天然气绝对和相对价格发生不利变动时，要求 MGAG 立即报告其较近日期期货合约的堆叠（即对冲）产生的损失，但不能用 MGRM 的 10 年系列的远期合约（按当前价格）预期的盈利冲抵损失。在美国，“合格公司”[③] 可以采用*对冲会计标准（hedge accounting standards）*，允许他们对其对冲（例如，MGRM 的期货合约的堆叠）就确定的交易（例如，10 年系列的远期能源合约）的损益进行轧差。将这些冲抵交易的影响合并考虑所带来的对称性稳定了公司的营业收入。

结果是，对 MGRM 业绩的评估会大相径庭，取决于你所用的会计“透视镜”。对德国母公司而言，MGRM 已成为一个拖累季度利润的巨大

---

① 参见 Ed Krapels, “Re-examining the Metallgesellschaft Affair and Its Implications for Oil Traders,” *Oil & Gas Journal* (26 March 2001), 70 – 77。

② 参见 *Order Instituting Proceedings Pursuant to Sections 6 and 8a of the Commodity Exchange Act and Findings and Order Imposing Remedial Sanctions*, CFTC Docket No. 95 – 14 (21 July 1995)。

③ “*合格公司(qualified companies)*” 这个术语用斜体字表示，因为美国对冲会计规则要求公司满足很多标准，对冲才能进行对冲会计处理。

的制动器，但对MGRM而言，盈利能力几乎没有受到变化的市场环境的影响。这些会计的差异有助于解释MGAG对MGRM交易策略的反应（或过度反应）。

4.4.8 MGRM的信用评级

市场没有对德国母公司报告的损失和美国下属企业过度的现金流出作出好的反应。结果，MGAG的信用评级降级，增加了公司的融资成本，导致很多公司的交易对手（即互换和远期）要求增加担保和保证金来支持MGAG的交易，这些交易现在被认为是风险更高了。因为MGRM主要遭遇的是流动性问题，而不是长期的盈利问题，MGAG的信用评级降级到来的时机再糟糕不过了。这恰恰加重了公司的现金流困境。

4.4.9 渴望扣动扳机的效应

不清楚的一点是，MGAG的管理委员会和董事会是否理解Arthur Benson的策略对MGAG*长期盈利能力*增加的风险比起*短期*流动性来讲要小。MGRM成为较远日期的能源衍生产品的做市商，通过这样做，公司冒险处于这样的处境，要求公司接受原油、汽油和取暖用油的大宗商品价格风险。

不幸的是，当烟雾散去，可以在较平静条件下按照更好的角度来评估形势的时候，MGAG对MGRM的损失和负现金流的反应似乎已经过于盲目、过于严厉。简短而言，Schimmelbusch及其团队（在MGAG董事会的支持下）似乎做出了过度反应，导致相当大的自我伤害。

MGAG管理层没能把握好的是，恰当地加大对冲比率的堆叠和滚动对冲，可以是对付价格波动的有效抵御手段。管理层也没有认识到，MGRM的现金流出和损失是短期的，并不是下属企业长期盈利能力的反应。换言之，流动性是主要问题，而不是长期生存能力或资产质量。这一结论应当具有常识的意味。毕竟，MGRM是在用多头期货合约的堆叠来对冲长期系列的空头远期合约，这意味着，其期货头寸的任何损失预期会尽可能接近地冲抵公司远期头寸发生的利润（反之亦然）。

4.5 MGRM 是对冲还是投机

MGRM 是对冲还是投机？Arthur Benson 及其 MGRM 同事的脑子里想的是什么？他们是否是有意识地对上升的价格下赌注？他们是否是打赌石油市场会保持现货溢价，抑或他们对其策略中固有的风险无知并且只是按照他们认为会盈利的利润率来对冲远期交易？

回顾起来似乎是，MGRM 试图对冲其 10 年系列的月度固定利率远期合约。问题是，这些对冲的有效性主要在于稳定*美国*的利润而不是公司的现金流，这意味着，MGRM 仍会暴露在与滚动和流动性相关，以及与变动的价格结构和融资利率相关的风险之中。没有对冲或者没有至少减轻与其长期的衍生合约相关的最重要的风险，MGRM 是对股东资金进行投机。从 MGRM 过度对冲其头寸（即采用 1 对 1 的对冲比率而不是更小的比率）的程度上而言，公司也是在投机。

认为这些损失是无意识的投机的结果的意见是对 Benson 疏忽的一种可能的解释，但不是一种借口，因为他及其 MGRM 的团队应该是运用最新知识的专家，为客户提供最前沿的风险管理产品。作为专家，他们本来应该意识到这些现金流的风险，并与 MGAG 的经理们和董事会进行沟通，因此，高级管理层本来应该对承担的风险的水平作出有信息基础的决策。公司的德国管理层本不应该对变化的经济环境（即石油价格下降和期货溢价）产生的现金流的影响感到意外。

4.6 公司治理问题

在 MGAG，谁对控制 MGRM 的业务拥有最终的责任？这一问题的答案很关键，因为它解决的是公司治理问题和 MGAG 董事会和管理委员会的角色问题。如果 MGRM 的交易本质上是投机的，那么，董事会（即 MGAG 监事会）应因没有设立风险管理体系而受责备，这些体系本来应该暴露如此重大的敞口，而其管理委员会因没有更加密切监控 MGRM 的交易活动而受到责备。事件中最令人尴尬的是，13 亿美元的损失对 MGAG

的董事会和管理委员会似乎都是一个巨大的意外。如果董事会被欺骗，正如董事会所宣称的那样，那么，对意外应有一个解释，而不是为此找借口。

董事会不应该介入公司的经营。董事会的存在是为了保护股东，确保预警（风险管理）系统到位，以便识别重要的风险，并在敞口变得太大之前发现他们。这样的系统似乎并没有到位，凭这些理由，就可以对MGAG的董事会提出批评。

由于董事会在MGRM的问题公开时做出的“膝盖反射”似的机械反应，也可以进行批评。回头看，速度放慢、更加深思熟虑的反应本来应该更好。[①] 由于担心MGRM的损失会高达500亿美元（是的，达到*百亿级*的)，MGAG的董事会开除了MGRM的首席执行官和首席财务官，并换上新的管理层，对新的管理层发出了指令，要求尽快清算公司巨额的*投机性*敞口，并挽救公司免于破产。

MGAG董事会和MGRM新的管理层的快速行动是有争议的。一些主要的财务专家[②]和很多行业分析人士批评MGRM，行动草率使问题复杂化，并由于暂时性的流动性救助而伤害长期盈利能力。通过清算MGRM的期货头寸，使公司剩下向未来延伸10年的未对冲的远期头寸。这些批评人士说得很有道理，因为不管说什么做什么，MGRM的竞争优势应该来源于其有经验的有才干的员工、对冲的专门技术，以及MGAG*庞大的财务资源*。如果批评人士是正确的，那么，MGRM实现的损失比起什么都没做的情况下产生的损失还要大。

MGRM的新的管理层在石油和天然气价格处于最低水平时清算了头寸，这意味着，MGRM期货市场的损失处于最高水平。作为演示，在1993年12月，当大部分清算发生时，WTI[③]石油价格约为每桶14美元。到1994年8月，价格已上升到每桶19.50美元。天然气价格遵循同样的

① 参见 Christopher L. Culp and Steve H. Hanke, “Derivative Dingbats,” *The International Economy* 8 (4) (July-August 1994), 12－19。

② 批评者中有1997年与Myron Scholes共同获得诺贝尔经济学奖的Robert Merton。Merton和Scholes因其在衍生产品和股票期权估值方面的研究（研究是与已故的Fischer Black合作完成的）而获得这一奖项。

③ WTI是西德克萨斯中质（West Texas Intermediate）无硫原油的缩写。

模式。如果 MGAG 找到办法，为 MGRM 的流动性问题进行融资，并在较长时期内逐步结清其头寸，其巨大的损失中很大部分本来可以转变成巨大的盈利。当然，董事会可以辩护说，什么事情都是事后才看得清，但是，如果董事会能更充分地理解，MGRM 的问题与短期流动性有关，而不是与长期盈利能力有关，董事会本应采取不同的行动。

1993 年 12 月，MGRM 宣布损失达到约 13 亿美元。这些损失几乎消耗了 MGAG 的股本金。公司只是在与原有股东商定股本再融资方案后才得以幸存下来。①

4.7 结论

MGRM 的财务崩盘告诉人们一些重要的教训，如*对冲是重要的，而运用的对冲类型事关重大*。它也告诉人们，实施有效对冲还不够。管理层也必须完全理解，并透明地传达这些对冲对现金流量和盈利能力的影响。MGRM 完全没有做到这一点。

有一句古老的格言：*利润是意见，但现金是事实*。MGRM 艰难地学到了这句格言的真谛。Metallgesellschaft AG 已经进入很多分析人士的“厄运转轮”游戏，但其困境更多的是流动性问题，而不是长期盈利性问题。促成这些流动性问题（即负的现金流）的主要因素如下：

1. MGRM 在石油和天然气期货市场中的巨大敞口，加上 20 世纪 90 年代初期石油和天然气价格下降，以及石油和天然气价格的结构从现货溢价向期货溢价的转变，迫使 MGRM 向 NYMEX 支付巨额保证金，导致现金流出的负担和融资困难，给人以坚实的理由提出质疑并最终使 MGAG 的信用评级降级。

2. 信用评级受到伤害，增加了 MGAG 的融资成本。

3. 总部在德国的 MGAG 被迫立即报告 MGRM 的美国业务的损失，因为德国会计标准要求公司运用成本或市场孰低法而不是美国使用的对冲会计法对交易进行会计处理。因此，MGAG 不能用其对冲的远期交易的利润

① 参见 Ed Krapels, “Re-examining the Metallgesellschaft Affair and Its Implications for Oil Traders,” *Oil & Gas Journal* (26 March 2001), 70 - 77。

来冲抵期货合约的损失。

4. MGRM 在 NYMEX 市场的相对较大的份额造成公司推高自身的期货价格，为交易商提供针对 MGRM 进行密谋的非正式的机会，因为他们知道，公司须在每月月底将其对冲合约进行转期，因此成为了“少不了的买方”。

5. CFTC（商品期货交易委员会）强制实施的超额保证金要求加重了 MGAG 现金方面的困境。

MGRM 最终倒闭，因为公司违背了风险管理最基本的三项原则：识别所提供产品中固有的所有风险；将风险种类限制在可以有效监管的种类的范围内；以及使愿意承担的风险保持在合理水平上。随后发生的是，一家经营超过百年且作为真正创新性衍生工具产品线创造者的公司遭受了损失，导致 MGRM 高级管理层解散，并几乎把德国母公司推向破产。

4.8 后记

MGRM/MGAG 灾难中主要人物的去向

与宝洁公司（Proctor and Gamble）1994 年灾难性的利率掉期发生后的情况不同，在 MGAG，公司领导们发生了变动。图表 4. E. 1 简要总结了 MGAG 崩盘中的主要人物及其在尘埃落定后发生的事件。

思考题

1. MGRM 识别出了什么重大风险？MGRM 没能识别出什么重大风险？

2. MGRM 决定采用堆叠和滚动对冲是其重大损失的原因吗？什么风险无法用堆叠和滚动对冲进行对冲？

3. 如果 MGRM 能够在远期市场上买卖能源衍生产品（即不采用期货市场来抵补其净远期头寸），它是否会有同样的现金流问题？

4. 什么是期货溢价和现货溢价？为什么它们对 MGRM 的境况很重要？为什么在石油市场上常常出现现货溢价？

图表 4. E. 1　　　　MGRM/MGAG 故事中主要人物的去向

姓名	职务	去向
Heinz Schimmelbusch	MGAG 首席执行官和执行委员会主席	Schimmelbusch 于 1993 年 12 月 17 日，因错误内部控制以及没能使 MGAG 董事会成员全面了解重大事件，与其大部分管理团队被解聘。没有对他提起刑事诉讼。他后来创设了一家总部在美国的公司 Allied Resource Corporation。1997 年，Schimmelbusch 与 MGAG 就其解聘达成庭外和解。据称，他获得 150 万德国马克（92 万美元）作为赔偿。作为和解条件，Schimmelbusch（和 Meinhard Forster）承认对 MGRM 公司 1993 年损失承担管理责任
Meinhard Forster	首席财务官	Forster 于 1993 年 12 月 17 日与 Heinz Schimmelbusch 一起被解聘。1997 年，他获得欠发的以前的奖金 16 万德国马克。作为和解条件，Forster（和 Heinz Schimmelbusch）承认对 MGRM 公司 1993 年损失承担管理责任
W. Arthur Benson	MGRM Inc. 总裁	起初，W. Authur Benson 被重新任命，担任 MGAG 实物营销运营（physical marketing operation）负责人，但后来，在 1994 年 2 月 4 日（Heinz Schimmelbusch 解聘后 49 天）被解聘。Benson 于 1994 年起诉 MGAG，金额为 5 亿美元，理由是诽谤和民事密谋，但 1996 年，陪审团裁定支持 MGAG

续图表

姓名	职务	去向
Ronaldo Schmitz	MGAG 董事长，德意志银行执董会成员	无重大后果
Metallgesellschaft AG（MGAG）		MGAG 在 2000 年（成立 119 年后）更名为 MG Technologies AG，因为公司经营重点从金属、交易和建筑转变为特殊化工、厂房和加工工程
Metallgesellschaft Refining and Marketing Company（MGRM）		MGRM 于 1999 年被出售，公司的一半在伦敦股票交易所拆分为 MGPLC，其余的一半出售给 Enron

5. 请解释，如果基差增加（而不是下降），并且，如果石油价格上升（而不是下降），MGRM 的现金流量会发生什么变化。

6. 请解释，如果基差增加（而不是下降），并且，如果石油价格下降（正如所发生的一样），MGRM 的现金流量会发生什么变化。

7. 假设 MGRM 被要求采用成本或市场孰低会计法。回答第 5 个问题或第 6 个问题，但这次，解释给定情况下的损益影响。

8. 假设 MGRM 能采用对冲会计标准。回答第 5 个问题或第 6 个问题，但这次，解释给定情况下的损益影响。

9. 假设 MGRM 采用堆叠和滚动对冲。运用本章图表 4.9，解释如果石油基差不变而价格从第 0 年的 30 $/bbl 上升至第 1 年的 35 $/bbl，再到第 2 年的 39 $/bbl，MGRM 第 1 年和第 2 年的现金流会发生什么情况。

10. 假设 MGRM 采用堆叠和滚动对冲。运用本章图表 4.9，解释如果石油基差不变而价格从第 0 年的 30 $/bbl 下降至第 1 年的 25 $/bbl，再到第 2 年的 21 $/bbl，MGRM 第 1 年和第 2 年的现金流会发生什么情况。

11. 在采用对冲会计法时，为什么堆叠的规模对堆叠和滚动对冲的现金流量的影响如此重要，但对损益的影响不是这么重要呢？

12. 从常识的角度看，解释在采用对冲会计法时，堆叠和滚动对冲的损益效应为什么不取决于石油价格变动的方向。

13. MGAG 的管理层本来可以进行什么样的公司治理变革来减少像 MGRM 那样在未来意外遭遇不幸事件的机会？

14. MGAG 董事会本来应该有什么不同的作为？公司治理是否失败？

15. 有什么理由，如有的话，可以批评 CFTC 推动并催生了 MGRM 灾难？

16. MGRM 是对冲还是投机？

阅读资料

请访问 http：//www. prenhall. com/marthinsen 网址，你可以找到以下内容，对本章内容进行补充和丰富：

●Appendix 4. 1：Cash Flow Risks of a Stack-and-Roll Hedge，Unhedged Position，and One-Year Rolling Hedge

●Appendix 4. 2：MGRM's Embedded Options

参考资料

Anonymous. "Dreaming of Butterflies." *The Economist* 327 (7817) (26 June 1993), 65 – 71.

Anonymous. "Irony of Metallgesellschaft AG." *The Manage Mentor.* http：//www. themanagementor. com/kuniverse/kmailers_ universe/finance_ kmailers/if/hedging2. htm.

Anonymous. "Metallgesellschaft：Germany's Corporate Whodunit." *The Economist* 334 (7900) (4 February 1995), 71.

Mello, Antonio S., Parsons, John E., Culp, Christopher L., and Miller, Merton H. "Maturity Structure of a Hedge Matters：Lessons from the Metallgesellschaft Debacle." *Journal of Applied Corporate Finance* 8 (1) (Spring 1995), 106.

Culp, C. L. and Hanke, Steve H. "Derivative Dingbats." *International Economy* 8 (4) (July-August 1994), 12 – 19.

Culp, Christopher and Miller, Merton. Corporate Hedging in Theory and Practice: Lessons from Metallgesellschaft (London: Risk Publications, 1999).

Culp, C. and Miller, Merton. "Hedging a Flow of Commodity Deliveries with Futures: Lessons from Metallgesellschaft." *Journal of Applied Corporate Finance* 7 (1994), 62 – 76.

Edwards, Franklin S. and Canter, Michael. S. "The Collapse of Metallgesellschaft: Unhedgable Risks, Poor Hedging, or Just Bad Luck?" *The Journal of the Futures Market* 15 (1995) 211 – 264.

Group of Thirty Global Derivatives Study Group. Derivatives: Practices and Principles (Washington, D. C.: The Group of Thirty, July 1993).

Krapels, Ed. "Re-examining the Metallgesellschaft Affair and Its Implications for Oil Traders." Oil & Gas Journal (26 March 2001), 70 – 77.

Lorsch, Jay and Graff, Samantha Kate. Governance at Metallgesellschaft (*A*). Product number: 9-495-055. (Harvard Business School, 10 July 1996), 13.

Order Instituting Proceedings Pursuant to Sections 6 and 8a of the Commodity Exchange Act and Findings and Order Imposing Remedial Sanctions. CFTC Docket No. 95-14 (21 July 1995).

Pirrong, Stephen Craig. "Metallgesellschaft: A Prudent Hedger Ruined, or a Wildcatter on NYMEX?" *The Journal of Futures Markets* 17 (5) (1997), 543 – 578.

Shirreff, David. "In the Line of Fire." *Euromoney* 299 (March 1994), 40 – 49.

Taylor, Jeffrey and Sullivan, Allanna. "German Firm Finds Hedges Can Be Thorny." *The Wall Street Journal*, Eastern Edition (10 January 1994), C 1.

W. Arthur Benson vs. Metallgesellschaft Corp. et. al. Civ. Act. No. JFM-94-484. U. S. District Court for the District of Maryland (1994).

Wolfert-Elmendorff Deutsche Industrie-Treuhand GmbH und C&L Treuarbeit Deutsche Revision. Special Audit of Metallgesellschaft Aktiengesellschaft (1995).

第 5 章

震动了一个行业的利率互换：Procter & Gamble 对 Bankers Trust

5.1 前言

1993 年和 1994 年期间，宝洁（Procter and Gamble，P&G）与信孚银行（Bankers Trust，BT）达成了看起来无关痛痒的 2 个场外市场衍生产品协议。表面上，这些利率互换看起来风险很低；尽管如此，在签订第一笔交易后的 5 个月内，宝洁被迫冲销 1.57 亿美元的税前收入（1.02 亿美元的税后收入），使之成为曾经记录过的美国产业公司最大的与互换有关的一笔损失。

宝洁—信孚互换（以下简称宝—信互换）现在名声不好，但并不是因为人们起初所猜测的原因。交易对手双方都财务健全，信用评级很高。信孚在投资银行业以管理财务风险的专家出名，仅在 1994 年第一

季度就从客户财务风险管理业务中盈利1.44亿美元。宝洁是消费品行业全球知名品牌。比较而言，像Metallgesellschaft和Long-Term Capital Management，分别由于亏损13亿美元和45亿美元而面临几乎倒闭的境况，或是Barings由于与衍生产品有关的损失达13亿美元而被迫宣布破产，宝洁遭受的损失相对较小，对公司股价的长期负面影响很少或没有影响。[①] 很清楚，1994年对宝洁收入造成1.57亿美元的打击[②]是一个不受欢迎的冲击，但对于资产超过255亿美元，年销售额超过300亿美元的公司而言，对收入进行的这次非现金冲销远远威胁不到公司的生命。事实上，对于1994财年，宝洁的净收入（即使在对互换进行冲销后）超过22亿美元，在市场作为一次性异常情况摆脱这些衍生产品损失后，公司股价上升。

如果损失相对较小，那么为什么宝一信互换成为20世纪90年代如此强调的事件？为什么它成为投资银行家在讨论有关公司司库（财务部门）是否应成为利润中心，或公司是否应主动运用结构性衍生产品进行资产和负债管理时首先引用的案例？

这一案例如此引人注意的一个原因是，它产生了一个里程碑式的法庭裁决。[③] 一个庭外和解的案件[④]出现了非同寻常的转折，美国区法官John Feikens在1996年5月作出书面法庭判定，为宝洁和信孚所进行的种类广泛的衍生产品交易提供了一系列内容丰富的说明。宝一信互换得到广泛注意的第二个原因是，它有助于推动会计改革，增加了公司对表外交易的披露内容。

该案例引人注意和声名狼藉的最后一个理由是，它罕见而直率地让人们对投资银行和公司金融的幕后世界窥见一斑。通过6 500次录音谈话和30万页的书面证据，信孚的投资银行家将自己描述成两面三刀的骗子，

---

① 参见Dawn DiMartino, Linda Ward, Janet Stevens, and Win Sargisson, "Procter & Gamble's Derivatives Loss: Isolated Incident or Wake Up Call?" *Derivatives Quarterly* 2（3）(Spring 1996), 10-21。

② 这一损失是在1995年庭外和解之前，当时，宝洁的损失减少至3 500万美元。

③ 参见*The Procter & Gamble Company*, Plaintiff, v. *Bankers Trust Company and BT Securities Corporation*, Defendants, No. 925 FS—pp 1270（S. D. Ohio 1996）。底特律区法官Feikens在辛辛那提区法官Carl Rubin去世后从Rubin法官手中接手该案。

④ 该案件1995年庭外和解，通常，在此类情况下，法庭不发布正式的法律意见。

为了能赚取蝇头小利进行销售而可以无视“祖母”的感情。[①] 宝洁的财务人员给人的印象是，违反基本规定而承担未经计算、没有控制的风险，然后就产生的损失起诉其投资银行（信孚），这些损失是由于宝洁自身缺乏风险管理技能造成的。大众不用探究交易的细节就很容易去贬低交易的双方。这些陈词滥调和性格刻画是否公平有待读者确定。

通过这一简要介绍作为背景，我们可以更加深入探讨宝—信互换。我们将探讨宝洁参与这些交易的动机，导致宝洁令人震惊损失的互换交易条款，以及一些最重要的相关问题，这些问题在具有里程碑意义的法庭规定中得到了处理。从这种规模的错误中应吸取很多教训。

5.2 宝洁进行互换交易的动机

首要的是，宝洁应该是一家专业生产肥皂、除臭剂、尿布、化妆品、食品、饮料和从事口腔护理的公司，为什么要介入与衍生产品有关的交易呢？交易是否符合宝洁股东的最佳利益？采用互换是否与内部政策和程序一致？股东是否获得足够信息了解宝洁在进行其衍生交易时承担多少风险？更加切中要点的是，他们是否通过阅读公司的会计报表确切了解宝洁的财务风险？这些衍生交易是否旨在对冲现金流，降低融资成本或减少报表缺口，抑或它们是一种手段，为宝洁提供了独立于财务部门的盈利能力的来源。宝洁的 2 个颇具争议的利率互换并不是公司曾经执行的最早的衍生产品交易。在 1994 年宝洁的年报中，财务报表的附注表明，账簿中约有 24 亿美元价值的衍生产品合约。这些表外头寸中，有一些是为了减少宝洁的非营运敞口而进行交易的；但其他的头寸是受到降低整体融资成本和增加净收益的想法的推动的，例如，根据宝洁对未来利率走向变动的想法，通过互换（即交换）支付固定利率的利息，变成支付浮动利率（反之亦然）。

---

① 从录音带中，我们知道了一些缩略语和贬义词，如 ROF，意思是指“宰客因素（rip-off factor）”——就像在“*好极了！信孚会在这笔交易中赚到160 万美元，包括7 个［基点］ROF* ”这句话中的一样。参见 Kelly Holland, Linda Himmelstein, and Zachary Schiller, “The Bankers Trust Tapes,” *Business Week* (16 October 1995), 106 – 111。

5.2.1 美元计价利率互换合约的动机

1993年11月初，宝洁进行了其名声不佳的利率互换合约中第一份合约的交易。宝洁的司库部门进行这一互换合约的目的是将融资成本减少到商业票据利率以下40个基点，针对的是正要到期的5年期利率互换合约，名义本金为1亿美元。[①] 如果它实现这一目的，宝洁每年将节省高达400 000美元的金额，[②] 这与1994年约5亿美元的总的年度利息费用相比并不算很多。按照宝洁最终的损失，这些潜在的资金节约似乎并不重要。

如果经济形势停留在1993年11月交易签约时候的状态，宝洁本来应该最终以低于商业票据利率75个基点的成本融资，这比其目标来讲还要好35个基点。问题是，在6个月以后到期的隐含的期权会存在大幅提升宝洁利息成本的可能。我们很快会发现，这一隐含的期权是高度杠杆化的，并具有不同寻常的特点。期权基本上是宝洁以高代价下赌注认为美国利率会下降并或不会大幅上升。从宝洁角度看，隐含期权的潜在风险是有控制的，因为在需要时，公司想在到期之前结清互换头寸，从而以它希望的40个基点的优势进行结算。不幸的是，宝洁猜错了，结果遭受重大损失。

5.2.2 德国马克计价利率互换合约的动机

宝洁第二个利率互换合约，是1994年2月月中签订的，以德国马克计价。合约的名义价值为DM162 800 000（约9 300万美元）[③]。设计的结构与以前已有的宝洁和另一个交易对手做的德国马克互换合约重叠。因此，信孚向宝洁的付款是量身定做的，正好宝洁与另一笔交易中须进行的付款匹配。正如在其1993年基于美元的互换中的情况一样，宝洁在其德国马克互换中隐含了一个高度杠杆化的期权，这使该笔交易以高代价下赌

---

① 参见District Court, S. D. Ohio, Western Division, The Procter & Gamble Company, Plaintiff v. Bankers Trust Company and BT Securities Corporation, *Defendants*, *First Amended Complaint for Declaratory Relief and Damages Jury Demand Endorsed*, Civil Action No. C-1 – 94 – 735, 6 February 1995。

② 40个基点是0.40%，因此，40万美元 = 0.40% ×1亿美元名义本金。

③ DM是Deutschemark（即德国马克）的缩略语，一直到2001年时的德国货币。

注，打赌德国利率会下降并且不会大幅上升。同样，宝洁错了，后果很严重。

5.2.3 运用场外市场的动机

宝洁为什么决定与信孚进行场外市场交易而不运用交易所交易衍生产品，例如，在芝加哥交易所（CBOT）交易？有几个理由是可能的。例如，运用期货市场对于宝洁而言不可能发生，或者，也许期货市场的流动性太小，宝洁无法保证他所希望的业务量而不使价格向不利的方向变动。可能性更大的情况是，这一决定受到当时流行的交易所交易的衍生产品会计处理的推动。

1995 年之前，美国会计准则强烈地激励公司（并不仅仅是宝洁）偏好结构性场外市场交易，而不选择交易所进行的交易。我们很快会发现，宝洁嵌入其美元和马克计价的互换中的期权可以看作看跌期权，但美国会计规则并不将签订的期权作为对冲进行确认，这意味着，他们不符合对冲会计处理的资格。因此，宝洁须立即确认其交易所交易的期权的利润、损失和现金流影响。在启动时，会报告期权费收入，并对过账至交易所的保证金进行会计确认。随后，在期权的期限内，宝洁须将其头寸盯市，因而要支付或收取变动保证金。最后，宝洁须在结清头寸或在期权到期行使期权时报告损益。

对于很多的结构性场外市场交易，公司并不要求交付起始保证金，其头寸也不盯市。与提前支付期权费相反，付款是分阶段进行的，并与交易中的其他现金流轧差。结果是，在合约启动时没有可报告的会计事件发生，期权费在合约期限内分期付款。如果场外市场交易中的隐含期权进行修改、结清或到期，财务上的结果可能只是包含在净利息的收支中，利息收支随后在合约期限内分摊。类似地，价值变动的影响可能被轧差并作为利息收入或利息费用入账。最后，这些场外市场交易的名义价值会在表外报告，作为附注中的一个加总的数字，这就使任何的单笔交易变得很模糊。因此，如果一个头寸不对劲，它可能在很少引起或没有引起股东担心

和分析师注意的情况下被平仓。①

不管宝洁为其与信孚进行的附带的打赌中运用场外市场的动机是什么，决定似乎是被误导了，因为宝洁最后的结果是，以远远低得多的价格卖出了远远大得多的风险的保险。有证据表明，如果宝洁以从信孚获得的相同期权费收入签订关于芝加哥交易所交易的美国国债的看涨期权，其美元计价的互换的潜在损失就会减少1/3或更多。②

5.3 美元计价的互换合约

宝洁与信孚的2个利率互换中的第一个合约发生在1993年11月2日。交易以美元计价，名义本金为2亿美元，期限5年。这一利率互换中隐含着下了一个大的赌注，打赌美国利率会下降或者不会大幅上升。

宝洁1993年的互换是一笔复杂的交易，但正如图表5.1显示的一样，这笔交易可以分成两个主要部分来简化：（1）普通利率交换；（2）对利率的投机性赌博。

图表5.1　**宝—信1993年美元互换：一份普通互换和一个赌注**

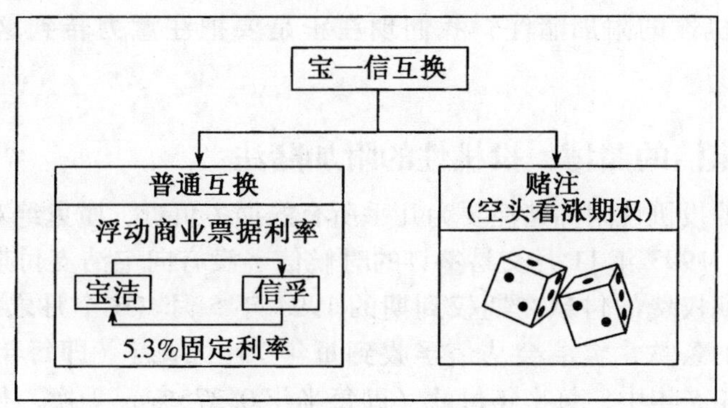

① 可以在 Donald Smith，“Aggressive Corporate Finance：A Close Look at the Procter & Gamble-Bankers Trust Leveraged Swap，” *Journal of Derivatives* 4（4）（Summer 1997），67－79 中找到对所有这些会计考虑的深刻评论。

② 参见 D. Smith，同上，pp74－75。

5.3.1 普通利率交换

与普通利率互换相关的风险很小并且很透明。在 5 年期间，信孚同意向宝洁就 2 亿美元名义本金支付 5.3% 的固定年利率，作为交换，宝洁同意向信孚支付与 30 天商业票据的每天平均收益率相关联的浮动年利率。每半年进行一次付款，从 1994 年 5 月开始，1998 年 11 月结束。

在宝—信交易的普通互换这边，没有什么特别的不同寻常或者风险特别高的情况。一个小的不正常情况是，宝洁将其浮动利率付款与商业票据相关联而不是正常采用的伦敦同业拆借利率（LIBOR）。另一个与标准的互换协议相比有较小变动的情况是，互换中采用的商业票据利率计算的是每天平均利率，而不是某一天或特定时间的利率。最后，宝洁用一个两倍规模的互换代替一个到期的金额为 1 亿美元的互换。这些不规则没有一个会实质性增加交易的风险。如果宝洁到此为止，并对交易的普通部分感到满意，公司因为美国利率上升而产生的最终的损失就会很细微；不幸的是，正如我们知道的一样，合约还有一个投机性的附加赌注，我们现在正是要把注意力转到这个附加的赌注上去。

5.3.2 宝洁的赌博：投机性的附加赌注

宝洁的投机性附加赌注要为几乎所有的损失负责，魔鬼绝对是在交易的细节中。1993 年 11 月交易签订的时候信孚没有向宝洁支付期权费。相反，类似期权费的付款在期权到期的 1994 年 5 月（6 个月之后）开始。按照协议的条款，宝洁会从信孚收到每年 75 个基点（即每年 0.75%），在以后的 4.5 年中，每半年付款（即每半年 0.375%）一次，付款是基于 2 亿美元的名义本金。

作为信孚每半年付款的回报，宝洁会根据定制的公式进行付款，利率在交易签订 6 个月后的 1994 年 5 月确定。交易中采用的利差公式在下面显示。因为利差是基于*5 年期美国国债*的收益率和*30 年美国国债*的价格

的，这一宝—信交易被称作5年国债/30年国债互换。①

$$\text{Spread} = \text{Max}\left\{0, \frac{98.5 \times \dfrac{\text{5-yearU. S. T-Note yield (CMT)}}{5.78\%} - \text{Price of a 30-yearU. S. T-Bond}}{100}\right\}$$

（Spread 为利差；5-year U. S. T-Note yield（CMT）为5年期美国国债收益率；Price of a 30-year U. S. T-Bond 为30年期美国国债价格。译者注）

这一附加的赌注要求现金清算，因此，当固定利息付款在交易签订6个月后确定时，不会提交或接受美国国债的所有权。利差公式只是为交易的其余部分确定现金支付的金额。②

总之，公式的含义体现在以下部分。1994年5月（交易签订6个月以后），如果利差公式的价值（即利差）为零或负值，宝洁在以后的4.5年中不用付款，但它会从信孚每年收到150万美元（即2亿美元名义本金的0.75%）。与之相对照，如果价值为正值，会要求宝洁向信孚支付利差，该利差会被从信孚0.75%的付款中（部分或全部）冲抵。

5.3.2.1 将宝洁的投机性附加赌注看做是空头看涨期权

将宝洁的附加赌注看做是空头看涨期权会具有启发性，该期权的履约价格等于零，每年的期权费等于0.75%，标的资产的价格等于利差。③ 因为期权的价格在期限减少时会下降，宝洁使时间站在它的一边。如果经济环境不变，宝洁可以等待，通过买入相对较低价格的期权并锁定收益来结清其头寸。当然，如果经济环境变化，问题可能（并的确会）发生。

图表5.2显示的是宝洁空头看涨期权的损益图。根据交易的条款，如

---

① 5年期美国国债收益率（CMT）是5年期确定期限的美国国债的收益率，30年美国国债的价格是30年，息票利率6.25%，于2023年8月15日到期的美国国债的平均买入/卖出净价。如果你问你自己："公式中确定的价格条件（即98.5和5.78%）是从哪里来的？"并不是只有你才会这样问的。最容易的办法是，将98.5视作5年期国债的价格，与30年国债的大小处于类似等级上。因此，30年国债价格的变动会使公式发生1比1的变化，但是，只是在等于5年期国债收益率除以5.78%的相对比例因子的情况下出现变动时，5年期国债的价格变动才会发生。

② 当我们讨论有关这一案件的法庭判定时，这一点非常重要。

③ 这一交易也可视作现金结算的，针对按30年国债价格对5年期国债指数化的收益率的空头看涨期权。第三种看待它的方法，是视作针对按5年期国债收益率对30年国债指数化的价格的空头看跌期权。事实上，信孚在其法律作证时采用第三种方法来解释该期权。参见 Donald Smith，"Aggressive Corporate Finance：A Close Look at the Procter & Gamble-Bankers Trust Leveraged Swap，" *Journal of Derivatives* 4（4）（Summer 1997），67－79。也请参见 District Court，S. D. Ohio，Western Division，The Procter & Gamble Company，Plaintiff v. Bankers Trust Company and BT Securities Corporation，Defendants，*Defendants' Answer to the First Amended Complaint and Defendant Bankers Trust Company's Counterclaims.* Civil Action No. C－1－94－735，27 February 1995。

果 1994 年 5 月 4 日（期权到期的时间）的利差等于或小于零，期权到期为平值或虚值；宝洁会保有期权费，在 5 年期交易的剩余时期内不用付款。因此，所有零的左边的所有点包括零在内都固定为 0.75%。在零的右边，当利差等于 0.75%（即 +0.0075）时，宝洁会盈亏平衡，对于更高的价值，它会遭受损失。例如，如果利差是 +0.10，那么，宝洁会被要求向信孚支付 10% 的年利率，而只从信孚收到 0.75%，因而造成 9.25% 的净成本。

图表 5.2　　**宝洁的附加赌注视作空头看涨期权**

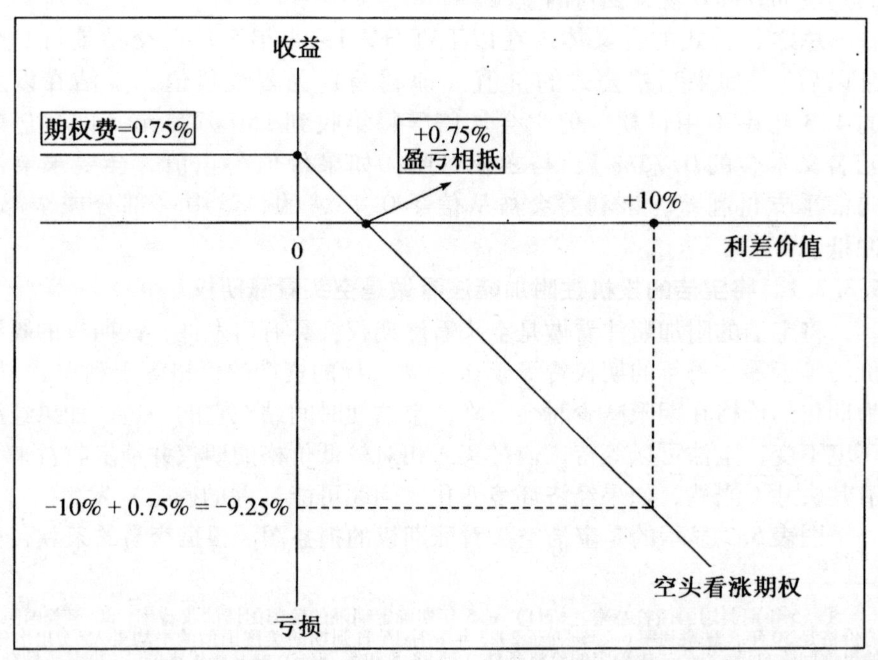

如果收益率变动与宝洁背道而驰，公司的潜在的付款就会没有限制，并且由于公式的高度杠杆化的性质，付款会迅速增加。在合约签订时，宝洁无从知道它最终会支付多少，并且因为宝洁将替代互换的名义本金加倍，这一交易似乎很大程度上是对美国收益率曲线的方向变动的一次投机性下注。

让我们更仔细地审视一下利差公式。最大的威胁是美国收益率曲线向上变动，因为 5 年期国债收益率上升，30 年国债的价格下降，*并且*这些

变化对利差具有放大（即杠杆）效应。[①] 与之相对照，收益率曲线变平或变陡对利差的效应较为模糊，因为中短期国债和长期国债收益率的变动会有不同的相对的影响。[②] 考虑收益率曲线变陡的情况。如果短期国债收益率下降而长期国债收益率不变，那么，利差价值就会下降，就会有助于宝洁。如果长期国债收益率上升（即长期国债价格下降），而短期国债收益率保持不变，那么利差价值就会上升，宝洁就会受到伤害。最后，如果收益率曲线变陡是由短期国债收益率和长期国债收益率的变化共同作用引起的，那么净效用就会取决于这些变化的大小以及利差价值对这些收益率变化的敏感性。

风险提示板5.1

证券收益率对价格

图表RN5.1.1显示的是30年零息债券的收益率和价格之间的关系。注意，收益率与价格是怎样成反向关系的。

$$98.5\times\frac{\text{5-yearU. S. T-Note yield（CMT）}}{5.78\%}-\text{Price of a 30-yearU. S. T-Bond}$$

（译者注：5-year U.S. T-Note yield（CMT）为5年期美国国债收益率；Price of a 30-year U.S. T-Bond为30年期美国国债价格）

当我们考虑宝洁的利差公式时必须记住这一反向关系，因为收益率曲线向上移动引起利差增加有两个原因：第一，5年期国债收益率提高，会增加公式中第一项（即98.5×5年期国债收益率/5.78%）；第二，30年期国债收益率提高，会使其价格下降（参见图表RN5.1.2）。因为30年期国债的价格在利差公式中是负号，其价格的任何的下降会使利差增加。

5.3.2.2　美国利率上升的影响

1993年11月和1994年5月之间，美联储抢先收紧了货币条件。美国利率上升，短期和长期利率之间的差额下降，表明收益率曲线变平（参

① 参见风险提示板5.1，*证券收益率对价格*。

② 对于中期和长期国债收益率的所有组合，中期国债收益率增加（减少）1%会引起利差增加（减少）17.04%。相反，长期国债收益率变化对利差的影响，与长期国债收益率水平的变动相反（即当长期国债收益率上升时，其对利差价值的影响减少）。当长期国债收益率低于约5.2%的水平时，长期国债收益率1%的变化，会比中期国债收益率1%的变化，对利差产生的影响大。在5.2%以上时，长期国债收益率的影响较小。

图表 RN5.1.1　30 年零息债券的收益率和价格之间的关系

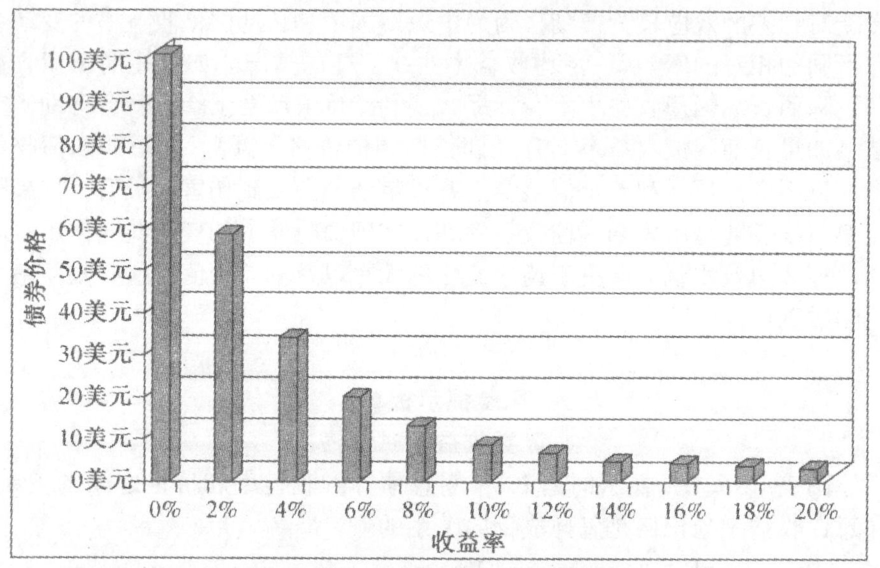

图表 RN5.1.2　证券的收益率和价格之间的反向关系

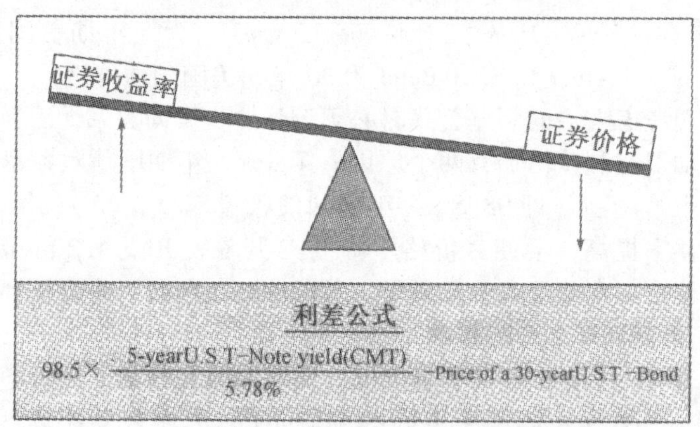

见图表 5.3)。在这 6 个月期间，30 年美国国债收益率上升 1.29%，从 6.06% 上升至 7.35%，使长期国债价格从 102.58 美元下降至 86.84 美元。同时，5 年期国库券的收益率上升 1.69%，从 1993 年 11 月 2 日的 5.02% 上升至 1994 年 5 月 4 日的 6.71%。结果是，宝洁的浮动利率大幅上升，而其隐含的期权开始亏本。

图表5.3　　5年期国债和30年期国债的收益率

1993年11月至1994年5月

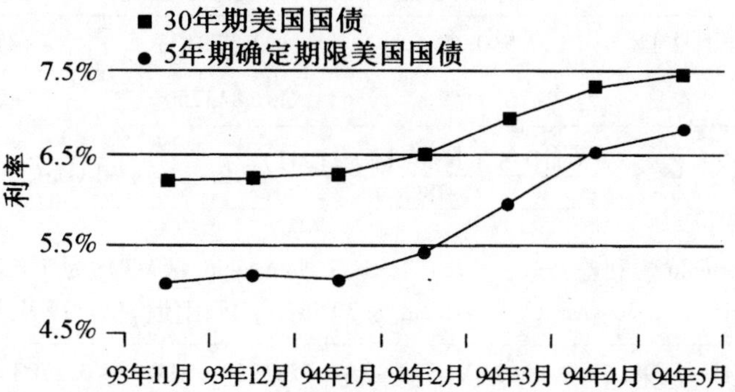

■ 30年期美国国债
● 5年期确定期限美国国债
7.5%
6.5%
5.5%
4.5%
利率
93年11月　93年12月　94年1月　94年2月　94年3月　94年4月　94年5月

信孚获悉5年国债/30年国债互换利差已上升至宝洁须支付高出商业票据利率4.6%的程度的消息后，在1994年2月22日与宝洁联系。这意味着，宝洁以低于商业票据利率40个基点进行融资的目的灰飞烟灭。宝洁决定保持其头寸而不是锁定先前的利率。部分的原因是，该决定是基于5年和30年国债的远期收益率，收益率表明，未来利率情况会缓和下来。该决定也是基于宝洁所感觉到的东西的，认为美联储公开市场委员会（FOMC）在接下来的几个月中大幅提升美国利率或使收益率曲线发生不利倾斜的可能性较小。正常情况下，FOMC大约每6个星期开一次会，并且在需要变动时，它会按0.25%的增量倍数调整联邦基金利率。根据美联储过去的行为，宝洁打赌收益率上升幅度不足以抹去其75个基点的优势。

图表5.4比较了宝洁1993年11月签订交易时的支付情况和6个月后的1994年5月应当确定交易条款时的支付情况。1993年11月2日，5年国债的收益率为5.02%，而30年期国债的价格为102.58。因此，利差等于-17.03%，属于虚值范围。对于所有这些利率，宝洁在剩下的一直到到期时的4.5年内无需向信孚付款，但从信孚收到每年75个基点的付款。与之形成鲜明对照的是，如果宝洁一直等到1994年5月4日（它没有等待），公司会按年利率27.5%支付，作为交换，只收到0.75%，净支付26.75%，就是一年5 350万美元！

图表5.4　　**5年期国债收益率，30年期国债价格和利差**

	5年期国债收益率	30年期国债价格	利差
1993年11月2日	5.02%	102.578125	-17.03%
1994年5月4日	6.71%	86.843750	+27.50%

$$\text{Spread formula} = \frac{98.5 \times \dfrac{\text{5-yearU. S. T-Note yield (CMT)}}{5.78\%} - \text{Price of a 30-yearU. S. T-Bond}}{100}$$

（Spread formula为利差公式；5-year U. S. T-Note yield（CMT）为5年期美国国债收益率；Price of a 30-year U. S. T-bond为30年期美国国债价格。译者注）

1993年11月 =（98.5×0.0502/0.0578 - 102.578125）/100 = -0.1703 = -17.03%

1994年5月 =（98.5× 0.0671/0.0578 - 86.84375）/100 = +0.2750 = +27.50%

图表5.5概况了结果，并且显示，只要30年国债和5年国债的收益率分别保持在（约）6%和6.5%以下，宝洁的利差就会等于零。换言之，有很多收益呈水平的区域（即收益率-价格的组合），在这些区域中，宝洁可以每年赚取75个基点而不支付净利息费用。在这些情况下，将宝—信交易的两个部分（即普通利率互换和赌注）组合起来，宝洁最终都会为2亿美元名义本金支付低于浮动商业票据利率75个基点的利率，这在当时是一个比美国政府支付的利率更好的利率。与之相对照，如果利率上升，宝洁支付的期权费会迅速上升。图表5.5显示，随着收益率出现边际上升宝洁的成本将如何急剧上升的情况。

幸运的是，宝洁没有经历如此严重的损失，因为它能以两种方法减轻损失。第一，在1994年1月20日，公司重新协商了互换的条款，以致信孚每年支付88个基点的期权费而不是原先协议中的75个基点。[①] 第二，宝洁在1994年5月4日确定利差日期的约1个月前的1994年3月29日对冲了其敞口头寸。结果是，它锁定了15%的利差，[②] 减去（新的）每年

① 确定费率的截止期从1994年5月4日推迟至1994年5月19日。这一推迟很重要，因为FOMC会议定于1994年5月17日召开，就在这一新日期的两天之前。因此，宝洁收到的额外13个基点可视作期权期限增加和利率不确定性增大的额外的补偿。

② 宝洁在1994年3月10日以11.43%锁定5 000万美元的名义本金，在1994年3月14日按12.86%又锁定5 000万美元，在1994年3月29日锁定最后的1亿美元。

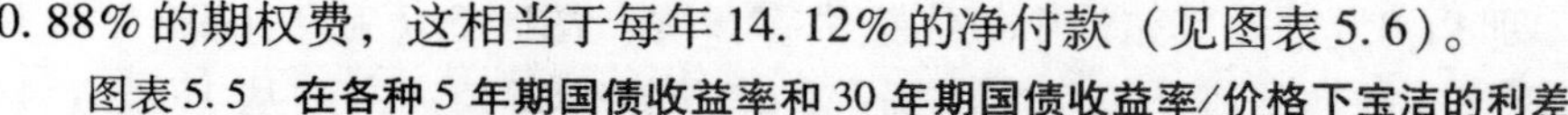

0.88%的期权费，这相当于每年14.12%的净付款（见图表5.6）。

图表5.5 **在各种5年期国债收益率和30年期国债收益率/价格下宝洁的利差**

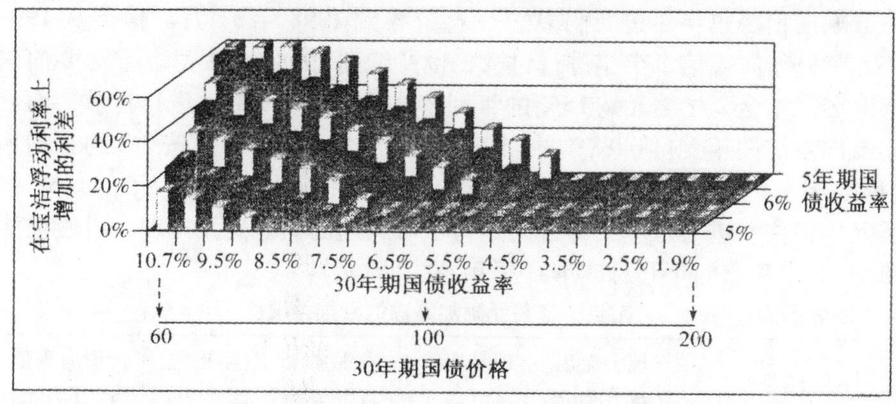

图表5.6 **宝洁的空头看涨期权：1994年3月29日的结果**

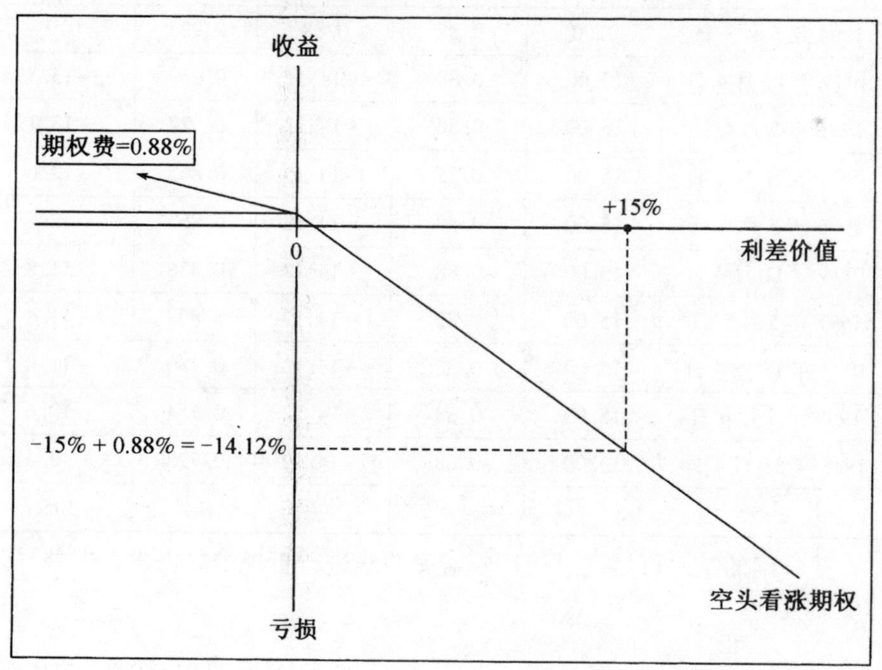

那么，宝洁在其赌注中最终损失多少呢？图表5.7基于1994年3月29日15%的利差值计算了宝洁损失的经折现的现值。宝洁从1994年11月开始向信孚每半年进行付款，一直持续到1998年11月。信孚从1994年5月开始向宝信每半年进行付款，也持续到1998年11月。宝洁要向信孚对名义本金2亿美元按15%的年利率（即半年7.5%）进行付款，而信孚要向宝洁按年支付0.88%的期权费（即半年0.44%）。按7%的年利率（即半年3.5%）折现，宝洁向信孚的净付款的现值达到惊人的1.058亿美元！记住，进行这一交易首先是为了对到期的1亿美元掉期，以使宝洁节约40个基点的年利息成本（每年40万美元）。

图表5.7　**宝洁2亿美元附加赌注的亏损情况**

日期	现金流出（百万美元）	现金流入（百万美元）	净现金流（百万美元）	年折现因子7%	折现后现值（百万美元）
1994年3月29日	0.00	0.00	0.00	1.00	0.00
1994年5月4日	0.00	0.88	0.88	0.993	0.9
1994年11月4日	15.00	0.88	-14.12	0.959	-13.5
1995年5月4日	15.00	0.88	-14.12	0.927	-13.1
1995年11月6日	15.00	0.88	-14.12	0.895	-12.6
1996年5月6日	15.00	0.88	-14.12	0.865	-12.2
1996年11月4日	15.00	0.88	-14.12	0.836	-11.8
1997年5月5日	15.00	0.88	-14.12	0.808	-11.4
1997年11月4日	15.00	0.88	-14.12	0.780	-11.0
1998年5月4日	15.00	0.88	-14.12	0.754	-10.6
1998年11月4日	15.00	0.88	-14.12	0.728	-10.3
				合计	-105.6

更精确的结果可以通过运用收益率曲线进行折现推导得出，但差异是非实质性的。

5.3.3 宝洁的美元利率互换的损失

我们大部分的注意力集中在宝洁与信孚的附加赌注上，但宝洁获得5.3%年利率而支付浮动商业票据利率的普通利率互换出了什么事呢？要计算在该互换上宝洁的损失，我们需要比较利率变化前后该互换的价值。一开始，利率互换正常情况下的价值为零。我们知道这一点，是因为固定—浮动利率互换的现金流，与卖出一个浮动利率证券并同时买入一个类似金额的固定利率证券所产生的现金流是一样的。在宝洁的情况下，其互换的现金流等同于卖出2亿美元收益率为5年期商业票据利率的票据并用所得资金买入2亿美元收益率为5.3%的5年期票据。开始时，这一交易是相同价值的交换，不产生净值。

图表5.8显示的是当利率上升至7%时宝洁所发生的情况。宝洁固定现金流入所折现的现值从2亿美元下降至1.909亿美元，下降910万美元。[①] 如果我们将宝洁与互换有关的损失与附加的赌注的损失进行比较，很清楚的是，利率互换要安全得多。对于相同幅度的利率上升，附加的赌注的损失是利率互换的12倍。

图表5.8　**宝洁普通利率互换的损失情况**

日期	现金流入（百万美元）	按7.00%的折现因子（百万美元）	按7%折现后的现值（百万美元）
1994年3月29日	0.00	1.00	0.0
1994年5月4日	5.30	0.993	5.3
1994年11月4日	5.30	0.959	5.1
1995年5月4日	5.30	0.927	4.9
1995年11月6日	5.30	0.895	4.7
1996年5月6日	5.30	0.865	4.6
1996年11月4日	5.30	0.836	4.4

① 浮动商业票据利率使可变利率票据的价值在每一个利率重置日期保持在2亿美元。

续图表

日期	现金流入（百万美元）	按7.00%的折现因子（百万美元）	按7%折现后的现值（百万美元）
1997年5月5日	5.30	0.808	4.3
1997年11月4日	5.30	0.780	4.1
1998年5月4日	5.30	0.754	4.0
1998年11月4日	205.30	0.728	149.5
		按7%互换的新价值	190.9
		互换的最初价值	200.0
		互换价值的变动	-9.1

更精确的结果可以通过运用收益率曲线进行折现推导得出，但差异是非实质性的。

较早的时候，我们发现，在宝洁于1993年11月进行其2亿美元利率互换之后，美国利率几乎很快就开始向不利其头寸的方向变动（参见图表5.3）。尽管如此，宝洁仍保持自信，认为利率会下降的，因此，在1994年2月，公司又下了一个高成本的赌注，与其在美国利率上下的赌注本质上一样。让我们把注意力转向宝洁的德国马克的互换。

5.4 德国马克计价的利率互换

1994年2月14日，宝洁交易了一份4.75年期限的利率互换从而增加了赌注，结果证明是下了一个巨额的赌注，打赌德国利率会下降，或者不会大幅上升。1994年宝—信德国马克互换的条款与1993年美元互换一样独特。交易从1994年1月16日（回填日期）进行到1998年10月16日，名义本金为162 800 000德国马克（即约9 300万美元）。从1994年1月至1995年1月，信孚同意向宝洁支付2年的固定期限互换利率[①]（即德国马克2年期互换利率），加上233个基点的期权费。这些付款正好与宝

① 利率互换合约的互换利率是负担固定付款的一方支付的市场利率。

洁在所承担的互换上所欠金额匹配。对于这一相同的时期，宝洁同意向信孚支付德国马克2年期互换利率，加上133个基点的期权费。如果你正要冥思苦想，你是否误读了最后的一句话，请放心，读到的数字是正确的。在1994年1月16日至1995年1月16日的这一年中，信孚答应向宝洁就互换的名义本金支付1%的净期权费。这对宝洁是个好买卖。

在第二年期间，条款发生变动，宝洁进行利率下注的情况是这样的，从1995年1月至1995年10月，信孚继续向宝洁支付德国马克2年期互换利率加上233个基点，但这时宝洁在其往常的付款中增加了利差。从1995年10月至1998年到期，付款再次发生变化，但只是略微变化。与根据德国马克*2年期*互换利率进行阶段性付款不同，信孚支付的是德国马克*3个月*LIBOR加上233个基点，而宝洁支付的是德国马克3个月LIBOR加上利差。作出这一变动是为了确保新的互换合约正好对应宝洁在其旧的互换合约上须进行的付款。

图表5.9　**"联姻区间"：在宝洁不支付额外利差情况下德国马克互换利率可能变动的区间**

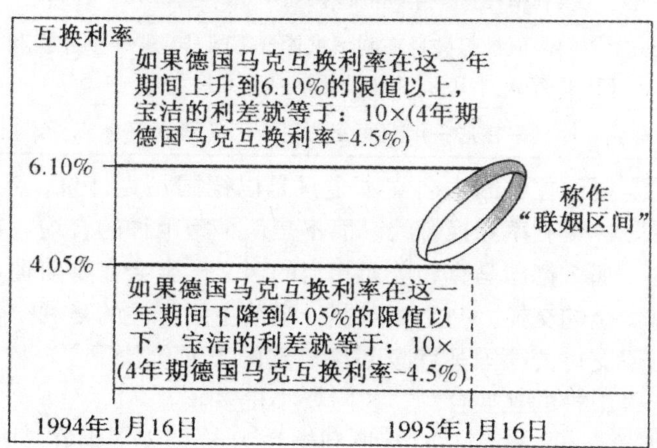

利差公式的原理是这样的。为4年期德国马克互换利率确定的利率区间的下限和上限分别固定在4.05%和6.01%。这一利率区间称作"联姻区间（wedding band）"。1994年2月25日，联姻区间的上限从6.01%上升至6.10%；就让我们采用修订的利率进行讨论（参见图表5.9）。① 如果4年期德国马克互换利率在全年保持在该区间内，宝洁的利差就等于零。结果是，剩余部分协议不存在额外利息成本，这意味着，宝洁每年从信孚获得1%的净付款——每年节省1 628 000德国马克。②

但是，如果该区间被打破，宝洁的利差将是（在利率确定日的）4年期德国马克互换利率和4.5%③之间的差额的10倍（即利差公式 = 10 ×（4年期德国马克互换利率 - 4.5%））。将其利差付款与10倍的杠杆因子相关联，大大增加了宝洁的风险。但是，注意，宝洁的利差可能是正的（使其付出成本更高）或负的（使其付出成本较少）。例如，如果利率在这一年期间突破限定范围，当利率确定日德国马克4年期互换利率高于4.5%时，宝洁支付更多；当互换利率低于4.5%时，则会支付较少（参见图表5.10）。

图表5.10　**总结：互换合约的第一年以后宝洁欠信孚的额外利差**

利差 = 0%
●如果德国马克互换利率在这一年期间保持在4.05%至6.10%区间内
●如果在这一年期间限值被打破且在利率重置日德国马克4年期互换利率为4.5%
利差 = 10 ×（1995年1月16日4年期德国马克互换利率 - 4.5%）
●如果德国马克互换利率在这一年期间变动到4.05%至6.10%以外

重要的是要记住，因为名义本金只是以德国马克计价，宝洁1994年的互换合约是一个利率互换合约，而不是一个跨币种的合约。如果交易是跨币种合约，那么德国马克和美元相当的名义本金会在事前确定，在合约结束时会有本金的交换。与之相对照，宝洁主要下注的是利率赌注，只是对其会收到或支付的德国马克净利息付款的美元价值下了一个小的赌注。因此，比起跨币种的互换合约，风险要小得多。

1994年2月初，德国马克互换利率约为5.35%，但在2月4日（仅仅在宝洁进行其互换交易10天前），美联储大幅收紧了美国货币政策。

---

① 宝洁和信孚也商定把设定利差的日期从1995年1月16日推迟到1995年4月16日。

② 162 800 000德国马克（名义本金）×1%/年 = 1 628 000德国马克/年。

③ 这一利率4.50%不是一个打印错误，不应与结婚戒指（指联姻区间，译者注）数值为4.05%的下限相混淆。

结果，美国利率飙升，引起国际利率，包括德国马克互换利率上升。

1994年3月1日，信孚通知宝洁，其德国马克互换合约接近区间的上限，如果宝洁想结束交易，就要付出11.9%的巨大代价。宝洁对其利率预测很有自信，决定不结束交易，也不重新协商交易的任何条款，如上限或结算日期。第二天早晨（仅在签订互换合约15天后），德国马克4年期互换利率已超过联姻区间的上限。宝洁遇到了麻烦并且知道这一情况，但是宝洁等到4月11日才结清其头寸，到这时，利差已上升到16.40%，互换的价值损失超过6 000万美元！

5.5 与信孚银行的诉讼

宝洁疯狂地抗争，向信孚公司（Bankers Turst Co.）和信孚证券公司（BT Securities Corporation）[①] 提出控告，理由是敲诈、欺诈、错误陈述、违背信托责任、过失错误陈述和疏忽。[②] 最初的诉讼，只包括1993年美元利率互换，于1994年10月27日提出。1995年2月6日，宝洁变更其诉讼，包括1994年2月14日交易的德国马克互换。1995年9月1日，法庭允许再次变更诉讼。信孚接受挑战，要求宝洁支付其在这两个互换中的欠款，信孚声称，金额超过2亿美元。

管理巨额表外敞口的资产组合，同时进行相当数量的新近确定的交易，很有挑战，因此，很容易理解的一点是，宝洁整体上是多么严重依赖其投资银行人员的价格预测、市场信息、建议以及对头寸的跟踪，特别是依赖信孚的相关情况。宝洁很有自信，它能通过仅仅与信孚沟通并结清交易而在到期前锁定其互换合约的有利利率。事实上，公司指望在这些交易的时机选择、定价和执行上得到信孚的支持。但是，如果情况是这样，宝洁为何等待这么久才结清其头寸，并最终损失如此之多呢？

---

① 信孚公司（Bankers Turst Co.）和信孚证券公司（BT Securities Corporation）是美国第七大银行持股公司信孚纽约公司（Bankers Trust New York Corporation）的两家全资子公司。

② 参见 *The Procter & Gamble Company*, Plaintiff, v. *Bankers Trust Company and BT Securities Corporation*, Defendants, No. C－1－94－375, United States District Court of Southern District of Ohio, Western Division, 925 F. Supp. 1270; 1996 U.S. Dist. LEXIS 6435; Comm. Fut. L. Rep.（CCH）P26, 700; Fed. Sec. L. Rep.（CCH）P99, 229, 8 May 1996, Decided。参见 http://www.afn.org/~afn05451/proctor.html。2007年12月26日查询。

宝洁声称，它由于不理解其头寸已恶化到多么严重的程度而成为受害者。宝洁与信孚确定的交易的成本来自信孚开发的专用的多元定价模型。宝洁辩称，首先它从未认同那个公式，并且，由于这是一个专有的暗箱，它也无法检验信孚的假设和结论的客观性和准确性。宝洁声称，如果知道结束5年国债/30年国债互换的成本很高，它就决不会达成这一德国马克的交易。对宝洁而言，信孚拒绝披露其定价模型和假设，等同于不披露重要信息，因此，成为宝洁提起欺骗诉讼的理由。①

信孚同意，其定价模型是专用的，但坚称宝洁有责任主动管理其自己的衍生产品头寸。事实上，在签订5年国债/30年国债互换的当天，信孚建议宝洁将该交易盯市并主动管理交易以便不会被“烫伤”。② 此外，在众多的场合，信孚就宝洁希望对5年国债/30年国债互换的类似期权的部分作出的变动，主动向宝洁提出报价。信孚也主动向宝洁提供互换估值分析的副本，并随后向宝洁发送含有信孚定价计算方法和隐含假设的磁盘，以便宝洁可以计算它希望的任何利差情景。信孚称，1994年3月初，它主动提出派业务代表带着计算机模型到宝洁的Cincinnati总部，但宝洁取消这一访问，认为没有必要。

从宝洁的角度看，信孚是专业机构，对其*相对*不成熟的用户有信托责任。信孚反驳这一观点，它引用很多宝洁作为参与方的其他互换合约——其中一些合约甚至比宝—信交易的杠杆程度还要高并获得高于市场的收益率。信孚表示，宝洁常规性地从美林、高盛和J. P. Morgan这些其他的金融咨询机构和投资银行那里得到建议，这些机构是信孚的竞争对手，宝洁与他们进行了很多交易。对信孚而言，宝洁是发达金融世界的一个很成熟的参与者，完全有能力运用在互换协议中所商定的公式对其头寸盯市。

---

① 参见John M. Quitmeyer, “Fiduciary Obligations in the Derivatives Marketplace,” *S & P's The Reivew of Securities & Commodities Regulation* 28 (18) (25 October 1995), 179。

② 参见District Court, S. D. Ohio, Western Division, The Procter & Gamble Company, Plaintiff v. Bankers Trust Company and BT Securities Corporation, Defendants, *Defendants'Answer to the First Amended Complaint and Defendant Bankers Trust Company's Counterclaims.* Civil Action No. C-1-94-735, 27 February 1995, p. 8。

风险提示板 5.2
在险价值

一个本来可以帮助宝洁量化其与信孚的互换合约的风险的方法是在险价值（VaR）分析。VaR是一种统计方法，可对公司在给定时间内在规定的确定性水平上资产组合预计损失的最小金额进行预测。运用这一方法，司库们可以作出这样的陈述：基于历史收益和波动性，我们宝洁公司可以有95%的把握，在下一周内，我们的资产组合的损失不超过1 000万美元，这意味着，我们损失1 000万或更多金额的可能性是5%。在宝—信案例解决后几年，基于宝—信案例进行了一项研究。[①] 研究发现，VaR分析本来应该为宝洁提供关于其美元计价的互换合约风险的及时警示信号。采用6个月的时间区间（即利息支付期间）和95%的置信区间，该研究可以确定，宝洁互换的VaR是互换合约最初665万美元价值的7至10倍。正如结果显示的一样，宝洁的损失比VaR分析所预测的要大得多，这只是表明，公司应意识到在VaR分布的最上面5%的尾部潜藏的未知风险。尽管如此，如果宝洁知道其美元互换的VaR敞口，也许这种认知会吓阻公司去签订该交易，或者宝洁会在早得多的时间结清其头寸。

很清楚的是，对衍生产品合约*定价*是很困难的，可能需要高级数学专家，涉及复杂的专用模型，但一旦采用并运行，要跟踪其损益（即对头寸盯市）并不十分复杂。所需要的是进行折现现值分析的能力——任何学过初级金融课程并获得计算器或计算机运算程序（例如，EXCEL）的人都拥有的技能。即使宝洁不能确定结束其头寸的确切价格，仅仅是将头寸盯市的日常操作也应当起到公正的警示作用，提醒宝洁，其互换合约已经到了潜在的危险境地。

---

① 参见 Sanjay Srivastava，“Value-at-Risk Analysis of a Leveraged Swap,” *The Journal of Risk* 1（2）（Winter 1998/1999），87－101。Srivastava 将其分析基于 Heath-Jarrow-Morton 期限结构模型。665 万美元的互换价值是期权费付款的折现后现值。也请参见“*Appendix* 5.5：*What Are the Problems with Value at Risk*?”，可以在 Prentice Hall 网站 http：//www. prenhall. com/marthinsen 上找到。

5.6 宝—信案件的解决

宝洁与信孚的诉讼最终庭外和解，双方都声称取得胜利。信孚宣称胜利，因为宝洁同意向信孚支付所欠2亿美元中的3 500万美元，而宝洁向信孚转让另一有争议衍生产品投资中的利益，该投资的价值在500万美元至1 400万美元之间。宝洁声称胜利，因为它挽回其总损失中的约83%，① 但很清楚的是，胜利对双方都是代价很高，因为都伴随着对其声誉的损害。

5.7 互换事件后信孚的境遇

本章大部分内容都侧重宝洁的风险管理的做法及损失。很少或没有涉及信孚，但有几个重要的观点值得考虑。一般而言，当互换交易商持有头寸时（就像信孚持有宝洁的敞口一样），它会尽可能地对冲该交易。这样做，无论利息收益率上升或下降，交易商都会获得利差，风险就会被对冲。正如信孚在对宝洁起诉所作出的法律回复中所言，“为了使信孚获利，并不需要宝洁亏损，反之亦然。”②

如果信孚对冲了宝洁的交易，那么，当宝洁拒绝支付亏损金额时会产生很大的问题，因为这些付款中的大部分会指定给信孚排成队的交易对手，以便对冲宝洁的交易。例如，如果宝洁在这2个互换中欠信孚2亿美元，那么这些资金中的大部分资金会由信孚欠其交易对手，并且不管宝洁是否支付该互换中其所欠款项，信孚都应支付（参见图表5.11）。记住，如果宝洁在该交易中对自己这边违约，这一合约的或有性质仅仅使信孚摆脱向宝洁付款。宝洁违约对信孚与其他交易对手进行的独立对冲交易不会

---

① 当宝洁宣称胜利时，信孚收回的500万至1 400万美元并未被宝洁算在内，因为宝洁认为，这些资金与不同的案件相关联。

② 参见 District Court, S. D. Ohio, Western Division, The Procter & Gamble Company, Plaintiff v. Bankers Trust Company and BT Securities Corporation, Defendants, *Defendants'Answer to the First Amended Complaint and Defendant Bankers Trust Company's Counterclaims.* Civil Action No. C-1-94-735, 27 February 1995, p. 5。

有任何影响。

有传言称，信孚在与宝洁进行这笔交易中有既得利益，因为信孚需要对冲其现有头寸的库存。根据这一观点，信孚故意欺骗宝洁使其相信这些互换合约是善意的。[①] 宝洁公开推测，为了完全对冲敞口而完成宝洁交易后，信孚与交易对手达成了30多亿美元的交易，这可以解释宝洁为什么会对情况变糟后锁定固定利率的成本感到吃惊。[②] 我们很可能将永远不会知道，信孚是否已有现有的敞口，或者，信孚是否在签订协议后对冲了宝洁的互换合约。案件庭外和解，因此，从未经过透露的阶段，在这一阶段，所有内部档案、备忘录和电子邮件本来会进入公开记录。尽管如此，如果信孚被对冲，与宝洁庭外和解肯定会对其收入造成严重的冲击。

图表5.11　**信孚的净头寸**

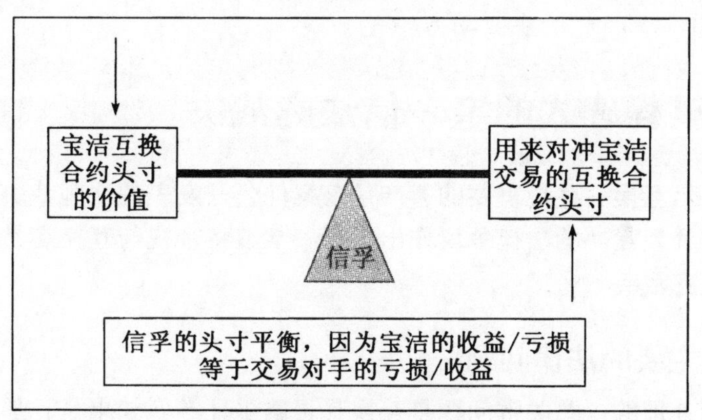

5.8　从投资人角度看宝—信案例

对风险敏感并考虑是否要投资宝洁的投资者，是极不可能通过研究宝洁1993年年报就能搜集到关于该公司表外（衍生产品）交易的任何风险

---

① 参见Saul Hansell, "A Bad Bet for P & G.," *The New York Times*, late edition, sec. D., col. 1 (14 April 1994), 6。

② 参见The PR Newswire Association, Inc., "P & G Amends Suit Against Bankers Trust to Add Deutschmark Swaps to U. S. Treasury Swap; P & G Suit on Derivatives Adds Federal Securities Claims" (6 February 1995). http://web.lexis-nexis.com/universe/。2007年12月26日查询。

收益状况的信息的。例如，1993年，宝洁对其持有的对冲外汇风险的衍生产品头寸报告了1 700万美元的收益，但它并没有提及与利息有关的衍生产品亏损了1.22亿美元。[①] 宝洁并不是例外情况。很多公司在其财务报告的附注中只披露其衍生产品头寸的名义价值；一些公司提及衍生产品的期限，但没有一家公司提及重要的细节，如互换付款、互换收款，以及信用风险。在资产方，以投资目的买入结构性票据的公司很少或不提供关于票据的流动性和风险情况的信息。结构性证券只是与其他生息资产归并在一起，归并成诸如*现金和有价证券*的类别。

也许宝—信互换的一个正面的结果是，它提供了清晰证据，公司是如何差劲地报告其表外头寸（即远期、期货、期权和互换）的。缺乏透明度是美国财务会计标准委员会1995年提出建议并随后进行会计改革（例如，FASB－133）[②] 的主要动力。[③]

5.9 里程碑式的宝—信法庭裁决[④]

宝—信互换一些最重要的遗产是该案件公开发表的法庭裁决，因为它们首次对处理互换的法律争议作出澄清。本节将审视与互换交易相关的最重要的法庭裁决。

5.9.1 主要的法律问题

法庭处理的一关关键问题是互换是否属于证券。如果是，那么互换可以并应该受诸如证券和交易委员会（SEC）和商品期货交易委员会（CFTC）等机构的监管。与之相对照，如果是场外市场交易，那么互换是

---

① 参见 Michael Quint, "P & G meets the Derivatives Monster," *The New York Times*, sec. 3, col. 3 (9 October 1994), 11。

② FASB－133是一个复杂的文件，长度几乎有250页，成堆的解释。阅读该文件是一个挑战，甚至对于大多数认真的会计师和审计师也是如此，但它在财务的历史上具有重要意义，因为它直接、毫不含糊地作出陈述，表外交易的披露对于理解任何公司的财务健康状况是关键性的。

③ 参见 *Appendix 5.2: Disclosure Reform After P&G－BT*，可以在 Prentice Hall 网站 http://www.prenhall.com/marthinsen 上找到。

④ 参见 *Appendix 5.1: P&G－BT's Landmark Court Opinion*，可以在 Prentice Hall 网站 http://www.prenhall.com/marthinsen 上找到，更详细地讲述了宝—信诉讼中的法庭裁决。本节吸收了发表的法庭裁决。参见 *The Procter & Gamble Company*, Plaintiff, v. *Bankers Trust Company and BT Securities Corporation*, Defendants, No. 925 FS—pp 1270 (S. D. Ohio 1996)。

(应该是）不受这些监管机构的管辖的。[①]

法庭处理的另一个主要问题是，投资银行是否对其客户有信托责任。受托人会期望代表其客户行动，以透明、忠诚的方式进行，并有意识地避免自行交易。对受托人的要求比所期望的只是诚实可信采取行动的标准更高，因为其与客户的交易并不是无关联交易。代理人具有信托责任的关系的例子有，律师对客户，受托人对受益人，执行人对资产的继承人，监护人对小孩，董事对股东。对于像宝洁这样大型的、看起来经营良好的公司声称不完全理解其上亿美元的交易并因此导致按信托责任处理，引发了一些令人非常不安的问题。

如果互换交易商没有信托责任，那么他们对其客户有什么法律和道德的披露责任（如有的话）？例如，如果投资银行家没能披露互换交易的重要信息，客户可以对这种违规行为按普通法律的欺诈提起诉讼吗？

5.9.2 不寻常的法庭裁决

1996年5月8日，俄亥俄州辛辛那提市的俄亥俄南区法庭（the Southern District Court of Ohio）法官John Feikens就宝洁对信孚变更后的指控进行了裁决。[②] 该法庭裁决不寻常，有两个原因：第一，裁决是在宝洁和信孚庭外和解后发布的，这很少见。第二，裁决不寻常之处是裁决没有涉及的内容。在通过即决判决裁定的案件中，案件的事实没有争议，因此，这些“事实”应成为裁决的重点。Feikens法官的裁定在作出结论时非常直截了当，但对导致他得出结论的案件中的事实却并不具体。例如，他认为信孚与宝洁没有信托关系，但他没有解释宝—信关系中的什么事实确立这一观点。

5.9.3 法庭裁决的摘要

Feikens法官裁定，宝洁根据1970年有组织犯罪控制法案（即诈骗影

① 宝洁认为互换是证券的观点可能是不攻自破的，因为美国证券法要求公司在其财务报表中对证券进行解释。人们可能会问，如果宝洁成功地使法庭确信互换是证券，那么，不按此进行报告是否前后矛盾呢？宝洁是否本来应被控普通疏忽、重大疏忽或会计欺诈？尽管这种结果是可能的，但这仍是极不可能发生的，因为以此类理由指控疏忽或欺诈在20世纪90年代并不常见。

② 参见*The Procter & Gamble Company*, Plaintiff, v. *Bankers Trust Company and BT Securities Corporation*, Defendants, No. 925 FS—pp 1270（S. D. Ohio 1996）。

响和腐败机构［RICO］法案）对信孚的指控没有依据，因为宝洁没能证明信孚是腐败机构的一部分，与控股母公司不同，[①] 因此，法官5月8日的裁决侧重于证券法和投资银行的信托责任。尽管欺诈指控可能看起来很牵强，指控的较早解决对信孚仍很重要，因为，如果宝洁成功证明这些指控，那么宝洁本来可以就3倍的损害（高达6亿美元）起诉信孚，陪审团本来愿意判给宝洁那么多的金额。

Feikens法官在其书面裁定中得出结论，宝洁“5年国债/30年国债互换和德国马克互换协议*不是*1933年和1934年证券法案和俄亥俄蓝天法案（the Ohio Blue Sky Laws）所定义的*证券*；根据该法案的反欺诈条款，宝洁无法获得独享行动权利；并且在当事人协议中法律条款的……选择排除了根据俄亥俄欺骗交易行为法案的求偿权利”[②]（加注强调标记）。关于宝洁就信孚疏忽错误陈述，违背信托责任和疏忽的指控，Feikens法官得出结论说，“作为互换……协议的交易对手，信孚对宝洁没有信托责任。宝洁疏忽错误陈述和疏忽的指控［是］重复的”[③]（加注强调标记）。简言之，法庭认为，宝洁不应从其自身没有很好商定的交易的严酷影响中解脱或得到保护。同时，Feikens法官裁定，交易商相对其客户具有更为优势的知识和信息，具有披露重要信息的法律责任。

5.10 宝—信事件后信息披露的改革

美国今天实行的财务会计标准是财务会计标准委员会（FASB）在20世纪90年代大部分时期和本世纪初期为改善公司财务报告的清晰程度而作出的共同努力的结果。甚至在宝—信互换事件之前，FASB就一直试图确定衍生产品适当的会计处理方法。对大多数观察人士而言很明显的一点是，表外交易的美国会计标准是不完备的。宝—信事件有助于加速改革的

---

① 宝洁起诉的两个附属企业（即信孚公司和信孚证券公司）是信孚纽约公司的全资子公司，因此，他们被视为单个信孚组织的一部分。

② 指控根据联邦民事诉讼程序（“Fed. R. Civ. P.”）解除。参见 *The Procter & Gamble Company*, Plaintiff, v. *Bankers Trust Company and BT Securities Corporation*, Defendants, No. 925 FS—pp 1270（S. D. Ohio 1996）。

③ 同上。

步伐，因为事件使公众关注被误解和/或未受关注的衍生产品交易的下行风险，使美国公司在报告其财务状况时不全面并具有潜在误导性的做法更显突出。

在宝—信事件解决后，FASB和SEC就衍生金融交易的会计信息的度量、确认和披露，通过并实施了一系列的改革（例如，FAS119、FAS133和FAS138）。[①] FASB和SEC绝没有结束其会计变革，但在使金融交易对投资者和监管机构更加透明方面已经走过了很长的一段道路。

5.11 公司司库部门应该成为利润中心吗[②]

自从宝洁和信孚在1994年和1995年进行法律争斗以来，很多投资银行人士和投资分析人士已经对被视为在衍生工具上投机以便提升利润的公司采取非常审慎的态度。尽管如此，同样的这些投资银行人士仍同意，审慎管理的衍生交易是控制市场、信用和流动性风险的有效方法。一方面，宝洁感到信孚背叛了自己，但另一方面，信孚坚持认为，宝洁将公司的司库（财务）部门作为独立的利润中心或对冲基金从而成为其自己决策的受害者。

生产企业的财务部门应不应该成为利润中心？宝洁期望从一个本来应该更关心融资、对冲和管理现金流的团队那里获得利润是不是很愚蠢？当财务部门成为利润中心，这些部门是不是增加或减少了公司现金流和/或净收入的波动性？

像宝洁这样的公司，将其司库部门转变成利润中心，并且将其财务资源作为高明的战略武器，必须接受新风险的后果，这些风险与通常和核心经营活动（即生产、营销和分销）相关的风险极为不同。对很多观察家而言，任何采取这一战术性步骤的非金融性的公司，与谨慎财务的一般原理是直接对立的。

① 参见 *Appendix 5.2：Disclosure Reform After P&G-BT*，可以在 Prentice Hall 网站 http：//www.prenhall.com/marthinsen 上找到，更详细地讲述了由于宝—信事件和其他衍生产品倒闭案从1996至2000年发生的会计改革。

② 参见“*Appendix 5.4：Should Corporate Treasuries Be Profit Centers?*”，可以在 Prentice Hall 网站 http：//www.prenhall.com/marthinsen 上找到，上面对这些问题进行了更全面的讨论。

5.12 结论

宝—信事件是20世纪90年代这一衍生产品行业快速发展时期的一个标志性的事件。你很少听说一个几十亿美元的公司的首席财务官承认，他和他的员工对超过2亿美元的交易缺少清晰的理解。在对宝—信互换混乱的细节进行调查时，得出两个重要的结论。第一，宝洁对美国和德国的利率的变动方向下了一个巨额赌注。如果下注正确，公司就会以比政府能获得的利率更低的利率融资。但是，宝洁的预测不正确，公司结清亏损太晚，最后，很清楚的是，宝洁与信孚商定的补偿对于所承担的风险而言并不充足。第二，一旦互换由双方当事人定价并接受，宝洁似乎不能跟踪其市场风险（或者不愿意这么做）；结果是，略低于3亿美元的合并名义本金，一直到宝洁结清其头寸为止，产生的损失达到税前亏损1.57亿美元的程度。这对于如此规模的交易而言是一个巨额亏损。

宝—信事件之所以重要，还因为事件有助于推动就表外交易进行会计披露的改革，因为事件产生了一个重要的区法庭的裁决，对与互换交易有关的重要问题作出裁定。John Feikens 法官裁定：

●互换合约不是证券；

●互换合约交易商对其客户没有信托责任，同时，交易商确实有披露重要信息的法律责任，特别是当互换合约交易商拥有优势的知识和信息时更是如此。

本章也讨论了一个重要但仍未解决的问题，涉及公司司库（财务部门）是否应成为利润中心。自从发生宝—信事件后，很多华尔街的从业人员和学术分析人士反对公司司库成为利润中心。尽管如此，这一问题仍将会在未来的岁月里在讨论中出现反复，因为有如此多公司继续（有意无意地）将其司库摆在这一位置上。

5.13 后记

宝一信事件参与者的去向

进行名声不佳的互换交易的宝洁和信孚的员工们的去向如何？是不是“雇主吸收了上行的好处，而员工吸收了下行的风险”这句话所说的这回事？① 图表 E5.1 列出了一些重要参与者及其去向。多数情况下，宝洁的员工获重新任命，因为管理层认定，员工们的行为并非不诚实或欺诈。

图表 E5.1　**他们现在在哪里**

		宝洁员工
姓名	职位	去向
Edwin L. Artzt	董事长	1994 年 Artzt 的工资上升至 229 万美元，只是其 420 000 美元的奖金减少了 100 000 美元
Raymond Mains	副总裁与司库	列入“特别任命”，但在接受新职责之前退休
Erik G. Nelson	首席财务官	认定不要像 Raymond Mains 一样负同样的责任，因为他在互换合约完成后才知道*
Dane Parker	司库分析师	获重新任命，但他最后在另一雇主那里谋职
VictoriaTylman	Dane Parker 的主管	获重新任命
		信孚员工
姓名	职位	去向
Kevin Hudson	销售员	无消息
Jack A. Lavin	信孚证券、公司衍生产品销售部执行主管	继续在信孚工作
Gary S. Missner	信孚证券、公司衍生产品销售部执行主管（向 Jack A. Lavin 汇报）	离开了信孚
三位未具名的高管		获重新任命和/或离开了信孚

* 参见 Jeff Harrington，“Papers Disclose Censures at P&G”，Cincinnati Enquirer 11 (10)，sec. C.，number 95 - 95768.（10 October 1995），13。

① 参见 Matt Murray and Thomas Paulette，“Management After the Fall：Fingers Point and Heads Roll，” *Wall Street Journal*（23 December 1994），B1。

思考题

1. 在宝洁1993年和1994年的利率互换中，宝洁是投机还是对冲？请解释。

2. 在宝洁1993年的美元计价的利率互换中，宝洁预期获利多少？最终宝洁亏损多少？从财务的理由看，有没有方法可以使这种交换站得住脚？

3. 宝洁为什么采用场外市场而不是交易所进行其衍生产品相关的交易？

4. 对银行而言，1亿美元贷款还是1亿美元利率互换，哪一个信用风险更高？

5. 解释宝洁在其1993年美元计价的利率互换中所下的赌注。

6. 解释宝洁在其1994年德国马克计价的利率互换中的“联姻区间”。

7. 宝洁1994年德国马克互换是利率互换还是跨币种互换？请解释。

8. 请总结，是什么出了问题并导致宝洁在其利率互换上亏损了如此巨额资金。

9. 陈述本来应该要求信孚向宝洁提供其定价模型的论据，然后陈述对立的论据。

10. 陈述本来应该要求信孚跟踪宝洁互换合约的收益和/或亏损的论据，然后陈述对立的论据。

11. 在宝洁和信孚的诉讼中，谁是赢家？请解释，双方当事人怎么可能都会是输家。

12. 如果信孚对冲了与宝洁的美元利率互换，请解释，当交易崩盘时信孚怎么可能会亏损两次。

13. 在宝—信互换的争议中，为什么会计透明度是一个重要的问题？

14. 互换是证券吗？为什么这一点很重要？

15. 什么是信托？互换交易商对其客户有信托责任吗？为什么这一点很重要？

16. 陈述公司司库（财务部门）不应该成为利润中心的论据，然后陈述对立的论据。

阅读资料

请访问 http：//www. prenhall. com/marthinsen 网址，你可以找到以下内容，对本章内容进行补充和丰富：

● Appendix 5. 1：P&G-BT's Landmark Court Opinion

● Appendix 5. 2：Disclosure Reform After the P&G-BT Swaps

● Appendix 5. 3：Putting P&G-BT in Perspective：Other Derivative Disasters in the 1990s that Led to Financial Reform

● Appendix 5. 4：Should Corporate Treasuries Be Profit Centers?

● Appendix 5. 5：What Are the Problems with Value at Risk?

参考资料

Ashley, Lisa and Bliss, Robert. "Chicago Fed Letter：Financial Accounting Standard 133—The reprieve." No. 143 (July 1998), 1 – 3.

BT Securities Corp., Release Nos. 33-7124, 34-35136 (22 December 1994).

BT Securities Corporation, CFTC Docket No. 95-2 (22 December 1994).

Code Civ. Proc., section 437c; Mann v. Cracchiolo 38 Cal. 3d 18, 35 (1985). Available at: http：//www. lectlaw. com/def2/sl02. htm. *The Lectric Law Library's Lexicon on Summary Judgment.* Accessed 26 December 2007.

DiMartino, Dawn, Ward, Linda, Stevens, Janet, and Sargisson, Win. "Procter & Gamble's Derivatives Loss：Isolated Incident or Wake Up Call?" *Derivatives Quarterly* 2 (3) (Spring 1996), 10 – 21.

District Court, S. D. Ohio, Western Division, The Procter & Gamble Company, Plaintiff v. Bankers Trust Company and BT Securities Corporation, Defendants, *First Amended Complaint for Declaratory Relief and Damages Jury Demand Endorsed*, Civil Action No. C-1-94-735, 6 February 1995.

District Court, S. D. Ohio, Western Division, The Procter & Gamble Company, Plaintiff v. Bankers Trust Company and BT Securities Corporation, Defendants, *Defendants' Answer to the First Amended Complaint and Defendant Bankers Trust Company's Counterclaims.* Civil Action No. C-1-94-735, 27 February 1995.

Financial Accounting Standards Board. *FASB Statement* 39—*Financial Reporting and Changing Prices: Specialized Assets-Mining and Oil and Gas—a supplement to FASB Statement No.* 33 (Issued: October 1980).

Financial Accounting Standards Board. *FASB Statement* 80—*Accounting for Futures Contracts* (Issued: August 1984).

Financial Accounting Standards Board. *Summary of Statement No. 133—Accounting for Derivative Instruments and Hedging Activities* (Issued: June 1998). Available at: http://www.fasb.org/st/summary/stsum 133.shtml. Accessed 26 December 2007.

Froot, Kenneth A., Scharfstein, David S., and Stein, Jeremy C. "A Framework for Risk Management." *Harvard Business Review.* Product Number: 94604 (November-December 1994), 91 – 102.

Hansell, Saul. "A Bad Bet for P. & G." *The New York Times*, Late Edition, sec. D., col. 1 (14 April 1994), 6.

Harrington, Jeff. "P&G case about keeping secrets." *Cincinnati Enquirer* 41 (10), sec. A (9 October 1995), 1.

Harrington, Jeff. "P&G charges 'pattern of fraud.'" *Cincinnati Enquirer* 15 (39), sec. B (4 October 1995), 8.

Harrington, Jeff. "Papers Disclose Censures at P&G," *Cincinnati Enquirer* 11 (10) sec. C., number 95-95768 (10 October 1995), 13.

Loomis, Carol J. "Untangling the Derivative Mess." *Fortune* 131 (5) (20 March 1995), 50 – 68.

Murray, Matt and Paulette, Thomas. "Management: After the Fall: Fingers Point and Heads Roll." *Wall Street Journal* (23 December 1994), B 1.

Ohio Rev. Code § 1707.01 (B) (1992).

PriceWaterhouseCoopers *The New Standard on Accounting for Derivative Instruments and Hedging Activities* (*FAS 133*): *An Executive Summary* (30 September 1998), 19 pages.

Quint, Michael. "P&G Meets the Derivatives Monster." *The New York Times*, sec. 3, col. 3 (9 October 1994), 11.

Quitmeyer, John M. "Fiduciary Obligations in the Derivatives Marketplace." *S&P's The Review of Securities and Commodities Regulation* 28 (18) (25 October 1995), 179.

Regulation S-X and Regulation S-K of the Securities and Exchange Commission. 17 CFR Parts 210, 228, 229, 239, 240, and 249 [Release Nos. 33-7386; 34-38223; IC-22487; FR-48; International Series No. 1047; File No. S7-35-95]. RIN 3235-AG42, RIN 3235-AG77. *Disclosure of Accounting Policies for Derivative Financial Instruments and Derivative Commodity Instruments and Disclosure of Quantitative and Qualitative Information about Market Risk Inherent in Derivative Financial Instruments, Other Financial Instruments, and Derivative Commodity Instruments.*

Reves v. Ernst & Young, 494 U. S. 56, 61 n. 1, 108 L. Ed. 2d 47, 110 S. Ct. 945 (1989). SEC v. Howey, 328 U. S. 293, 90 L. Ed. 1244, 66 S. Ct. 1100 (1946).

Securities and Exchange Commission, 17 CFR Parts 210, 228, 229, 239, 240, and 249 [Release Nos. 33-7386; 34-38223; IC-22487; FR-48; International Series No. 1047; File No. S7-35-95]. RIN 3235-AG42, RIN 3235-AG77. *Disclosure of Accounting Policies for Derivative Financial Instruments and Derivative Commodity Instruments and Disclosure of Quantitative and Qualitative Information about Market Risk Inherent in Derivative Financial Instruments, Other Financial Instruments, and Derivative Commodity Instruments.*

Smith, Donald. "Aggressive Corporate Finance: A Close Look at the Procter & Gamble-Bankers Trust Leveraged Swap." *Journal of Derivatives* 4 (4) (Summer 1997), 67–79.

Srivastava, Sanjay, " Value-at-Risk Analysis of a Leveraged Swap. " *Journal of Risk* 1 (2) (Winter 1998/1999), 87 - 101.

The PR Newswire Association, Inc. , "P&G Amends Suit Against Bankers Trust to Add Deutshmark Swaps to U. S. Treasury Swap; P&G Suit on Derivatives Adds Federal Securities Claims" (6 February 1995) . Available at: http: //web. lexis-nexis. com/universe/. Accessed 11 June 2003.

The Procter & Gamble Company, Plaintiff, vs. Bankers Trust Company and BT Securities Corporation, Defendants, No. C-1-94-735, United States District Court of the Southern District of Ohio, Western Division, 925 F. Supp. 1270; 1996 U. S. Dist. LEXIS 6435; Comm. Fut. L. Rep. (CCH) P26, 700; Fed. Sec. L. Rep. (CCH) P99, 229, 8 May 1996, Decided. Available at: http: //www. afn. org/ ~ afn05451/proctor. html. Accessed 26 December 2007.

United Housing Foundation, Inc. v. Forman, 421 U. S. 837, 848, 44 L. Ed. 2d 621, 95 S. Ct. 2051 (1975) .

第 6 章

Orange County：美国历史上最大的市政倒闭案

6.1 前言

1994 年 12 月，加州的 the County of Orange 申请破产。76 亿美元的净投资资产组合亏损 15 亿美元，该郡赢得了独有的不佳名声，成为美国历史上最大的市政倒闭案。在宣布倒闭后的 6 周期间，行政人员以特价变卖的速度出售 Orange County 的投资资产组合，使其未实现的 15 亿美元的亏损变成了超过 16 亿美元的已实现亏损。

这一倒闭的消息震惊了全国和全球的金融市场，这些市场已经由于之前诸如 Metallgesellschaft AG[①] 和 Procter and Gamble[②] 这类与衍生产品相关的崩盘而风雨飘摇。很多人担心，如果 Orange County 这样一个拥有约 260 万人的富裕、繁荣、传统的社区都可能违约，那么，谁是安全的呢？

尽管 Orange County 倒闭案在很多方面与 20 世纪 90 年代其他的与衍生产品相关的倒闭案类似，它仍保持了自己的特色，因为是一个郡政府，而不是一个公司倒闭了，处理类似倒闭的规则变得模糊不清了。此外，Orange County 倒闭案是令人失落的，因为它很快就变成事实，几乎来无影——就像一艘巨大的潜水艇贴着毫无戒备的小舢板浮出水面——并对“安全”意味着什么的一般认知提出了挑战。

6.2 Robert Citron 与 Orange County 监事会

大多数观察人士相信，Orange County 的投资得到了司库—税收征收员 Robert Citron 的明智、良好的管理，他在 Orange County 居住了 35 年，7 任选作现职，有 24 年司库的经验。Robert Citron 一般被认为是一个头脑清醒、工作努力的公务员，生活舒适而简朴，并从为其选区 Orange County 的人民提供超出预期的财务回报中得到快乐。Citron 没有正式的大学学位，但他绝非未受教育的人。他在干中学，在 Orange County 职业能力提升很快。

1960 年，Citron 被聘为 Orange County 的副税收征收员，1970 年被聘为税收征收员；1973 年，税收征收员和司库职位合并。Citron 不是一个能说会道的演说家，他对 Orange County 的投资策略的书面解释很模糊。但 Orange County 的大多数人愿意原谅这些不足，并让业绩为他说话。毕竟，他的业绩骄人：在担任 Orange County 司库—税收征收员职位的头 22 年里，Citron 获得 9.4% 的平均回报率，而加州的资产池的回报率为 8.2%。在 1994 年倒闭以前的 12 年期间，Citron 的收益率几乎是加州资产组合的

---

① 从 1991 年至 1994 年，Metallgesellschaft AG 在能源衍生产品上亏损约 13 亿美元。
② 从 1993 年至 1994 年，P&G 在两个利率互换交易上亏损 1.57 亿美元。

收益率的两倍（分别是7.8%对4.2%）。①

Orange County没有市长、首席执行官或首席财务官，因此，Citron向Orange County监事会报告工作，但是并不直接向监事会负责，该监事会的5人（参见图表6.1）小组，由民选产生。他也向Orange County行政官报告工作。虽然监管似乎是恰当的，但事实上却相对薄弱。在5位监事会成员中，只有1位受过正式的财务培训，其中一些人（不正确地）确信，监事会对司库—税收征收员的职位没有法定的监管权力。②

图表6.1　　Orange County监事会：1994年

姓名	背景
1. Thomas Riley	连续20年任职于Orange County监事会，定于1995年1月退休
2. Roger Stanton	Orange County监事会服务时间最长的成员。作为Long Beach的California State University全职管理学教授，他在Fountain Valley的市议会服务7年后于1980年被选任，Stanton是倒闭发生时监事会的主席
3. William Steiner	1993年3月被任命，进入Orange County监事会，1994年被选任。先前，当过Orange County的市议员，Orange Unified School District的区长，为被虐待和疏忽孩童设立的Orangewood孩童之家的主管。Steiner也在Chapman University就孩童被虐待问题授课
4. Gaddi Vasquez	20世纪60年代被聘为Orange County的警察，后来被任命为Orange County监事Bruce Nestande的行政助理（1980—1984）。Vasquez也作为Southern California Edison的管理人员（1984—1985）。1987年4月，他被任命进入Orange County监事会；1988年和1992年，他在该委员会选举中获胜。Vasquez被广泛认为是美国最突出的西班牙裔政治家，政治前景光明
5. Harriet Weider	长期在任，定于1995年1月退休

① 参见Phillippe Jorion, "Lessons from the Orange County Bankruptcy," *Journal of Derivatives*, 4 (4) (Summer 1997), pp. 61－66. Merton H. Miller and David J. Ross, "The Orange County Bankruptcy and its Aftermath: Some New Evidence," *Journal of Derivatives*, 4 (4) (Summer 1997), p. 54。

② 实际上，加州政府法典25303节要求监事会控制任何像Citron这样独立选举的官员。参见Jean O. Pasco, "Article 16: Exercise of Power: Board Had the Right to Interfere," *Orange County Register* (31 December 1994), A16。

Orange County 监事会的大多数人感到，Citron 的财务报告缺乏时效性（Citron 仅仅每年报告一次）和质量，但没有人愿意捣乱并对他成功的履历提出挑战。Orange County 监事会的主席 1994 年总结了该小组的感觉，当时他说："［Citron］是一个为我们带来上千万美元的人。我不知道他到底是怎么做到的，但他使我们大家都感觉很好。"①

不管是因为成功还是由于熟悉，Citron 逐步地承担起 Orange County 金融教父的角色，尽管仁慈也显得独裁。在 6 次选择中未遇反对，他就被看作是一个随时准备支持好项目和有价值的事业的人。作为像他那么长时间在司库—税务征收员职位上的人，Citron 一定对郡的资产和负债以及各种账户之间的门道都非常熟悉。有时，他会创新地利用这些门道作为偶然发生的财务问题的救火手段。"我试图将我的办公室打理得像我自己的个人企业一样，以便获得利润，为 Orange County 的纳税人谋利。" Citron 在 1994 年这样说道。②

Citron 获得了美国最能干的郡县司库之一的声誉，但是，当 Citron 地位变得越高，形象更为正面时，他越不能容忍批评。他在财务事务上对其权威的挑战变得不满起来，任何形式的批评意见都成为个人恩怨。这种藐视对抗和批评的情绪在 1994 年特别明显，当时 John Moorlach③ 与 Citron 竞选司库—税收征收员的职位，正赶上 Orange County 的资产组合价值开始下降。Moorlach 的纲领侧重于 Citron 在公共资金上带来的投机性风险，以及 Orange County 监事会缺乏监督和管理。

从当年 4 月一直到 6 月选举，Moorlach 持续不断地强调 Orange County 资产组合价值和利润率下降的主题。他对 Citron 持有的投资目录抱怨道："资产的目录是垃圾。" 理由是，不可能确定资产的价值或风险。④ 关于这些批评的新闻故事在全国公开出版物上进行报道并丰富起来，包括 The

---

① 参见 James K. Glassman, "From Orange County, Eight Survival Lessons," *The Washington Post*, 1 January 1995。可以在 http://global.factiva.com/en/arch/display.asp 网站上找到。

② 参见 Chris Knap, "O. C. Treasurer's Race Stirs Markets," *Orange County Register* (24 April 1994) B01。

③ John Moorlach 是一个 Costa Mesa 的报纸专栏作者，共和党中央委员会的成员，也是注册公共会计师、注册财务规划师，以及 Basler, Horowitz, Frank & Wakeling 公司的合伙人。

④ 参见无名氏，"County Official Lists Securities: Derivatives Attracted Criticism," *Wall Street Journal* (20 April 1994)， p. 21。

Wall Street Journal，以及较专业的商业期刊，如 Derivatives Week 和 Bond Buyer。

与之相对照，Citron 连任竞选纲领则使重点脱离风险而侧重收益。Citron 将 Moorlach 定性为草率改变信仰的人，诽谤的言论会使 Orange County 付出上千万美元的代价，因增加融资成本而增加支出。关于 Moorlach 认为利润率下降的观点，Citron 解释道，在过去的 15 年间，融资成本和再投资之间的利差曾低至 0.25% 而高至 3%，因此，当前约 1.5% 的利差还是相当健康的。①

Citron 向大众保证，Moorlach 所强调的损失是“账面损失”，永远不会实现，因为买入的资产由州以及 Orange County 的章程进行监管。只有违约风险最低的证券，像国债、美国政府机构证券以及投资级别的公司债才会核准。Citron 解释道，Orange County 的资产组合几乎没有违约风险，只要证券能持有到期，其全部价值总是可以回收的。当然，强制卖出资产的可能性是很小的，但只是在没有足够现金来应付经纪商和交易商追加保证金通知以及投资者日常需要时才可能；同样，Citron 向投票人保证，Orange County 有足够的流动性，能游刃有余应对所有各种需求。简而言之，投票人没有什么可担心的。

在 6 月的选举中，Moorlach 赢得 Orange County 接近 40% 的选票，但这仍然不够。Citron 已赢得了选民、媒体、分析人士、投资界、政府官员、市政监事和监管机构的信心。他似乎超越怀疑，不受责备，这解释了他能够累积如此庞大的投机性头寸并持有那么长时间的大部分原因。

6.3 Orange County 的投资资产池

Orange County 投资资产池（OCIP）是一个 76 亿美元的资产组合，由 Robert Citron 管理，受益对象是 Orange County 和约 200 家其他的市政机构，如市镇、学区、特别机构、水厂、地区运输机构、养老基金和卫生当局（参见图表 6.2）。OCIP 是这些市政机构将多余资金存放形成的资产组

① 参见无名氏，“Citron Defends his Financial Acumen,” *Orange County Register*（24 April 1994），B02。

合，又是他们从中进行营运性和资本性支出的资金池。

对这些市政投资机构中的很多机构而言，OCIP 是其多余资金的法定投资工具,[①] 但 Citron 的成绩吸引了其他的参与者（例如，Orange County 运输局、Orange County 公共卫生区以及 Irvine 供水管理区），他们自愿投资资金，以便享受其投资成功的好处。[②] 他们中的一些参与者（例如，像 Irvin 区和 Newport-Mesa 区等 4 个学区，以及像 Irvine Ranch 供水管理区等供水部门）甚至走得更远，通过融资而将其头寸杠杆化，以便投资于 OCIP。

将这些相对较小的市政团体的投资集中，具有很好的投资意义。集中使他们享受专业的资金管理，包括批量买入投资而节省成本的好处，以及资产组合多元化带来的风险减少的好处。这些市政机构依赖 Robert Citron 进行理智的投资决策，在正常情况下，人们期望的"理智的投资决策"是优先考虑保有投资者的资本基础并确保足够流动性来满足其对资金的需要。与之相对照，Citron 最优先考虑的是获取高于平均水平的收益，因为加州的市镇，包括 Orange County，正感受到税收收入不足的刺痛。

图表 6.2　1994 年 11 月 30 日 Orange County **投资资产池中的投资者**

市政机构	OCIP 资产组合的比例
Orange County	37
Orange County 交通局	15
学校管理区（60）	14
市镇（37）	14
供水管理区（11）	7
Orange County 卫生管理区	6
运输通道管理机构	4.5
Orange County 员工退休系统	2
其他	0.5
合计	100%

资料来源　根据 Philippe Jorion with the assistance of Robert Roper, *Big Bets Gone Bad: Derivatives and Bankruptcy in Orange County*, Academic Press, 1995, p. 124 中的数据。

① 加州法律要求学区将其 100% 的资金投资到郡的司库。

② 自愿的存款构成 OCIP 总存款的约 40%。参见 Chris Knap, "O.C. Fund Down $1.5 Billion," *Orange County Register* (2 December 1994), A01。

税收收入不足的主要原因是第13号提案，是1978年通过的法案，其普遍被视为加州纳税人反抗高额且不断上升的房产税的明确的宣示。由于20世纪70年代通胀飙升，加州房产价值及这些房产的税收大幅上涨。一些选民由于不能达到税收上升的需要而被迫出售其房屋。选民的反应是，以接近2/3的多数通过了第13号提案，除非房产出售，将房产税限制在房产评估值或公平市场价值的1%以内以及限制房产评估值的年度上升值，从而使加州声名狼藉的高房产税大幅下降。[①] 随之产生的税收收入的下降，加上20世纪90年代初短暂的衰退，以及公共开支上升，导致1993年赤字飙升和加州向市镇注资的大幅削减。

在这一环境下，Robert Citron成为急切需要的公共资金的来源，并成为很多Orange County居民的英雄。其资产组合的平均收益率大大高于很多私营资产组合经理人获得的收益率，并令人欣赏地高于加州获得的收益率。（在倒闭前的）1993年，Citron可以骄傲地说，在他担任司库—税收征收员时，其投资决策为Orange County获得的收益比起将资金投入州政府基金要高出约7.5亿美元。[②]

1994年（是选举年），Orange County收入的12%来自于投资的利息收入，而加州所有其他的市镇平均比例为3%，在1995的财政预算中，Citron承诺将Orange County的利息收入的比例提高至收入的35%。[③] Citron提高OCIP的资产组合收益的努力得到了加州的鼓励，加州在20世纪90年代初决定放松对市镇可以进行的投资的种类的限制，从而使Citron可以投资一些风险较高的资产，以便带来更高的收益。

6.4 OCIP投资组合的资产面临的主要风险

有三种主要风险会蔓延到所有投资组合，就是信用风险、市场风险和

① 在出台第13号提案前，加州的平均税率是市场价值的3%不到一点，且评估价值年度增加额没有限制。

② 参见Philippe Jorion，"Lessons from the Orange County Bankruptcy," *Journal of Derivatives*, 4(4)(Summer 1997), p. 63。

③ 参见Mark Baldassare, *When Government Fails: The Orange County Bankruptcy*, Berkeley: Public Policy Institute of California and the University of California Press, 1998。

流动性风险。不幸的是，Citron、他的监管人员，以及加州和联邦的监管机构都将其大部分的注意力放在信用风险上，从而忽略了 OCIP 易受市场风险和流动性风险攻击的脆弱性。

6.4.1 信用风险

信用风险是证券的发行人不能或不愿偿还其债务的可能性。如果能把较低信用风险投资持有到期，就能得到拥有这些投资的全部好处。在这种情况下，所有人能确保不仅会获得其投资的本金而且会得到全部的投资收益。基于这样的理由，OCIP 投资组合的安全性会坚如磐石，因为 Citron 买入的资产是限制在美国政府和美国政府机构（例如，进出口银行）以及高品级公司（例如，Bank of America 和 Ford Motor Company）发行的证券，所有这些证券宣布破产的可能性是很低的。

6.4.2 市场风险

市场风险是由于市场变量（例如，利率、汇率、股价和/或商品价格）的变化而产生的资产（或负债）价格的变动。在固定收益证券及其收益之间存在负相关关系，资产的期限越长，其潜在价格对于收益每个百分比变化产生的变动越大。市场风险与借款人是否能够或愿意偿还其债务无关，相反，它却反映了当资产在到期前卖出时其价值的可能变化。该债券的发行人（即借款人）在到期前没有责任偿还其债务，因此，如果投资者想要提早收回其资金，他们就应按市场所能承受的价格卖出其证券。当利率上升时，固定收益证券的价格下降，这些投资者会遭受资本损失。类似地，如果利率下降，这些证券的价格上升，投资者则会获得资本收益。

图表 6.3 显示的是，在利率从 3.5% 上升至 7%（正如 1994 年期间发生的一样）时，4 种不同期限的零息证券的价格变动的情况。注意，1 年期票据价值变动只有 -3.3%，但 5 年期、10 年期和 20 年期证券则分别变动 -15%、-28% 和 -49%。简而言之，期限越长，当利率上升时固定利率票据价格下降越多。在利率上升时处在不得不出售固定收益资产处境的资产组合经理人，会损失相当大金额的资本。

图表6.3　**收益率从3.5%上升至7%时1年期、5年期、10年期和20年期零息证券价格的变动情况**（面值＝1 000美元）

	1年期	5年期	10年期	20年期
3.5%时的价格	966.2	842.0	708.9	502.6
7%时的价格	934.6	713.0	508.3	258.4
价格变动	－31.6	－129.0	－200.6	－244.1
价格变动百分比	－3.3%	－15.3%	－28.3%	－48.6%

Orange County面临的市场风险比信用风险要大得多，因为OCIP主要投资于中期证券，并且杠杆程度很高（即借入巨额资金为买入证券融资）。结果是，OCIP资产组合的价值随着市场收益率的变化而大幅变动。

6.4.3　流动性风险

流动性是将资产迅速而没有巨额价值损失地变成现金的能力。对基金经理人而言，流动性风险是手边没有足够现金来满足需要的可能性。就流动性风险而言，投资基金类似银行。如果很多客户突然要求要回他们的存款时，银行和基金手头就没有足够的现金来满足需要。这一事实很重要，因为这意味着，即使基金的资产是安全的，没有信用风险，基金也会由于缺乏流动性而倒闭。

流动性风险可能直接与市场风险有关，因为，如果利率上升，资产组合的价值下降，投资者可能决定抽回资金，从而迫使资产组合管理人以较低的当前市场价格出售投资资产，造成损失，从而可能威胁到基金的清偿能力。从外表看来，OCIP有足够的现金资产可以游刃有余地满足客户、经纪商、交易商和债权人正常的需要；但是，正如我们很快会看到的一样，在危机中，现金需求会被放大，从而将流动性风险的程度放大。

虽然Citron和监事会感到OCIP受到保护而没有信用风险，因为Citron可以投资的种类是有限制的，但事实上，它仍会受到所有3种风险的影响的冲击。OCIP资产和融资来源的概况将会对这种脆弱性作出说明。

6.5 OCIP 的资产和融资来源

1994 年 12 月，OCIP 的资产组合由 206 种非现金资产组成，大部分资产是高品级（即信用风险较低）的固定收益证券和结构性票据。图表 6.4 将 OCIP 资产组合的资产分成两组。第 1 组的资产是 Orange County 倒闭的主要原因，因此，它们成为本节的侧重点。第 2 组的资产对 OCIP 的财务安全的影响相对较小，因此，在“风险提示板 6.1：OCIP 资产组合的其他资产”中进行简要说明。

两种主要的资产类别占 OCIP 资产组合的比例超过 80%：反向浮动利率证券，一种结构性票据，以及固定收益证券。它们造成了 1994 年美国利率直线上升时 Orange County 的大部分损失。

图表 6.4　1994 年 12 月 1 日 Orange County 投资资产池的资产负债表

（单位：百万美元）

资产	负债和权益
第一组：引发倒闭的资产（83.8%）[+]	**借款（63.2%）** 反向回购协议（198）　$ 12 988.1
结构性票据 反向浮动利率票据（62）[*] $5 369.2（26.1%）	
固定收益证券（116）　$11 857.3（57.7%）	
第二组：OCIP 资产组合中的其他资产（16.2%）	**投资者股本投资（36.8%）** 股本　$7 550.4
现金　$646.5（3.2%）	
住房抵押贷款证券化债券（8） $228.5（1.1%）	
结构性票据	
双指数票据（2）$150.0（0.7%）	
浮动利率票据（7）$588.0（2.9%）	
按指数分期还款票据（11）$1 699.0（8.3%）	
总资产（206）　$20 538.5（100%）	**总负债和股本　$20 538.5（100%）**

[*] 括号内数字表示每一组资产（或负债）中所买入的证券的数量。

[+] 括号内百分比表示资产（或负债）所占的比例。

风险提示板6.1
OCIP资产组合中的其他资产

图表6.4中在第2组：OCIP资产组合中的其他资产标题下列出的资产在总投资中相对比例较小。对任何对美国资本市场和衍生产品感兴趣的人而言，理解这些金融工具是很重要的。

RN6.1.1　现金和住房抵押贷款证券化债券

OCIP资产组合中的约3%投资于低利率的现金资产，主要由隔夜回购协议和货币市场账户构成，约1%投资于住房抵押贷款证券化债券（CMO）。CMO是投资级别证券，由固定期限的住房抵押贷款资产池支持。CMO将其住房抵押贷款资产池产生的每月现金流，根据其利息、本金或本金和利息的组合，变成未来的付款。CMO为投资人带来的好处是，各种不同的期限（短期、中期或长期），能提供流动性的较广泛的二级市场（住房抵押贷款本身是不会提供的），以及由于其抵押资产的支持而产生的很高的信用评级（例如，AAA）。

RN6.1.2　结构性票据

除了在本文中其他部分描述的反向浮动利率票据之外，OCIP资产组合还有三种其他种类的结构性票据：双指数票据、浮动利率票据和按指数分期付款票据。

RN6.1.2.1　双指数票据

OCIP资产组合中的不到1%投资于双指数票据。双指数票据是息票利率取决于两种不同指数，如固定期限的美国国债利率和LIBOR之间的差额的证券。双指数票据的期限会变动，但一般而言，票据在短期（例如，在最初2年）内会提供固定的收益率。例如，双利率票据的息票利率在最初2年是5%的固定利率，然后变成浮动利率，等于10年期美国国债利率减去6个月LIBOR。双指数票据常常用来对收益率曲线形状的变动下注。

RN6.1.2.2　浮动利率票据

Orange County资产中不到3%投资于浮动利率票据。浮动利率票据（RFN）是收益率直接随着特定货币市场工具或货币市场指数变动。因为这些利率频繁变动，FRN的市场风险很低（即其价值不会随着时间发生大幅变动)。

RN6.1.2.3　按指数分期付款票据

OCIP 中略高于 8% 投资于按指数分期付款票据(IAN)。在设计上与住房抵押贷款证券化债券类似,按指数分期付款票据是将(名义)本金的付款与短期货币市场利率,如 LIBOR 的变动相关联的债券工具。当利率上升时,IAN 的期限变长;当市场利率下降时,IAN 的期限变短。因为 IAN 的期限一般而言会比 CMO 期限的波动性要小,IAN 对很多希望持有 CMO 中固有风险的风险回避型投资者具有吸引力。

6.5.1　结构性票据

OCIP 资产组合中的几乎 40% 投资于结构性票据。结构性票据是定制化的投资,根据利率、汇率、股价和/或商品价格等市场变量进行阶段性付款。经纪商和交易商喜欢结构性票据,因为票据是定制的,因此,比普通债券或票据获得的手续费和费用更高;投资者喜欢结构性票据,因为票据提供了市场中不是随时会存在的机会。Robert Citron 对结构性票据的激励因素作出反应,在这些证券中投资了差不多 80 亿美元。如果 Citron 完全理解其风险,这样的投资就不会产生问题,但问题就出现在这里。

尽管缺乏理解,Citron 还是对风险程度不同的这 4 类结构性票据进行巨额投资。在这 4 类投资中,反向浮动利率票据是最大的一类,是 OCIP 亏损的主要来源。

6.5.1.1　反向浮动利率票据

OCIP 大部分的结构性票据及其 26% 的总资产配置于反向浮动利率票据(inverse floating-rate notes,又称 inverse floaters 或 reverse floaters)。顾名思义,反向浮动利率票据是收益随着市场的利率变动而变动的金融工具,但是,与直接变动(就像浮动利率票据的情形一样)不同,这些证券的收益随着市场利率变动进行反向变动。当市场利率上升时,反向浮动利率票据获得的收益率下降;当利率下降时,反向浮动利率票据的收益率上升。

举个例子会有助于说明反向浮动利率票据的收益率随着市场利率变动

的情况。假设，1993年1月1日，资产组合管理人买入反向浮动利率票据，获得的年收益率等于7%减去6个月LIBOR。如果1月1日6个月LIBOR是4%，那么反向浮动利率票据就会获得3%的年收益率（即7% -4%的LIBOR=3%），这意味着，在1月至6月的6个月中，收益仅有1.5%（即6/12×3%=1.5%）。6个月之后的7月1日，收益会变动。如果LIBOR上升至5%，在接下来的6个月中反向浮动利率票据的年收益率会从3%下降至2%（即7% -5%的LIBOR=2%），而如果利率下降至3%，反向浮动利率票据的年收益率会上升至4%（即7% -3%的LIBOR=4%）。

Robert Citron是在打赌美国利率会下降，因此，很容易理解反向浮动利率票据对他是多么有吸引力。反向浮动利率票据也可以定制来适应他的风险规定，Citron的反向浮动利率票据的设计常常使之在利率变动时会受到额外的重击。他的一些反向浮动利率票据的设计具有超级的冲击力，收益受LIBOR变动的2倍影响（例如，8% -2×LIBOR，而不是8% -1×LIBOR），但事情也有反面。当利率上升时，这些结构性票据的收入会以2倍于正常的反向浮动利率票据的速度下降。

6.5.2 固定收益证券

固定收益证券很明显是OCIP资产组合中的主要内容，其占资产池中资产的将近58%。这些证券支付的是固定利率，或者按一个根据事先确定的价格表进行变动的利率支付。这些证券实际没有信用风险，因为发行人是高品级的借款人，如美国政府、美国政府机构以及一级的公司。OCIP证券的平均期限不到3年，但是，因为这些投资是杠杆化的（这个问题很快会探讨），市场利率变动对其价值的影响被放大了。当美国利率上升时，这些证券的价值狂泻。

6.5.3 OCIP的融资来源

除了对OCIP资产组成的担心以外，还有对其融资来源结构的担心。投资者为OCIP贡献了76亿美元，但是，正如图表6.4和图表6.5所显示的，资产池持有的资产有205亿美元。OCIP的总资产和投资者资金之间的差额（即几乎有130亿美元）是Robert Citron借入的款项用以为额外的资产提供融资。OCIP的总资产与其股本的比率为2.7，是OCIP资产组合的杠杆（参见图表6.5）。

图表6.5　1994年12月1日Orange County投资资产池的资产组合

（单位：百万美元）

	账面价值	占资产组合的百分比
用投资者资金买入的OCIP资产	7 550.4	37%
用借入资金（即反向回购协议）买入的OCIP资产	12 988.1	63%
总资产	20 538.5	100%
杠杆因子 = 总资产 ÷ 权益	20 538.5 ÷ 7 550.4 = 2.7	

资料来源　Merton H. Miller and David J. Ross, "The Orange County Bankruptcy and Its Aftermath: Some New Evidence," Journal of Derivatives, 4（4）（Summer 1997）, p.53.

6.5.3.1　反向回购协议

为了借入如此庞大的金额，Citron广泛使用了反向回购协议（reverse repurchase agreements或reverserepos）。要理解OCIP出了什么问题，关键是要理解反向回购是什么以及怎样运用反向回购使投资组合杠杆化。但在讨论反向回购之前，先对回购协议（即回购）进行简短的解释可能是有帮助的。[①]

回购协议是现货卖出资产，同时达成未来按固定价格购回的协议。通常，卖出并回购的资产是固定收益证券，在采用*回购协议*这一术语时，证券交易商是借款人（即证券卖方）而其客户是贷款人。

一方面，回购就像抵押贷款一样，另一方面，它们又像远期合约。回购像抵押贷款，因为借款人将其资产（即固定收益证券）质押，用来支持其在未来偿还贷款本息的承诺。对于卖出债券并同意在未来回购的交易

① 参见Michael J. Fleming and Kenneth D. Garbade, "The Repurchase Agreement Refined: GCF Repo," *Current Issues in Economics and Finance*, Federal Reserve Bank of New York, Col. 9, Number 6 (June 2003), pp 1－7。

对手（即借款人）而言，回购转让了证券的拥有权并交换成现金。当证券回购时，最初卖出价格和更高的回购价格之间的差额是支付的有效利息。

重要的是要记住，当回购的借款人偿还其债务时（这是正常的情况），他们又成为质押证券的所有人，因此，他们获得这些资产孳生的所有的利息和资本收益。但是，如果回购借款人不能或不愿意履行其合约的责任，他们可以出售贷款人拥有质押的证券来清除债务。因此，对于回购交易的贷款人而言，信用风险更多地取决于抵押品的质量而不是借款人的品级。

回购也像远期合约，因为质押的资产的回购价格与远期价格相同。现货价格（证券的当前卖出价格）和远期（回购）价格之间的差额像衍生工具获得的资本收益。对借款人而言，回购像多头远期合约，因为他们同意在未来按现在商定的价格买入资产。对贷款人而言，回购像空头远期合约，因为他们同意在未来按现在商定的价格卖出资产。

借助于图表6.6，让我们来分析回购协议的现金流。假设，交易商达成1年期回购协议，他将固定收益证券质押，交换1亿美元（参见图表6.6的左边）。[①] 到期时（即在该例子中是1年以后），交易商会按本金和回购利率回购证券。假设回购利率是3%，交易商会支付1.03亿美元（参见图表6.6的右边）。

Citron借入其大部分资金的方法正是反向回购协议，除了借款人和贷款人的角度倒了个之外（参见图表6.7），就像一个回购协议。在反向回购交易中，证券交易商是贷款人，他从客户那里买入证券，并同意在未来以更高的价格将证券卖回去。客户是借款人。

① 正常情况下，交易商获得的金额会比证券的价值少一个很小的金额（即也称作“削价差额（haircut）”或“margin”（差价），以至于贷款抵押率过高，而贷款人得到更好的保护。在回购协议的进程中，如果利率变动引起标的证券的价值下跌，就会要求回购的借款人提交更多的抵押品（即差价）。

图表 6.6 回购协议

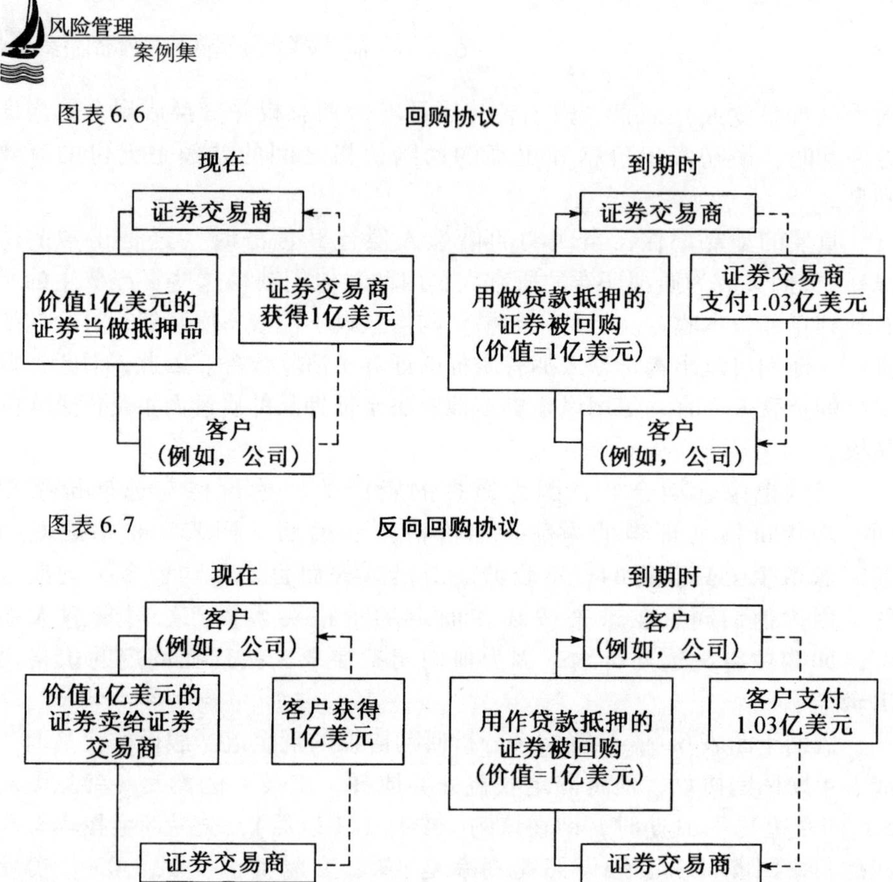

图表 6.7 反向回购协议

6.6 OCIP 资产组合的杠杆化

回购协议和反向回购协议在正常情况下是低风险、保守的借贷方法，但是，Robert Citron 运用反向回购使 OCIP 资产组合杠杆化，从而使其资产从 76 亿美元增加至 205 亿美元。他买入的资产几乎没有违约风险。但是，由于其中期的期限以及运用杠杆买入资产，因利率上升导致的市场价格的下降足以引发 OCIP 的 16.4 亿美元损失中的绝大部分损失（约 10 亿美元）。

举个例子可以帮助说明 Robert Citron 给 Orange County 资产组合带来的风险。假设，投资基金的资产组合经理买入 1 亿美元的 5 年期美国国

债，获得3.5%的年息票利率。[①] 由于对这些证券的收益率不满足，并且愿意使投资者的资金承担一点风险，假设，资产组合经理随后与美林达成了1年期的反向回购协议。

按照反向回购协议的条款，投资基金会向美林出售5年期美国国债而获得1亿美元，并同意1年后按通行的1年期回购利率，我们假设为3%，买回国债。[②] 该反向回购交易的结果是，投资基金现在有1亿美元可以投资1年，它也有责任在这一年的年末向美林偿还1.03亿美元。让我们假设，资产组合经理用这些资金买入的证券与他提交给美林的证券的期限和收益率相同（即价值1亿美元，5年期债券，息票利率3.5%）。

这一年的年末，反向回购会到期，而基金会兑现其反向回购的承诺，向美林支付1.03亿美元。用来偿还其回购贷款的资金来自于出售证券，该证券是资产组合经理人在这一年年初用从美林借入的资金买入的。假设，新买入的票据价格不变，投资基金会收到1.035亿美元（即1亿美元的本金和证券按3.5%的息票利率得到350万美元的息票利息）。因为它只需要1.03亿美元来偿还美林，投资基金会留下50万美元的净收益。

但是，故事到此尚未结束。在结清其反向回购对美林的债务后，投资基金会收回其用来抵押反向回购贷款的证券，从这些证券中，它会获得350万美元（即1亿美元按3.5%息票利率计算的息票利息）。正如图表6.8所显示的，反向回购交易将投资基金的收益率，从它本来应该从其只持有原先的国债中获得的3.5%，上升至原先证券加上（借款并投资）反向回购交易的收益率4.0%。

图表6.8　**运用反向回购提升投资收益：*假设利息收益率不变的例子***

年底结果	收入	成本	净收入
用投资者资金买入的原先5年期票据	350万美元（1亿美元×3.5%）	0%	350万美元
反向回购交易	350万美元（1亿美元×3.5%）	300万美元（1亿美元×3.0%）	50万美元

① 来自Citron的大部分反向回购交易的资金，投资于5年期的政府证券。
② 为使例子简化，假设当时利率为3.5%，因此，债券以面值出售（即1亿美元）。

续图表

年底结果	收入	成本	净收入
总利息收入			400 万美元
证券的资本收益/亏损	0	0	0
投资总收益率	4 000 000/100 000 000 = 4%		

但是为何到此打住了呢？如果资产组合经理人每次达成回购协议时能向投资者担保 0.5% 的收益率，那么为什么不多次重复这一交易从而向他们保证更多收益呢？这正是 Robert Citron 所做的事情，只要利率下降或保持不变，其利润就会飙升。

6.7 杠杆对 OCIP 收益的影响

如果你问你自己，为什么利率下降或稳定对 Citron 的回购策略很关键？看一看当利率下降时 OCIP 的收益会发生什么情况，并与利率上升时的情况进行比较，就能很清楚地理解答案。

6.7.1 OCIP 收益上升：利率下降的影响

即使粗略看一下图表 6.9 就会看出，为什么 Robert Citron 在某个时期会被看做金融天才。从 1989 年至 1992 年，国债收益率稳步下降，只有很小的干扰。例如，1 年期国债利率从（约）9% 下降至 3.7%，而 5 年期国债利率从（约）9% 下降至 6%。结果，Robert Citron 在固定收益证券上的很高的集中度得到的资本收益回报丰厚，而其反向浮动利率票据获得越来越高的收益。

举个例子可能有助于说明 OCIP 能够从利率下降中获利的情况。1994 年，OCIP 的杠杆因子为 3：1（参见图表 6.5），这意味着，对于用投资者资金买入的每 1 亿美元的证券，用融资（即通过反向回购协议）买入了另外 2 亿美元的证券。假设，对 2 亿借款，OCIP 支付 3% 的年（反向）回购利率，而对 2 亿美元的额外的 5 年期国债，它获得 3.5%。在这一年的年末，交易对手（例如，美林）会期望 OCIP 偿还反向回购的 2 亿美元

本金加上600万美元的利息（即2亿美元的3%）。

图表6.9　**5年期国债和1年期国债的美国收益率：1989年至1995年**

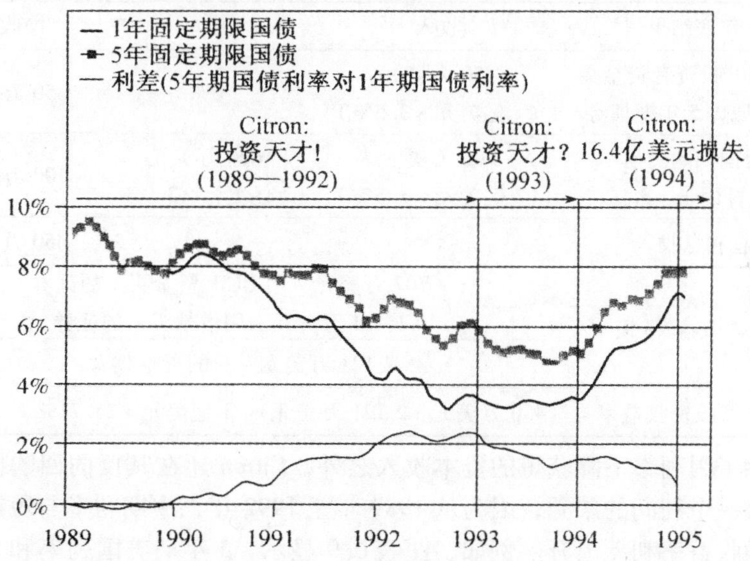

资料来源　Federal Reserve Bank of St. Louis FRED，http：//research.stlouisfed.org/fred/data/irates/gs1.

Robert Citron 打赌利率会下降，而如果利率的确下降，他就会使 OCIP 处于能够获得甚至更有吸引力的收益的位置，因为，除了利息收入之外，其证券还会获得资本收入。假设，在这一年的年末，利率从3.5%下降至2%，OCIP 最初的1亿美元证券现在的价值就是1.0707亿美元，资本收入707万美元。① 而且，2亿美元用借款（即反向回购资金）买入的证券现在的价值是2.1414亿美元。② 有了这些资金，OCIP 可以偿还其反向回购金额为2.06亿美元（即2亿美元的本金和600万美元的利息）的债务。正如图表6.10所显示的，这些资本收入的影响使 OCIP 按其1亿美元股本的总收益率从其本来没有杠杆时应该获得的3.5%上升至25.7%！

---

① 这一计算假定是按年支付利息。
② 2×1.0707亿美元=2.1414亿美元。

图表 6.10　　**使反向回购杠杆化提高投资收益的结果：**

假设利息收益率下降时的例子

年底结果	收入	成本	净收入
用 OCIP 投资者资金买入的原先 5 年期债券	350 万美元（1 亿美元 ×3.5%）	0%	350 万美元
反向回购交易（杠杆因子 =3.0）	700 万美元（2 亿美元 ×3.5%）	600 万美元（2 亿美元 ×3.0%）	100 万美元
总利息收入			450 万美元
资本收益/亏损	+707 万美元 – 用 OCIP 资金买入的证券 +1 414 万美元 – 用借款买入的证券 2 121 万美元 – 总的资本收入		
投资收益率 =（450 万美元 +2 121 万美元）/1 亿美元 =25.71%			

除了因利率下降获得的资本收入之外，Citron 还在其反向回购协议上获得另一个利润的来源，因为从 1989 年至 1992 年，中期利率与短期利率之间的收益率利差上升。例如，图表 6.9 显示，5 年期美国利率和 1 年期利率之间的利差从接近 0% 上升至超过 2%。结果，Citron 通过从收益率曲线的短期借款，即通过反向回购，并投资于中期和远期的资产而获利。

6.7.2　OCIP 的收益稳定：1993 年的情况

在 1993 年期间，美国利率停止了剧烈的下跌而稳定下来。例如，1 年期利率和 5 年期利率分别在 3.4% 和 5.1% 水平上徘徊（参见图表 6.9）。结果，Citron 失去了他在 OCIP 固定收益证券上一直获得的资本收入，而其反向浮动利率票据也不再获得不断增加的收益。利润也下降，因为中期利率和短期利率之间的利差下降，使 Citron 堆积如山的用反向回购融资的证券的净收益下降。例如，图表 6.9 显示，5 年期和 1 年期国债收益率之间的利差下降近 1%。利率稳定和利率利差下降的共同效应导致 OCIP 的利润下降，但是，这些资产仍保持相对稳健——特别是与其他的基金比较更是如此。结果，Citron 仍被很多人视为高出一般资产组合经理人一筹。

6.7.3 OCIP收益骤降：1994年的情况——利率上升的效应

最后，Robert Citron 打赌利率会下降被证明是一个灾难性的错误。美国利率在1994年2月开始上升，当时，美联储收紧信用以减少通胀威胁并防止美国经济出现过热。在10个月跨度期间，美联储6次提升美国利率，导致1年期美国国债收益率从3.54%上升至7.14%——翻了一倍多！结果，OCIP严重超配的固定收益证券和反向浮动利率票据的资产组合开始亏损。固定收益证券遭遇资本亏损，而中期证券和短期证券之间的利差迅速趋向于零（参见图表6.9）。

另一个例子可能有助于说明利率上升加上杠杆效应导致收益骤降的情况。1994年年末，利率从约3.5%上升至7%。结果，年初价值3亿美元的证券（即用投资者资金买入的最初的1亿美元加上用借款买入的2亿美元）在年末价值为2.5695亿美元——有很大差别。

在年末，OCIP仍应偿还反向回购协议2.06亿美元的本金和利息，因此，正如图表6.11所显示的，这些资本损失的影响使OCIP在没有杠杆时本来应该获得的安全的3.5%，变成了高达38.6%的亏损。

图表6.11　**使反向回购杠杆化提高投资收益的结果：*假设利息收益率上升时的例子***

年底结果	收入	成本	净收入
用OCIP投资者资金买入的原先5年期债券	350万美元（1亿美元×3.5%）	0%	350万美元
反向回购交易（杠杆因子=3.0）	700万美元（2亿美元×3.5%）	600万美元（2亿美元×3.0%）	100万美元
总利息收入			450万美元
资本收益/亏损	-1 435万美元-用OCIP资金买入的证券 -2 870万美元-用借款买入的证券 -4 305万美元-总的资本损失		
总投资收益率＝（450万美元-5 305万美元）/1亿美元＝-38.55%			

OCIP在1994年的盈利能力大幅下跌还有一个重要的原因。像很多其

他的衍生产品相关的倒闭（例如，Barings Bank）一样，Robert Citron 开始采用加倍策略。当利率上升并且债券价格下降时，Citron 将利率每一次上升看做（他感觉是）买入价格越来越被低估的投资资产的机会。为了买入资产融资并从其预期中获利，他借入巨额资金，但是，利率继续上升，导致其加倍策略亏损的金额甚至超过已经亏损的金额。①

盈利能力下降和资产价格暴跌的双重效应吸引了投资者和债权人的注意力，他们开始仔细审视 Citron 的风险水平，并与其预期的收益率进行匹配。很多人对这些坏消息的反应是尽可能迅速地退出（或者，至少试图退出）基金。

Orange County 倒闭的主要原因是 OCIP 资产组合中结构性票据和中期固定收益证券的严重的集中度，Robert Citron 对他们的风险没有完全理解。Citron 下的赌注等于是一个巨大的单边赌注，认为美国收益率曲线会保持较陡的向上倾斜（即短期利率会保持远低于中期和长期利率），并且平均而言利率会下降。他打赌失败，因为美国收益率曲线变平，利率在 1994 年上升。利率上升导致 OCIP 面临的主要风险出现多米诺效应。当固定收益证券的市场价值暴跌时（市场风险），投资者要回其资金的需求迫使 OCIP 将其较大比例的资产组合清盘（流动性风险），从而将账面亏损变成实际亏损（信用风险）。

6.8 后果

1994 年 10 月，Orange County 的助理司库 Mattew Raabe，来找 Orange County 的首席行政官 Ernie Schneider 和审计员—监管员 Steve Lewis，表示了对 OCIP 正遭遇的亏损的担心。Raabe 解释了 OCIP 资产组合价值耗损超过 5 亿美元的情况。亏损的消息震惊了 Schneider 和 Lewis。需要迅速采取行动，首要的任务之一是要对 OCIP 资产组合进行准确的外部评估，为此，Orange County 聘请了总部在纽约的资本市场风险咨询公司（CMRA）。分析花了约一周时间完成，而结果是令人忧虑的。CMRA 的分析详细说明

① 在 1994 年夏天，Orange County 和 OCIP 中的市政机构融资 12 亿美元，投资于额外的证券，并满足不断上升的现金的要求。

了 OCIP 资产组合大幅缩水的情况。根据 CMRA 的测算，OCIP 资产组合的价值亏损约 15 亿美元。

6.8.1　市场风险引发流动性风险

已经被美联储收紧信用政策和利率上升对收入和资产组合价值的影响吓倒的投资者开始担心 OCIP 的偿债能力。资本抽逃产生了，始于 1994 年 11 月中旬，当时 Irvine Ranch Water District 决定从 OCIP 资产组合中提取 1 亿美元。Citron 及其员工（主要是 Matthew Raabe）在当月剩余时间里试图说服投资者不要抽取资金，并敦促债权人不要收紧信用额度。

为了阻止资金流出并防止流动性危机，Citron 试图冻结资金 30 天并对想抽取资金的投资者实行 20% 的削价差额（haircut，即资产组合减少的价值）。这一政策似乎是公平的。毕竟，这些投资者享受了 OCIP 获得高于平均水平的收益率的好年景，因此，为什么他们不该在较为困难的时候承受负担呢？尽管 Citron 的 20% 的削价差额是否会幸免于严肃的法庭辩论是有问题的，但这种做法似乎会起作用。投资者意识到，抽取资金会立即使账面亏损变成实际（现金流）亏损，实际亏损应向公众报告。

相反，Citron 为阻止 OCIP 投资者挤兑而运用的削价差额不能运用于债权人，而债权人正锱铢必较，想尽快要回他们的资金。当 Orange County 债务余额的利息到期时，大多数债权人拒绝顺延其信用，而其他人要求返还现有的贷款。例如，Credit Suisse First Boston（CSFB），就反向回购协议向 Orange County 贷款 26 亿美元，要求偿还 12.5 亿美元。① Orange County 无法满足对资金越来越多的要求，并且，没有人愿意向它提供这样的金额。结果，找到流动性的来源，以满足投资者对现金越来越多的要求成为最为重要的事。

通过出售 OCIP 的整个资产组合来获得所需资金的努力是不成功的，证券和交易委员会、州司库办公室、加州首席检察官和州长 Pete Wilson 对其求助都置之不理。Orange County 环顾四周，口袋空空，最明显的一点是，加州的民主党控制的立法机构对 Orange County 富裕的共和党居民

① CFSB 也决定行使一份价值 1.1 亿美元对 Orange County 票据的 1994 年 12 月 6 日到期的看跌期权。

不会同情。

6.8.2 政府瘫痪

Orange County 政府需要迅速行动，但是，迅速行动受到布朗法案（Brown Act）的阻碍，该法案于 1953 年通过，以便保护社区参加公共会议的权利。法案要求对常规性会议提前 72 小时通知，特别会议提前 24 小时通知，紧急会议提前 1 小时通知，但财务危机不符合“紧急事项”的要求。对不遵循规则的公务员要实行刑事处罚。当财务危机的消息刚传出时，Orange County 的监事会本来应该迅速行动，但是，他们被逼到了两难困境中。由于布朗法案，他们须对任何的会议向公众提前告知，但是，如果作出会议公告，他们就可能会助长公众担心情绪，使 OCIP 资金流出情况恶化。

6.8.3 Citron 辞职

当 CMRA 公司完成对 OCIP 的审计后，它估计，OCIP 资产组合已亏损约 15 亿美元。这些损失于 12 月 1 日向媒体报告，12 月 4 日，Robert Citron 辞去 Orange County 司库—税收征收员的职位。亏损以及 Citron 辞职的消息使全国金融市场笼罩在乌云之中，该基金的资本外逃变得更成问题。各市镇都试图结清其存款；反向回购协议的交易对手要求提供额外的抵押，以便支持其未结清交易和/或占有几十亿美元的抵押品按市场价格出售；债权人拒绝顺延其贷款或提早收回贷款。当投资者对债券附加更高的风险溢价时，州、郡和全国性债券价格下降（即收益率上升）。Orange County 住房价格下降，居民做好准备应对缩减紧急预算、增加费用和提高税收的影响。

6.8.4 流动性不足引发破产

对 OCIP 的挤兑方式与存款人对银行挤兑的方式很多方面是相同的，为了满足对现金不断增加的需求，Robert Citron 被迫卖出价格迅速下降的资产，OCIP 陷入了死亡的漩涡。当资产被清算时，亏损进一步加剧，进一步刺激更多资本从基金中抽逃。没有什么地方可以求助，手边没有足够

现金，看不到“善意的骑士（white knight）”会出手救援，Orange County于1994年12月6日申请破产，提出需要“一个集中的场合，在此范围内可以消除任何所有的竞争性追偿，同时能确保与基金的问题有关的任何事情，不会干扰该郡提供Orange County的居民正期望其政府提供的任何所有的基本服务能力。”①

6.8.5 OCIP资产组合的大拍卖

在宣布破产后不久，Orange County指派前加州司库Tom Hayes来重整该郡的财政。在得到美国破产法院允许后，立志以尽可能少的负面市场干扰，出售资产组合，并将收回的资金投资于安全的短期资产。Hayes聘用Salomon Brothers帮忙，在6个月内出售了OCIP的资产。富有讽刺意味的是，出售OCIP资产得到了一个意想不到的方面的支持。1994年12月，墨西哥比索危机导致国际资本从发展中国家外逃到美元的避风港。对美国金融资产需求的增加提升了证券的价格，增加了Orange County的收入。

6.9 事后诸葛亮的马后炮

在危机平息后，分析人士开始重新审视，Orange County的破产是否可以真地归类为衍生产品相关的破产？是否真地需要宣布破产？是否有必要以如此快速的步调清算OCIP资产组合？是否本来有办法预测破产？

6.9.1 Orange County的破产是否真地是衍生产品相关的破产

Orange County的困境常被称作是衍生产品的灾难。但是，尽管衍生产品相关的证券解释了OCIP的资产组合价值下跌的很重要的一部分原因，Orange County的不幸似乎与其说与投资衍生工具有关，还不如说与杠杆、管理不善和相对较多地持有固定收益证券有关。图表6.12显示的是1994年12月1日OCIP资产组合的构成情况，在这一天，资产组合报告的未实现亏损为15亿美元。OCIP未持有远期、期货、期权或互换。其

① 参见无名氏，“Repercussions：Riley's Statement on Chapter 9 Filing.” *Orange County Register*（7 December 1994），A01。

资产组合价值的下降是由于三个主要的原因：结构性票据（7.228 亿美元）、固定收益证券（6.354 亿美元）和反向回购协议（6 710 万美元）。在这三个来源中，固定收益证券和反向回购的亏损并不是与衍生产品相关的，相反，亏损却是由于市场利率上升和利差缩小。只有当你把反向回购协议视作一种远期合约时，你才会将这些损失归类为与衍生产品有关，即使这时，他们也只占 OCIP 资产组合价值下跌总额的不到 5%。

图表 6.12　　Orange County **投资资产池资产组合：**

1994 年 12 月 1 日的情况　　（单位：百万美元）

	账面价值	市场价值	亏损
现金	646.5	646.5	0.0
按揭贷款证券化债券	228.5	222.8	5.7
结构性票据	7 806.3	7 083.5	722.8
双指数债券	150.0	137.4	12.6
浮动利率债券	588.0	560.7	27.3
按指数分期付款票据	1 699.0	1 562.3	136.7
反向浮动利率债券	5 369.2	4 823.1	546.1
固定收益证券	11 857.3	11 221.9	635.4
总资产	20 538.5	19 174.7	1 363.8
反向回购协议	-12 988.1	-13 055.2	67.1
净值	7 550.6	6 119.5	1 431.0

资料来源　Merton H. Miller and David J. Ross, "The Orange County Bankruptcy and Its Aftermath: Some New Evidence," Journal of Derivatives, 4 (4), (Summer 1997), p. 53.

在结构性票据亏损中，反向浮动利率票据是主要的罪魁祸首，占资产组合价值下降金额 7.228 亿美元的 3/4 以上，但是，所有这些损失真的与衍生产品有关吗？反向浮动利率票据可以用（一次性付款）浮动利率票据和有双倍名义本金的利率互换取代。因此，利率上升导致结构性票据的浮动利率部分和衍生产品部分都发生变动。要计算这些结构性票据产生的

纯粹与衍生产品相关的损失，我们就须将衍生产品部分的价值从浮动利率票据中分离出来，而这样的分析会减小衍生产品相关的损失的规模，一定程度上低于图表6.12中给出的数字。不管怎样，（所有结构性票据）任何接近7亿美元水平的亏损，从几乎任何可比尺度而言，在衍生产品相关的倒闭中都是巨大的。

处理Orange County的损失是否主要与衍生产品有关的另一种方法，是依靠Robert Citron在破产前提供的信息。当他1994年4月接受采访时，Citron披露，OCIP资产组合只有20%投资于衍生产品相关的资产。[①] 如果该数据是精确的，并且，如果这些衍生产品的头寸导致与其在资产组合中的份额成比例的亏损，那么，16.4亿美元亏损总额中最多3.28亿美元是与衍生产品相关的。这样大小的亏损会将Orange County归入衍生产品相关的破产的特别类别中，但是，这也会大大地降低破产的不佳名声的程度，并减弱其与衍生工具的关系。

6.9.2 Orange County是否真地破产

美国破产法院裁定，Orange County宣布破产有效，因此，该郡理应得到第9章的保护，避免债权人立即要求偿付，避免投资者试图兑现投资，避免反向回购交易对手寻求额外抵押品来支持其贷款，并避开与Orange County产生很长清单的财务债务的其他当事人。[②] 两个可以使我们透视Orange County在宣布破产时其经济健康状况的财务指标是清偿能力（即该郡的资产是否超过负债）和流动性（即该郡是否拥有足够的现金来满足需求）。

6.9.2.1 Orange County是否具有清偿能力

在进行仔细分析后，法院裁定，Orange County已资不抵债；但是，尽管法院进行了全面的分析，关于这一裁定是否正确的疑问仍挥之不去。图表6.12（第3栏）显示，1994年12月1日，OCIP资产的市场价值比其反向回购协议的价值多出约61亿美元，表明Orange County似乎远非资

① 无名氏，“County Official Lists Securities：Derivatives Attracted Criticism，” *Wall Street Journal* (20 April 1994)，p. C21。
② 破产法院的裁决于1996年5月16日作出。

不抵债。有如此巨额的正的净值，很难理解美国破产法院作出决定的依据。[①]

6.9.2.2 Orange County 是否真地缺乏流动性

1994 年 12 月 1 日这一天，OCIP 灾难性的亏损被报道出来，它有差不多 6.5 亿美元的现金（即高度流动性的资产）可以处理（参见图表 6.12）。很清楚，这些资金无法应付所有提取的现金需求、提前偿付养老资金、交易对手要求增加抵押品、银行收回信用额度的威胁，以及支付营运费用（例如，工资），因此，给予 Orange County 摆脱其债权人的权利，很可能反映了正当的流动性需要。尽管如此，OCIP 仍有大量的可以出售的有价证券，加上约 3 200 万美元的月度净利息收入和法定投资人存款的正常现金流入。因此，OCIP 的流动性状况可能已经不佳，但也不像乍看起来那么糟糕。[②] 同样，美国破产法院作出决定的依据可能令人质疑。

6.9.3 清算 OCIP 资产组合是否是一个错误

关于清算 OCIP 的资产组合的争论悬而未决，因为，在很大程度上，清算不是 Orange County 自己作出的选择。当该郡对其债务违约时，OCIP 的资产被交易对手扣押并按市场价格出售。在整个 OCIP 资产组合中，一半以上是以这种方式清算的。

但是，假设（某种程度上）可以说服投资者和债权人等一等。图表 6.13 显示，OCIP 资产组合正是在可能最糟糕的时候进行清算的。1994 年 12 月的利率处于刚超过 7% 的峰值，而在接下来的一年中，利率下降接近 2%。

在 Orange County 宣布破产后，OCIP 的整个投资策略发生变化。之前，Robert Citron 赚取利润的方法是利用向上倾斜的收益曲线（即用反向回购协议借入短期资金并投资于较高收入的中期资产）、打赌利率会下降并使 OCIP 杠杆化。新的策略是清算全部现有的头寸，将资金投资于货币

---

① 参见 Merton H. Miller and David J. Ross, "The Orange County Bankruptcy and its Aftermath: Some New Evidence," *Journal of Derivatives*, 4 (4) (Summer 1997), pp. 51 - 60。

② OCIP 获得 9 400 万美元的月度利息，为其未结清的反向回购协议支付了 6 200 万美元。参见 Merton H. Miller and David J. Ross, "The Orange County Bankruptcy and its Aftermath: Some New Evidence," *Journal of Derivatives*, 4 (4) (Summer 1997), pp. 54。

市场资产并使OCIP资产组合失去杠杆化。

图表6.13　　1993年至1996年年末美元利率
（确定期限美国短期国债利率）

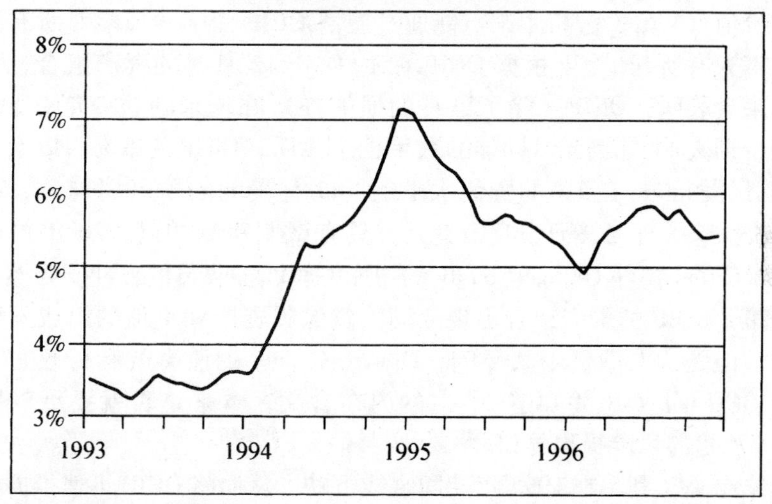

资料来源　The Orange County Archires.

很清楚，如果OCIP的管理者等一等，慢慢地减少资产组合的杠杆，采取深思熟虑的步骤来清算资产组合，那么结果会有显著差异。一种估计是，如果从1994年12月1日至1996年3月29日OCIP实施这种持有并慢慢清算的策略，OCIP资产组合本来就会回收约18亿美元的价值——价值的增加本来会消除1994年12月1日报告的所有亏损并贡献巨额的正的收益。①

问题是，1994年12月1日的时候，没有人知道未来的利率会发生什么变化。如果利率上升，OCIP的处境会亏损，比已经产生的亏损大得多，而进一步的亏损会使Orange County本来已陷入现金困境的市镇更加穷困。

① 参见Merton H. Miller and David J. Ross, "The Orange County Bankruptcy and its Aftermath: Some New Evidence," *Journal of Derivatives*, 4 (4) (Summer 1997), pp. 51－60。

6.9.4 破产本来是否可以预测

尽管未来不可知，仍可以作出合理的估计和努力来减缓风险。例如，在险价值（VaR）分析本来可能通过厘清 OCIP 面临的风险对所有受影响的当事人有所帮助。① 根据 OCIP 在 1994 年 12 月时的资产组合，VaR 分析本来会表明，OCIP（除了已有的损失外）在未来的这一年有 5% 的概率至少损失 11 亿美元。同样的数字也会表明，OCIP 有 5% 的概率收入至少 13 亿美元。② 在 5% 的置信水平上，11 亿美元的 VaR 意味着，20 年 1 次，损失会大于或等于 11 亿美元。具有讽刺意味的是，20 年差不多是 Robert Citron 担任 Orange County 的司库—税收征收员的任期。当然，在这些年里，OCIP 的资产组合出现变动，就像其资产和负债的组成发生变动一样，但是，人们仍不禁要问，Orange County 的监事会和行政官，如果知道 OCIP 的 VaR 并知道 20: 1 的内在含义，本来是否就要更审慎地对 Citron 承担的风险提出异议。

结果是，利率在 1995 年期间直线下跌，从而将 OCIP 迅速推向概率分布的上一尾部，但 OCIP 的管理者在 1994 年 12 月无法知晓这一点。面临紧急状况的情况下，亏损的可能性大大增加，扭亏为盈的希望微乎其微，管理者决定，等待再慢慢清算资产组合的风险太高。

6.10 判决、责骂与改革

就市镇破产而言，Orange County 自成一类。要透视 Orange County 的破产，让我们来考虑这一点。从 1937 年至 1994 年（超过 55 年），美国共有 362 例市镇破产申请（即按第 9 章破产），总债务达到 2. 17 亿美元。③ 这些破产大多数涉及相对较小的市镇和很小的金额，因此，Orange County 巨额的 16. 4 亿美元亏损是一个推翻样板的事件，对市镇破产设定了一个

---

① 参见 Philippe Jorion, "Lessons from the Orange County Bankruptcy," *Journal of Derivatives*, 4 (4) (Summer 1997), pp. 61 –66。

② 同上。作为其分析的依据，Jorion 采用了 1 年期美国国债利率波动 40 多年的历史数据。

③ 参见 Mark Baldassare, *When Government Fails*: *The Orange County Bankruptcy*, Berkeley: Public Policy Institute of California and the University of California Press, 1998。

新标准。

6.10.1 Robert Citron

在很大程度上，Orange County 的破产是 Robert Citron 冒失地下了巨额赌注的结果，但也是因能力不够造成的。在尘埃落定后，很清楚的是，Robert Citron 是他所制造的高杠杆资产组合的一个不称职的管理人。尽管有 24 年的经验，Citron 并未获得所需要的技能和员工，对其设立的投机性头寸进行定价、跟踪或对冲。实际上，Robert Citron 经营的是一个失去控制的对冲基金，但直到最后，Citron 仍觉得，是这个世界疯了，而不是他，因为 Citron 确信，Orange County 所遭遇的只是“账面亏损”，是永远不会实现的。

法院的证词在 Robert Citron 没有能力管理 OCIP 资产组合的大量证据中又增添了内容。心理学家和 Citron 的律师作证认为，“金融天才” Citron 只有七年级的数学能力，在考试中成绩很差，以至于“到了脑子受损的边缘”。[①] 进一步的证词表明，他患有一种痴呆的疾病，常常依靠一种邮购的占星机器和通灵术来进行利率的预测。[②] Orange County 首席行政官 Ernie Schneider 令人心寒地将 Citron 的行为合理化，说道，“Bob（Robert 的昵称，译者注）总是很不寻常、古怪、与众不同，但我将这一点归因于，这个杰出的通灵之人。象棋大师不是普通人。”[③]

1995 年 4 月 27 日，在 15 分钟的传讯后，Citron 对六宗重罪和三项特别立功表现服从判决。[④] 他戴着手铐被带走，到郡监狱报到，自己交付保释金 25 000 美元后释放。按州的判刑规定，Citron 面临最多 14 年的监禁和 1 000 万美元的罚款。最轻的惩罚是 6 个月监禁。对 Citron 的大多数指控涉及收益的不当配置，资金的不当运用，以及误导/错误陈述。Citron

---

① 参见 Chris Knap，“Jail for Citron/O. C. Financial Crisis，” *Orange County Register* (20 November 1996)，p. A01。

② 根据记录，Citron 的通灵术告诉他，1994 年 12 月是一个不好的月份。通灵术是对的，但不幸的是，Citron 没有听。

③ 参见 Riche Young，“Blame Game：Testimony Painted Supervisors as Unwilling to Take Responsibility or Take Action，” *Orange County Register* (29 December 1995)，A01。

④ 参见无名氏，“The 4/95 Plea/Sentencing Agreement of Bob Citron Re：His Criminal Role in the Orange County Bankruptcy，” http：//www. lectlaw. com/files/curl2. htm。

未被指控贪污、密谋、合谋、欺诈或为个人获利进行交易。

最后，他被判处在郡监狱服刑1年，为其财务欺骗行为（例如，抽取学校、市镇和一些小型机构的投资产生的利息收入，转入郡政府经营的投资账户）罚款100 000美元，缓刑5年，以及1 000小时的社区服务。Citron最后只执行了9个月的保外劳动项目，意味着，这位71岁的老人从未在监狱住过一个晚上。相反，他白天在监狱劳动，但允许在晚上回家。较轻的徒刑很大程度是由于Citron在整个审理期间公开忏悔，与调查当局合作，以及其恶化的健康状况。

在审理中，洛杉矶高等法院法官J. StephenCzuleger谴责Citron“用公众的钱下注”，并严斥Citron没有履行对社区的誓言和责任。对Czuleger而言，公众资金的损失使他烦恼，Citron对公务员的信誉造成的损害更是如此。

6.10.2 其他参与者：Mattew Raabe和美林

在三页的辩护词中，Citron使前Orange County助理司库Mattew Raabe牵连进来，宣称，Raabe协助伪造OCIP的年度财务报表，并就基金的财务状况说谎。1996年（破产后19个月），Citron进一步作证说，Raabe应对设计方案将资金从市镇和特别辖区的资金转至Orange County的预算负责。

1997年5月，Raabe被起诉5宗欺诈罪和不当运用8 850万美元，判处在州监狱服刑3年。在监狱服刑只有41天后，他被释放，1997年11月，对他的起诉被推翻，理由是，前辖区律师（Mike Capizzi）本来不应审判该案，因为他在Orange County破产中涉案很深。2001年，加州最高法院拒绝复审这一被推翻的案件。Raabe获得自由。①

Orange County对其主要经纪商/交易商美林提起民事诉讼，理由是，他向Citron出售不恰当和非法的证券，并在其证券出售中进行错误陈述。Orange County公诉人甚至重新聘用Citron来帮助定案。美林宣称，其与

① 参见无名氏，“Ex－Orange County Official Is Convicted on Five Counts,” *Wall Street Journal* (Eastern edition). New York, N. Y. (5 May 1997), B. 12, and Deborah Finestone, “Calif. Supreme Court Won't Review Raabe Decision,” *The Bond Buyer* 335 (31079) (6 February 2001), 4。

Orange County 的行为是恰当的、专业的，并指责 Orange County “让真正的罪犯逃脱，因为他将帮助你们从有钱人口袋中捞一把。”[①] 1998 年，该案件庭外和解。[②]

6.10.3 秘密监管：共同承担责任

尽管 Robert Citron 在 Orange County 破产中是主要的角色，对 OCIP 资产组合的风险缺乏有效监管和控制仍是重要的推动因素。当致命的打击来临的时候，Orange County 的监事会，证券交易委员会（the SEC），信用评级机构，媒体以及 Orange County 的居民都看错了方向。

很多人会问，为什么证券交易委员会（the SEC），1994 年与 Citron 进行面谈，1994 年全年进行了多次独立审计，都没有发现 OCIP 资产组合有什么不正常。他们也感到困惑，为什么两家美国最大的信用评级机构标准普尔公司和穆迪投资者服务公司在 1994 年都给予 Orange County 的资产组合仅次于最高的评级（分别为 AA 和 Aa1）。给予 Orange County “没有疾病的体检报告” 的理由，很大程度上似乎是因为，在每个概述的层次上，侧重点都主要放在 Citron 的收益和信用风险上，而不是放在促使 Orange County 破产的风险（即市场风险和流动性风险）上。

特别令人失望的是 Orange County 监事会所发挥的监督作用。在法院诉讼中，一位 Orange County 监事承认，其 “对公共财务事宜的知识在破产发生前是空白”；他从未阅读 Citron 的任何报告和要求批准发行上亿美元金额的债券的决议，他很少问问题，因为 “我不知道要问什么问题。”[③] 1995 年 12 月，Orange County 大陪审团起诉监事会成员 Roger Stanton 和 William Steiner 以及审计员 Steven E. Lewis 蓄意行为不当，但这些指控最终未被法庭采纳。

---

① Michael Utley, “Former Citron Assistant Is Implicated in Guilty Pleas,” *The Bond Buyer*, 312 (29639) (1 May 1995), 1。

② 要更多了解 Orange County 破产后的法律诉讼，参见 Appendix 6.4，What Happened to the Mountain of Orange County Legal Cases?

③ 同上。

6.10.4 财务治理改革

"一朝被烫"就想确保不会重演，因此 Orange County 实施了一系列的财务治理改革。破产促使其设立了危机管理团队，该郡任命一位首席执行官和首席财务官来认真地削减预算，并使财务部门有序运转。

通过了州的和地方的改革方案，要求更加透明和及时地进行报告和监督。任命了内部审计员，直接向监事会报告。公务员被要求公开披露利益冲突。禁止监督委员会成员收受礼物。引入了严厉的投资指导原则，该原则要求优先考虑获得相对风险较低、流动性较高的资产。资产组合管理人运用投资杠杆（例如，达成反向回购协议）、进行衍生产品交易和买入结构性票据会受到限制。选择经纪商、交易商和投资顾问也受到更多的监督。①

6.11 从 Orange County 应吸取的教训

从财务灾难中应学到很多东西，从 Orange County 危机中应吸取两个重要的教训：（1）安全性、流动性*和*高收益是一个不可能的组合；（2）如果你解释不了，就别去做。

6.11.1 安全性、流动性和高收益是一个不可能的组合

财务上最基本的关系之一是风险和预期收益之间的直接关系。在投资几十亿的市场上，要获得持续地跑赢市场平均水平的收益是很困难的，能这样做的投资基金很可能持有高于平均水平的风险。由于这一理由，风险*和*收益应同时向投资者报告以便作出理性的选择。为此，应要求资产组合经理人及时（并且投资者应及时要求）通报关于其资产组合的风险和收益的透明的信息。

在险价值（VaR）分析本来应该会大大有助于作出这种努力，因为它会向投资者传达在给定期间内损失一定金额（或更多金额）的可能性。

① 参见 Rob Jameson, "Case Study: Orange County," *ERisk Learning*, June 2001。在 http://www.erisk.com/Learning/CaseStudies/OrangeCounty.asp 网站上可获得。2007 年 12 月 28 日查询。

只要投资者理解这些风险，并愿意承担其下行的后果，决策错误和法律纠纷的理由以及期望破灭这种事就都会逐渐减少。

6.11.2 如果你解释不了就别去做

随着金融工具的日益复杂，对他们进行评估并跟踪其风险需要的金融尖端技术超出了大多数投资者的能力和/或时间界限。尽管可以批评OCIP的投资者和监管者没有要求对Robert Citron的投资策略进行更好的解释，Citron仍应对他没有能力清晰地说明这些策略负责任。尽管投资策略可能很复杂，仍总该有办法将其归结为简短而富含信息的概述性内容。例如，Citron本来可能这样来解释其策略：

过去，OCIP跑赢市场平均收益，因为中期利率保持在高于短期利率的水平，并且利率是下降的。在未来的这一年中，我们认为，这些状况将会继续，因此，构建的OCIP资产组合应从这两个预期中获利。为利用我们的展望，我们已通过为你投资在资产池中的每一美元借款两美元而使OCIP资产组合杠杆化。更具体而言，OCIP现在的总资产约205亿美元，其中，130亿美元是用融资买入的，其余资产是用你们（投资者）的资金提供资金买入的。这一（接近）3：1的杠杆系数大大地增加你们面临的风险。

就风险而言，OCIP的资产几乎没有信用风险，因为资产组合包含的只有最好的债权人（如美国政府），但是OCIP确实面临更大程度市场风险和流动性风险。市场风险是指OCIP的资产组合的价值因为利率上升而下降的可能性。流动性风险是指我们无法满足投资者、债权人和/或投资交易对手的现金要求的可能性。

根据我们的最佳估计，有5%的可能性，当前结构的资产组合在未来一年可能损失11亿美元或更多，在同一时期有相同的可能性，资产组合会盈利13亿美元或更多。从另一角度看，截止到1994年11月，OCIP资产组合的处境是，市场利率每1%的变动就会盈利或亏损5.5亿美元。

6.12 结论

Orange County 很快恢复，并保持了作为繁荣社区的地位，享受高品质的服务，拥有高于加州平均水平的人均社区生产总值。其信用评级收复了失地，Orange County 的预算在20 世纪的剩余时期都是盈余。尽管如此，进步的获得却是以债务水平上升和失去大量市镇工作作为巨大代价的。最后，正是健康的加州经济和 Orange County 愿意作出困难决定的共同作用渡过了难关。Orange County 吸取了很有价值的教训，但是这一教训的价码高出了任何社区愿意支付的水平。

像这种金融灾难再次发生的可能性微乎其微，因为 Orange County 和加州针对透明度、概览和及时报告进行了重大的金融改革。尽管如此，在任何复杂的组织（例如，市政府或公司）中，总是有可能因为完全意想不到的原因出现灾难。风险管理系统可以规避我们发现的风险，但是这些系统也会对业已复杂的机构增加另外的复杂维度。很多人担心的是，这种增加的复杂性本身可能成为下一个灾难的根源。

思考题

1. 有什么理由可以说明 Orange County 破产不是衍生产品相关的倒闭？有什么理由可以说明破产是衍生产品相关的倒闭？

2. 请解释，Robert Citron 怎样能够在美国利率下降时获得高于平均水平的收益。

3. 请解释，监事会是否对 Orange County 破产负责；如果有第二次机会，监事会本来应该有什么不同的作为。

4. 请解释，为什么仅用信用风险不能作为资产组合整体风险和潜在损失的充分的衡量标准。

5. 为什么 Orange County 在 1994 年违约后会如此迅速地恢复？发生了什么内部变化以及什么外部因素帮助该郡恢复？

6. 第 13 提案在 Orange County 倒闭中扮演什么角色？

7. 请解释，反向回购协议是如何让 Robert Citron 对 OCIP 资产组合进行杠杆化的。然后，请解释，该杠杆是如何造成 OCIP 巨额亏损的。

8. 请解释 Robert Citron 对 Orange County 的资金所下的赌注，以及赌注是如何下错的。

9. 请解释，Orange County 的市场风险是如何造成流动性风险和信用风险的。

10. 在破产的6个月内对 OCIP 资产组合的主要资产进行清算是一个错误吗?

11. Orange County 真地破产了吗?

阅读资料

请访问 http：//www. prenhall. com/marthinsen 网址，你可以找到以下内容，对本章内容进行补充和丰富：

- Appendix 6. 1：Orange County's Recovery Plan
- Appendix 6. 2：What happened to Orange County's Public Services?
- Appendix 6. 3：What Happened to Orange County's Debt Level and Credit Rating?
- Appendix 6. 4：What Happened to the Mountain of Orange County Legal Cases?

参考资料

Anonymous. "County Official Lists Securities：Derivatives Attracted Criticism." *Wall Street Journal* (20 April 1994), p. C21.

Anonymous. "OC Finance：Financial Issues, Restructuring." 20 May 1997. Orange County homepage available at：http：//www. oc. ca. gov/. Accessed 19 December 2007.

Anonymous. "The 4/95 Plea/Sentencing Agreement of Bob Citron Re：His Criminal Role in the Orange County Bankruptcy." *Lectric Law Library*,

Available at: http: //www. lectlaw. com/ files/cur 12. htm. Accessed 19 December 2007.

Baldassare, Mark. *When Government Fails: The Orange County Bankruptcy*. Berkeley: Public Policy Institute of California and the University of California Press, 1998.

Fleming, Michael J., and Garbade, Kenneth D. "The Repurchase Agreement Refined: GCF Repo." *Current Issues in Economics and Finance*. Federal Reserve Bank of New York, 9 (6) (June 2003), pp. 1 – 7. Available at http: //www. newyorkfed. org/research/current_ issues/ci9-6. pdf. Accessed 19 December 2007.

Glassman, James K. "From Orange County, Eight Survival Lessons." *The Washington Post*. 1 January 1995. p. H1.

Jameson, Rob. "Case Study: Orange County." *ERisk Learning*, June 2001. Available at: http: //www. erisk. com/Learning/CaseStudies/OrangeCounty. asp. Accessed 28 December 2007.

Jorion, Philippe. "Lessons from the Orange County Bankruptcy." *Journal of Derivatives* 4 (4) (Summer 1997), pp. 61 – 66.

Jorion, Philippe. "Philippe Jorion's Internet Case Study: Orange County Case—Using Value at Risk to Control Financial Risk." Available at: http: // www. gsm. uci. edu/ ~jorion/ oc/case. html. Accessed 2 July 2003.

Miller, Merton H., and Ross, David J. "The Orange County Bankruptcy and its Aftermath: Some New Evidence." *Journal of Derivatives* 4 (4) (Summer 1997), pp. 51 – 60.

Orange County Press Releases. Various. Orange County homepage. Available at: http: // www. oc. ca. gov. Accessed 2 July 2003.

第 7 章

巴林银行：Leeson 的教训

7.1 前言

当 Nicholas（“Nick”）William Leeson 听说伦敦最古老的商人银行巴林银行（Barings Bank PLC）亏损 13 亿美元（8.6 亿英镑）的时候，他正在马来西亚的豪华旅游胜地逍遥，这个应为这些亏损负责的无赖交易员便逃离了新加坡。虽然他对巨额亏损感到震惊，并吃惊地知道巴林银行被接管，但李森（Leeson）对这一消息一点也不感到意外，因为正是他在短短的两年半时间内在期货市场上进行的巨额投机性亏损使这家受人尊敬的银行垮台的。

李森是巴林银行在新加坡全资子公司的首席交易员和清算业务主管，主要从事国债、欧洲日元存款和日本证券的期货合约的交易。由于李森巨额的交易利润，他在巴林银行的伦敦、新加坡和东京机构的管理层中赢得了“明星表演者”的声誉，而他几乎被赋予自由的权限。巴林银行的高级管理层认为，李森对市场具有一种天生的感觉，但这个无赖交易员的故事表明，他并没有这种东西。人们要问，巴林银行管理层怎么会在这么长的时间内犯这么严重的错误呢？

本章将探究有关巴林银行倒闭的两个主要问题：为什么巴林银行给予李森这么大自主交易权限让他进行业务操作，而没有任何交易权限限制和没有部门经理及内控系统的有效监督？李森运用什么策略在如此短暂的时间内发生如此巨额亏损？

7.2 巴林银行

巴林银行是1762年由Sir Francis Baring创办的具有贵族血统的英国商人银行。[①] 该行为皇家服务，处于伦敦金融世界的顶层。几个世纪来，巴林银行创造了很多业绩，融资的对象包括1803年路易斯安那州路易斯安那购地、拿破仑战争，以及（1775—1783年）英国针对反叛的美国的战争。巴林银行也承担了1886年健力士（Guinness®）公司股票承销，使之成为首家在伦敦股票交易所挂牌的酿造厂。但成功之路并不总是平坦的，巴林银行虽然幸免于战争和萧条，但1890年却由于在阿根廷的不谨慎的投资而几乎倒闭，只是由于英格兰银行组织在最后时刻的救助才幸存下来。[②] 尽管偶尔有动荡的时刻，巴林银行总是伦敦金融中心最有根基和最受尊重的参与者之一。这家具有几百年历史的银行被一个远在新加坡机构进行业务操作的人搞垮是多么具有讽刺意味啊！

在20世纪90年代，巴林银行的业务集中于银行、资产管理和证券经纪，形成了内在的文化对抗，导致冲突和后台的部门政治。巴林银行的银行家和资产经理人强调的是谨慎、深思熟虑，长期关系高于短期收益。与之相对照，其经纪商更富有冒险精神，更易一时冲动，头脑中短期收益至

① 该银行最初命名为John and Francis Baring Company。1806年，其名称改为Baring Brothers & Co.。

② 救助花费了银团17 326 000英镑，按1995年英镑计算，超过10亿英镑。具有讽刺意味的是，这一金额与1995年2月购买巴林银行、对其注资并吸收该银行损失所需金额很接近。参见Stephen Fay, *The Collapse of Barings*, London: W. W. Norton, 1997, p. 11。

上。这两派为瓜分有限的资本而争斗。巴林银行向全球扩张的决策是决定性的，因为其资本不可能支持所有产品线的平等扩张。结果是，1993年巴林银行决定将其资本储备合并来支持所有的产品线，而不是将资本分开配置到每一个产品线上。不幸的是，这一决定撤去了对李森经营活动的一种主要的控制措施。

巴林银行在伦敦的高管之间不断的角斗以及伦敦和新加坡管理人员之间的背后中伤，导致办公室的小政治阻碍了好的决策并弱化了传统的授权路径。李森至少在理论上向伦敦、新加坡和东京的经理报告工作，但没有人对他负责。内部讨论并不能最后区分李森是负责结算、合规、套利、自营，还是仅仅执行客户的指令。事实上，这些活他都干，而且未经授权在期货和期权上建仓。

7.3 尼克·李森

尼克·李森（Nick Leeson，参见图表7.1）与大多数巴林银行的管理人员相比出身卑微。他与贵族没有家族关系，没上过伊顿公学（Eton），没在皇家卫队（Coldstream Guards）服过役。李森是一个Watford当地粉刷工的儿子，在巴林银行的第一份工作是在后台为期货和期权交易进行清算，但是，他晋升很快。1990年他得到了一个很大的机遇，当时他被派往位于雅加达的巴林银行的印尼机构去处理后台部门的乱局。

图表7.1　**Nick Leeson**

印尼机构有 1 亿美元的股票和债券敞口令人担心，当地业务无法轧平。印尼股票交易所的交易量增长很快，以至于巴林银行提交股票和债券凭证程序跟不上交易量。银行在所持有的凭证和应持有的凭证之间出现了几百个小差异，结果是，巴林银行拥有价值几百万英镑本来应偿付并提交给客户的证券。包括李森在内的 4 人小组被派往印尼处理问题。在 10 个月内，该小组将雅加达的敞口减至其原有规模的 1/10。李森于 1991 年回到伦敦，在第二年，对他进行奖励，由他担任巴林新加坡期货公司（BFS）首席交易员和清算总监的职务，同年后期，李森被提拔为助理董事兼总经理。

1986 年巴林新加坡证券公司（BSS）成立，并获得新加坡国际货币交易所（SIMEX）的非清算会员资格。最初，BSS 的业务侧重于股票市场交易。但是，在 20 世纪 90 年代初期，巴林银行决定扩大银行在东南亚的国际业务，以便它能利用该地区相对快速的增长，并且减少日本萎缩的股票和权证市场的分量。因此，在 1992 年，巴林银行为新成立的巴林新加坡期货公司[①]申请并获得清算会员的资格。李林的任命是一个因素，促使巴林银行在 SIMEX 获得三个席位。

7.4 李森在 BFS 应该做什么

由于判断的极度疏忽，巴林银行决定由只有 25 岁且之前没有交易经验的李森担任 SIMEX 代表 BFS 的场地经理和首席交易员，同时担任交易清算总监。[②] 你可能会问：“哪一家管理良好的银行会允许其首席交易员来负责后台部门呢?”

一旦你认识到，BFS 最初应该只是执行由巴林银行在全球的下属企业

---

① BFS 是巴林证券（国际）有限公司的全资子公司。

② 1992 年初，李森向英格兰证券和期货管理局（SFA）递交交易员注册申请。之后不久，当 SFA 发现李森错误地陈述“没有因未偿付债务对他作出过民事裁定”时，巴林银行撤回了申请。李森在 1992 年稍后时候向 SIMEX 作出了同样的错误陈述，当时，他申请在新加坡进行交易员注册。SIMEX 没有发现李森的错误陈述，而巴林银行没有使 SIMEX 注意到李森的民事裁定。参见 Bank of England, Board of Banking Supervision, *Report of the Board of Banking Supervision Inquiry into the Circumstances of the Collapse of Barings London* (ordered by the House of Commons), (July 1995)。

代表其客户发出的指令，称作“代理交易”，就比较容易理解答案了。结果，上司推断，因为相对由一个人来执行两份工作节省的费用而言，由李森负责前台和后台所造成的控制的丧失是不重要的。

但是，随着竞争日益激烈，李森（以及 BFS）的职责扩大了。到 1993 年，李森允许为客户进行期权交易，并从事交易所之间的套利（也称作“转换（switching）”）。大多数套利业务同时涉及买入和卖出在两个交易所报价不同而财务上相同的期货合约，这种做法叫做“期货套利（futures arbitrage）”。但是，他也从事“现金期货套利（cash-futures arbitrage）”，涉及对在现金市场上出售的较大金额的一篮子股票以及期货市场合约所进行的交易。

尽管这些套利交易使巴林银行的股权具有潜在风险，威胁还是被视为细微的，因为买入和卖出指令之间的时间缺口是以秘（一秘的几分之一）来度量的。因此，巴林银行几乎有不间断的相互冲抵的合约同时在两个交易所交易。

1994 年，李森找到了一个很大的客户（Philippe Bonnefoy），并得到管理层的许可为其账户进行交易。① Bonnefoy 为总部位于 Bahamas 的欧洲信托和银行公司工作，并以每天交易超过 5 000 份合约而出名。在一个好的月份，李森会从这一业务中赚到 100 000 美元以上的佣金。对于李森的上级而言，为 Bonnefoy 的账户进行交易不会产生重大的安全危害，因为银行的股本没有风险。只有当 BFS 独立建仓时，巴林银行的头寸才会有敞口，而这类的头寸是银行的内部规则所禁止的。

李森将其套利业务集中在三个期货合约上：日本的日经 225 种股票指数，② 10 年期日本国债（JGB），③ 以及 3 个月欧洲日元存款。④ 日经 225

---

① 参见 Nick Leeson (with Edward Whitley), *Rogue Trader: How I Brought Down Barings Banks and Shook the Financial World*. Boston: Little, Brown, 1996, 50。

② 对日经 225 种股票指数的全面描述可以在日经互动网 http://www.nni.nikkei.co.jp/上找到。2007 年 12 月 24 日上网查阅。对日经 225 种股票指数期货合约的全面描述可以在 http://www.sgx.com/psv/derivatives/futures_ options/equity_ index/index.shtml 上找到。2007 年 12 月 24 日上网。

③ 对 10 年期日本国债期货市场的全面描述可以在 http://www.mizuho-sc.com/english/ebond/bonds/jgb.html 网站上找到。2007 年 12 月 24 日上网查阅。

④ 对 3 个月欧洲日元期货市场的全面描述可在 http://www.sgx.com/psv/derivatives/futures_ options/interest_ rates/SGX_ Euroyen_ TIBOR.shtml 网站上找到。2007 年 12 月 24 日上网查阅。

指数期货合约同时在SIMEX和大阪股票交易所（OSE）交易；JGB期货合约同时在SIMEX和东京股票交易所（TSE）交易，而3个月欧洲日元期货合约同时在SIMEX和东京国际金融期货交易所（TIFFE）交易。①

在整个一天中，李森会将在SIMEX报价的期货价格传递给巴林银行在日本交易所的交易员。例如，如果日经225期货合约在SIMEX按18 000交易,而在OSE按18 100交易，李森则会在新加坡买入，而OSE的交易员会同时在大阪卖出来锁定利润。这些交易简单、安全，因此，每笔交易的利润很小。如果李森只是叙做这种套利交易，他很可能从来不会引起任何的麻烦。但是，他也从事直接的“全裸”投机，而这正是他亏损10亿多美元的过程。他怎么能够这么长时间避开其经理以及内部和外部的审计员呢?

7.5 5个8账户

巴林的内部指引要求下属企业将差异和交易错误登录在一个与总部相连接的差错账户中。这样，银行的账册才会平衡，差异会单独列出并分开处理，而银行会没有延误地进行合规申报。任何因交易错误产生并以这种方式独立列出的敞口头寸，期望会被结清，产生的亏损（或盈余）会冲销到巴林银行的收入中。银行希望这些差异会在很短时间（例如，1天）内处理。

像BFS这样的交易商以及像巴林银行这样的银行，正常情况下会有差错账户，因为交易员会犯错误，后台清算并不总是同步，以及一些交易会有争议。在SIMEX公开叫喊的交易时段的嘈杂中，交易员很容易偶尔会在本来应该卖出时而买入，以不正确的价格或期限执行交易，以及在记录交易时犯错误。

当BFS于1992年7月1日开始交易SIMEX合约时，它已经有了一个差错账户称为“99905账户,”是直接与巴林银行伦敦总部相连接的。在

① SIMEX的日经225期货合约是OSE合约大小的一半，而SIMEX的JGB期货合约是TSE合约大小的一半，因此，两个SIMEX合约与在OSE和TSE卖出的合约在财务上是相同的。SIMEX和TIFFE的3个月欧洲日元合约大小是一样的。

交易的头两天期间，李森的团队犯了一系列的小错误和无法轧平的交易，按职责应记录在差错账户内并向总部报告。BFS 引起的小错误造成工作量潮水般涌来，也许总部担心会受到更多的监管审查，（在 1992 年 7 月 3 日）要求李森设立第 2 个差错账号，与伦敦并不直接相连接。这样，BFS 的错误就可以在新加坡而不是在伦敦调节。中国人认为数字“8”是幸运的，因此，李森就把新的差错账户命名为“88888 账户”（“5 个 8 账户”）。①

风险提示板 7.1

差错账户

除了纠正交易错误和解决有争议的交易外，差错账户还用来调节很多种类出现暂时性不平衡的金融交易。现金管理系统常常允许日间透支，这些透支可能很大。例如，一个客户可能每天上午发出电汇，每天下午收到进来的电汇，或者从不同的时区进行汇划。每一个现金管理账户在营业日终了应该平衡，如果出现账户透支，透支金额应该小于客户的信用限额。

本着同样的精神，证券交易系统传统上允许透支来匹配证券的交割期间。例如，证券经纪商允许其客户卖出一股票，然后立即使用获得的收益买入不同的股票，尽管卖出股票的收入要到几天后才会到账。客户的账户存在透支的可能，因为，如果从卖出股票获得的收益不到账，客户仍须为买入股票付款。

在客户拥有的金额和他们所欠的金额之间会产生较大的差异，这些暂时的不平衡会产生风险。即使这些不平衡是在业务的常规过程中产生，似乎是无害的，它们仍会造成伤害。一个理由是，差异会造成确认敞口的延误，但是，另一个理由是，它们会使聪明又肆无忌惮的员工不当地利用允许对暂时不平衡处理的机会。尼克·李森当然是聪明又肆无忌惮的。

李森将自己放在了通向他新发现的名利之门的守护者和拥有者的角色

① 在由新加坡财政部长授权的调查期间，巴林银行的高级管理人员否认知道任何 88888 账户的情况。但是，调查员的结论表达了对这些论断的不信任。参见 Lim，Michael Choo San，*Barings Futures（Singapore）Pte Ltd：investigation pursuant to section 231 of the Companies Act（Chapter 50）：the report of the Inspectors appointed by the Minister for Finance* Michael Lim Choo San，Nicky Tan Ng Kuang. Singapore：Singapore Ministry of Finance，1995。

上。在交易的头一个星期，他让人把计算机软件（即CONTAC系统）改了，以便登录88888账户的交易几乎从送往伦敦的每日报告中消失。具体来讲，李森删除了系统的每日交易信息录入，上面列出了BFS代表其客户执行的所有交易。但是，他没有删除从BFS每日保证金录入中产生的关键报告。这一报告列出了BFS所有客户的保证金催缴通知，并将88888账户作为报告中的一行包含在内。根据李森在雅加达和在巴林银行伦敦后台工作的经验，狡猾的李森知道，保证金录入报告不会产生问题，因为它既不会受巴林银行的高级管理人员的审查，也不会并入伦敦的广泛使用的报告系统（称作第一期货）中。

在李森设立88888账户后不久，总部告诉他，总部安装了一套新的计算机系统，可以处理BFS所有任何的差错。指示他关闭88888账户，并在99905账户中录入所有未来的差错。但是，李森没有执行命令，巴林银行机构中也没有人进行检查并确保他已执行命令。

88888账户是李森金融欺诈的基石。没有这个账户，他草率的交易本来就不会被执行，而这一名声不佳的金融灾难本来可以避免。他运用这个账户进行未经授权的期货和期权交易，编造给总部的报告，谎报BFS的利润，记录杜撰的交易，设立虚假的会计分录。巴林银行有严格的交易权限，并认为，银行正在勤勉地监督其所有的交易员，来确保他们没有超过权限，但是，银行的系统并不好，不足以发现李森进行的欺诈和错误陈述。

李森在设立88888账户后不久就开始加紧利用。[①] 在1992年7月到这一年的年末之间，他向这个账户录入了大量的交易，使BFS的亏损从20 000英镑增加到2百万英镑。当李森1993年开始套利业务时，李森能够报告惊人的巨额利润，而这些利润的主要来源来自他录入88888账户的交叉交易。当经纪商将客户的买入和卖出指令在内部而不是使用交易所场

① 李森宣称，他未经授权使用88888账户是在账户开立后约10周后开始的。他使用该账户来隐瞒一个没有经验的员工的20 000英镑的交易错误，该员工每年的收入是4 000英镑并且刚开始为BFS工作。这个错误本来应该成为开除她的理由。对李森的说辞存在疑问，因为记录显示，他是从设立该账户的当天就使用这一账户的。参见 Nick Leeson (with Edward Whitley), *Rogue Trader: How I Brought Down Barings Banks and Shook the Financial World*. Boston: Little, Brown, 1996, pp. 39 – 42 和 Stephen Fay, *The Collapse of Barings*, London: W. W. Norton, 1997, p. 97。

地进行匹配时就会发生交叉交易。这些交易必须是为具有相同价值总额的财务上相同的合约进行的。[①] 李森是通过在其88888账户上，以保证他获得利润的价格，记录杜撰的买入和卖出指令，增加其报告的利润的。他也为巴林银行的全球下属企业进行合法的业务交易，然后将这些交易与88888账户中杜撰的交易相交叉。结果，看起来似乎他获得套利利润，但是，这些利润很多是杜撰的，只是他录入88888账户的交易中的很小一部分。在该账户中的未报告的亏损超出了他所报告的套利收益。

为了使自己不被发现，李森常常要求BFS的后台部门将其巨额的交叉交易分成很多的较小的交易，以便使其看起来是以不同的金额在全天的不同时间里交易的。这样，其交易和头寸就不会引起巴林银行的监管人员和审计人员的怀疑。因为他控制了88888账户，李森能够将他想要的任何交易分配到该账户——他做到了。结果，对李森正常交易的检查显示盈利强劲，期货合约的金额适中，头寸和业务都在授权的交易权限内。

7.6 李森的交易策略：加倍操作

李森很快获得了交易高手的声誉，成功赋予他在经理和同事面前的可信度。结果，他的交易没有按照本来应该的方式进行检查。他对日本股价和利率的走向进行了巨额下注。当市场转向不利时，他不是对冲或结清其头寸，反而将市场中每一个不利的动向当做是收回亏损的机会，这使他采用了加倍操作的致命的策略。加倍操作要求交易员在每次损失时下双倍赌注。这是一种“干抑或死”的策略，要求李森将其在88888账户上赌注的规模成倍增加，以便日本股价或利率的任何有利变动都会使他扳回到盈亏相抵的状态。

李森运用加倍策略，试图收回88888账户上的重大亏损。同时，他继续在常规交易账户中报告盈利。1993年夏天88888账户的亏损达到600万英镑之后，李森与灾难擦肩而过，他成功地将亏损扳回到约为零，他向他自己（并向他妻子）发誓，他再不用这个账户了。但是，就像飞蛾扑

---

① 在SIMEX，一个交易员必须首先在交易所场地上为这些合约三次叫喊报出价格。只有当指令在场地上没能执行时，交易员才可执行交叉交易。显然，李森没有遵守这一规则。

火一样，李森没能抵挡得住似乎会无限供应的资金所带来的诱惑和成功的双重吸引。在只有一个周末的间隙之后，他重操旧业，交易的规模更加庞大和壮观。李森已沉溺于名誉，这意味着，他需要保持作为杰出交易员的声誉。为实现名誉，他必须为银行赚取巨额的利润，再转化成巴林银行所有人，包括李森及其上司的更高的奖金。①

1993 年，李森在新加坡业务所报告的收入为 8 800 万英镑，但是实际上，其亏损达到 2 100 万英镑以上。② 在 1994 年和 1995 年前两个月，其亏损呈几何级飙升。对李森而言，这变成了“全部抑或一无所有”的游戏。下定决心要一路交易下去以便走出这一困境，他对其头寸加倍、加倍再加倍。但时不时地，市场变得对其不利。到 1994 年年末，BFS 报告的利润为 2 850 万英镑，但李森的实际亏损为 1.85 亿英镑，而累计亏损（即自 1992 年运作开始以来的亏损）达到 2.08 亿英镑。③

1995 年，形势变得更糟了——糟糕得多。到 2 月 24 日，李森亏损 6 亿英镑，2 月 27 日（仅仅 3 天以后），巴林银行申报破产，预计亏损达到 8.3 亿英镑。④ 就加倍的力量而言，如果仅在一个月前发现李森的业务运作并加以制止（即 1995 年 1 月而不是 1995 年 2 月制止），总的亏损本来只有 1/4 的大小，巴林银行本来应该生存下去。如果仅在一周前被制止，亏损本来应该只有约一半的大小。

7.7 融资保证金催缴通知

随着李森 88888 账户的亏损增加，他面临一个重大的问题。期货合约的买卖要求他在保证金账户向他进行交易的交易所存入资金。价格的负面变动常常要求李森存入额外的变动保证金款项，因为其头寸按天进行盯市。李森必须小心，如果其头寸变得太大，他将无法得到足够资金来满足

① 李森因为在 1992 年和 1993 年的业绩，分别获得 35 746 英镑和 130 000 英镑的奖金。

② 李森能够报告这些利润，是因为他出售了约 3 000 英镑的期权。参见 Bank of England, Board of Banking Supervision, *Report of the Board of Banking Supervision Inquiry into the Circumstances of the Collapse of Barings London* (ordered by the House of Commons), (July 1995)。

③ 同上。由于在 1994 年的突出表现，李森定于 1995 年 2 月获得 450 000 英镑的奖金。

④ 同上。

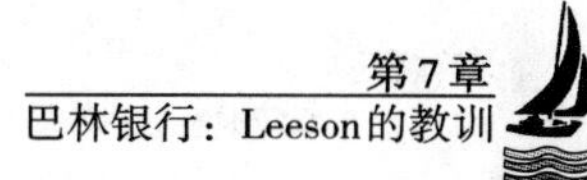

保证金催缴通知的要求。

起先，88888 账户中的损失很小，李森通过挪用 BFS 的佣金或动用客户存款就足以获得资金。但是，随着要求的款项越来越大，他急迫地寻求其他融资方法，并找到了四种：通过提供按非市场价格计算的交易来增加佣金收入；将巴林银行的财务资源作为其摇钱树；记录杜撰的交易并篡改记录；最后就是出售期货。

风险提示板 7.2
加倍操作

要理解李森的*加倍操作*，让我们用一个干净的硬币来做实验。假设，我们希望赢得 1 美元，因此，我们抛出一个硬币，并打赌硬币正面朝上。如果背面朝上，我们亏损 1 美元，因此，要赢得我们要想的 1 美元，我们再试一次，但这次，我们打赌再抛一次硬币会正面朝上。如果我们再次亏损，我们总共会亏损 3 美元，因此，要赢得这个飘忽不定的 1 美元，下一次的赌注是 4 美元，如此继续下去。如果我们连续 3 次亏损，我们第 4 次（仅仅为赢得 1 美元）的尝试的赌注会增加到 8 美元，而在第 7 次连续亏损后，我们会为了获得仅仅 1 美元的机会下注 128 美元（参见图表 RB. 7. 2. 1）。统计学家将其称为“*赌徒的毁灭（gambler's ruin）*”，而这一术语准确地描述了李森无法自制地承受越来越大风险所发生的情况。

加倍策略很危险，有两个主要原因：第一，策略会很快地造成巨额亏损，而该亏损必须再次加倍，仅仅为了盈亏平衡或获得小的收益。以这样的投机程度下错赌注，会威胁到甚至是资本最充足机构的清偿能力。加倍策略如此危险的第二个也许是很吓人的理由是，因为使用它的个人，一直到结束，常常*看起来*是保守、有才干的交易员，获得的投资收益很稳定。[①] 结果是，他们相对地不受监督，这意味着，当这一策略出错（即当报告亏损）时，财务几乎在一夜之间倾覆，而监管人员的通常反应是震惊和完全意外。

① 这是一个事实，是关于这一策略的，而不是就使用它的人而言的。参见 Stephen J. Brown and Onno W. Steenbeek, "Doubling: Nick Leeson's Trading Strategy," *Pacific-Basin Finance Journal* 9 (2001), 83 – 99。

图表 RN 7.2.1　50－50 **赌率赢得1美元的连续赌博的损失情况**　　单位：美元

打赌次数	所需下的赌金	赢/输	打赌的累计损失
1	1	输	1
2	2	输	1＋2＝3
3	4	输	1＋2＋4＝7
4	8	输	1＋2＋4＋8＝15
5	16	输	1＋2＋4＋8＋16＝31
6	32	输	1＋2＋4＋8＋16＋32＝63
7	64	输	1＋2＋4＋8＋16＋32＋64＝127
8	128	赢？/输？	损失255美元或赢得1美元

关于生态灾难的一个常被引用的猜谜游戏可能有助于说明加倍策略导致灾难的速度有多快。

一个池塘放入一片莲叶。每天之后，莲叶的数量加倍（即第二天有2片叶，第三天有4片叶，第四天有8片叶，等等）。在第三十天，池塘被莲叶完全覆盖，所有的生命会被窒息。当池塘一半被覆盖时会响起警铃。在哪一天，警铃会响？（答案参见脚注）①

7.7.1　通过提供按非市场价格的交易来增加佣金收入

李森增加其佣金收入，途径是与客户进行交易，交易的价格是对巴林银行极为不利的。有时，赢得业务就意味着，承担未抵补的头寸，然后希望其新产生的敞口会变成有利，从而为他赢得所增加的业务的佣金*以及*未对冲头寸的收益。例如，1993年7月，李森与其重要客户 Philippe Bonnefoy 互换了6 000份多头看涨期权。Bonnefoy 向李森卖出6 000份执行价格为19 2<u>20</u>的日经225指数1994年9月份看涨期权，并买入6 000份执行价格为19 2<u>00</u>的1994年12月份看涨期权。李森给予 Bonnefoy 极

① 答案：警铃会在第二十九天响起——仅在池塘生命终止的一天以前。这一猜谜游戏可以在 Lester Russell Brown, *The Twenth-Ninth Day: Acomodating Human Needs and Numbers to the Earth's Resources.* London: W. W. Norton, 1978 中找到。

其有利的期权交易并获得有吸引力的佣金，但交易使巴林银行承受严重的风险敞口。李森试图对冲这一风险，但是如果不承受风险就无法这样做。最后的结果是，李森对佣金收入的紧急需求满足了，但巴林银行后来遭受了巨大损失，损失金额比其佣金金额要高。为了审视这一交易，对于大多数交易员而言，承受100份未对冲的合约的头寸会被视为*大额*。李森6 000份合约的交易超过了上限。

7.7.2 运用巴林银行的财务资源作为其摇钱树

李森也为所需要的资金而利用了巴林银行的伦敦和东京的机构。他杜撰故事说，需要进行资金汇划，部分原因是为了满足巴林银行客户的保证金催缴通知的要求，这些客户很多居住在不同的时区，要及时清算支票遇到麻烦。他也使其上司确信，巨额保证金催缴通知是其赚钱的套利交易业务的自然的对应产物。李森辩称，套利交易总体上每笔获利很小，以至于他需要巨额的总头寸来进行交易。

因为这些头寸位于两个分开的交易所，每个交易所有其自己的保证金要求，因此，在没有相互轧差的规定的情况下，他必须在两个市场上为合计头寸支付保证金。结果，李森说服其上司，现金流困难比真实情况要明显——基本上是假象。他在巴林银行的上司没有一个似乎对李森的解释进行质疑，尽管本来应该是很明显的事，如果他在一个交易所满足保证金催缴通知的要求，他本来应该在另一个交易所会收到保证金的资金。毕竟，他应该做的是套利。

巴林银行伦敦总部向BFS的汇率很多是“超限”付款，意味着，付款是在没有让伦敦的结算部门知道哪个具体客户的账户应该借记。巴林银行伦敦总部将这些汇划统一记录为*向客户的贷款*，暗含的意思是，银行内部有人应该审核这些客户的信用和敞口水平，以便了解，他们是否对银行构成任何风险。如果巴林银行想要对这些贷款收取利息，将客户交易与特定的资金汇划进行匹配本来也应该很重要。

李森在伦敦和新加坡的上司完全意识到，客户账户应该与保证金付款进行对账，而这一对账职责应该与李森隔离。因此，他们本来应该知道在BFS发生了严重的问题。他们怎么会不知道呢？早在1992年（李森在

BFS开始任职的那年）的内部审计以及1993年提出的BFS所建议的调整中，都强烈地建议，李林的职责应该分离并进行更大范围的授权。1993年有可靠证据发现，在巴林银行客户存入的保证金与李森要求的资金之间发现有1 500万英镑的差异。到1994年下半年，这一资金差异已增加到1亿英镑。

回头看，很清楚的是，巴林银行在其会计和报告体系中的内部制衡薄弱，但也许更重要的是，在发现问题警铃响起的时候，巴林银行的监管人员没有采取行动。巴林银行第一次正经的努力对账是在银行破产前仅仅两周的时候。在审计开始后的几天时间内，88888账户被发现，140亿日元的差异被披露，但是审计员拖延（并且是被李森拖延）了一周，而到那时，巴林银行无法拯救了。银行在那时所做的任何事都已经太小、太迟了。

巴林银行普遍、神秘地缺少对李森进行控制的紧迫性。一个理由可能是因为其保证金要求是内部的（即要求从巴林银行伦敦总部向BFS汇划），因此，巴林银行并不要求向英格兰银行将这些交易作为*外部*敞口进行报告。另一个拖延的理由可能是，李森创利巨大，这增加了其老板的奖金。最后，巴林银行拖延是因为李森能够使其上司确信，对账，甚至每周对账都是多余的工作而不需要。管理层相信他！因此，超限的汇划没有对账；客户的信用没有进行评估，利息没有从客户的账户计收。只有SIMEX似乎有担心，因为它怀疑巴林银行的超限付款是对客户的变动保证金进行融资，是违反交易所规则的。为了对巴林银行缺乏监督的严重程度有深入了解，让我们来考虑这种情况：当巴林银行在1995年2月倒闭时，向BFS付款超过3亿英镑而没有发现具体哪些客户对交易损失负责。①

7.7.3 登录虚假交易和篡改记录

需要现金来满足保证金催缴通知的要求使李森变得急迫。他开始录入

① 参见 Bank of England, Board of Banking Supervision, *Report of the Board of Banking Supervision Inquiry into the Circumstances of the Collapse of Barings London* (ordered by the House of Commons), (July 1995). Sections 13.22 and 13.23。

虚假交易并篡改内部资金汇划记录。李森的虚假交易是明显的非法的欺诈行为。他常常是在当天较晚时候录入交易，以便使之看起来似乎其净头寸为零。然后，他会在晚上调整这些交易的价格来增加其利润和/或在第二天一早冲回这些交易。

在李森的一种财务欺诈游戏中，他假装在巴林银行各个下属机构的账户和88888账户之间汇划资金并交易大批股票。这样做，李森给人的印象是，其利润很高，而净敞口很小，从而欺骗交易所向他收取比他本来应该支付的金额较小的保证金。在巴林银行倒闭前的两个月期间，他几乎每天将错误的交易录入会计系统，一些天数中为他缓冲保证金高达1.6亿美元。所有这些手法都起到了暂时推迟对李森进行清算的日子。同时，李森继续希望日本股市会上升，为他带来足够的利润来摆平这一切。

风险提示板7.3

李森极其明目张胆的作假计划

李森极其明目张胆的作假计划发生在1995年1月，事件结束前的那个月。巴林银行的外部审计机构Coopers and Lybrand（C&L）在审计BFS年终账时发现巴林银行会计报表中存在77.8亿日元（约7 780万美元）的漏洞。李森动用了77.8亿日元来支付其在88888账户中的损失，他通过杜撰的期权出售记录来掩盖其痕迹，以便使其88888账户回到零。因为交易是杜撰的，交易没有产生现金流入，李森仅仅杜撰了一笔日记账登录，以便看起来巴林银行在（东京）花旗银行有一笔77.8亿日元的存款。C&L无法用该存款与该交易进行对账，这意味着，C&L看到账目，但资金并不在花旗银行。

巴林银行处于惊慌之中，但李森能够通过编撰故事来平息人们的担心。他的故事根据他所交谈的对象不同而有所变化（总共至少有6个版本），但有效的一个版本既聪明又恶劣。李森解释道，消失的资金是他为巴黎国民银行（BNP）和专业从事期货和期权的总部位于纽约的经纪商Spear，Leeds，and Kellogg（SLK）之间担当经纪人的一笔场外交易的错误付款的结果。他使所有人确信，巴林银行意外地向BNP付款，而SLK会把消失的资金存入巴林银行在花旗银行的账户。

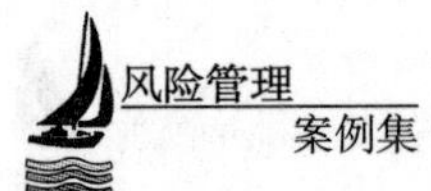

为了实现这个难以相信的谎言，李森杜撰了三封信，进行了哈里波特式会计天才的表演。首先，他杜撰了SLK执行董事Richard Hogan在一封信上的签名，信件证实了（1994年10月1日）这笔交易中SLK这一方的情况。李森（用剪刀、浆糊和复印机）编造了另外两封信，并从其家中传真给BFS。这两封编造的信中的第一封信又是SLK的Richard Hogan发出的，但这次，信件确认，将（于1995年2月）向BFS付款。第二封编造的信是李森的老板兼巴林银行金融产品组主管Ron Baker发出的，证实他知道这笔交易并在事前批准。

李森最后的行为是厚颜无耻的金融欺骗勾当。由于需要说明77.8亿日元确实存入巴林银行在（东京）花旗银行的账户，他指令BFS的后台将这些资金从巴林银行客户的账户中划出。而使这一指令如此愚蠢和荒谬的是，巴林银行客户的账户中只有34.5亿日元——仅为所需资金的一半。李森知道，这笔交易会露馅，但在平仓前，他请求花旗银行向他发送一份传真，表明资金已经存入。花旗银行的传真（是李森按其需要修改的）以及伪造的信件足以使李森从C&L审计小组获得“无疫健康证书”。

李森在伦敦和新加坡机构的经理们一片欢腾！消失77.8亿日元找到了，而其年终的奖金不再有危险。巴林银行很少有人似乎有兴趣了解诸如以下的重要问题的答案：

●谁授权李森去作为场外交易的中间人？

●谁授权他向*任何人*支付高达77.8亿日元？

●当SLK与巴林银行的授信额度只有5亿日元（约500万美元）时，谁给予向该公司支付77.8亿日元的信用授权？

●为什么在77.8亿日元存入花旗银行的同一天在另一个巴林银行的账户又取出77.8亿日元？

●为什么在李森提供的文件中存在不准确和不一致之处？例如，在（伪造的）汇划证实书中，为什么支付的金额（即77.78亿日元）与返还的金额78.78亿日元不同，为什么该交易列为SIMEX交易而不是场外交易？

●最后，为什么问候语“From Nick and Lisa”打印在来自Richard

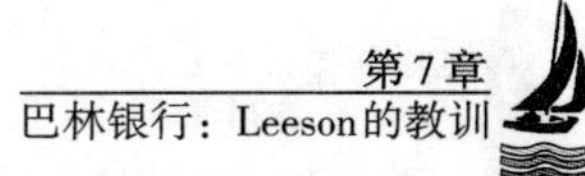

Hogan（伪造的）付款证实书和来自 Ron Baker（伪造的）交易证实书的页眉上？①

7.7.3.1 出售期权和跨式期权

李森最后的资金来源来自出售期权，这一做法严重违反了巴林银行的内部规则。他 1992 年开始出售期权，但这种未经授权的行为在 1994 年最后两个月大幅增加。在 1995 年 1 月（事件结束前的那个月），李森出售期权逐渐减少，因为其累计损失已达到巨额的 2.08 亿英镑，期权价格大幅下降。但在 2 月，他又回到市场，试图出售期权，作为获得现金的方法，来满足其现有头寸的保证金催缴通知的要求，而这些头寸仍对他不利。李森最喜欢的一种期权合约是空头跨式期权，这种期权以相同的执行价格和期限同时卖出看涨期权和看跌期权。

更好地理解李森自身所处的困境以及他所下的赌注的一种方法是，画出其*合并*头寸的损益图。下一节的图形解释，说明了巴林银行到底是什么出了问题。我们将用其日经 225 指数的期货和期权头寸作为这种解释的基础。

7.8 李森敞口的净损益图

7.8.1 李森的多头期货头寸

从 1992 年年中（李森开始在 BFS 任职）到 1994 年年中，日经 225 指数随着市场力量上升和下降（参见图表 7.2）。在这一期间，李森将其日经 225 期货合约中的头寸从多头改为空头又改回多头。例如，如果他是多头，市场持续地向不利他的方向变动，他会偶尔将整个头寸平仓，并出于绝望而做空。图表 7.2 显示的是李森可能已处在上升和下降的市场的错误方向上的情况。我们的分析从 1994 年年中开始，因为这是巴林银行倒闭前的致命的时间阶段。

---

① 问候语“From Nick and Lisa”是自动地印在从李森家里的传真机上发出的任何信息上的。在匆忙发出这两封伪造的信件时，他忘记关闭自动打印了。

图表 7.2　　**日经指数收盘价：1992 年 7 月 1 日至 1995 年 2 月 27 日**

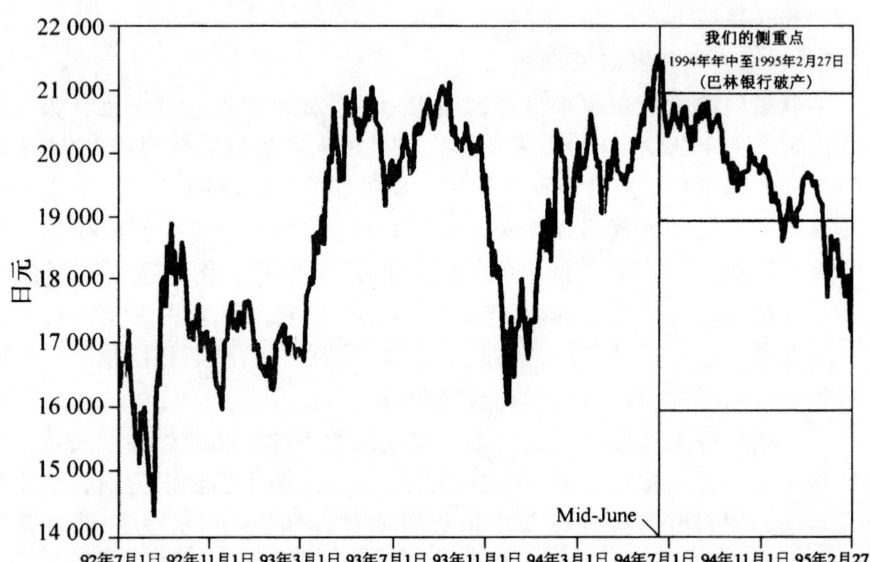

1994 年 6 月，李森打赌日经 225 指数会上升，因此，他在日经 225 期货合约上设立了大额的多头头寸。正如图表 7.2 显示的一样，李森完全迷失了市场的趋势。从 1994 年 6 月月中到 1995 年 2 月末及以后，日经 225 指数没有上升，却急剧下降。

多头期货头寸的收益图是向上倾斜的，正如图表 7.3 显示的一样，标的资产（在这种情况下，是日经 225 指数）价格的任何下降都会引起亏损。李森在 OSE 和SIMEX 上都是多头。结果，下降的日经 225 指数迫使他向两个交易所支付变动保证金。起先，他利用 BFS 的佣金收入、客户存款，以及巴林银行伦敦和东京机构的财务资源，但是，当他的保证金催缴通知规模增加时，他越来越依靠出售笼统说是期权，具体而言是跨式期权（straddle）。

7.8.2　李森的空头跨式期权

从 1994 年 11 月至 12 月，李森用未经授权的空头跨式期权来为其保证金催缴通知的很多部分进行融资，而他将这些交易隐藏在88888账户

图表 7.3　李森的多头期货头寸

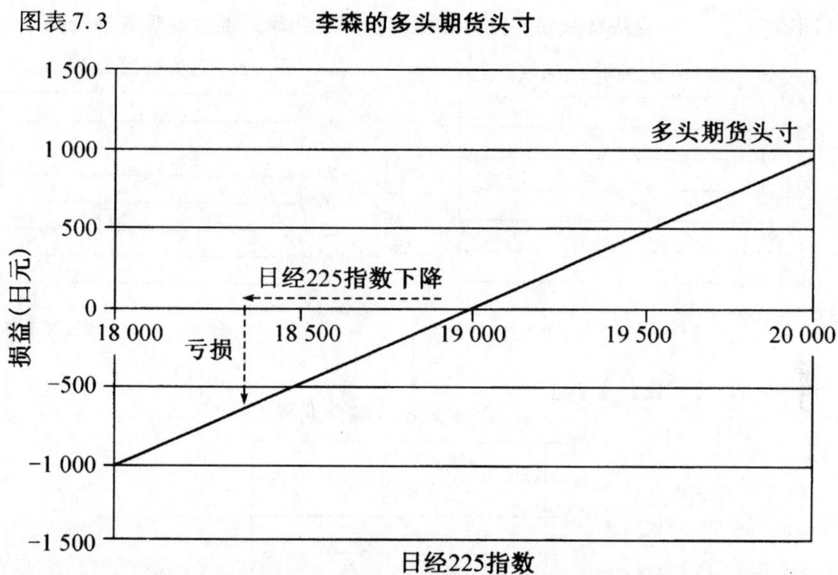

中。空头跨式期权是一种混合型衍生产品，是同时出售具有相同执行价格的看跌期权和看涨期权（参见图表 7.4）。空头跨式期权能获利的唯一途径是标的资产的价格在两个方向上都没有急剧变动。空头跨式期权看起来像一座冰山，大部分都处于水下（即小于零）。注意，跨式期权大于零的部分与整个损益图相比是多么地小。空头期权大于零的部分取决于相对总敞口而言的溢价的大小。

7.8.3　损益图：将一份空头跨式期权与一份多头期货合约进行组合

我们必须记住，李森建仓的空头跨式期权头寸并不是孤立的。正如图表 7.5 所显示的一样，他将其空头跨式期权与多头期货头寸进行组合。

对于李森出售的每一份跨式期权，巴林银行获得现金，李森用这些资金来支付新交易所要求的初始保证金，并满足已有期货头寸的不断增加的保证金催缴通知的要求。图表 7.5 表明，为从其多头期货头寸中获利，日

图表 7.4　空头看跌期、空头看涨期权和空头跨式混合期权的损益图

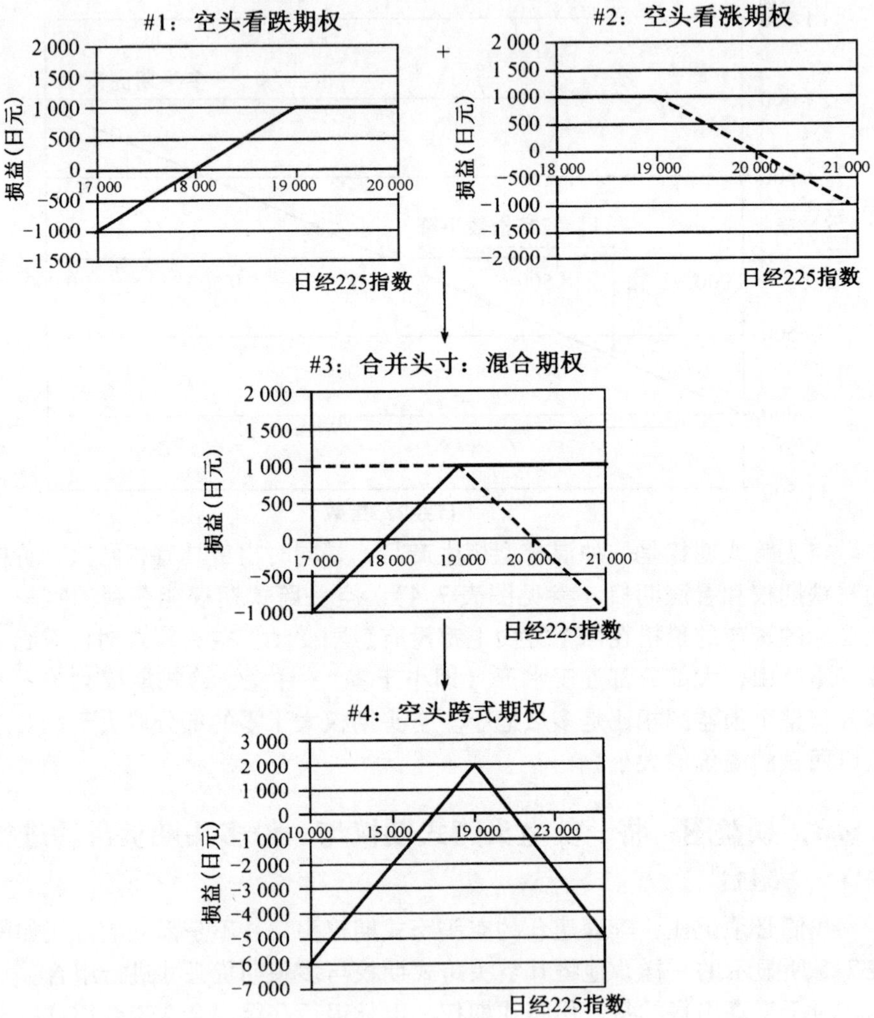

#1：空头看跌期权

损益(日元)
2 000
1 500
1 000
500
0
-500
-1 000
-1 500
17 000　18 000　19 000　20 000
日经225指数

+

#2：空头看涨期权

损益(日元)
2 000
1 500
1 000
500
0
-500
-1 000
-1 500
-2 000
18 000　19 000　20 000　21 000
日经225指数

#3：合并头寸：混合期权

损益(日元)
2 000
1 500
1 000
500
0
-500
-1 000
17 000　18 000　19 000　20 000　21 000
日经225指数

#4：空头跨式期权

损益(日元)
3 000
2 000
1 000
0
-1 000
-2 000
-3 000
-4 000
-5 000
-6 000
-7 000
10 000　15 000　19 000　23 000
日经225指数

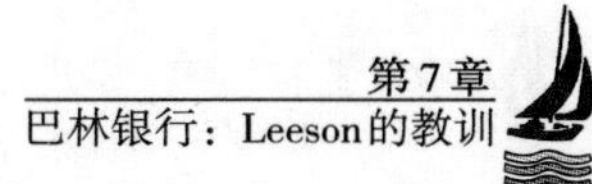

经225指数必须上升到期货价格之上。[①] 但是，如果指数上升过多，其期货头寸上每获利一日元会被其空头跨式期权（或更具体而言，跨式期权的空头看涨期权部分）上的损失所冲抵。

图表7.5　　多头期货头寸和空头跨式期权的损益图

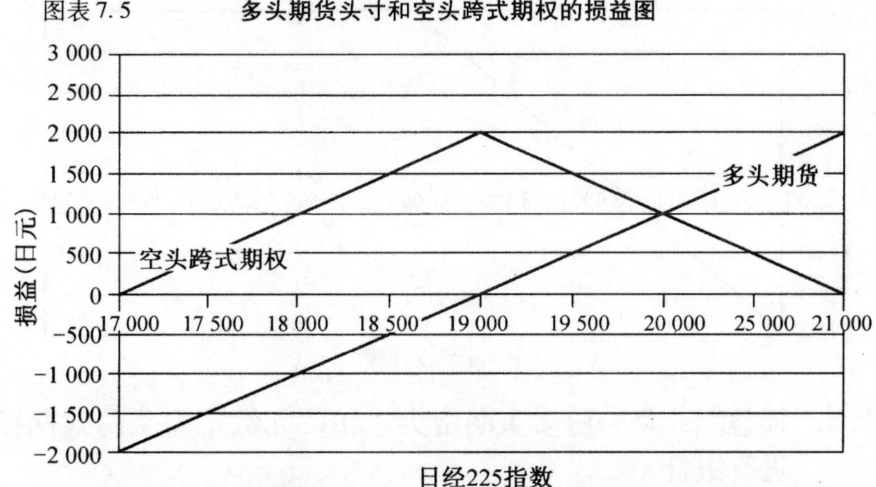

下行的情况是，风险要大得多。日经225指数的下降引起其期货头寸*和*其跨式期权头寸（具体而言，跨式期权的空头看跌期权部分）上同时亏损。价格水平每下降一个层次唯一阻止亏损发生的是李森在出售跨式期权在前端收取的期权费。

图表7.6显示的是一份空头跨式期权和一份多头期货头寸进行组合时的损益图。除了损益曲线的向下倾斜部分比通常情况更为陡峭以外，它看起来像一份空头看跌期权，因为多头期货合约在价格下降至期货价格以下时会遭受损失，而空头跨式期权在价格下降至执行价格以下时遭受损失。注意，在图表7.6中，从空头看跌期权头寸中产生的收益是封顶的。与之相对照，如果日经225指数下跌——也确实下跌了，潜在的损失可能是巨大的。

① 为在这一例子中简化说明，期货价格等于执行价格。当然，这一等式并不一定是真实情况。例如，如果执行价格大于期货价格，空头跨式期权*和*多头期货会获利，直至达到执行价格，只有在之后他们才会相互冲抵。

图表 7.6　**一份多头期货 + 一份空头跨式期权 = 下行风险放大的空头看跌期权**

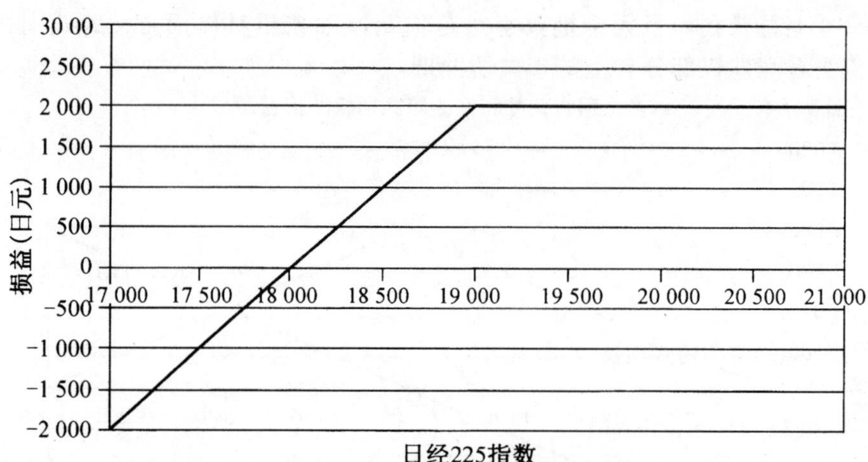

7.8.4　损益图：将一份多头期货头寸和“无数”空头跨式期权进行组合

将一份空头跨式期权与一份多头期货头寸进行组合的损益图给人一种假象，李森会有一个有生命力的交易策略，而他仅仅是在价格变动方面猜测错误。图表 7.6 显示，在执行价格的右边有很大的价格跨度，会提供至少是可能获利的一线希望。不幸的是，我们会发现，情况并非如此。事实上，如果李森使巴林银行处于这样一种状况，巴林银行本来应该是幸运的。一旦你理解李森需要巨额现金来为其保证金催缴通知的要求会迫使他为他所承担的每一份期货头寸而出售不成比例的数量的空头跨式期权，假象就会被揭穿。图表 7.6 显示的是*一份多头期货*合约与*一份空头跨式期权*进行组合时的结果，但是，这种一对一的组合并不是李森所做的事。相反，他将无数份空头跨式期权与每一份多头期货头寸进行组合。

图表 7.7 显示的是无数份空头跨式期权与一份多头远期合约相组合时的损益图。混合的损益图同样看起来看一座冰山（“李森的冰山”），因为 90% 以上处于水下（即处于亏损状态）。唯一可能甚至是略微盈利的结果是当日经 225 指数在一个狭小区间内徘徊。例如，如果日经 225 指数略微上升，李森的多头期货合约会产生很小的盈利，而其看跌期权和看涨期权

到期时会处于虚值状态，从而使他获得期权费。但是，如果股价上升过多，李森成堆的空头看涨期权的损失会完全压过其期货合约的收益。与之相对照，如果股价下降，李森的多头期货的损失会被其成堆的空头看跌期权的损失放大。

图表 7.7　**李森的冰山：一份多头期货合约与很多空头跨式期权进行组合的损益图**

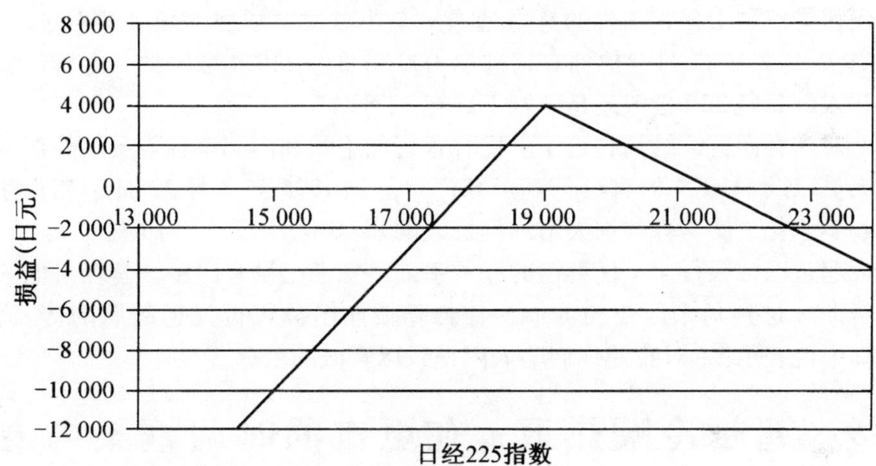

7.8.5　大量买入日经 225 指数期货合约

到 1994 年 12 月 31 日，李森已累计亏损 2.08 亿英镑。其大部分空头跨式期权的执行价格在 18 500 和 20 000 之间。李森设想，为了保有正值收入，他需要使日经 225 指数保持在 19 000 至 20 000 之间。幸运的是，在 1995 年 1 月的前两周期间，这一指数平均为 19 507，牢固地处于他希望的区间之内。不幸的是，李森拥有的可能生存下去的任何的希望的星星之火都在 1 月 17 日扑灭了，那天日本遭受了神户地震，是 20 世纪最糟糕的灾难之一。地震达到里氏 7.3 级，死亡几乎 6 500 人，对日本经济估计造成 10 万亿日元价值的损失。由于这一打击，日经 225 指数在接下来的几周中急挫。

图表 7.2 显示的是日经 225 指数每天的收盘价及其走向死亡的螺旋式下跌情况，将李森和巴林银行推向毁灭。到 1994 年 1 月 20 日，指数已跌

至18 840。李森真地遇到麻烦，而他的焦虑因为巴林银行伦敦总部的经理们而加剧，他们向他施加压力（以几乎任何成本）大幅减少其头寸。但李森没有遵循指令；[①] 事实上，其头寸呈爆炸式增长。如果李森想要对冲，他本来可以出售期货合约，但他做的正好相反，是市场每次下跌都买入期货（即加倍），希望当市场上升时能收回其损失。回头看，其疯狂地大量买入期货看起来像使日经225 指数保持在 19 000 水平的单方面努力。但出售的浪潮太猛，李森的努力就像一个小孩试图抵挡涨潮一样不成功。到 1995 年 2 月 23 日，他拥有超过 61 000 份日经 225 指数合约，尽管他疯狂买入，日经 225 指数还是急剧下跌至 17 830。

对李森而言，结局临近了。巴林银行的上司和内部审计人员、外部审计人员以及 SIMEX 的官员都到了家门口。到 1995 年 2 月 27 日，其头寸进一步恶化，使李森的损失增加到惊人的 8.60 亿英镑（约 13 亿美元），[②] 大大超过巴林银行 4.4 亿英镑的股本基础。知道已没有出路，李森与他的妻子 Lisa 逃到马来西亚的 Kota，在吉隆坡向巴林银行发送辞职的传真，传真中他表示："对我使你们陷入困境致以真诚的歉意。"

7.9 超越冷嘲热讽：在更宽的时间框架内看巴林银行的倒闭

尽管在日本股价惊人下跌之后李森的损失巨大，如果巴林银行能够持有其头寸到当年年末，其策略本来仍可能获得巨额利润。图表 7.8 显示，在 1995 年 2 月 27 日（巴林银行倒闭）和 1995 年 12 月末之间，日经 225 股票指数上升超过 3 000 点。由于他试图使日经 225 指数保持在 19 000 而在 1995 年 1 月和 2 月期间买入的日经 225 期货合约的数量巨大，*李森的冰山*（参见图表 7.7）已变成了*李森的"曲棍球棒"*（参见图表 7.9）。他

---

① 具有讽刺意味的是，来自伦敦要求减少李森头寸的命令似乎更多地基于压制负面的市场传言的想法，传言认为巴林银行正失去其稳健的声誉，而不是基于对李森的业务作出的任何负面的反应。毕竟，他是进行对冲，不是吗？

② 参见 Bank of England, Board of Banking Supervision, *Report of the Board of Banking Supervision Inquiry into the Circumstances of the Collapse of Barings London* (ordered by the House of Commons), (July 1995)。

的新头寸具有急剧向下倾斜的曲线，反映出在日经225指数下跌时他在其空头跨式期权和多头期货头寸上会遭受的损失。但是，如果价格上升，他就会盈利，因为其堆积如山的多头期货头寸产生的盈利这时就会超过在空头跨式期权上的损失。

图表7.8　1995年1月1日至1995年12月29日的日经225股票指数

图表7.9　李森的"曲棍球棒"

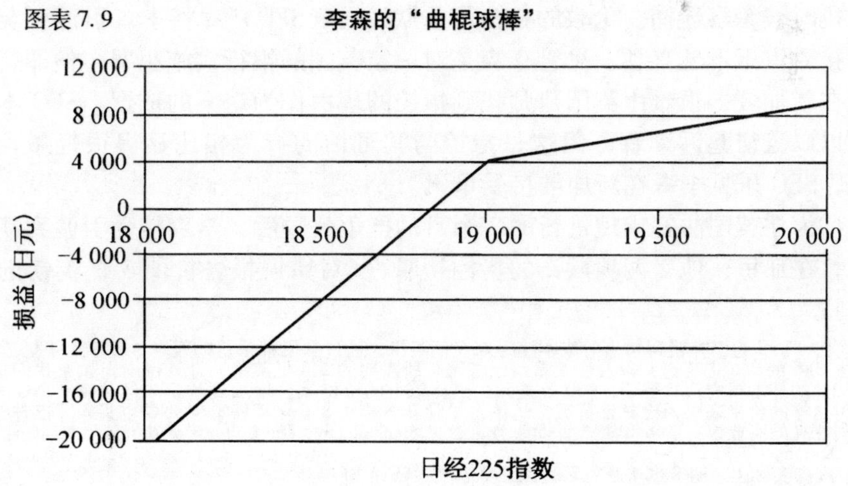

7.10 一家银行值一英镑

直至1995年1月和2月SIMEX发出巨额保证金催缴通知时，巴林银行伦敦总部的头头们才怀疑，李森的交易不是套利，他也不是明星交易员。巴林银行向新加坡派出审计员，但是，到审计组揭露出这个鲁莽的交易员时，已经太晚了。损失已难以弥补，超过了银行的净值。巴林银行已无从恢复，使自身摆脱财务毁灭的努力失败。与1890年几近破产不同，没有“善意的侠客”出手相救。巴林银行的选择很简单：破产或出售。最后，一家荷兰的银行，Internationale Nederlanden Groep（ING）以1英镑（约合1.50美元）买下了巴林银行，并承担巴林银行所有的负债。[①] SIMEX立即清算了巴林银行所有的头寸，用存入的保证金偿付所有的交易对手。[②]

李森拼命要回到英格兰，以便可以在英国法庭受审。如果被监禁，李森希望离家人近一些，而不是在外国监狱。他和他的妻子从新加坡逃到马来西亚，从那里又逃到文莱、曼谷，最后到法兰克福，在那里，当李森下飞机时被警察逮捕。伦敦的打击严重欺诈局（SFO）对将李森引渡到英格兰接受审讯不感兴趣。尽管李森是对一家英国的银行实施犯罪，但罪行发生在新加坡，很难由英国律师找到指控的理由作为定案的依据。SFO本来可以以盗窃起诉李森，但这一指控与其可怕的行为相比显得很轻微，因此，SFO乐见李森在新加坡接受审讯。

为在英国法庭审理进行的7个月的抗争失败后，李森接受引渡到新加坡，在那里，他对两项欺诈的指控认罪。[③] 对错误报告价值3亿英镑的合

---

① ING为巴林银行付出的成本接近6.6亿英镑，通过从巴林银行的股本，等于4.4亿英镑，减去BFS的8.6亿英镑，以及注入重组巴林银行所需要的2.4亿英镑，计算得出。如果我们再包括估计的外汇损失，约等于6 000万美元，巴林银行的价格就会增加到约7.2亿英镑。ING为何支付这样的价格来买入巴林银行呢？记住，尽管BFS损失8.6亿英镑，但ING也买入了巴林银行盈利性高的商业银行业务和资产管理业务。参见Stephen Fay, *The Collapse of Barings*, London: W. W. Norton, 1997, 231－232。

② 实际上，有8 600万美元的保证金款项返还给BFS。

③ 李森引渡的指控有11项：3项与欺诈有关，2项与修改价格有关，6项与用交叉交易来减少保证金有关。这些指控有9项在司法诉讼中被终止，但是在确定李森的刑期时被采用。按新加坡法律，很难以其很多的未经授权的行为来起诉李森。这是为什么所有对他的指控都是针对他在1995年1月6日后的行为的一个主要原因。

约（1995年2月1日）的惩罚是在新加坡的Changi监狱服刑6年，而对伪造的惩罚是在同一监狱服刑6个月。在狱中，他被诊断出结肠癌，并扩散至淋巴结，他的婚姻也终结了。1999年7月1日，李森在服完其6年半徒刑的约4年半之后，因表现好而从监狱获释。

7.11 巴林银行倒闭的后果

Barings PLC的董事长Peter Baring确信，巴林银行的倒闭是阴谋造成的，这一阴谋的范围比仅有李森参与的行为要大得多。毕竟，如果李森买入这么多的日经225期货合约，就肯定会有人卖出合约。李森确定，他的电话被窃听，他是竞争对手的牺牲品，他们不公平地将他推向市场而击败他，从他那里夺去利润丰厚的交易。另有其他人确信，李森让人把“金罐”藏了起来，供其出狱后享用。当烟雾散去，几乎所有的阴谋理论并未被证明，不具可信度。巴林银行的倒闭震惊了金融界，使人们认识到一个交易员隐瞒的不受监管的交易威力真的有多大。由于这一灾难以及20世纪90年代发生的其他灾难，金融业立志实现更新和改善风险管理手段的目标。今天，风险管理的金融工具和方法，如在险价值（value at risk）和企业风险管理（enterprise risk management），因为吸取20世纪90年代的教训而变得流行起来。

因为ING买下巴林银行并承担其所有损失，巴林银行的存款人、银行债权人或客户没有人受到倒闭的伤害，只有少数（约1 200名）巴林银行的员工失去工作。尽管如此，股东和债券持有人深受其害。① 至于金融市场，巴林银行倒闭证明不会比全球金融“收费站”的一个减速路面的突起的影响更大。在短时期内，市场波动和交易成本（即买卖利差）最低限度地上升，但在几个月后，当市场摆脱了这一金融倒闭案后又恢复

① 1993年，巴林银行发行了价值1亿英镑的永久债券。在破产后，ING主动向这些债券的所有人偿付只有约5%的价值。参见Bank of England，Board of Banking Supervision，*Report of the Board of Banking Inquiry into the Circumstances of the Collapse of Barings London*（ordered by the House of Commons），（July 1995）。

正常。①

7.12 巴林银行怎样能够早一点抓到李森

很难理解巴林银行为何没有比实际发生的那样早一点发现并阻止李森的鲁莽交易，但是，事后诸葛亮才看得清楚，一切似乎很简单。问题的很大部分是，巴林银行的控制系统没有效率，没有约束力，但是，同样重要的是，管理层没能或不愿根据已有的信息和警报信号采取行动。1994 年 7 月和 8 月，巴林银行的一个审计员在新加坡待了两星期，占据的座位正好紧临李森，但没有发现在其 88888 账户中存在未经授权的头寸。

也有大量的预警，但是，预警要么被漠视，要么没有被严肃对待。李森过多的保证金催缴通知在应该被质疑的时候却没有被质疑。当他每天要求资金在巴林银行的自营账户和客户的账户之间均分——从概率上讲甚至本来一次也不应该发生，更不用说每天发生——的时候，本来应该警报大作。要使这个无赖交易员暴露，本来应该有多难呢？很遗憾，答案是“不是很难。”

●巴林银行本来应该看看简单但充满信息的保证金对账单的一页（一次就行），从 1992 年 7 月（当李森开始在 BFS 开始交易）起到 1995 年 2 月（巴林银行倒闭）的每个工作日，SIMEX 都会向巴林银行的经理寄送对账单。只要将客户当天的保证金催缴通知加总并将总额与李森所要求的金额进行比较，就可以反映出令人瞠目结舌的差异。这一差异可以立即证明，巴林银行的客户不是巴林银行伦敦总部向 BFS 划拨巨额款项的原因。

●为了将客户业务同其自己的业务分开，并进行对账，巴林银行伦敦总部本来可以要求李森提交报告，显示与银行的现金余额，拆借资金的头寸，其代理业务和自营业务的保证金余额。②

---

① 参见 David M. Walsh and Jinwei Quek, “An Empirical Examination of the SIMEX Nikkei 225 Futures Contract Around the Kobe Earthquake and the Barings Bank Collapse,” *The Journal of Futures Markets*, Vol. 19. No. 1 (1999) 1 – 29。

② 事实上，1994 年 5 月，要求李森提交这一报告，但是，他从不服从，而巴林银行没有进行足够的跟进。

●88888 账户对巴林银行伦敦总部是秘密的，但对 SIMEX 并不是秘密的。要揭露李森的欺诈，巴林银行的经理只需要求 SIMEX 提供其每日头寸报表，然后将其与银行自己的头寸报表进行比较。这种比较会显示，巴林银行（自己）存在对交易所的巨额未经授权的敞口。

●巴林银行本来可以将其在 SIMEX 和 OSE 的头寸进行比较，从而发现，李森的交易并不是对冲的。当巴林银行倒闭时，他在两个市场上都是多头，这意味着，李森在投机，而不是套利。

●巴林银行的内部和外部的审计员本来可以要求得到所有 BFS 账户的清单。88888 账户在 BFS 的计算机系统中，本来可以（与 BFS 的其他头寸一起）打印出来，任何人都可以看到。

●巴林银行的外部审计员本来可以检查 88888 账户的年度交易，而不是只侧重于年末余额。在每次审计前，李森将 88888 账户的余额减少到很小，因此，审计员看不出有必要（从 1992 年至 1994 年）来审查这个*无所谓*（原文如此）的账户。同样，审计员本来可以（应该）依靠原始的来源来确认审计信息，而不是请李森提供。

●SIMEX 给巴林银行的高级管理层写过三封重要的信件。一封是早在 1993 年写的，另两封是在巴林银行倒闭前的两个月期间写的。1993 年的信件是告诉巴林银行，李森由于交易违规被处小额罚金，信件具体地提到了 88888 账户。第二封信（1995 年 1 月 11 日）也提到 88888 账户，并进一步对缺少来自 BFS 的信息而表示抱怨。此外，它提醒巴林银行，该行可能违反了 SIMEX 关于禁止清算成员为客户的变动保证金付款进行融资的规则。这封信从未被李森在新加坡的经理送到伦敦，情况更糟的是，这同一位经理让李森起草致 SIMEX 的回函。SIMEX（1995 年 1 月 27 日）最后的那封信要求巴林银行保证，该行能够满足未来的变动保证金的要求。这封信被送到了伦敦，而令人惊讶的是，巴林银行（在 1995 年 2 月 10 日）答复 SIMEX，斩钉截铁地确认其融资的能力。后来很明显的一点是，巴林银行的经理没有花时间来研究其对 SIMEX 误导性答复的准确性。

为了理解李森的交易脱离巴林银行内部规则的程度，让我们来看图表 7.10，该图表将李森在 1995 年 2 月底向伦敦报告的交易与在 88888 账户中记录的实际交易进行了比较。巴林银行伦敦总部假定，李森报告的

SIMEX 的交易被在 OSE 相同价值的交易所对冲。此外，银行的内部规则将交易员在日经 225 指数、日本国债和 3 个月欧洲日元合约上的日间头寸分别限制在 200、100 和 500 份合约内。这些同样的内部规则也禁止交易员进行自营建仓（即将巴林银行作为交易对手的仓位），例如，隔夜持有未经授权的头寸或出售期权。

图表 7.10　　**1995 年 2 月 27 日巴林期货（新加坡）公司报告的交易和实际交易**

	向巴林银行伦敦总部报告的情况	在 88888 账户中记录的交易
合约	合约的数量[a]	合约的数量
期货合约合计	46 653	95 918[a]
日经 225 指数期货	30 112	多头 61 039
日本国债期货	15 940	空头 28 034
欧洲日元期货	601	空头 6 845
期权合计	0	70 892
空头看涨期权	0	37 925
空头看跌期权	0	32 967

[a]合约是按 SIMEX 的合约进行测算的，其大小是 OSE 和 TSE 合约的一半。

资料来源　Bank of England, Board of Banking Supervision, Report of the Board of Banking Supervision Inquiry into the Circumstances of the Collapse of Barings London (ordered by the House of Commons), (July 1995).

李森严重违反了所有这些限额。1995 年 2 月末，他所处的状态是，日经指数每 100 点的变动会盈利或亏损超过 3 050 万美元，① 日本国债价格每 100 点的变动盈利或亏损超过 2 800 万美元。② 他的头寸很大，以至于使巴林银行会与英格兰银行的协议冲突。为了控制信用风险，英国的银行要求向英格兰银行报告所有超过银行股本 10% 的客户的敞口，并在敞口超过 25% *之前*通知中央银行。但是，在 1994 年和 1995 年期间，巴林银行持续拥有对 SIMEX、OSE 和 TSE 的敞口，对每一个交易所的敞口都超

① 61 039 份日经 225 指数合约 ×500 日元/点 ×100 点 ×0.01 美元/日元 =30 519 500 美元。
② 28 034 份日本国债合约 ×1 000 日元/点 ×100 点 ×0.01 美元/日元 =28 034 000 美元。

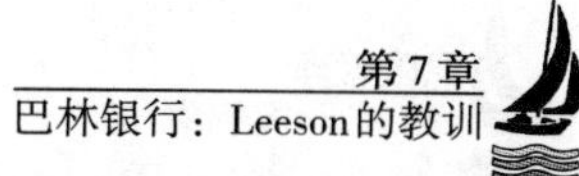

过25%。1995年2月，当巴林银行倒闭时，其对OSE和SIMEX的敞口分别超过73%和40%。①

7.13 结论：李森的教训

巴林银行的倒闭是一次引人注目的灾难，向人们提供了一些有价值的教训。有效的风险管理要求在前台和后台的经理和员工之间有清晰的分界线。否则，总是会有修改账簿的诱惑来提升绩效。没有这种隔离，监控风险的控制系统，如交易限额、信誉、流动性和现金流会丧失其大部分的意义。巴林银行通过给予李森对前台和后台的授权从而允许李森对他自己的交易进行清算。结果，李森可以操控新加坡分行的账户，同时又报告似乎正确的欺诈的总金额。给予李森对前台和后台职能的授权，等同于给予狐狸在鸡窝边清点鸡的数量的职责。

也许李森—巴林银行灾难的最令人尴尬之处在于高级管理层（即李森的直接上司、银行的管理委员会以及董事会）所起的作用，他们的过错是疏忽的过错而不是犯罪的过错。巴林银行的管理层给予李森过多的授权，在多种方式上，远远超出了其监管人员的审查的范围。从一开始，在巴林银行的高度政治化的矩阵结构中就没有清晰的报告路径。结果，在整个巴林银行，对于李森到底在干什么，惊人地缺乏理解。

巴林银行的内控措施证明是令人可悲地无效的。银行里似乎没有人对李森所承担的风险有全面的理解。李森被看做是能点石成金的，太多的限制会破坏其交易风格。因此，没有人提出本来应该提出的实实在在的问题。甚至常规的任务，如保证金付款与客户账户的对账，确认BFS向总部发出的信息，也没有以专业方式处理。巴林银行的管理委员会本来应该设置报告体系，以便确保关于操作风险的重要信息能够上报至委员会，而

① 1993年，英格兰银行对巴林银行作出一项*非正式的让步*，给予临时超过25%股本限额的权利。巴林银行询问过，当国外的交易对手是交易所而不是诸如个人或公司的私营机构时这一规则是否适用于银行。巴林银行肯定将英格兰银行的默许理解为永久的权利，因为该行在1994年和1995年期间没有报告其在SIMEX和OSE不断上升的敞口。同时，英格兰银行延迟了两年才作出规定，银行对外国交易所的敞口不能超过25%的股本限额。参见Bank of England, Board of Banking Supervision, *Report of the Board of Banking Supervision Inquiry into the Circumstances of the Collapse of Barings London* (ordered by the House of Commons), (July 1995), Section 13.63。

董事会本来应该使管理委员会经常有压力，对这些风险报告系统作出规定。

巴林银行的管理层认为李森是在对冲，因此，他们就在没有要求提供全面解释的情况下就对其保证金催缴通知进行融资。如果李森全部对冲，那么，一个交易所的保证金催缴通知会被另一个交易所的盈利所冲抵。当他通过无风险的交易为巴林银行获得全球年度利润的20%至50%时，警铃本来应该立即敲响。[①] 但是，巴林银行没有人对这些利润的来源进行调查。与对这些荒谬的利润进行审查相反的是，巴林银行自己很确信，BFS对于竞争对手的竞争优势来自其庞大的客户基础，对日本和新加坡交易所进行套利的能力，以及聘用套利交易的金童李森的*智慧*。

巴林银行的高级管理人员忽略了内部审计的报告以及来自英格兰银行和国际清算银行的质询。当交易亏损要求巴林银行借入所需的资金并将资金汇往新加坡时，他们甚至（短暂地）忽略了李森要求得到现金的冰冷的事实。银行到位的规章制度理应阻止交易员（包括李森）的行为，如超越日间交易的限额，持有未结清的隔夜头寸，以及使银行暴露在过多的客户风险之中，但是，当规则不遵守或不强制执行时，规则是没有用的。

从诸如巴林银行这样的银行很多年进行交易和证券买卖的情况看，人们会期望他们从成败中知道怎样控制其员工的头寸。但是，当银行的业务层面很多，且每一种交易操作和每一种新的工具都有自己通向银行金库的秘密通道的时候，控制往往成为令人困惑的目标。衍生工具可能涉及巨额的*杠杆*，而其净风险可能会因为搅和到数不清的组合、排列和变动中而被掩盖。尽管如此，几乎没有什么曲折起伏可以扭转这样一个事实，在李森之上和周边的很多的管理的层次没能恰当地发挥作用。不管李森的主管们编撰出怎样的说辞来推托自己的职责，都是无效的和浅薄的。李森只有25岁，当他成为BFS首席交易员和清算主管之前没有交易经验。清醒地想一想，多少具有杰出头脑并有机会在声誉卓著的大学如牛津和剑桥学习的人会被新加坡的一个孤胆无赖交易员所愚弄？

---

① 参见 BBC Online Network, *Business*, *The Economy How Leeson Broke the Bank* (Tuesday, June 22, 1999)。也请参见 Stephen J. Brown and Onno W. Steenbeek, "Doubling: Nick Leeson's Trading Strategy," *Pacific-Basin Finance Journal* 9 (2001), 83 – 99。

7.14 后记

巴林银行金融倒闭案中主要人物的去向

巴林银行倒闭是一个应搬上电影屏幕的故事。如果李森自己不够富有色彩，巴林银行受过良好教育的经理们看起来像银行业中胡乱执勤的警察的对等人物。在李森对这家233年历史的巴林银行进行的短暂的特技表演期间，这些为背景增加效果的人物发生了什么？

图表 E 7.1　**巴林银行金融倒闭案后故事名单中人物的去向**

序号	姓名	职务和/或与李森的关系	他/她的去向
1	Ron Baker	●巴林投资银行（伦敦）金融产品小组主管 ●李森在新加坡的直接老板	●在贸易和工业部的质询中受到责备。禁止担任公司董事的职务 ●英格兰证券和期货管理局发现他违反证券行业规则
2	Peter Baring	巴林银行董事长	●不管怎样都计划于1995年因年龄原因退休。1995年4月从ING辞职，并决定从金融业退休，到他的乡村住所生活 ●免于对倒闭承担任何责任
3	James Bax	●巴林证券（新加坡）公司执行董事 ●李森在新加坡的主要老板	●证券和期货管理局发现他违反证券行业规则 ●在贸易和工业部的质询中受到责备。4年内禁止担任公司董事的职务 ●回到故乡苏格兰
4	Geoffrey Broadhurst	巴林证券（伦敦）公司集团金融主任	●证券和期货管理局发现他违反证券行业规则 ●在贸易和工业部的质询中受到责备。4年内禁止担任公司董事的职务

续图表

序号	姓名	职务和/或与李森的关系	他/她的去向
5	Tony Gamby	巴林投资银行（伦敦）公司清算主任	●证券和期货管理局发现他违反证券行业规则 ●在贸易和工业部的质询中受到责备。禁止担任公司董事的职务
7	Tony Hawes	巴林投资银行（伦敦）公司集团司库	●证券和期货管理局发现他违反证券行业规则 ●在贸易和工业部的质询中受到责备。禁止担任公司董事的职务 ●从ING退休
8	Ian Hopkins	巴林投资银行（伦敦）公司集团资金和风险主任兼主管	●证券和期货管理局发现他违反证券行业规则 ●在贸易和工业部的质询中受到责备。5年内禁止担任公司董事的职责，并受到证券和期货管理局的训诫
9	Simon Jones	●巴林期货（新加坡）公司董事，巴林证券（新加坡）公司的财务主任 ●李森在新加坡的老板之一	证券和期货管理局发现他违反证券行业规则
11	Lisa Sims Leeson	李森的前妻	●成为维京航空公司的航线乘务员 ●1997年与李森离婚 ●在得知李森身患癌症后将1998年8月与Keith Horlock的婚期推迟，但于1998年12月在不公开的仪式中与Horlock结婚

续图表

序号	姓名	职务和/或与李森的关系	他/她的去向
12	Nick Leeson	●巴林期货（新加坡）公司的总经理兼助理董事 ●他自己最好的朋友，也是他自己最坏的敌人	●判处在新加坡 Changi 监狱服刑 6 年半（1995 年 12 月） ●在狱中： ▲在监狱图书馆工作，后来在监狱缝纫室处理账务 ▲撰写《无赖交易员：我是如何使巴林银行垮掉的》（1996 年），Little, Brown, and Company 为其版权支付超过 450 000 英镑。这本书后来改编成很流行的电影（1999 年），由 Ewan McGregor 和 AnnaFriel 主演 ▲与妻子 Lisa Sims Leeson 离婚（1997 年） ▲诊断出患有结肠癌，扩散至淋巴结（1998 年初） ▲在新加坡的一家民用医院 Changi General Hospital 做结肠手术（1998 年 8 月），后来转至新加坡 Changi 的具有高度保安措施的 Tanah Merah Prison 监狱（1998 年 8 月） ▲经历 6 个月的化疗（5 天化疗，3 周停止） ●1999 年 7 月初从狱中释放 ●在从监狱释放后： ▲他的癌症减退，在手术 5 年后，获得无疫健康证书 ▲与一名爱尔兰美容师 Leona Tormay 结婚（2003 年）

续图表

序号	姓名	职务和/或与李森的关系	他/她的去向
			●获得 Middlesex University 心理学学位 ▲撰写第二本书《悬崖边：与困境打交道》（2005 年） ▲被任命为爱尔兰 Galway 的 Galway United Football Club 的商务经理（2005 年 4 月），接着任命为总经理（2005 年 11 月） ▲2007 年，Leeson 与妻子 Leona，与 Leona 生育的一个儿子，以及 Leona 上一次婚姻的两个儿子，在 Galway 居住。Leeson 做慈善工作，偶尔就风险管理、困境和巴林银行倒闭等题目作餐后或大会讲演 ▲Leeson 的正式网站是 http://www.nickleeson.com/index.html
13	Peter Norris	巴林证券有限公司的首席执行官	●证券和期货管理局发现他违反证券行业规则 ●在贸易和工业部的质询中受到责备。4 年内禁止担任公司董事的职务 ●先后为 John Brown Enterprises 以及私营股票公司 New Boathouse Capital 工作 ●Norris 也为 Sir Richard Branson and Virgin 担任财务顾问
15	Andrew Tuckey	Barings PLC 的副董事长	●免于为巴林银行倒闭承担任何责任 ●在贸易和工业部的质询中受到责备。禁止担任公司董事的职务 ●1995 年 4 月从 ING 辞职，几乎立即担任 ING 的顾问

续图表

序号	姓名	职务和/或与李森的关系	他/她的去向
			●负责管理李森倒闭案中主要参与者的辞职及聘用事宜 ●也为诸如 Bridgewell Capital、Credit Suisse First Boston、DLJ 和 Lloyds 等有声望的金融机构担任顾问
16	Mary Waltz	巴林投资银行（伦敦）公司股权金融产品全球主管	●在贸易和工业部的质询中受到责备。禁止担任公司董事的职务，但她没有受到 SFA 的纪律处罚 ●证券和期货管理局发现她违反证券行业规则 ●相信已回到家乡美国

资料来源　无名氏，“Ten Years Later：Barings Survivors”，*The Guardian*，London（21 Feb. 2005）11（reproduced by Taipei Times，http：//www. taipeitimes. com/News/biz/archives/2005/02/21/2003224023，accessed 28 July 2007）；并参见 Stephen Fay，The Collapse of Barings. London：W. W. Norton，1997，Ch. 17 and Postscript。

思考题

1. 解释“代客交易”和“自营交易”之间在风险方面的差异，并解释，为什么这种差异对巴林银行倒闭案很重要。

2. 解释“期货套利（即转换）”，并解释，李森是怎样运用它来增加其报告的利润的。

3. 请绘制 BFS 在李森 1993 年与 Phillipe Bonnefoy 进行互换后的损益图的净效果的形态。为回答这一问题，你必须解释，他支付的溢价是大于、小于，还是等于收到的溢价。

4. 88888 账户是什么？李森是怎样运用它来欺骗巴林银行的高级管理层的？

5. 什么是交叉交易？李森是怎样运用交叉交易来增加报告的利润的？

6. 解释李森的加倍策略。

7. 解释李森为其保证金催缴通知融资的主要方式。

8. 解释巴林银行的“额外”付款是怎样助推该银行的最终倒闭的。

9. 请解释，如果在巴林银行伦敦总部向 BFS 汇划保证金时巴林银行与其客户账户对账，巴林银行可以怎样较早地抓住李森。

10. 巴林银行的高级管理层是否意识到 BFS 出了问题？

11. 解释 SLK-BNP 交易，并解释，为什么该交易对李森很重要。

12. 李森为什么要为他买入的每一份多头期货合约卖出大量的空头跨式期权？

13. 请绘制 1 份期货价格为 19 000 的多头期货头寸与 3 份履约价格为 19 000 的空头跨式期权合并所产生的混合衍生产品的损益图。假设卖出期权和买入期权的期权费都是 1 000 日元。

14. 请绘制将 3 份期货价格为 19 000 的多头期货头寸与 1 份履约价格为 19 000 的空头跨式期权合并所产生的混合衍生产品的损益图。假设卖出期权和买入期权的期权费都是 1 000 日元。

15. 为什么神户地震对巴林银行的倒闭很重要？

16. 李森是否因巴林银行出问题而受到过多的指责？还有谁应承担一些责任？为什么？

17. 巴林银行的董事会是否应对李森的损失而受到责备？

18. 李森同时在处于不同时区的两个交易所进行交易。他在两个交易所同时自动进行交易这一事实是否意味着他是在投机，抑或，是否正是他所做的事使这些交易具有投机性？

19. 李森卖出空头跨式期权，并将这些期权与多头期货合约相结合。为什么他要卖出跨式期权，而不是买入期权？

20. 88888 账户的存在是否是 Barings PLC 的根本问题之一？抑或，这一账户的使用是问题？请解释。

参考资料

Bank of England. Board of Banking Supervision. *Report of the Board of Banking Supervision Inquiry into the Circumstances of the Collapse of Barings London* (ordered by the House of Commons), (July 1995).

BBC Online Network. *Business: The Economy How Leeson Broke the Bank.* Tuesday, 22 June 1999. Available at http://news. bbc. co. UK/2/hi/business/375259. stm. Accessed 24 December 2007.

Brown, Stephen J. and Steenbeek, Onno W. "Doubling: Nick Leeson's Trading Strategy." *Pacific-Basin Finance Journal* 9 (2001), 83 -99.

Chin, Yee Wah. "Risk Management Lessons From the Collapse of Barings Bank." *Japan Insurance News* (March-April 2002), 12 -17.

Fay, Stephen. *The Collapse of Barings.* New York: W. W. Norton, 1997.

Greener, Ian. "Nick Leeson and the Collapse of Barings Bank: Socio-Technical Networks and the 'Rogue Trader.'" *Organization* 13 (3) (London: May 2006), 421 -441.

Leeson, Nick with Whitley, Edward. *Rogue Trader: How I Brought Down Barings Bank and Shook the Financial World.* Boston: Little, Brown, 1996.

Lim, Michael Choo San and Tan, Nicky Ng Kuang. "Barings Futures (Singapore) Pte Ltd: Investigation Pursuant to Section 231 of the Companies Act (Chapter 50): The Report of the Inspectors Appointed by the Minister for Finance." Singapore: Singapore Ministry of Finance, 1995, xi, p. 183.

Walsh, David M. and Quek, Jinwei. "An Empirical Examination of the SIMEX Nikkei 225 Futures Contract Around the Kobe Earthquake and the Barings Bank Collapse." *The Journal of Futures Markets* 19 (1) (1999), 1 -29,

第 8 章

长期资本的管理不善："JM 及阿勃小子"

8.1 前言

长期资本管理公司（LTCM）于 1994 年开始运作，资本超过 10 亿美元，并且看起来成功的潜力无可限量。在其委托人中，几乎称得上是世界级学术界和华尔街老到的从业人员的名人集。一连串的突出的成功案例①为 LTCM 在短短的 3 年中将股本增加到 71 亿美元。仅 1996 年，该公司净获利 20 亿美元以上。LTCM 的委托人，在 1994 年投资了 1.46 亿美元，眼看着他们分享的"饼"增加到 19 亿美元。他们都是千万富翁，每个人都是足够幸运，参与了这一投资行为。事实上，LTCM 的一位委托人已在成

① 1994 年运营的前 10 个月的利润为 20%，而之后的 3 年，利润是 43%，41% 和 17%。

为10亿级富翁的道路上走到了一半。

谁又会想到，到1998年，LTCM会倒闭，其委托人深陷债务，而全球金融体系也差点难逃金融崩溃的命运？LTCM急速走向尽头的故事是一个带给人们微笑、眼泪和苦笑的故事。毕竟，最优秀、最聪明、最自负的人以如此震惊、如此众目睽睽的方式招致失败的事并不是天天都会发生。

本章分为七个主要部分。第一部分先描述LTCM——公司情况、公司的业务、经营公司的人。本章第二部分解释了LTCM的投资策略。说明了一个像LTCM这样的对冲基金[①]可以怎样设立一个赚钱的投资资产组合，不管市场是上行还是下行（即市场中性的资产组合）。利差、趋同及相对价值交易、波动性运作，以及杠杆，都对其进行了浓墨重彩的解释。接着，讨论转向LTCM从1994年至1997年兴起成为明星的过程，随后解释了该公司在三年中为全球金融市场所增加的巨大的价值。接下来的部分侧重于LTCM倒闭的原因，以及公司怎样会在不到两个月内竟然损失45亿美元，而并没有发生无赖交易员的串谋、欺诈或市场操纵的情况。第六部分描述了救助LTCM的过程。而最后一部分提出了结论以及应从这一非常不幸的金融倒闭案中吸取的教训。

风险提示板8.1
什么是对冲基金？

*对冲基金*这个术语是一种矛盾形容法，因为这些基金常常是有头寸的——金额较大的头寸——绝不是对冲的。事实上，这一名称与这些基金承担的职能没有关系，或者说关系不大。对冲基金大多数是不受管制的，[②]高度多元化的资产组合，可能或不会专注于与特定风险相关的机会。

它们常常是私人组织的有限合伙制或有限责任公司，为*合格购买人*（即富裕的个人和机构投资者）专业管理投资基金，这些人不需要监管机构的保护来免受因承担风险而产生的伤害，我们很多人认为监管保护很有帮助。对冲基金运用激进的短期交易策略，并具有与其他金融中介相比很高的杠

① 参见风险提示板8.1：什么是对冲基金？

② 在美国，对冲基金不受证券和交易委员会的管制，但是它们确实处于商品期货交易委员会和全国期货协会的监管权力之下。

杆比率。它们从手续费中获取收益，一部分取决于管理的资产的金额，一部分取决于绩效。为了在美国仍不受管制，它们限制受益所有人的数量，避免通过公开募集来融资，避免进行广告和广泛地推销。对冲基金直接与银行的交易室、证券公司、保险公司、共同基金和其他管理基金进行竞争。

当 LTCM 在 1998 年倒闭时，在美国有 2 500 家至 3 500 家对冲基金，合并计算资本金在 2 000 亿美元至 3 500 亿美元之间，资产在 8 000 亿美元至 1 万亿美元之间。与其他较为广义的金融中介相比，对冲基金相对较小，规模的范围在共同基金、养老基金、商业银行、保险公司和退休基金的 20% 至 40% 之间。①

没有“典型意义”的对冲基金。对冲基金差别很大，建立各种头寸，从直接买卖资产，到套利交易、利差交易和衍生交易头寸（即期权、期货、远期和互换）。总之，它们可以做投资者、债权人、交易对手和管理层允许它们所做的任何事。对于典型的投资者而言，这些基金会带来价值，因为它们提供广泛的多元性、买入时的规模经济，以及专业的投资专门知识。

认为所有的对冲基金都是高度波动的、投机性的企业是一种观念的误解，但是，仅仅因为名称中有“对冲”这个词就认为它们是安全的也具有同等的误导性。经验规则是，*买基金的人要当心*；记住，你不能仅仅因为响尾蛇的名字中有“响尾”的字眼就低估其危险。对冲基金的投资可能对冲，也可能不对冲。对冲基金可能追寻的是范围很广的投资策略，包括杠杆很高的投机性头寸。根据你的年龄，以及家庭和财务状况，你可以在风险较大或风险较小的对冲基金中进行选择。

正常情况下，对冲基金资产组合每天进行重新估价（即盯市）。对冲基金通过它们选择投资的策略以及它们就客户的资金所承受的风险多少来进行自我区分。很多对冲基金采用专有的策略、分析方法和交易模型。它们通过进行巨额交易来获取规模经济，然后将收益分配给其客户。

正像动物可以分成主要的种群一样，对冲基金也可以分成一些大的种

---

① 参见 President's Working Group on Financial Markets。*Hedge Funds, Leverage, and the Lessons of Long-Term Capital Management: Report of the President's Working Group on Financial Markets*。Washington, DC: Department of Treasury, 28 April 1999。

类。对冲基金的主要种类是，激进增长型（aggressive growth）、趋同型（convergence）、贱卖证券型（distressed-security）、新兴市场型（emerging market）、股权型（equity）、收益生成型（income-generating）、宏观型（macro）、市场中性型（market-neutral）、集合型（pooled）、相对价值型（relative-value），以及风险管理型（risk-management）。

很多年以来，一些对冲基金管理人几乎获得了明星地位，他们丰厚的工资也使他们步入全世界最富裕的人的行列。像George Soros（索罗斯基金）、Stanley Druckenmiller（索罗斯基金）、Henry Kravis（Kohlberg Kravis Roberts公司）、Thomas Lee（Thomas H. Lee Co. 公司）以及Julian Robertson（Tiger Management公司）已成为熟悉的名字，既因为他们有突出的业绩，有时也是因为其自大的行为。

8.2 长期资本管理公司（LTCM）：公司介绍

LTCM于1994年2月底开门营业。其资本约为25亿美元的一半，25亿美元是创始人John Meriwether在离开Salomon Brothers公司时对起始股本设定的一个目标，但是在那时，没有很多的对冲基金开业时有如此雄厚的资本。长期资本资产组合有限合伙企业（LTCP）是真正的"基金"，而这一在开曼群岛注册的有限合伙企业由长期资本管理有限合伙企业进行管理，该企业是在Delaware州注册的有限合伙企业，办公地点在Connecticut州的Greenwich市，由John Meriwether和11位其他的委托人所拥有。①

投资者并不直接投资LTCP。相反，基金有一个"中心辐射型"结构，有一个筹集资金并投资于LTCP的全球管道的网络。每一个管道使其投资条件适应一个特定国家或地区监管、税收和会计的特征。到1997年，LTCM的所有投资者都是百万富翁，但这不是一个要克服的很高的障碍，

① LTCM的有限合伙人将自己表述为委托人而不是合伙人，是因为他们觉得，这样可能看起来更有说服力，委托人头衔暗示无限责任。LTCM委托人也不希望出现等级分明的公司头衔，因此，他们为LTCM所有有限合伙人类型的人选择了"委托人"的头衔。除非另有说明，管理公司（LTCM）和基金（LTCP）在本章中是一个意思，统称为长期资本管理公司（LTCM）。

因为他们在 1994 年 LTCM 开业时就是百万富翁。要有权参与 LTCM 的行动需要的最低投资额是 1 000 万美元，因此，这是一个有严格限制的俱乐部，只有富人和一群国内外的金融中介才能成为会员。

8.2.1 LTCM 的业务

公司最初的交易主要是在全球债券市场上套利；尽管到 1995 年公司已通过进入国内和外国的股票套利交易而将其资产组合多元化。又为什么不这样做呢？毕竟 LTCM 的战略并不要求对任何特定的标的资产（例如，微软的股票）具有很深的知识，相反，它却需要对*标的资产的价格或收益率之间的价差*有敏锐的理解——而这主要是统计建模的领域以及证券市场的智慧，都来自多年的经验——或者说，至少他们是这样想的。

8.2.2 委托人

LTCM 的一个不同寻常的特点是创建和经营公司的这群人物。这是与众不同、印象深刻的一群人，其中有两位诺贝尔奖获得者，一位美联储的副主席，以及一些最聪明、最成功的华尔街债券套利交易商（称作“阿勃小子”）。最初，LTCM 有 12 位委托人，但他们中有四位特别值得关注。

John Meriwether（“JM”，正如大家叫他的那样），是 LTCM 的创始人，很明显是公司的领路人。他是一个坚定、受尊重、善良的人，在离开 Salomon Brothers 公司的上一个工作后创办了 LTCM。在 20 世纪 70 年代和 80 年代，Meriwether 在 Salomon Brothers 公司组建了一个非常赚钱的债券套利的团队，并进而成为负责 Salomon 公司全球固定收益交易、套利和外汇业务的副董事长。

他在 Salomon Brothers 公司的交易运作如此成功，以至于到 1986 年时，公司将一半的股本交给 JM 及其团队，但在 1991 年，团队的一个交易员 Paul Mozer 坦承在美国国债拍卖中错误地买进。Meriwether 知道，这种违规问题严重，并报告其老板 Thomas（Tommy）Strauss 和首席执行官 John Gutfreud。所有三人都理解，这种行为不当是严重的，本来应该立即向美联储和美国财政部报告；Mozer 本来应该进行专门处理——也许应开除。

令人吃惊的是，Mozer 并未受到训诫；事实上，他仍保留 Salomon

Brothers国债交易室的主管职务，Salomon延误了太长时间才向美联储和美国财政部报告。丑闻不断蔓延，并导致Gutfreud和Strauss在1991年辞职。虽群龙无首，但Salomon Brothers仍说服重要投资人Berkshire Hathaway Holding Company的负责人同时也是Salomon Brothers的主要股东Warren Buffet成为公司临时CEO，使Salomon避免出现更为糟糕的状况。

就在Buffet执掌Salomon Brothers大权后几天，Meriwether就辞职了。作为证券和交易委员会行政程序的一部分，Meriwether同意支付50 000美元的罚款，并受到三个月取消职业资格的处罚。① 在短暂的间隙之后，Meriwether于1994年组建了LTCM，到1995年，他从Salomon Brothers挖来了他过去团队的8名成员，他们的交易利润几乎占Salomon的90%。

Robert C. Merton由于在期权定价方面的开拓性工作与Myron Scholes分享了1997年的诺贝尔经济学奖。Merton是一位杰出的数学家，获得哥伦比亚大学工程学的本科学位、加州理工学院应用数学博士、麻省理工学院（MIT）的经济学博士。在MIT的Sloan管理学院和后来在哈佛商学院教学时，Merton在期权定价模型领域的金融方面做出重要贡献。他的研究将连续时间的随机过程与中介的连续决策相联结，这使他能对期权这样的或有合约进行定价。

Myron S. Scholes，是加拿大国民，是LTCM集团中最有创造力的梦想家之一。他毕业于加拿大McMaster大学，获得经济学学位，并进而获得芝加哥大学的博士学位。后来，Scholes在负有盛名的学术机构教学，如MIT的Sloan管理学院、芝加哥大学的商业研究生院、斯坦福大学商学院和法学院。从一开始，Scholes就对决定交易证券需求的因素以及区分证券风险/收益状况的特征感兴趣。Scholes和Robert Merton在MIT教学时认识并开始合作，这些工作为他们赢得诺贝尔奖。后来，他们在被Salomon Brothers聘为顾问时又恢复联系。

David W. Mullins, Jr.，在完成耶鲁大学本科学习、获得MIT的Sloan

① Meriwether既没承认也没否认有罪。至于罚金，并没有对他的银行账户造成太大的打击。1992年12月，Meriwether和Thomas Strauss与Salomon Brothers就返还薪金取得和解。Meriwether在和解达成的薪金中分享了1 800万美元。参见Kevin Muehring, "John Meriwether by the Numbers," *Institutional Investor* 30（11）（November 1996）, 68 – 81。

管理学院金融硕士并获得 MIT 金融和经济学博士后成为哈佛大学商业管理研究生院的教授。1989 年 3 月，Mullins 被 George H. W. Bush 总统选作国内金融的助理部长，同年 12 月，他成为美联储理事会的七名成员之一。由于声望高、人脉广，特别是在国际财经界更是这样，一些人认为，Mullins 可能有一天会取代格林斯潘成为美联储的主席。

这四位委托人与学术界和职业圈的其他几个人组成 LTCM。他们一起帮助制定了交易策略，他们相信，这些策略会为他们赚取闻所未闻的利润。

8.3 LTCM 的策略

指导 LTCM 策略的原则清晰而有所侧重：识别市场上的细微的不完善之处；毫不留情地利用这些不完善，通过杠杆方式建仓而使用尽可能少的股本，使风险提升到较高但可控的水平；确保长期融资，以便能够安然渡过价格变动异常的时期；为聘用的世界级人才支付高额费用，来设计和实施交易策略。

8.3.1 识别细微的市场不完善之处

LTCM 在市场失去平衡（即从一个平衡走向另一个平衡）的转折时期赚取利润。公司并不是试图大海捞针；相反，它试图找到针的海洋。换言之，LTCM 不是花时间和精力试图发现上升的明星，像微软或 IBM。相反，它是寻求众多的低风险套利交易，每笔交易赚取相对细微的收益，但是，运用上百亿美元的投资资金，LTCM 能够积聚起巨额的收入。相对而言，LTCM 很少有交易是直接去赌单个资产价格的方向，相反，它们将赌注押在资产价格之间的价差以及收益率之间的价差上。目标是建立一个市场中性的资产组合，在市场的起起伏伏中获得价值。

为了执行公司策略和实现理想的风险收益目标，LTCM 需要充裕的信贷资源和巨额的市场流动性，以便按照确切的价格迅速地逆向操作仓位。因此，保持较高的信用评级很关键，因为，没有它，LTCM 的融资来源和交易对手肯定会消失。

LTCM 运用其精力充沛的研究团队，以及擅长对证券市场了解的优

势，研究不同投资资产价格之间、同一资产的各种期限之间、资产及其衍生对等物之间，以及各种衍生产品之间的关系。一旦两种资产的相对价值看起来不正常，并且可以有一个合理的解释说明资产的价值应收敛于历史准则，LTCM的交易员就会利用这一机会，积聚尽可能多的财力，买入相对价格过低的资产，同时卖出相对价格过高的资产。

8.3.2 运用最低限度的股本

LTCM策略的第二个层面是利用市场的不完善之处，运用尽可能少的股本。保持股本，是为了进行必要的支付，像LTCM杠杆化的（股票和衍生）头寸的保证金要求，及其逆向回购协议的削价差额（haircut）。[①] 公司也会拨出风险资本，以防万一不利价格变动引起盯市合约的现金流出。图表8.1显示的是1994年3月至1998年7月LTCM的资产股本比率。在这一时期，LTCM的杠杆比率有时超过了30: 1。

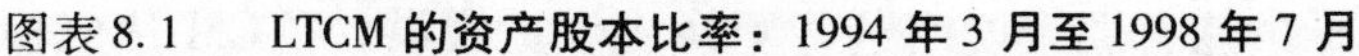

图表8.1　LTCM的资产股本比率：1994年3月至1998年7月

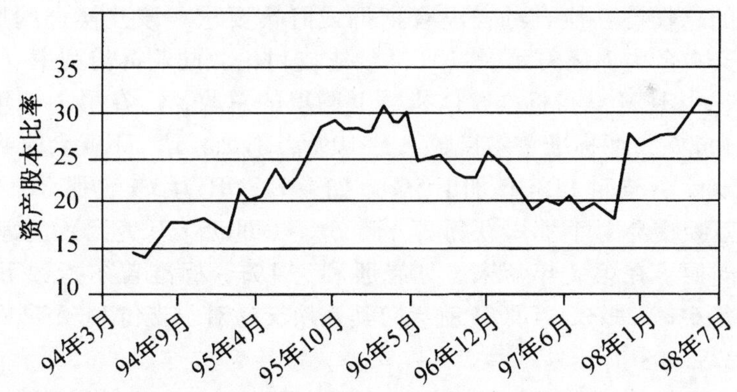

资料来源　Andre F. Perold, "Long-Term Capital Management, L. P. (A)," Harvard Business School, Case 9 - 200 - 007, 22.

没有股本时，LTCM用期限6个月至12个月的逆向回购协议（reverse

① 这一杠杆比率使LTCM几乎与前五大投行的水平持平，约为前五大银行的两倍。参见President's Working Group on Financial Markets。*Hedge Funds, Leverage, and the Lessons of Lont-term Capital Management: Report of the President's Working Group on Financial Markets*。Washington, DC: Department of Treasury, 28 April 1999, 29。

repo）为其买入的大部分证券进行融资。[①] 在逆向回购协议项下，LTCM买入债券，然后用债券作为贷款的抵押物，LTCM用贷款产生的资金来支付新的债券。只要LTCM的利息成本小于其证券的收益，就可能赚取利润。[②]

由于可以处置的股本有限，LTCM也通过达成场外市场的总收益互换合约进行头寸的杠杆化。LTCM支付固定或浮动利率，作为交换，这些金融工具给予LTCM拥有标的资产的财务利益（例如，股指、大量的贷款或债券资产组合），但付出的成本相当于所消耗的股本的成本的一部分。例如，对于股指的总收益互换合约，LTCM可以获得一个多元化的股票资产组合的风险收益，用固定或浮动利率融资为该资产组合提供资金，运用相对较小的一部分资本来满足任何抵押要求和/或盯市的责任。[③] 美国对股票的保证金要求是50%，因此，从资本保有量而言，节约的资本是可观的。

举一个例子可能有助于说明这些互换协议。假设，LTCM达成标准普尔指数的总收益互换合约，没有抵押或盯市要求。该互换合约期限为2年，名义本金为1亿美元。[④] LTCM要求支付伦敦同业拆借利率（LIBOR）加1.5%，LTCM获得标准普尔指数上赚得的总收益。在第1年年末，如果股利为2%，而标准普尔指数上升10%，那么，LTCM就会收到名义本金的12%，并支付LIBOR加1.5%。如果LIBOR为5%，那么，LTCM就会从其互换交易对手那里获得等于5.5%（即550万美元）的净收款。[⑤] 与之相对照，在第2年年末，如果股利为1%，标准普尔指数下降8%，LIBOR是6%，那么，LTCM就会向其互换交易对手支付14.5%（即1 450

① 在逆向回购协议项下，一个个人按规定的价格向证券交易商出售证券，同时承诺在未来的特定时期以固定价格回购同样或类似的证券。通常，逆向回购的期限很短（例如，隔夜），但也有定期的回购。回购融资的收益率是利率最低的，因为回购是以证券作为抵押的。

② LTCM在其回购和逆向回购协议中约有75个交易对手。

③ 抵押的要求是基于观察到的对冲基金的总体风险进行商定的。

④ 1亿美元本金是名义的，因为它是对从互换协议的初始至结束的背景下而言的。交易对手双方都不会要求支付或期望获得这一本金。1亿美元本金只是用来计算每一个期间交易对手的净支付/收入的金额。

⑤ LTCM会赚取2%的股利，加上10%的资本利得，并要求支付LIBOR加上1.5%（即6.5%），产生的净收益为5.5%（即10%+2%-6.5%=5.5%）。

万美元）。①

8.3.2.1 杠杆对风险与收益的影响

LTCM 杠杆化的头寸提高了风险和潜在的收益。杠杆在公司的总资产收益及其股本收益之间产生了极大的差异。要理解存在如此巨大的差异的原因，让我们将 LTCM 的 1997 年股本取整数为 50 亿美元，来看一看杠杆对公司的股本收益产生什么差异。

如果 LTCM 初始股本为 50 亿美元，并且只将这些资金（即如果不借款）投入收益为 5% 的资产，到年末，它就会赚取 2.5 亿美元，其资产和股本的收益都是 5%（参见图表 8.2）。与之相对照，假设 LTCM 通过借入 1 200 亿美元而使其 50 亿美元的股本杠杆化，并在这些资产上赚取 5% 的净收益。到年末，用 50 亿美元的股本提供资金的资产就会赚取 2.5 亿美元（就像之前一样），而其用债务提供资金的 1 200 亿美元的资产就会赚取 60 亿美元。总的资产收益率是 5%（即（2.5 亿美元 + 60 亿美元）/（50 亿美元 + 1 200 亿美元） = 5%），但股本收益率为 125%（即（2.5 亿美元 + 60 亿美元）/50 亿美元 = 125%），参见图表 8.2。换言之，资产收益率与之前完全一样，但借款使股本收益率增加 25 倍。

图表 8.2　　**股本收益率对高杠杆有意义吗？**

	权益（百万美元）	资产（百万美元）	资产收益金额（百万美元）	股本收益率	资产收益率
情形 1	5 000	5 000	250	250/5 000 = 5%	250/5 000 = 5%
情形 2	5 000	125 000	250 +6 000 6 250	6 250/5 000 = 125%	6 250/125 000 = 5%

对于像 LTCM 这样高度杠杆化的企业，通过堆积如山的借款提供资金的资产产生的任何利润都会引起股本收益率直线上升，但同时，损失可能很快地冲减支撑这些资产的可怜的股本。1998 年初，LTCM 的资产约为 1 250 亿美元，股本为 47 亿美元，因此，资产价值只要下降 3.8%，就会冲减公司所有的股本。

① LTCM 会赚取 2% 的股利，在标准普尔指数上损失 8%，并要求支付 LIBOR 加上 1.5%（即 7.5%），产生的*净损失*为 14.5%（即 1% − 8% − 7.5% = −14.5%）。

8.3.2.2 风险提高到相对较高但可控的水平

LTCM 增加了其资产组合的风险，因为公司完全理解，风险越大，潜在的收益越大。要控制这些风险，LTCM 对其资产组合进行多元化，并运用称作在险价值（Value at Risk）的统计工具。LTCM 也广泛运用详尽的营运资本模型，为交易员提供动力，以便运用定期协议来为其头寸融资，而不是运用隔夜融资来管理流动性风险。

多元化 LTCM 的经理们试图获得按地理区域、证券市场和货币进行多元化的资产组合。通过拥有收益不相关的头寸，就可以期望意外的负面冲击（全部或部分）与意外的正面冲击冲抵，从而使资产组合的平均收益率较为平滑。例如，如果 LTCM 在欧洲互换合约上多头但在英国互换合约上空头，英国互换合约上意外的收益（或损失）就可能（全部或部分）冲抵欧洲互换合约上意外的损失（或收益）。类似地，通过多元化对币种下注，LTCM 的收益就可能较为稳定，因为一种货币的贬值可能被另一种货币的升值所冲抵。

在险价值 要决定适当的风险水平，LTCM 高度依赖在险价值（VaR）分析来量化其资产组合受到市场价格和收益变动的冲击的程度。VaR 是一种统计尺度，主要由想确定主动交易的资产组合的下行冲击的程度的机构运用。有了 VaR，公司就能这样陈述："我们有 99% 的把握确定，我们的资产组合在任何一天中的损失不超过 1.05 亿美元"，或者"在接下来的 100 天中，有 99 天，我们的损失不超过 1.05 亿美元"。[①]

VaR 分析是基于对波动性的估计进行的，典型的情况是，资产组合的资产收益率的历史均方差用作波动性的替代变量。LTCM 的学界巨星都擅长高级经济计量和计算机技巧，因此，他们可以用非常先进的有意义的方式来解释过去的数据。尽管方法先进，但如果未来最终证明与过去出现重大的差异，这些分析的结果也是没有意义的。[②]

---

① VaR 估计量可以对任何希望的时间期间作出（例如，一天、一周、一个月，或者一年），只要有足够的信息就行。

② 参见 Appendix 8.2：What Are the Problems With Value at Risk，可以在 http://www.prenhall.com/marthinsen 上找到。

LTCM的运营目标是将其资产组合的风险提升到每年资产净值(NAV)[①] 的20%（即它希望其资产组合每年的波动幅度等于其价值的20%),[②] 但公司发现这一目标几乎是不可能实现的。尽管LTCM保持了杠杆，但它仍不能将其资产组合的风险水平提升到理想的水平。LTCM发现这一任务如此困难的一个原因是，公司主要从事利差交易，本质上就比单纯的头寸风险要小。

LTCM不能增加其资产组合风险的另一个原因，可能根源于基金的规模。LTCM如此庞大，当机会出现时，基金就会迅速地试图建仓，但这样做的话，LTCM会以这样的数量进行买卖，以至于市场价格会出现变化并侵蚀潜在的利润。结果，LTCM进行大额交易的能力受到削弱。类似地，当LTCM试图结清其头寸时，其交易的规模以及其资产组合中资产缺乏流动性，引起价格的不利变动，并侵蚀公司的盈利。结果，LTCM建仓不得不小于理想仓位，因为公司并不确信资产可以按照有利可图的价格结清。

最后，LTCM难以增加其风险的水平，因为成功会孕育模仿者。尽管LTCM努力保持其策略、头寸和交易的秘密，金融界并不会对该公司成功的原由视而不见。具有类似的策略和资产组合的模仿者开始像春天里的蒲公英一样点缀在金融的图画里。竞争使市场更具竞争性，减少了在价格错位的资产上获利的机会。

8.3.3 确保长期融资

在设计策略时，LTCM知道，公司的一些头寸持有的时间可能长达6个月至2年才会获利，因此，公司需要精心设计从银行和其他金融机构获得广泛的财务支持（流动性），以便能够等待获利。LTCM安排了信用额度（9亿美元),[③] 一笔3年的无担保的贷款（2.3亿美元），并为在6个月至1年的（逆向）回购市场上买入的大部分证券进行融资，所有这些

① "净资产"是基金的资产减去负债的金额除以现有股票的数量。资产净值是密切观察的统计量，通常每日进行更新。

② 参见 Andre F. Perold, "Long-Term Capital Management, L. P. (A)," Harvard Business School, Product number: 9-200-007 (5 November 1999), 11-12。

③ 该信用工具是由Chase Manhattan Bank银行与约24家其他金融机构安排银团实现的。整体而言，信用额度相对而言是对冲基金成本较高的融资来源，因此，他们通常是用逆向回购协议和衍生产品来提高杠杆的。

都给予公司一种缓冲，这种缓冲在公司运用*短期*逆向回购市场时是不存在的。LTCM 也通过在投资合约中写入约束条款来稳定其股本融资，这些条款限制了投资者从基金撤出资金的能力。起初，该条款规定，股本至少投资 3 年，但在 1996 年，这一限制放松了，允许投资者在第一年后的每年年末兑现其资本的 1/3。因此，在 1996 年投资 1 200 万美元的人在 1997 年不能撤资，但之后，可以在 1998 年、1999 年和 2000 年的年末撤回 400 万美元。

公平地说，没有这些巨额的，有时是不作追问的融资来源，LTCM 绝不可能使其头寸不断堆积至公司理想的巅峰水平。由于在 20 世纪 90 年代的繁荣时期里充满了资金，并且急切地与最优秀、最聪明的人做生意，很多银行和交易商忽略了已经受时间考验的原则，像贷款要求严格的抵押，以确保对所承担的风险进行足够的冲销，恰当地核算（表外）衍生产品头寸，这些头寸增加了对 LTCM 的敞口，以及严格的业务关系，这种关系是透明的，而不是由于狡猾的手法而变得眼花缭乱。LTCM 的秘密做法产生了屏障，基金可以将负债的程度隐藏在屏障之后。结果，每一个交易对手只看到他的那一块业务，而不是 LTCM 构建的风险和收益的整体结构。

长期融资对 LTCM 的策略是关键性的，因为融资使公司能够建仓，然后在必要时持仓到较长的期限。LTCM 是一个风险承担者，常常持有其他人无法企及的头寸。当然，LTCM 持有这些头寸，是因为它觉得对于承担的风险预期回报是足够的。随着公司资产组合的增长，并越来越多元化，吸引更多的风险变得较为容易，因为与新的头寸相关联的非系统性风险大部分会在 LTCM 其他资产的庞大的熔炉中化解。

为确保 LTCM 有充足的流动性，长期融资来源很关键，但同样重要的是 LTCM 的后台以及 LTCM 清算、结算和跟踪交易的代理商 Bear Stearns 所起的作用。有时，LTCM 有成千上万的未结清的衍生产品头寸，总的名义价值约为 1.25 万亿美元。LTCM 的很多合约是盯市的，这意味着，公司不得不每天支付资金来结清其亏损的交易，当然，公司应确保其盈利的交易能收到付款。跟踪与 LTCM 大量的头寸相关的现金流是一项复杂的业务，使这一任务更加艰难的是 LTCM 隐藏其头寸的习惯，对交易的不同阶段运用多个交易对手以便进行复杂的交易，结果，对冲保证金付款常常是不可能的。

8.3.4 收取高额手续费

LTCM的手续费远远高出行业平均水平（一些人会说成本过高），按基金的资产净值按年收取2%的基本费，其他大多数基金收取1%。此外，收取相当于公司资产净值增长额25%作为激励费用，其他大多数基金收取20%，但如果LTCM的资产净值下降，25%的收费就不用缴付，除非超过基金的历史最高额。

LTCM怎么能收取高于行业标准这么多的费用呢？你会为该公司摆上桌面的智力支付多少呢？机构投资者杂志上的一篇文章将LTCM的特征描述为拥有"……实际上世上最佳的财务职员"。① 其12名创始委托人中的7位某种程度上与哈佛大学或MIT有关，要么是研究生，要么是教员，要么两者都是。很清楚，LTCM的委托人能够使投资者相信，他们的策略会起作用；有一段时间，这一点似乎是正确的。

8.4 LTCM令人印象深刻的表现：1994年至1997年

在较早的年份中，LTCM的记录不言自明。从1994年至1997年，LTCM的总资产从约200亿美元增加到1 300亿美元（参见图表8.3）。

LTCM资产快速增长的一个主要原因是由于公司突出的收入记录。图表8.4显示的是从1994年2月至1997年11月期间LTCM的收入的增长，这种增长可以抵抗地球引力般不可思议，正像LTCM的总收益和净收益（即收益减去LTCM收取的费用）分别增长约290%和180%一样。这些收益不仅很高，而且稳定，只偶尔出现月度的下降，下降也很快被下个月的增长所冲抵。

---

① Duke University教授及Smith Breeden Associates的委托人Douglas Breeden的评论。参见Kevin Muehring, "John Meriwether by the Numbers," *Institutional Investor* 30 (11) (November 1996), 68-81。

图表 8.3　LTCM 资产的迅速增长：1994 年 6 月至 1997 年 11 月

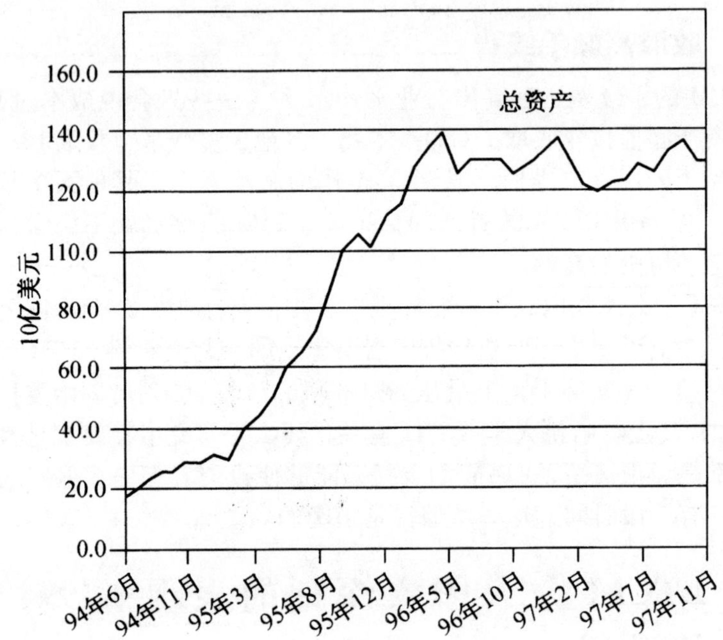

资料来源　Andre F. Perold，"Long-Term Capital Management，L. P.（A），" Harvard Business School，Case 9－200－007，22.

从 1994 年至 1997 年年末，LTCM 的投资者，与其委托人及 450 名左右的员工一起，对基金的业绩得意洋洋。委托人特别高兴，在 1994 年 3 月和 1997 年 11 月之间，LTCM 使其股本基础从 12.5 亿美元增加到 71 亿美元（参见图表 8.5）。委托人投资了 1.46 亿美元，在短短 3 年内将其在 LTCM 的股本增加到 19 亿美元。

"不同凡响"和"轰动性"是与 LTCM 的业绩联系在一起的形容词。在其历程的前 3 年，年度股本收益率超过 40%。但成功是否只是看资产和股本的增长率以及股本收益率？难道风险也不考虑吗？LTCM 的大部分股本收益都是由于公司进行极度杠杆化的结果。尽管 LTCM 从 1994 年至 1997年取得不同寻常的收益，但测算数字表明，公司的总的资产收益率

图表8.4　　LTCM的总收益和净收益的指数：
1994年2月至1997年11月（1994年2月=1.0）

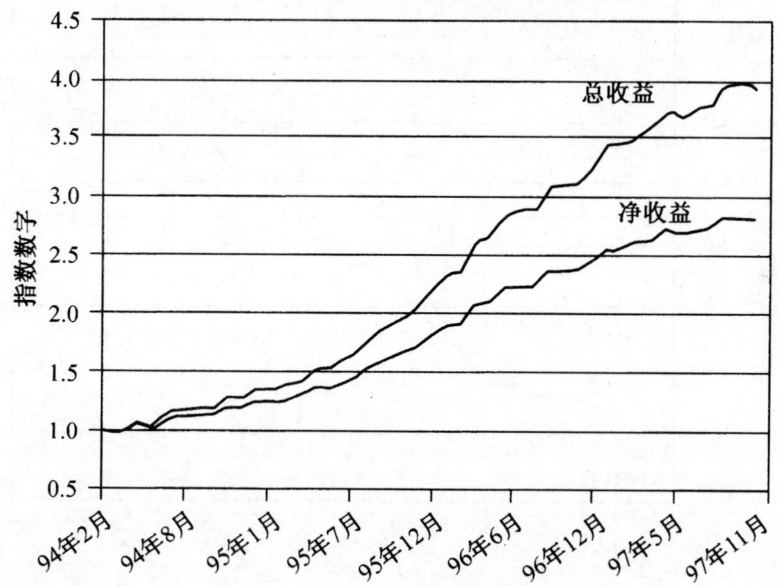

资料来源　Andre F. Perold，"Long-Term Capital Management，L. P.（A），" Harvard Business School，Case 9－200－007，19.

很一般，在0.67%和2.45%之间，如果考虑其表外头寸，收益率为1%或更低。[①] 但即使资产收益率只有可怜的1%，当杠杆比率为30:1时，就可以转换成30%的股本收益率。

按照风险调整的收益率来评价LTCM是一种相对其他对冲基金和投资来评估公司业绩的较为平衡的方法。同时，任何对LTCM的整体评价应承认公司对全球金融体系的发展和运作所发挥的正面影响。

---

① 参见 Roger Lowenstein，*When Genius Failed：The Rise and Fall of Long-Term Capital Management*。New York：Random House，2000，78，and Carol Loomis，"A House Built on Sand，" *Fortune* 138（8）（26 October 1998），110－118。

图表 8.5　　LTCM 的股本：1994 年 3 月至 1997 年 11 月

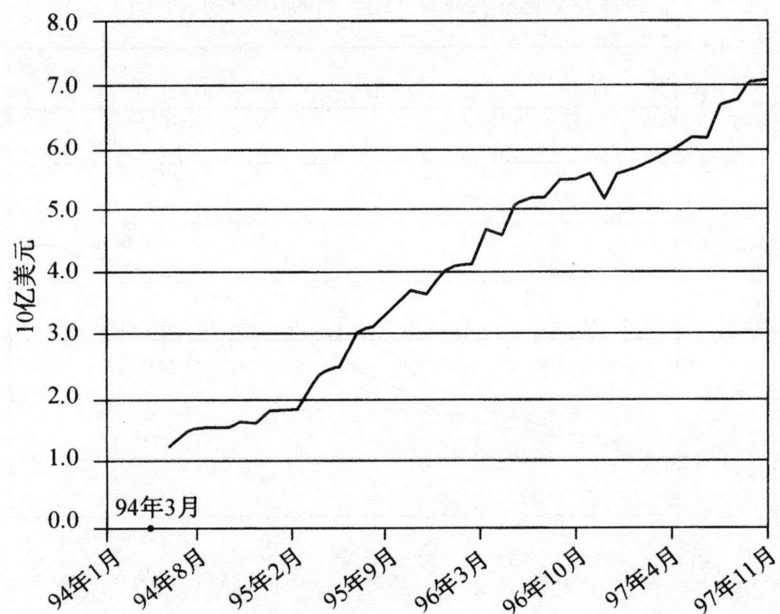

资料来源　Andre F. Perold, "Long-Term Capital Management, L. P. (A)," Harvard Business School, Case 9 - 200 - 007, 8.

8.5　LTCM 对有效市场的贡献

在超常成长的 3 年期间，LTCM 的贡献超越了它给予其委托人和投资者的股本收益率。在很短的一段时期内，LTCM 对全国和全球资本市场的运作和效率作出了重大的贡献。LTCM 向市场提供了买卖双方所需要的流动性。它的很多头寸缺乏流动性，因为没有其他人胆敢接受所报市价的风险。LTCM 愿意这样做，仅是由于它在发现定价不当的机会方面的专门知识（该公司有大量的专门知识）促使它接受此类的风险。LTCM 愿意成为大量的市场参与者可以转让风险的交易对手，其利润来自于比其他市场参与者能够更加准确地评估风险的价值这一点。

LTCM的资产收益率很低，但它通过借入堆积如山的资金并用这些资金把由于资本市场缺乏效率而放在桌上的利润全部收入囊中。由于它的买进、卖出（LTCM愿意选择失调的市场的任何一面），市场更接近于协调，这就确保了成千上万其他的参与者能够为其交易得到更加公平的价格。

尽管对市场效率极其成功做出贡献，LTCM最终还是倒下了——并且是轰轰烈烈地倒下了。理解这种倒闭的原因将为人们提供真知灼见，知道为什么在涉及全球金融市场时没有任何策略刀枪不入，也没有任何赌注有绝对把握。

8.6 LTCM为什么失败？是怎样失败的

LTCM是一家不同寻常的公司，因为不同寻常的情况而失败。就像一所精心打造的房子如果建在地质断层上可能坍塌一样，一个精心创立的对冲基金如果基于错误的市场假设及其资产组合的内在风险就可能会崩盘。与LTCM庞大的规模和较高的杠杆比率相关联的风险应该通过多元化的资产组合和最先进的风险管理工具得到控制。无论市场是上升还是下滑，该公司都应该获得稳定的收益。那么出了什么问题呢？

LTCM的倒闭是涉及三个重大的促进因素的连锁反应的结果。第一个促进因素是一系列的*外生宏观经济冲击*，就像是经济的霹雳一样击倒了整个对冲基金行业。一旦受到打击，对冲基金行业自我倾轧，造成很多自残的伤疤。这些*内生的与对冲基金相关的反应*破坏了LTCM很多基本的风险管理假设，并使公司的风险管理措施受到质疑。这一连锁反应的事件的最后一个促进因素涉及*反馈效应*，使LTCM的信誉处于危险之中，因此威胁到它的融资来源及其清算的安排。尽管LTCM能够满足每一个保证金和抵押品催缴通知，但客户还是存在极大的担心（特别是在1998年9月），认为它不能做到这一点。

8.6.1 外生的宏观经济冲击：美国和全球利差扩大

LTCM及其很多的模仿者对正在全球市场上收窄的利差下了很大的赌注。但是，由于发生一系列的重大经济灾难，几乎在每一个市场上利差都扩大了，并且在你看到的每一个地方（即国内、国际、跨境），这些赌注都大量消耗了现金。

8.6.1.1　美国收益率利差扩大

在1998年期间，美国利差大幅上升。例如，相对美国国债，按揭利率的利差从95个基点上升到120个基点；公司债券的利差从99个基点上升到105个基点；垃圾债券利差从224个基点上升到276个基点；互换从35个基点上升到接近100个基点，而B级债券相对于3A级债券的利差从200个基点上升到570个基点。新兴国家债券从高于美国国债利率的300个基点上升到1 700个基点。同样的模式在全世界出现。要记住，LTCM的策略是打赌利差会回到正常范围。当利差继续扩大时，LTCM开始出现巨额亏损。

8.6.1.2　全球收益率利差扩大

1997年和1998年，LTCM（大范围来讲整个世界）发生了无数的事件，几乎所有金融资产的利差都扩大了。试图测算*所有*这些事件同一时间发生的概率的统计学家，计算出的概率，很可能与一个人多次被雷电击中或被坠落的宇宙垃圾砸死的概率差不多处于相同的水平。

1997 **年"亚洲老虎危机"（Asian Tiger Crisis）**　使LTCM受到打击的第一波重大事件之一于1997年在泰国发生，传播到其他亚洲国家和地区（菲律宾、马来西亚、韩国、印度尼西亚和中国香港），并继续影响到遥远的阿根廷、巴西和（没错，还有）美国。1997年的问题的根源是，亚洲国家长期将其货币盯住美元，但其汇率估值过高已不可持续。意识到货币贬值近在眼前的投机者，通过抛售泰铢、卢比、林吉特和比索坚持打击市场。这些亚洲国家的央行支持其固定汇率，直到他们耗尽国际储备。当他们耗尽国际储备时，其货币便被放开，不受盯住美元的束缚而浮动。

当这些货币危机发生时，投资者通常的反应是大量投资安全的资产和稳健的货币。结果是，投资者买入美元计价的美国国债，并大量投资在以欧洲货币，如德国马克和瑞士法郎计价的稳定的资产中。这种向品级大逃亡（flight to quality）的现象压低了发达国家金融资产的收益率，抬高了新兴市场资产的收益率，引起利差扩大。LTCM不断地下注利差会收窄，因此，当利差扩大时，公司在其利差头寸的每一边都亏损。但在这场国际危机的惊涛骇浪中，LTCM看到了一丝希望，因为较大的利差意味着新的

机会，以便增加其头寸，并在以后利差趋向其历史正常区间时会受益。问题是，要找到在困难的经济环境下为新机会进行融资的办法。

因为亚洲的投资主要集中在日本，LTCM渡过了亚洲风暴，并成功地以虽下降但仍不错的收益告别1997年。即使在1997年年末向投资者退还27亿美元[①]之后，LTCM的股本仍处在47亿美元的健康的水平。*"大难不死，必有后福"*也许可以作为1998年到来时LTCM的信条。

俄罗斯违约事件 还没等到亚洲危机从媒体头版消失，俄罗斯的金融危机就开始了。像亚洲老虎（Asian Tigers）国家的货币一样，资本外逃对卢布的国际价值产生了巨大的压力；事情更复杂的是，石油价格（俄罗斯主要的出口产品）下滑。俄罗斯将利率提高至三倍，以便鼓励投资者保持对卢布的投资，但这些努力只是起到了这样的作用：破坏了国内企业以合理利率借款为正常业务活动（即运营资本、资本支出和扩张）进行融资的能力。当利率高于200%时，谁能付得起融资的成本呢？

倒闭大量出现，失业上升，政府预算赤字增加，很多银行受到资不抵债的威胁，央行的国际储备耗尽。随着俄罗斯经济和金融系统在崩溃的边缘挣扎，IMF在1998年7月安排了226亿美元的救助计划，不幸的是，救助不足以避免危机，卢布继续下跌。8月17日，俄罗斯使卢布贬值，并对135亿的*本国货币*债务宣布延期偿付。[②]

LTCM在其俄罗斯债务头寸上亏损，但公司的敞口相对其他的对冲基金和证券公司仍是有限的。俄罗斯卢布危机的重要性在于事件触发了传染效应，[③]这种效应扩展到世界的其他地区（例如，巴西、土耳其和委内瑞拉），扩展到其他投资市场，并进而以类似的方式影响到很多其他的对冲基金。

8.6.1.3 动荡的政治和经济形势

恶劣的经济和政治消息在1997年下半年和1998年不断传出，就像大锤一样对LTCM进行了无情的打击。1997年8月，LTCM持有头寸的

---

① 1997年年末，LTCM迫使投资者拿回其27亿美元的投资资金，但是公司并没有减少其投资的头寸。本章稍后部分和本章末尾的"后记：合伙人、债权人、投资者和银团结果怎样？"中将讨论这种强迫性撤资。

② 俄罗斯在违约前不到1个月发行了35亿美元的欧洲债券（Eurobond），引起广泛的猜测，俄罗斯也会对这些美元计价证券违约。

③ 参见风险提示板8.2：什么是传染效应？

Tellabs, Inc. 公司宣布，取消对其收购 Ciena Corp 公司进行股东投票。利差扩大，LTCM 遭遇大量现金流出以满足强制性保证金要求。最后，损失达到约 1.5 亿美元。当国际货币基金（IMF）主导的对印度尼西亚的救助宣布遇到问题，而暴乱迫使总统 Mohamed Suharto 在 32 年专制统治之后辞职时，LTCM 的利润受到进一步侵蚀；中国威胁人民币贬值，因为日元的贬值威胁到中国的出口贸易；当伊拉克使联合国武器核查小组受到挫折时，伊拉克搅动起中东的紧张状态。所有这些事件汇合在一起，使在发展中国家的收益率与发达国家的收益率差距越来越大，当收益率利差扩大时，LTCM 的亏损堆积起来。

风险提示板 8.2

什么是传染效应？

当一个国家或地区的事件溢出到其他的国家或地区时就会发生传染效应。经济联结得越紧密，一个经济体的变动越有可能影响另一个经济体，而国家的形势（例如，就经常项目和预算赤字，以及通货膨胀率、真实 GDP 增长和失业而言）越相似，货币投机者越有可能选择这些国家作为潜在的目标。

传染效应要对向很多国家传播大量的经济困难负责。例如，当墨西哥比索（*龙舌兰*）危机于 1994 年 12 月发生时，投资者恐慌，试图将其资金撤离像阿根廷、巴西和委内瑞拉这些国家，他们有与墨西哥相似的经济特征（例如，不可持续的财政和经常项目的不平衡）。类似地，1997 年和 1998 年的亚洲危机，随着危机的核心从泰国扩散到菲律宾、马来西亚、韩国、印度尼西亚和中国香港，对临近的国家产生了重大影响，但危机也扩散到拉美这样遥远的地方，那里像阿根廷和巴西这样的国家也受到了影响。

传染效应在最坏的情况下成为羊群行为，其冰冷、残酷的触角会破坏贸易流、资本市场、投资决策、政府和央行政策、银行借贷、通货膨胀率以及政府预算赤字的规模。

8.6.2 内生冲击：杂乱无序的利差和扭曲的在险价值

到 1998 年，很多设立的对冲基金是为了模仿 LTCM 过去的成功。结果是，

LTCM花费大量时间设立的多元化的资产组合被很多次地复制。更多的保证金使这些以类似方式设立的对冲基金面临覆盖其亏损同时满足新交易和原有头寸的担保责任、折扣价差（haircuts）和保证金要求的压力。投资者纷纷逃离而投向更安全的投资，对冲基金经理们则同时试图减少其敞口。①

对冲基金从现有头寸中大量外逃引起市场利差以可预测但古怪的方式发生变动。对利差扩大下注的相对价值交易减少，而对利差收窄下注的相对价值交易增加。这就好像有才干的对冲基金经理把对分析然后建仓所投入的所有缜密的想法都抛到了窗外。② 1988年6月和7月，形势更加糟糕，Salomon Brothers开始清算其自营的债券套利业务。Salomon退出的决定导致证券的抛售潮，正好赶上LTCM危机前最大的撤资，更是为后来LTCM甚至更大的亏损拉开了序幕。

LTCM设立的是它认为经济上不相关的头寸组成的资产组合。它没能看到的是，这些头寸很多都是由具有相似策略的相似的投资基金所有人联结起来的。结果是，这些头寸的价格波动都是由类似的风险容忍度、融资需求和流动性要求相关联的。与高度不相关的情况相反，LTCM的资产组合的头寸结果证明是与其他对冲基金的资产组合高度相关的。这一错误观念导致LTCM低估了其风险的真实水平，导致公司恣意地向错误的方向变动。在正常情况下，LTCM的资产分布是好的，但是，当收益的相关性趋向于1（即完全相关）时，多元化所能提供的正常的保护消失了。一个头寸上的亏损正好与其他的头寸相匹配，而不是被抵消。③

当对冲基金和自营公司预见到LTCM清算其资产组合而减仓时，形势

---

① 这些内生反应的重要性在Donald MacKenzie, "Long-Term Capital Management and the Sociology of Arbitrage," *Economy and Society* 32 (3) (August 2003), 349-380中进行了强调。相对较近的一个实证研究对内生效应的重要性提出了一些疑问。参见Tobias Adrian, "Measuring Risk in the Hedge Fund Sector," *Federal Reserve Bank of New York Current Issues in Economics and Finance* 13 (3) (March/April 2007), 1-7。这一研究结果可以在http://www.newyorkfed.org/research/current_issues网站上获得。2007年12月28日上网获得。

② 这一结果于1997年发表的一篇研究文章中被预见到。文章作者表明，甚至最终能盈利的交易都可能由于负面的价格变动须在较早时候放弃，因此，套利可能不能完全消除价格异常。参见Andrei Shleifer and Robert W. Vishney, "The Limits of Arbitrage," *Journal of Finance* LII (1) (March 1997), 35-55。

③ 根据5年的历史数据，LTCM资产组合的资产收益之间的相关性约为0.1（或更低）。LTCM在其VaR分析中采用了更保守的0.3的相关性，但甚至这样还是不够的。LTCM的一位委托人Richard Leachy觉得，1998年的真实相关性是历史水平的7倍。参见Donald MacKenzie, "Long-Term Capital Management and the Sociology of Arbitrage," *Economy and Society* 32 (3) (August 2003), 358, 364。

变得甚至更糟。在很多情况下，这些交易是高度投机的，因为出售方并没有关于 LTCM 资产组合的组成的准确的信息。

8.6.2.1　在险价值分析出了差错

LTCM 系统地采用了 VaR 分析作为测算其对市场价格短期变化的指导工具，它怎么会遭受如此重大的亏损的呢？自从 1994 年开业以来，基金从未在任何月份中损失超过其价值的 2%（即 1 亿美元）。在 99% 的置信区间上，LTCM 的经济学家们向委托人和投资者保证，公司每天的亏损不会超过 1.05 亿美元。① 凭借 LTCM 庞大的股本，似乎有足够多的缓冲来抵御任何重大的打击。

8.6.2.2　模型风险

在两个重要的层面上，LTCM 遭遇了较高的模型风险。首先，公司采用了 JM 及其很多交易员先前工作过的 Salomon Brothers 的风险管理系统。但投资银行与对冲基金不同，其风险管理系统也应不同。投资银行比起对冲基金通常拥有更多数量的独立的收入来源和更好地获得流动性的渠道。这些差异很重要，因为它们影响到这些金融机构的风险敞口，以及它们直到头寸盈利时承受亏损的能力。

模型风险的第二个来源来自 LTCM 将 VaR 作为其资产组合风险的主要尺度。VaR 假设，未来会像过去一样，而世界可以通过假设所有未来的可能的事件都能适合正态分布的钟形的分布函数来进行总结。② 这两个假设在大多数时间都可能是正确的，但它们并不总是正确的。

图表 8.6 总结了 1998 年 LTCM 遭受的亏损，金额达到约 45 亿美元。根据 VaR，有 99% 的概率，该公司的年度收益变动应不超过约 7.14 亿美元，这一金额仅是 LTCM 股本 68 亿美元的 10.5%。③ 换一种方式而言，年度收益的减少金额大于 7.14 亿美元的情况约为*每一百年一次*。尽管如

---

① 1.05 亿美元的这个数字是一个过高的估计值。假设资产组合高度多元化，1997 年 LTCM 资产组合的每日均方差是 4 500 万美元/天；这意味着，99% 的置信区间就是离平均收益 2.33 倍的均方差（2.33 ×4 500 万美元/天 = 1.05 亿美元/天）。参见 Andre F. Perold, "Long-Term Capital Management, L. P. (A)," Harvard Business School, Product number: 9 - 200 - 007 (5 November 1999), 11 - 12。

② 参见 Appendix 8.2: What Are the Problems With Value at Risk，该附录更详细地解释了 VaR 分析的一些缺陷。在 http://www.prenhall.com/marthinsen 网站上可以获得。

③ 这一 7.14 亿美元的数字推导如下：（每年的均方差）=（每天均方差）×（每年 252 个交易日的平方根）。因此，4 500 万美元/天 × (252 工作日/年)$^{0.5}$ = 7.144 亿美元/年。

此，仅8月这个月份，LTCM的业绩下降44%，比前一年下降52%。[①] 仅仅一天（8月21日，星期五）之中，LTCM亏损5.53亿美元，而4个交易日以后（8月27日，星期四），它又亏损2.77亿美元。在从9月10日星期四到9月16日星期三的五个交易日中，LTCM分别亏损1.45亿美元、1.20亿美元、5 500万美元、8 700万美元和1.22亿美元——累计亏损5.29亿美元![②] 9月21日星期一这天，LTCM又亏损5.53亿美元，第二天增加亏损1.52亿美元。[③] 根据VaR，如此规模的亏损也许只应每几千年发生一次，但不是在一个月期间发生。[④]

图表8.6　　**导致LTCM 1998年亏损的交易**

交易活动	损失
股市波动性交易	13.00亿美元
互换	16.00亿美元
新兴市场投资：俄罗斯	4.30亿美元
方向性交易	3.71亿美元
股票对交易（例如，Volkswagen和Shell）	2.86亿美元
收益率曲线交易	2.15亿美元
标准普尔股票交易	2.03亿美元
垃圾债券套利	1.00亿美元
风险套利	盈亏相抵
合计	45.05亿美元

资料来源　Roger Lowenstein, *When Genius Failed: The Rise and Fall of Long-Term Capital Management*. New York: Random House, 2000, 234.

---

① 参见John Meriwether, "Letter to Investors of LTCM"（1998年9月2日）。参见Andre F. Perold, "Long-Term Capital Management, L. P. (D)," Harvard Business School, Product number: 9-200-010 (28 October 1999)。

② 参见Roger Lowenstein, *When Genius Failed: The Rise and Fall of Long-Term Capital Management*. New York: Random House, 2000, 180。

③ 同上，pp. 191 and 197。

④ LTCM1998年9月现金流出的一半（约10亿美元）源于其指数期权头寸。互换也占亏损的很大一部分。参见Donald MacKenzie. "Long-Term Capital Management and the Sociology of Arbitrage," *Economy and Society* 32 (3) (August 2003), 349-380。

8.6.3 反馈冲击

随着 LTCM 头寸的恶化、流动性枯竭，其交易对手寻求自我保护，LTCM 的清算代理商也出现了问题。LTCM 拼命寻求资金，希望减仓，但这些头寸中很多缺乏流动性。公司从一开始就知道其头寸也许很难清算，因此，公司的处境是，在出现问题的情况下拥有足够融资的状况。此时，LTCM 发现自身的处境是，其资产组合没有个人投资者愿意要，而潜在的买家，像 Salomon Dean Whitter、Societe Generale、Bankers Trust 和 Morgan Stanley Smith Barney 都极力杀价，因为他们知道 LTCM 处境有多困难。

8.6.3.1 激进的盯市

LTCM 总是商定双向（即 LTCM 及其交易对手）抵押和盯市条款，以便保持并稳定其流动资金的供应。公司也商定抵押品登记的定期协议，因此，当 LTCM 遇到麻烦时，交易商不能改变 LTCM 原有头寸的削价差额（haircut）或其他的融资条件。由于没有此类的追溯手段，交易商试图以对自己有利的方式，通过激进地对 LTCM 的头寸进行盯市，来尽可能多地回收资金。这种激进的盯市定价导致 LTCM 资产组合中几乎每个头寸的净资产价值都出现系统性的下降。

问题是，在 20 世纪 90 年代，对对冲基金业务的竞争导致很多银行和投资公司放松或放弃了部分的内部风险管理政策。与强制实施对基金的*潜在*敞口进行计算得出的抵押品要求不同，这些金融机构在覆盖了*当前*敞口的情况下就满意了。他们不是分析信用、流动性和市场风险的合并效应，他们分析每一个风险时就好像风险是独立的一样。此时，潮流已转向，这些交易对手都忙着使自己免受这些相互高度依赖的风险的伤害。

LTCM 对私密性和不透明的偏爱使问题更加恶化。为了对市场隐瞒其盈利的头寸和交易策略，LTCM 常常对一笔复杂交易的不同阶段选用不同的交易对手。例如，他可能对 Royal Dutch Shell（RDS）持有多头头寸，对 Shell Transport（ST）持有空头头寸，它们作为股票对（pair）风险很小，但随后，用 RDS 作为向 JP Morgan 融资的一笔保证金贷款的抵押，并从 Union Bank of Switzerland 融入 ST 股票。交易对手至多知道其自身对 LTCM 的（双边）敞口，但他们不知道 LTCM 的整体风险。当 LTCM 面临

财务压力时，这些交易对手假定发生最坏情况并恐慌起来。他们全体都只考虑 LTCM 交易中其自身未抵押的那一段，因此，过高地估计了公司的真实风险水平。如果他们能拿到 LTCM 的文档，他们本来应该发现，对于几乎每一个多头的工具都有一个密切相关的空头的头寸，对于几乎每一个空头的工具都有一个密切相关的多头的头寸，因此，LTCM 交易的净风险比其各部分的风险总和要小得多。

8.6.3.2 清算服务和法律不确定性

LTCM 也有失去其清算、结算和交易记录代理商 Bear Stearns 的服务的风险。[①] Bear Stearns 很坚决，当 LTCM 的存款跌落至 5 亿美元以下时，它就停止履行这些功能，而 LTCM 正迅速地接近临界界限水平。随着情况恶化，套子越来越紧。

另一个问题是，LTCM 可能寿终正寝的传言随着公司可能在 the Cayman Islands 申请破产保护的报道而开始流传开来。债权人和交易对手对其在 Cayman 法律下的权利没有把握——特别是涉及其轧差头寸、使合约清盘（即终止）以及出售抵押品的能力更是如此。增加的这种风险进一步减低了市场参与者与 LTCM 交易的意愿。

8.6.3.3 一丝曙光：LTCM 的信用额度

对于 LTCM 而言幸运的是，一个没有受到威胁的流动性的来源是由 Chase 为首的银团提供的 9 亿美元循环信用额度。当这一信用额度于 1996 年商定时，LTCM 支付了昂贵代价，排除了*实质不利变化*（MAC）的条款，该条款本来会允许银团减少或取消 LTCM 的信用额度。LTCM（正确地）认为，如果这些资金有朝一日会用到的话，MAC 条款很可能会生效。信用额度协议规定，当且仅当 LTCM 的股本在任何会计期间结束时下降 50%或更多，该方案才能取消。[②] 但是，LTCM 会计期间于 1998 年 7 月 31 日结束，此时，它完全有足够的股本来满足这一资本限额的要求。

---

① Bear Stearns 也负责为 LTCM 日间外汇和证券交易提供融资，为买入证券提供保证金，为 LTCM 的空头头寸融券。Bear Stearns 最终停止为 LTCM 提供日间清算信用，并要求它为*潜在*的结算敞口提供抵押。

② 9 亿美元定期信用的限制条款禁止 LTCM，在一个会计期间到另一个会计期间，支取超过其 10 亿美元股本的金额的 50% 以上。参见 Andre F. Perold, "Long-Term Capital Management, L. P. (C)," Harvard Business School, Product number: 9-200-009 (5 November 1999), 4。

8.6.3.4 谢幕的开始

1998年5月和6月，LTCM的亏损分别约为7%和10%，随后，在7月（暴风雨之前的间歇），公司几乎盈亏相抵。1998年8月闸门洞开，当时，LTCM的业绩是下滑44%，82%的亏损来自相对交易，18%的亏损来自方向性的交易。[①] 1998年8月18亿美元的亏损使LTCM的股本减少到23亿美元，约为其上一年水平的50%。在这些损失中，16%源于LTCM对新兴市场的头寸。尽管其资产组合缺乏流动性且规模庞大，LTCM仍感到，其融资来源完全足以渡过任何风浪，但是，很快，有一点便很明显，公司的融资来源会远在其健康的交易中的利润可以实现时便消耗殆尽。

图表8.7显示的是LTCM从1994年至1998年收入的起伏情况。在1994年至1997年年末期间，LTCM将所投入的每一美元的资金都变成了

图表8.7 LTCM的累积（标准化）收入：1994年2月至1998年7月

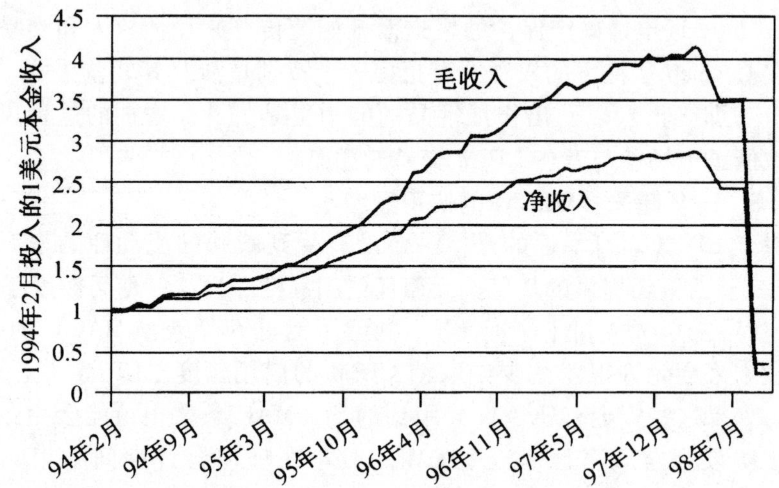

资料来源 Andre F. Perold, “Long-Term Capital Management, L. P. (C),” Harvard Business School, Case 9-200-009, 8.

① 参见 John Meriwether, “Letter to Investors of LTCM”（2 September 1998）。参见 Andre F. Perold, “Long-Term Capital Management, L. P. (C),” Harvard Business School, Product number 9-200-010（28 October 1999）。参见 Appendix 8.1：LTCM's Major Trades，可以在 http://www.prenhall.com/marthinsen 网站上获得。

4美元的累积资本，但1998年，投资者吃惊地发现，其累积收入从4美元下降至约33美分。①

8.7 美联储、巴菲特与LTCM的救助

当亏损开始堆积起来时，在LTCM迅速崛起过程中一直为公司融资并提供必要服务的银行和证券公司希望与之脱离关系。美联储里没有人感到有任何特别的责任来救助LTCM富裕的委托人及其老练的投资人。尽管如此，仍有人担心，LTCM规模如此之大，其触角已如此深地渗透到全球金融市场中如此广泛的领域，以至于其破产可能导致美国和全球资本市场的金融崩塌。如果市场开始质疑其所有交易对手的清偿能力时，市场中的流动性就会很快枯竭。全球而言，德国的Dresdner Bank AG面临与LTCM有关的1.44亿美元的亏损；瑞士的UBS和Credit Suisse分别亏损6.785亿美元和5 500万美元。美国的金融机构也面临巨额的坏账核销。

起先，LTCM的头寸看起来在银行中的分布如此之广，以至于在最大程度上亏损不会导致任何的银行倒闭或系统性损害（即在银行和其他金融机构中产生多米诺效应）。尽管如此，仍有很多隐藏的牌使美联储无法知道对这一假设下多大的赌注。尽管LTCM利润表上有800亿美元的资产，大量的抛售抵押物可能会引起资产价格发生可怕的减值，而导致复杂的金融问题，如银行资产的恶化以及信用的枯竭。

直到1998年，LTCM的档案仍是严格保守的秘密，② 但到1998年年中，有传言称，它正积极寻找"善意骑士"来接管公司。没有"追求者"在看不清资产组合的状况时会出手，因此，为了使追求者确信其头寸具有长期的潜力，LTCM只能向华尔街公开其资产。问题是，这些追求者很多都是LTCM的主要竞争对手，如果允许他们看到这些文档，他们可能会将LTCM的头寸传递给他们的交易室，像对羊剪羊毛一样修理LTCM。

---

① 并非委托人或核心投资者集团中的投资者在LTCM崩盘时没有亏损这么多，因为公司*强迫他们*撤回其27亿美元的投资资金。因为LTCM直到这个时候为止还是如此的成功，投资者反对撤回这些资金，但最终，强迫撤资为他们减少了几十亿的损失。

② LTCM是如此地隐秘，以至于他在清仓后仍对其交易保密。

1998年9月，纽约联邦储备银行总裁 William（Bill）J. McDonough 将主要的银行召集到一起，看看是否可以商量一个救助计划。从技术上而言，美联储是在未知水域航行，因为它对像 LTCM 这样的对冲基金没有管辖权，但时间快到了。9月18日星期五，当 William McDonough 召集有声誉的金融机构的时候，LTCM 的股本为15亿美元。到下一个星期三，股本已下降到6亿美元。需要迅速地做点什么。[①]

星期三（9月23日），就在交易达成的几天前，Berkshire Hathaway 的主管 Warren Buffet，与 American International Group Inc.（AIG）和 Goldman, Sachs & Co.（GS）一起对总部位于 Cayman Islands 由 LTCM 管理的基金 Long-Term Capital Portfolio L. P.（LTCP）的资产、负债（融资）和合约头寸提供要约。Buffet 想要买入 LTCP，使融资到位，买断第三方投资者的任何资产净值，解聘 LTCM 鲁莽的交易员，并控制董事会。2.5亿美元的要约会到 LTCM 股东的手里，并承诺在需要时再增加37.5亿美元来阻止未来的亏损。上述资金的大部分（30亿美元）将来自 Bershire Hathaway。[②] Buffet 在约上午11：00提出要约，并给 LTCM 一个小时作出反应。在严格的时间期限内，JM 没有能够确保所需要的批准。[③] 结果，Buffet 的要约未得到答复，并在一个小时后失效。

风险提示板8.3

再次审视 Warren Buffet 对 LTCM 的要约

LTCM 本来可以接受 Warren Buffet 的要约，但是有一个重大的技术问题。JM 及其管理团队只有一个小时作出反应。很多金融协议（例如，互换）在达成前要求得到交易对手批准。很清楚，LTCM 的大多数交易对手

---

① LTCM、银团成员以及美联储之间的谈判可以在经典的“囚徒的困境（*prisoner's dilemma*）”游戏这一背景下分析。这一架构说明了私营激励措施和公共激励措施之间的取舍以及一次性静止游戏和重复游戏之间的差异。参见 Beth Seely, “Long-Term Capital Management: An Analysis of Intervention as a Prisoners' Dilemma,” *Working Paper No. 99 - 01*. Division of Economic Analysis: Commodity Futures Trading Commission（Washington D. C., 24 February 1999）, 1 - 20。

② Goldman Sachs 同意投资3亿美元并管理 LTCM 的资产组合。Bershire Hathaway Inc. 同意投入30亿美元，而 AIG 愿意投入7亿美元。参见 Mitchell Pacelle, Leslie Schism, and Steven Lipin, “How Buffet, AIG and Goldman Sought Long-Term Capital, but Were Rejected,” *Wall Street Journal*（30 September 1998）, C1。

③ 参见“风险提示板8.3 再次审视 Warren Buffet 对 LTCM 的要约”。

本来会很高兴将其头寸转让给BH-AIG-GS,但LTCM要考虑超过240多家主要的交易对手和成千上万的复杂的交易。[①] 在正常情况下,本来需要超过一个小时才能获得必要的批准。在破产的威胁下要完成这一壮举并保证避免欺诈或欺骗的指控在60分钟的范围内证明是不可能完成的任务。结果是,Buffet的要约被JM拒绝。要约简直是没有答复就失效了。

到今天,JM的这一个小时的时限仍令人疑惑。从LTCM的资产价格正急剧变化的角度看,时限是有道理的,任何的报价都面临相当大的风险。短时间的自动失效也是为了防备将报价到处进行推销。还有一点,Warren Buffet是20世纪出色的投资家之一,应该知道(或被告知)LTCM需要在转让头寸前得到交易对手的批准。因此,不清楚的一点是,这位来自Omaha的圣人Buffet为何按照他所做的那样来设计该要约的结构。

最终,银团的36.5亿美元的要约被接受。要约不需要交易对手的批准,因为要约是对LTCM股本的投资,而不是头寸的转让。经济上的差异是细微的,但法律上的差异是关键性的。银团的交易要大大优于BH-AIG-GS的要约,而这点是很重要的。LTCM的委托人有信托责任以一致的忠诚度和透明度行事,以避免利益冲突和欺诈,并为其所有人商定一个尽可能好的交易。BH-AIG-GS要约和银团要约之间的差异毫无疑问是实质性的。

LTCM注资协议在9月28日最终确定,当天,14家银行和经纪所投入36.5亿美元进行救助努力。[②] 与一些发表的报告相反,美联储没有透支一分钱,其作用纯粹是一个加速者和一个论坛的提供者(并且作为对

① LTCM约90%的交易是与15家交易对手进行的,但在一些情况下,交易对手是下属公司(例如,JP Morgan,JP Morgan Tokyo以及JP Morgan London)。与40个各有6家下属公司的交易对手谈判意味着会涉及240家交易对手。总统金融市场工作小组报告称,LTCM的账册上有60 000笔交易。参见President's Working Group on Financial Markets. *Hedge Funds, Leverage, and the Lessons of Long-Term Capital Management: Report of the President's Working Group on Financial Markets.* Washington, DC: Department of Treasury, 28 April 1999, 11。

② 这些银行是:1. Bankers Trust(3亿美元);2. Barclays(3亿美元);3. Chase Manhattan(3亿美元);4. Deutsche Bank(3亿美元);5. Union Bank of Switzerland(3亿美元);6. Travellers/Salomon Smith Barney(3亿美元);7. J. P. Morgan(3亿美元);8. Goldman Sachs(3亿美元);9. Merrill Lynch(3亿美元);10. Credit Suisse-First Boston(3亿美元);11. Morgan Stanley Dean Whitter(3亿美元);12. Societe Generale(1.25亿美元);13. Bank Paribas(1亿美元);14. Lehman Brothers(1亿美元)。参见Steven Lipin, Matt Murray, and Jacob M. Schlesinger, "Bailout Blues: How a Big Hedge Fund Marketed Its Expertise and Shrouded Its Risks—Regulators and Lenders Knew Little About the Gambles at Long-Term Capital— 'Stardust' in Investors' Eyes," *Wall Street Journal* (25 September 1998), A1。

那些不情愿的人施加影响的劝说者)。与 LTCM 剩下的 4 亿美元的股本一起，注入的现金看起来足以使 LTCM 渡过这次财务危机。银团预期在 LTCM 清算时会维持 3 年。

对大多数参与者而言，救助 LTCM 是吞下苦药，因为他们是在自身的损益表、资产负债表因暴跌的市场而大幅缩水且信用评级大幅下调的时候被要求帮忙的。[①] 这些金融机构的股票已在市场中受到严重打击；私营企业 Goldman Sachs 由于糟糕的市场环境不得不推辞其 IPO。[②] 这时，这些金融机构被要求帮助一个集团，该集团自大、隐秘、傲慢的风格达到了划时代的程度，这些恰恰增添了这些银团成员的懊恼。尽管如此，清算进展顺利，到 2000 年初，LTCM 的资产组合被出售。最终，六大证券公司在 1998 年第三季度没有一家因为倒闭而遭受实现的或未实现的亏损。LTCM 在 8 月和 9 月的盯市敞口完全进行了抵押。甚至在 1998 年 9 月，当保证金催缴通知达到几千万美元时，LTCM 在其保证金账户上还有超出所需资金 300% 的资金。[③]

根据注资计划，银团获得基金（即 LTCP）90% 的所有权，以及作为普通合伙人的运营控制权。最初所有人（即 LTCM 的委托人和投资人）对公司的债权下降到 10%，附加条款要求委托人一年不退出 LTCM 并帮助交易有序地清算。通过接受一个当时至少有 36.5 亿美元银团补充的股本的公司的 10% 的股份，LTCM 的股东已经得到比 Buffet 等人的方案高出 1.5 亿美元的股本，但是，这些股本仍只是一年前其头寸的 1/10。这一交易也有一个隐含的看涨期权，因为，如果 LTCM 能恢复，委托人的权益会上升，可以想见，他们会从银团回购 LTCM。

对美联储支持的救助作出的反应好坏参半。那些支持的人为美联储和银团使全球金融体系免受无法计量的损害而欢呼。同时，批评者提出抗

---

① 信用评级机构，如标准普尔，威胁要降低 Lehman Brothers、Goldman Sachs 和 Merrill Lynch 等投资银行的债券的评级。

② Goldman Sachs 等到 1999 年 5 月才上市。

③ 参见 President's Working Group on Financial Markets. *Hedge Funds, Leverage, and the Lessons of Long-Term Capital Management: Report of the President's Working Group on Financial Markets.* Washington, DC: Department of Treasury, 28 April 1999, B-7 and C-12。

议，认为救助只是虚伪的资本主义的又一个例子。[①] 美联储为何愿意代表富裕的投资者、约150名员工和几个委托人进行干预呢？LTCM委托人为何允许在遭受如此亏损后还保有一切？这难道不是在Cayman Islands注册的基金免交美国税收吗？美联储为何不为俄罗斯、巴西和阿根廷这样的国家提供此类的豪华服务呢？挫败感和愤怒的情绪高涨。

一个中心的问题涉及道德风险，这是市场崩盘的一个主要原因。[②] 对美联储而言，道德风险的问题归结为一个简单的问题：如果美联储救助LTCM，美联储是否可能会向其他的对冲基金和金融机构发出这样一个信号，对于那些视为"太大而不能倒闭"的公司总是会有一个安全网，导致未来甚至会有更大数量的倒闭呢？换言之，美联储是否给予LTCM对其资产组合一份免费的看跌期权，从而鼓励别的公司在未来冒更大的财务风险呢？[③] 虽然美联储没有对注资贡献一分钱，但美联储的存在可能已经提升了给予LTCM的隐含的保护（看跌期权）的价值。

8.8 结论与应吸取的教训

LTCM是一个动荡中的精灵，设计的结构是为了在动荡中发达致富，而不管市场是上升还是下跌。波动性越大（不管这种不稳定性是基于公司、行业、国内还是全球都没有区别），机会越大。而最后，动荡却是该公司消亡的主要原因，这又是多么的具有讽刺意味。LTCM的倒闭像一次巨大的坠机事件，事件中，所有乘客、乘务人员和坠机现场的居民都逃脱了，只有相对较小的伤害。尽管没有造成广泛的损害，从事件中还是可以吸取很多教训。

8.8.1 想清楚要什么

LTCM试图从定价不当的利差中获利。当对冲基金行业所面对的利差

① 参见Michael Schroder and Jacob M. Schlesinger, "Feb May Face Recrimination over Handling of Fund Bailout," *Wall Street Journal* (25 September 1998), A8。

② 当有保险的人比他们在没有保险情况下冒更大的风险（因为他们受到保护）时会发生道德风险。

③ 参见无名氏（社论），"Decade of Moral Hazard," *Wall Street Journal* (25 September 1998), A14。

扩大并随后变得混乱时，他们低估了基于历史数据的风险管理尺度。较大的经济和金融动荡会促进新机会大量出现，但是，市场中品级大逃亡（flight to quality），流动性大逃亡（flight to liquidity）和逃离套利交易（flight from arbitrage）的现象威胁到LTCM的信用来源以及其交易对手参与新交易和持有敞口头寸的意愿和能力。

8.8.2 当心模型风险

LTCM通过大量的实践经验和先进的统计分析进行巨额下注，但是，其结论是基于风险管理模型的，该模型最终证明是错误的，有两个主要的原因：第一，模型采用的是风险管理参数，可能更好地适用于投资银行而不是对冲基金；第二，模型解释的是市场反应和变动的方式与历史先例不一致的情况。

LTCM作出并深深相信4个被证明错误的重要的假设。第一，它假设，价格是持续变动的，这意味着较大的不连续的价格变动不会发生。这一点是错误的。第二，它假设，价格波动性会很快地回复到其历史平均水平。同样，这一点是错误的。第三，LTCM假设，资产收益是正态分布的，以至于在99%的准确程度下，公司可以计算和控制其风险水平。同样，这一点是错误的——真实世界似乎会有肥尾（fat tail），这意味着，极端事件发生的概率比正态分布显示的要大得多（即很坏的和很好的事情比预期发生得频繁）。最后，LTCM假设，一个人今天决定的东西不会影响他明天决定的东西，而一个人今天决定的事情不会影响任何其他人，从这个意义上而言，投资者的决策是相互独立的。同样，LTCM是错误的。全球金融市场上的动向使利差变动不利于LTCM，表明决策不是独立的。

8.8.3 大家看一家，人人成“1”家

LTCM并不是唯一一家遇到盈利和现金流问题的金融中介，亏损会在行业内扩散。部分原因是，行业范围的亏损是由于对冲基金会模仿LTCM的成功并采用类似的策略。当这些模仿者试图同时清算其头寸时，市场价格会急剧地对他们不利。在别的情况下不相关的资产的价格之间的相关性

会突然趋向于1——相关性的最高值。曾经非常多元化的资产组合越来越看起来像一个共同的行业范围的资产组合。新的相关性使LTCM的VaR测算值几乎成为公司面对的真实风险的毫无价值的显示值。

8.8.4 杠杆是顺境中的朋友

总统金融市场工作小组在其1999年最后的报告中得出结论，LTCM崩盘事件中产生的主要的政策问题是过高的杠杆。[①] 有时，LTCM的杠杆比率上升到30：1以上，这意味着，如果投资收益使资产增长略小于3.5%，公司就能对其股本获利100%，如果收益减少同样的金额，公司便资不抵债。[②] 杠杆增加风险，因此，会给公司更多成功的机会，也会带来更多失败的机会。正是这个原因，杠杆化的对冲基金的信用风险，甚至是那些采用市场中性策略和具有突出的历史业绩的对冲基金，必须进行客观评估和经常的监控。

8.8.5 财务透明度是有意义的改革的第一步

缺乏财务透明度是这一倒闭事件的重要源头。LTCM通过将交易在6个或更多交易对手间分开来隐藏其头寸，使每一家交易对手只能部分地理解LTCM的整体头寸。这些环环相扣的交易只有部分出现在这些金融中介的资产负债表中，因为这些交易是衍生品头寸，其中的很多是高度杠杆化的。最后，这些头寸大幅增加了来自LTCM倒闭的系统性风险，而源于LTCM倒闭的传染效应可能会溢出而进入全球金融市场。因为对冲基金已存在，金融监管机构（例如，美联储、证券和交易委员会、日本财政部，以及欧洲央行）正寻求有效的方式，使监管和公开竞争取得平衡。全球的央行也在寻找有效的方法来监管与对冲基金进行常规交易的被监管银行的网络。

① 参见 President's Working Group on Financial Markets. *Hedge Funds, Leverage, and the Lessons of Long-Term Capital Management: Report of the President's Working Group on Financial Markets.* Washington, DC: Department of Treasury, 28 April 1999。

② 接近尾声时，在1998年的夏天，LTCM的杠杆比率上升到100：1以上，原因是其股本迅速下降，而其资产下降相对较缓慢。

8.8.6 长期看，对全球金融市场下注更有效率

在竞争性市场中，很难获得超额利润，因为成功会引来模仿，而模仿会减少原来获利的利润率。一些市场可能反应较慢，但随着时间的推移，在效率不高市场上获利，就像摘取挂果位置低的水果或将桌上的钱捋到口袋中一样。如果那么容易，那么其他人保证会效仿。LTCM 很快就有很多模仿者，结果是，其专有技术失去独特的优势，这就意味着，公司会越来越成为其自身成功的牺牲品。

8.8.7 没有流动性你就无法生存

如果爬山的第一法则是，*抓住一样东西别松手直到抓住其他东西*，那么，对冲基金的第一法则是，*不要买进卖不出去的东西*。当出售变得困难时，流动性是关键，如果你没有一个可以出售资产的现成的市场，那么就需要再次（或多次）审视你的资产。如果 LTCM 没有使自己的杠杆化达到如此极端的程度，缺乏流动性本来不会成为这样的一个问题，但是，当 1997 年和 1998 年的经济环境出人意料地变得混乱，LTCM 只得以特价清算其部分的资产组合，仅仅为了满足其不断增加的保证金催缴通知和抵押的要求。

问题是，很多金融中介具有非常相似的资产组合和风险管理系统。他们也受市场所迫，侧重于短期的财务结果，因为其资产组合是每天盯市的。在流动性紧急状况下，这些机构以同样的方式行动。他们的流动性大逃亡（flight to liquidity）的行为打压了资产价格，并威胁到这些高度杠杆化公司的清偿能力。

8.8.8 为更大利益做一些有价值的事情

仅从规模看，LTCM 在对冲基金领域独占鳌头。当 LTCM 在 1998 年被救助时，它是向美国商品期货交易委员会（CFTC）提交报告的最大的杠杆比率最高的大型对冲基金。其 1 250 亿美元的资产是第二大基金的接

近4倍。[①] 相比较而言，10大美国对冲基金的平均规模只有约360亿美元。

LTCM 的倒闭可能引起广泛的传染效应，这会对其大型的直接交易对手带来重大的财务压力，由于其相似的资产组合头寸，这些交易对手很多会亏损巨大。[②] 金融危机也已引起国际交易所的压力，LTCM 在国际交易所占有5%至10%的未结清权益，在每日交易额中甚至占有更高的百分比。但是，比这一点更为重要的是，如果 LTCM 的交易对手事前进行对冲，那么该基金的倒闭可能引起大规模争夺，以便支持新的敞口头寸。结果是，市场价格甚至可能向更不利的方向变动，引发更广泛和更深刻的后果。信用风险会被重新评估，这会导致信用挤压，更大的不确定性会增加名义收益率中隐含的风险溢价。

当更多的好处大于从单个投资权益（即在这种情况下，LTCM 交易的交易对手及其债权人）中产生的利益时，需要有一种方式来完全、清楚地说明风险在哪里。如果私营当事人没有激励措施来限制其双边风险，以便减少传染效应，那么，也许应由央行、证券监管机构和私营协会就例外情况为主要参与者开开眼界。技巧在于，这样做不能奖励不负责任的行为，也不能鼓励未来的不良行为。

8.9 后记

委托人、债权人、投资者和银团结果怎样

LTCM 的管理公司 Long-Term Capital Management L. P. 转让给了银团。注资救助了这一因严重的抵押损失而产生的倒闭事件中涉及的大多数当事人。因为破坏看起来这么小，在尘埃落定后，Myron Scholes 将 LTCM 倒闭事件称作"其对冲基金的非过错破产"，但是，他很可能没有考虑声誉的

---

① 参见 President's Working Group on Financial Markets. *Hedge Funds, Leverage, and the Lessons of Long-Term Capital Management: Report of the President's Working Group on Financial Markets.* Washington, DC: Department of Treasury, 28 April 1999, 14 and C-13。

② LTCM 测算，如果它违约，其前17家交易对手会损失30亿美元至50亿美元。同上，p. 17。

损害以及全世界的对冲基金和金融机构中所失去的工作机会。①

8.9.1 委托人和员工

Myron S. Scholes 在 LTCM 倒闭后 4 个月退休，计划返回加州，在那里，他将在斯坦福大学演讲和写作。② 2000 年 8 月，Scholes 开始为一家得到 Robert M. Bass 支持的对冲基金 Oak Hill Platinum Partners Fund 工作。③ Robert C. Merton 自 1998 年起在哈佛大学拥有全职教授资格，继续从事繁忙的演讲、研究和咨询工作。David W. Mullins Jr. 离开 LTCM 成为一家门户网站公司 vSimplify 的董事长。

自基金开业以来，LTCM 的职员成为了套利大亨们的奴仆，定期将其所有的资金都投资回公司。这些投资的资金现在不见了，到 1998 年 10 月末，这些员工很多（约 20%）都被解聘。John Meriwether 和其他的委托人失去其大部分的交易决策自主权，他们昂贵的管理费被削减、分割。尽管如此，作为交易的一部分，LTCM 的委托人得以保留其住宅，④ 并为他们在公司的每一年得到 250 000 美元的奖金。很多委托人仍面临痛苦的财务挫折，但这是可以预期的，因为他们导致了倒闭，理应得到一些不好的后果。他们中一些人被允许在年底前离开去从事华尔街工资丰厚的工作。就在倒闭后一年中，John Meriwether 与他在 LTCM 的五个同事⑤一起，开办了一家新的对冲基金。

8.9.2 债权人和投资人

由于进行救助，几乎所有的 LTCM 债权人都得到全额支付。具有讽刺意味的是，不是委托人也不是一部分 LTCM 的核心小组的投资人，结果比

---

① 这一引用来自 Myron Scholes 在 LTCM 倒闭一周年在 *Economist* 杂志主办的研讨会上的发言。由无名氏引用，“Finance and Economics: Economics Focus: When the Sea Dries Up,” *The Economist* 352 (8134) (25 September 1999), 93。

② 参见 Anita Raghavan and Mitchell Pacelle, “Key Figures Set to Leave Hedge Fund—Long-Term Capital Losing Two Partners,” *Wall Street Journal* (3 February 1999), C1。

③ 参见 Robert Goldwyn Blumenthal. “Life After Long-Term Capital May Be Very Sweet, Indeed,” *Baron's* 80 (32) (7 August 2000), 10。

④ John Meriwether 的住宅是一处位于纽约州 Westerchester 郡的面积 67 英亩的地产，是纽约市东北方向的富裕郊区。

⑤ Eric Rosenfeld, Larry Hilibrand, Victor Haghani, Richard Leahy 和 Arjun Krishnamachar.

最初预期好得多。在未能成功将其风险放大到所希望的每年20%之后，LTCM的委托人决定，对于公司所承担的风险水平，公司不需要如此大的资本。结果是，在1997年12月采取大胆行动，强迫投资人拿回其27亿美元的股本，但公司没有减少其投资头寸。结果，LTCM从1998年开始，约有47亿美元股本，而不是它本来拥有的70亿美元。

投资人不高兴，并感到被这种被迫撤资所背叛。理由很清晰，在从1994年2月至1997年12月的3年期间，LTCM已将其资产组合翻两番。投资者问道：*哪个有正常思维的基金会强迫其投资者拿资金回家？*但是，LTCM的委托人变得富有了。他们于1994年投资的1.46亿美元的股本已增长到19亿美元，而这些资金，加上核心小组的战略投资者和主要银行的股本及财务支持，就是它所需要的全部。

总之，在4年的过山车式的旅程中，John Meriwether及其那帮套利者使外部（非委托人）投资者得到的平均净年度收益略低于20%，这是不错的收益。但是，这些投资者的结果与当初一样好，因为他们被迫撤资。因此，当倒闭发生时，他们没有（或相对较少）投资于LTCM。最后，正是John Meriwether和其他的委托人受到LTCM倒闭最大的伤害。

8.9.3 银团

银团的结果喜忧参半。利差没有迅速地趋同，经济仍保持较弱的状况。结果是，LTCM的一些而不是全部头寸结清时获利，但是，整体而言，结果是令人满意的，因为银团投入的全部36.5亿美元都得到偿付。[①]

思考题

1. 考虑到1998年发生的经济和政治动荡，下什么赌注会使John Meriwether及其套利团队获得最高的利润？

2. 假设，2年期的国债的收益率是4%，而5年期国债的收益率是6%。如果你预期这一收益率利差会扩大，解释你会执行的利差交易。

① 参见Joseph Kahn, "Long-Term Capital Said to Earn a Small Profit for Its Rescuers," *New York Times* (11 November 1998), 10。

a. 一年后，假设2年期国债的收益率下跌至3.5%，而5年期国债的收益率上升至6.5%。你的交易会盈利还是亏损？解释原因。

b. 一年后，假设2年期国债的收益率上升至6%，而5年期国债的收益率下跌至5.5%。你的交易会盈利还是亏损？解释原因。

3. 运用图表8.2中的信息，如果LTCM在用融资买入的投资资产上只获得1%的净收益（而不是5%的净收益），计算资产收益率和股本收益率。

4. LTCM为何很难提升其风险水平？

5. 长期融资对于LTCM的策略为何很关键？

6. LTCM的主要资产是什么？什么是其主要的融资来源？

7. 考虑到LTCM的策略，LTCM拥有较高信用评级为何是至关重要的？

8. 解释LTCM是怎样使股本的使用最小化的。

9. 解释引起LTCM资产组合失去多元化可以提供的正常保护的内生（即与对冲基金有关的）因素。

10. LTCM是怎样确保其长期融资的？

11. 解释导致LTCM倒闭的三个主要促进因素。

12. 什么是在险价值（VaR）？它在LTCM倒闭中扮演什么角色？

13. 解释总收益互换的主要好处。

14. 解释亚洲老虎危机（Asian Tiger Crisis）的原因，它是怎样影响LTCM的？

15. 解释俄罗斯卢布危机，它是怎样影响LTCM的？

16. 美联储在LTCM救助中扮演了什么角色？美联储为何介入？

阅读资料

●请访问http：//www.prenhall.com/marthinsen。

参考资料

Adrian, Tobias. "Measuring Risk in the Hedge Fund Sector." Federal Reserve Bank of New York *Current Issues in Economics and Finance* 13 (3) (March/April 2007), 1-7.

Anonymous (Editorial) "Decade of Moral Hazard." *Wall Street Journal* (25 September 1998), A14.

Anonymous. "Finance and Economics: Economics Focus: When the Sea Dries Up," *The Economist* 352 (8134) (25 September 1999), 93.

Anonymous. Hedge Fund Association. "About Hedge Funds" (23 February 2003). http://www.magnum.com/hedgefunds/abouthedgefunds.asp. Accessed 28 December 2007.

Blumenthal, Robert Goldwyn. "Life After Long-Term Capital May Be Very Sweet, Indeed," *Barron's* 80 (32) (7 August 2000).

Bollerslev, Tim. "Generalizing Autoregressive Conditional Heteroskedacity," *Journal of Econometrics* 31 (1986), 307-327.

Brown, Stephen J. and Steenbeek, Onno W. "Doubling: Nick Leeson's Trading Strategy," *Pacific-Basin Finance Journal* 9 (2001), 83.

Dunbar, Nicholas. *Inventing Money: The Story of Long-Term Capital Management and the Legends behind It.* New York: John Wiley & Sons, 2000.

Engle, Robert F. "Autoregressive Conditional Heteroskedacity with Estimates of the Variance of U.K. Inflation," *Econometrica* 50 (1982), 987-1008.

Jennings, Kate, *Moral Hazard.* London: Fourth Estate, 2000.

Kahn, Joseph. "Long-Term Capital Said to Earn a Small Profit for Its Rescuers," *New York Times* (11 November 1998), 10.

Knorr Cetina, Karin and Bruegger, Urs. "The Market as an Object of Attachments: Exploring Postcocial Relations in Financial Markets." *Canadian Journal of Sociology* 25 (2000), 141-68.

Lipin, Steven, Murray, Matt, and Schlesinger, Jacob M. "Bailout Blues: How a Big Hedge Fund Marketed Its Expertise and Shrouded Its Risks—Regulators and Lenders Knew Little About the Gambles at Long-Term Capital—'Stardust' in Investors' Eyes," *Wall Street Journal* (25 September 1998), A1.

Loomis, Carol. "A House Built on Sand," *Fortune* 138 (8) (26 October 1998), 110 – 118.

Lowenstein, Roger. *When Genius Failed: The Rise and Fall of Long-Term Capital Management*. New York: Random House, 2000.

MacKenzie, Donald. "Long-Term Capital Management and the Sociology of Arbitrage." *Economy and Society* 32 (3) (August 2003), 349 – 380.

Muehring, Kevin. "John Meriwether by the Numbers," *Institutional Investor* 30 (11) (November 1996), 68 – 81.

Pacelle, Mitchell, Scism, Leslie, and Lipin, Steven. "How Buffett, AIG and Goldman Sought Long-Term Capital, but Were Rejected," *Wall Street Journal* (30 September 1998), C1.

Perold, André F. "Long-Term Capital Management, L. P. (A)," Harvard Business School, case 9-200-007 (5 November 1999).

Perold, André F. "Long Term Capital Management, L. P. (B)," Harvard Business School, case 9-200-008 (27 October 1999).

Perold, André F. "Long Term Capital Management, L. P. (C)," Harvard Business School, case 9-200-009 (5 November 1999).

Perold, André F. "Long Term Capital Management, L. P. (D)." Harvard Business School, case 9-200-010 (28 October 1999).

Perrow, Charles. *Normal Accidents: Living With High-Risk Technologies.* Princeton, NJ: Princeton University Press, 1999.

President's Working Group on Financial Markets. *Hedge Funds, Leverage, and the Lessons of Long-Term Capital Management: Report of the President's Working Group on Financial Markets.* Washington DC: Department of Treasury, 28 April 1999.

Raghavan, Anita and Pacelle, Mitchell. "Key Figures Set to Leave Hedge

Fund—Long-Term Capital Losing Two Partners," *Wall Street Journal* (3 February 1999), C1.

Scheifer, Andrei and Vishny Robert W. "The Limits of Arbitrage." *Journal of Finance* LII (1) (March 1997), 35 – 55.

Scholes, Myron S. "The Near Crash of 1998: Crisis and Risk Management." *American Economic Review* 90 (2) (May 2000) 17 – 21.

Schroeder, Michael and Schlesinger, Jacob M. "Fed May Face Recrimination over Handling of Fund Bailout," *Wall Street Journal*, (25 September 1998), A8.

Seely, Beth. "Long-Term Capital Management-An Analysis of Intervention As a Prisoners' Dilemma." Working Paper No. 99 – 01 Commodity Futures Trading Commission (24 February 1999), 1 – 20.

Spiro, Leah Nathans, with Laderman, Jeffrey M. "How Long-Term Rocked Stocks, Too. It Wasn't Just the Bond Market That LTCM Endangered," *Business Week* (9 November 1998), 160.

第 9 章

Amaranth Advisors LLC：运用天然气衍生品对气候下注

9.1 前言

Nicholas Maounis 对于他 2000 年创立的对冲基金在 6 年时间内壮大的程度和速度本来应该充满骄傲，并会有点惊奇。Amaranth Advisors LLC 及其所管理的资金（以下简称 Amaranth），从一个相对较小的大约有 30 名资产组合经理、分析师、交易员和支持人员组成的团队，成长为全世界第 39 位的对冲基金，资产净值达到约 90 亿美元，全球员工数量超过 400 名。①

Amaranth 从 2000 年创立到 2005 年期间每年的利润增长达到两位数，

① 当时全世界约有 9 000 家对冲基金。

到2006年4月底，年化收益正迈向到当年年底应达到114%的道路。在接下来的5个月中发生了什么，会使公司损失64亿美元——大部分损失发生在9月期间的一个星期之内？很少的几个人怎么会如此迅速地损失这么多呢？

本章的目的是解释Amaranth的天然气策略及其面对的风险。我们的分析从公司持续提升其天然气交易部门的2005年，以及公司遭受毁灭性损失的2006年年底开始。我们的讨论会说明，错误的策略、下大赌注以及市场环境的急剧变化怎样共同作用，为Amaranth赢得了史上最大的对冲基金灾难的名声。但是，如果故事到此为止，Amaranth可能只是作为大型对冲基金破产的又一个故事留在记忆中，事实并非如此。Amaranth被指过度投机、价格操纵和进行监管套利，因为天然气与美国民众的日常生活如此紧密而又复杂地交织在一起，所有这些都立刻使这一金融灾难引起更广泛的关注。

9.2 Amaranth Advisors LLC

Amaranth Advisors LLC开业时是一家多种策略的对冲基金，专注于可转换债券、兼并、收购、企业重组和公用事业。[①] 公司的创始人和CEO Nicholas Maounis的职业始于1985年，为一家位于纽约的投资银行LF Rothschild，Unterberg，Towbin Holidngs工作，后来转投一家对冲基金Angelo，Gordon & Co.。1992年，他加入一家有25年历史的对冲基金Paloma Partners Management Company（Paloma），该基金专门从事相对价值交易和其他结构性投资。在Paloma，Maounis管理约25名交易员和助手，负责各种针对美国、日本、欧洲和加拿大市场的套利型资产组合。正是在Paloma工作的8年期间，Maounis提升了交易技能，并最终管理一个4亿美元的可转换债券的基金。Maounis于2000年离开Paloma，筹集了2亿美

① Amaranth Advisors LLC是一家特拉华的有限责任公司，管理着Amaranth Partners LLC，Amaranth Capital Partners LLC和Amaranth International Ltd。这些基金成为主从结构（master feeder structure）的一部分。

元，创立了 Amaranth。[1]

Amaranth 的最低投资额是 500 万美元，最初的投资人受 13 个月锁定期（lock-up period）的限制，并提前 90 天通知方可赎回。[2] 锁定期结束后，需要提前 45 天书面通知才能提取年度利润，并且只能一年 4 次（一月、四月、七月和十月），并收取 2.5% 的费用。还有一项支取门控规定（gating provision），将一年 4 次的提取金额限制在投资人资产净值的 7.5% 以内。这些规定减少了对基金挤提的风险，为 Amaranth 提供了更多的保证，无须因客户挤提而不得不斩仓。像很多对冲基金一样，Amaranth 收取 1.5% 的管理费，并对超出投资人高水线（high-water mark，指之前的最佳业绩，译者注）的盈利进行 20% 的分成。此外，要求员工将每年 1/3 的奖金投资于 Amaranth，并且有一个 3 年的服务期，3 年服务期以后才可提取。

到 2002 年，Amaranth 将其投资的领域延伸至能源行业。进入能源行业的多元化，碰巧赶上前一年安然公司的丑闻及其随后发生的倒闭。作为能源产品的主要做市商，安然的离去留下一个巨大的真空，是类似 Amranth 这样的公司积极谋求的。为了领导这一新的行动，Amaranth 聘用了前安然公司的一名交易员 Harry Arora。意识到能源市场的高度波动性，Amaranth 希望将这一领域的敞口限制在其资本的 2% 以内。

从 2001 年至 2003 年，Amaranth 获得丰厚的利润，回报分别达到 29%、15% 和 21%，但是到 2004 年年中，来自核心专门技巧领域的投资回报不到 4%。股市波动性的大幅下降，以及公司债券和政府债券收益利差的缩小，使可转换债券的交易在 2004 年的前 5 个月期间下降 6.5%，而该交易在高峰时占 Amaranth 资产组合的 60%。在这一阶段，Amaranth 在其信用产品方面遭受损失，当时标普将通用汽车公司和福特汽车公司的信用评级降至投资级别以下。

---

① Amaranth 最初的资金很多来自 Paloma。后来，Amaranth 得到了保险公司、基金的基金、退休金和养老金项目、拥有较高净资产的个人、金融机构、基金会以及内部人资本的融资。公司的投资人名单就像是金融界的名流，包括著名的机构，如 Arden Asset Management，Credit Suisse，Glenwood Investments，Goldman Sachs Asset Management，Ivy Asset Management，Man Investments，Morgan Stanley，New Market Capital Partners，Pine Grove Associates，Rock Creek Management 和 UBS Asset Management。

② 2005 年 2 月，锁定期的规定增加至 2 年。

为提升利润，Amaranth决定将更多资源投入能源相关的投资。但是，为此，公司需要一名有经验的交易员和带头人建立能源套利交易室。Amaranth聘用了一名加拿大出生的天然气交易员Brian Hunter，此人身高六英尺五英寸，刚刚经历一段动荡的关系而离开德意志银行。Hunter喜欢开法拉利和宾利，几乎立即激活了Amaranth的盈利能力，在头6个月中盈利2亿美元。

到2005年年中，公司的能源套利业务盈利超过10亿美元，而公司亦将30%的股本投入该业务。Hunter成了英雄，他也获得了更大的交易权限，提升为Amaranth大宗商品团队的共同主管，奖金达7 500万美元（仅2005年），并从未来交易利润中提成（从10%提高到）15%。[①] 为了满足Hunter在老家工作的愿望，Maounis将Amaranth的交易室搬至Alberta省的Calgary市。Maounis很高兴支付奖金，提供丰厚的福利待遇，因为他也从Hunter的利润中挣得奖金（2005年一年就达7 000万美元）。

2006年年初，Amaranth资产组合的资产净值增加到约90亿美元，公司在美国康涅狄克州的Greenwich和德克萨斯州的休斯敦、加拿大的多伦多和Calgary、英国伦敦和新加坡设立了机构。看起来似乎Amaranth找到了不断稳固增长和盈利的药方。同样重要的是，公司的首席风险经理Robert Jones及其12名下属似乎拥有所需的技能，可以在风险和收益的诡谲的暗礁中领航。[②]

9.3 天然气市场

天然气为我们的生活提供燃料。2006年，天然气占美国所有能源消费的22%，超过60%的美国家庭使用天然气为住宅供暖，为热水器加热，烘干衣服，或用天然气生产的电力为家用电器供电。天然气也用于生产各种产品，如铝、砖、化工产品、服装、电力、肥料、玻璃、绝缘材料、药

① 给予Hunter如此慷慨薪酬的决定，是受到他从Steven Cohen的SAC Capital Advisors LLC获得的工作机会的重大影响，该公司是一家位于Stamford的对冲基金，资产达85亿美元。他们提供给Hunter的待遇是事前支付1 000万美元的奖金。

② Amaranth与其他对冲基金不同的是，公司为每一个交易账户指定风险经理与交易员同处一个交易室。

品、纸张、油漆、塑料和钢铁。甚至在后院用来烤肉的丙烷也是由天然气制成，更重要的是，天然气是所有化石类燃料中最清洁的一种。[①]

天然气与石油竞争激烈，但两个市场颇为不同，而这些差异很重要。石油市场中，价格由全球的供需状况决定，与之相对照的是，天然气在当地生产和消费。美国人消费的天然气大多是在美国本土生产的。进口的相对较少，而进口主要是通过管道从加拿大或通过液化天然气（LNG）从阿尔及利亚、埃及和特立纳达进口。

大约20家大型天然气供应商占据美国所有天然气生产的60%。与石油不同，天然气无法方便地通过船只运输。因此，在春季和初夏的月份（反季节）中，天然气储存在地下的盐洞、矿、蓄水层、排空的（石油和天然气）储存槽和坚硬的石洞中。在美国的下48州（译者注：指美国大陆的州，不包括夏威夷和阿拉斯加）约有400个储存设施，是由约120家管道公司、地区的分销公司、独立的储存设施以及第三方运营商拥有、管理或租赁的。储存天然气的能力很重要，因为可以使市场参与者从现货和远期/期货市场之间的套利机会中获利（本章后面的部分将有更多论述）。

1978年，国会通过《天然气政策法案》，该法案在随后的6年期间去除了大多数对天然气的联邦管制。因此，从1984年以来，美国天然气的井口价（well-head price）已经主要通过供求的市场力量决定。在短期内，天然气价格的变动和生产之间关系的弹性很低。价格升高会鼓励生产和发现新的天然气井，但是，供应量的增加通常相对较小，并需要时间才能供应到市场。天然气的需求也是没有弹性的。总体而言，美国（两年期间内）天然气需求的价格弹性约为 -0.14，这就意味着，价格上涨10%，引起的需求量的下降只有1.4%。[②] 由于供求的弹性非常小，天然气价格常常波动性很大，会鼓励投机，不幸地助长了市场的扭曲。

从1985年至1999年，美国天然气的价格相对成本较低，平均而言，每百万英国热量单位（MMBtu）1.85美元，在约2美元/MMBtu的较窄的

---

① 能源信息管理局，*Natural Gas Basics 101*，可从 http://www.eia.doe.gov/basics/naturalgas_basics.html 网站获得。2007年12月28日从网站下载。

② 参见 Dave Costello，*Reduced Form Energy Model Elasticities from EIA's Regional Short-Term Energy Mode*（*RSTEM*），2006年5月9日。可从 http://www.eia.doe.gov/emeu/steo/pub/pdf/elasticities.pdf 网站获得。2007年12月28日从网站下载。

幅度内（即在1.22美元/MMBtu和3.30美元/MMBtu之间）波动（参见图9.1）。在这一14年的期间内，消费稳步上升，但是，国内生产滞后。尽管如此，天然气价格仍很低并保持稳定，因为任何过多的需求会通过进口天然气和液化天然气（LNG）得到满足。

图表9.1　　**美国天然气价格：1985年1月至2006年1月**

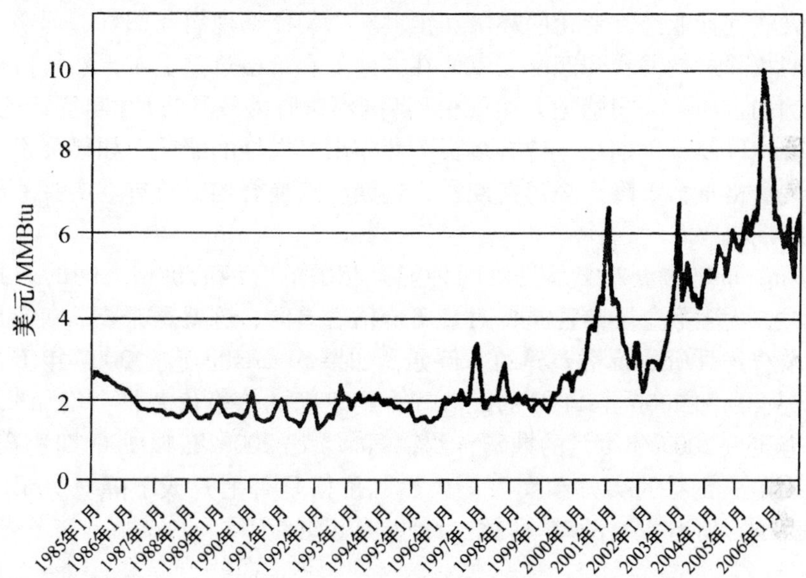

资料来源　Energy Information Administration，Natural Gas Prices；可从http：//www. eia. doe. gov/dnav/ng/ng_ pri_ sum_ dcu_ nus_ m. htm网站获得。2007年12月28日从网站下载。

从2000年至2006年，情况发生了急剧的变化。天然气的平均价格上升了几乎160%至4.81美元/MMBtu，并在约8美元/MMBtu的较大幅度内（即在2.12美元/MMBtu和10.04美元/MMBtu之间）变动。波动性也大大增加。批评人士认为，基础的市场基本面不再能够解释现货价格的急剧上涨，同样重要的是，基本面无法解释现货价格和期货价格之间不断扩大的差异。有别的东西引发了价格和价差的变动。正是在价格波动和不确定的环境下，Amaranth在2005年对天然气下注，并在2006年加大了赌注。

9.4 Amaranth 天然气交易策略和业绩：2005 年至 2006 年[①]

Amaranth 是运用衍生品合约的老手，其对交易策略进行细微调整以适应天然气行业经常变化的环境和预测。公司流畅地启动期货、远期、互换和期权并进行混合和匹配，以便在方向上和价格价差上对天然气价格下注。例如，如果公司感觉天然气价格将会上升，公司通过在期货、远期、互换合约以及看涨期权上持有多头头寸作出方向性的赌注。如果公司感觉天然气价格将会下降，公司在期货、远期、互换合约上持有空头头寸而买入看跌期权。

Amaranth 的价差交易是对两种能源相关的合约的价格之间的差异进行下注，大多数这类赌注是针对日历价格价差的，这就意味着，它们是针对两个合约月份的价格差异的。例如，如果 Amaranth 感觉 2007 年 1 月的天然气合约和 2006 年 11 月的天然气合约之间的价格价差将会增加[②]，公司就会买入 2007 年 1 月的期货合约，同时卖出 2006 年 11 月的期货合约。一旦确定了交易的买方和卖方，天然气价格是否上升或下降对 Amaranth 没有影响；所有重要的事就归结为价差是否变化。

9.4.1 2005 年：运用买入期权多头对气候下注

在 2000 年和 2004 年之间的 4 年期间内，天然气价格除 2002 年外每个冬天都是上升的。2005 年年初，首席交易员 Brian Hunter 对天然气价格在来年是否还会上升犹豫不决。为了从这一预期中获利，他买入了大量的天然气虚值买入期权。在上半年，他的赌注似乎可能会失败，看起来

---

① 除另作标注以外，本章节的事实部分取自美国参议院有关国土安全和政府事务调查委员会的永久性分委会（United States Senate Permanent Subcommittee on Investigations Committee on Homeland Security and Governmental Affairs），*Excessive Speculation in the Natural Gas Market and Appendix*, *Washington D. C. Government Printing Office*, 25 *June* 2007。*Staff Report-Excessive Speculation in the Natural Gas Market*；可从 http：//hsgac. senate. gov/_ files/062507Report. pdf 网站获得。*Appendix-Excessive Speculation in the Natural Gas Market*；可从 http：//hsgac. senate. gov/_ files/062507Appendix. pdf 网站获得。2007 年 12 月 28 日从网站下载。（下称 *PSI Report*, 25 *June* 2007）

② 传统而言，先要提及价差交易的买方，然后才是卖方。因此，买入 2007 年 1 月份/2006 年 11 月份的价差，意味着，买入 2007 年 1 月份的期货合约，卖出 2006 年 11 月份的期货合约。

Hunter 的期权似乎可能在该年的剩余时间内仍会处于水下。天然气囤积充裕，而气候预测专家正预测夏末秋初的飓风会受到抑制。结果是，天然气价格从 1 月至 6 月保持相对平缓（参见图 9.2）。当 Amaranth 报告其 2005 年年中业绩时，结果令人失望，损失达到约 1%。

图表 9.2　　2005 年美国天然气价格

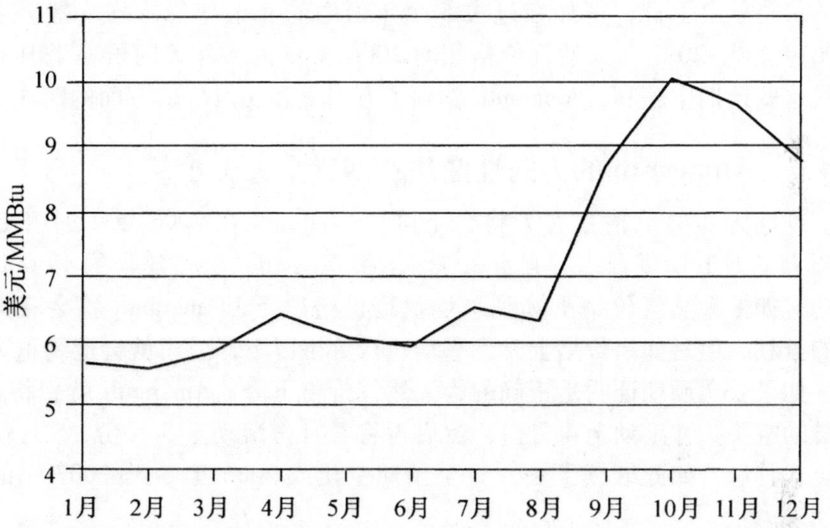

资料来源　Energy Information Admisitration, Natural Gas Prices；可从 http：//tonto. eia. doe. gov/dnav/ng_ pri_ sum_ dcu_ nus_ m. htm 网站获得。2007 年 12 月 28 日从网站下载。

到夏末时，行业环境变化很快。2005 年 8 月末飓风 Katrina 报复性地袭击了墨西哥湾沿岸和新奥尔良地区，不到一个月的稍后时期，飓风 Rita 紧随而来。这些严重的风暴毁坏了大量的天然气平台和几十英里的管道，引起天然气供应量大幅下降。天然气价格暴涨，而当价格上升时，Amaranth 的虚值买入期权突然变成了极有价值的资产。到年底，Amaranth 在能源相关的投资上的利润占其 21% 年收益的几乎 98%。

9.4.2　运用期货和价差对气候下注

飓风 Katrina 和 Rita 的经济影响消散的速度比预期的要快，随之而来的是相对温和的冬天。结果，Amaranth 转变了能源策略，以便从这些新的情况及公司修订的预期中获利。公司的推理是，天然气的饱和状态将继续在 2006 年整个夏天对价格形成向下的压力，但是由于预见到气候引发的供应的混乱，供货出现瓶颈，和/或寒潮的来临，这种状态到 2006 年冬天/2007 年的供暖季节将会消失。一旦过剩的状况消除，Amaranth 认为冬天的价格就会上升，正如在过去 5 个年份中的 4 个年份一样，就会引起 2006 年冬天/2007 年天然气价格相对 2006 年夏天和秋天的价格上升。为了从这些预期中获利，Amaranth 作出了方向上和相对价值方面的赌注。

9.4.3 Amaranth 的方向性赌注：期货空头头寸

预期天然气价格在春天将会下降，Amaranth 在 2006 年 1 月开始对 2006 年 3 月的期货合约持有空头头寸。到 2 月初，公司建仓约 40 000 个合约。如果天然气价格下降到平均执行价格以下，Amaranth 就会获得丰厚的盈利，但是如果价格上升到平均执行价格以下，公司就会遭受重大损失。如果公司预期证明是正确的，天然气价格下降，Amaranth 就想将其 3 月份的空头头寸滚动至 4 月份，然后再将 4 月份滚动至 5 月份，5 月份滚动至 6 月份，如此继续下去，直至预期变化或 2006 年冬天/2007 年的月份到来为止。

举个例子可能有助于解释 Amaranth 是如何盈利的。2006 年 4 月 24 日，当 2006 年 3 月份的期货合约到期时[①]，Amaranth 持有约 20 000 个 2006 年 3 月份的空头期货合约。我们假设，Amaranth 资产组合中合约的价格是 9.80 美元/MMBtu。为了将这一头寸转期，公司购买了 20 000 个 2006 年 3 月份的期货合约，用以抵消其空头头寸，同时，公司卖出其新头寸所希望达到的数量的 2006 年 4 月份的期货合约。[②] 2006 年 2 月 24 日，2006 年 3 月份期货合约的价格约为 7.10 美元/MMBtu，而 2006 年 4 月份期货合约的价格约为 7.30 美元/MMBtu。因此，平均而言，公司

---

① 纽约商品交易所（NYMEX）和州际交易所（ICE）的天然气合约在合约月份第一天之前的三个营业日到期。2006 年 3 月期货合约在 2 月 24 日到期，因为 2 月 25 日和 26 日是周末。

② 事实上，Amaranth 在 3 月一直在对 2006 年 4 月份期货空头头寸加仓，因此，公司只能把公司 4 月的头寸增加到所希望的那样。

20 000个2006年3月份合约中的每一个合约所挣得的利润是2.70美元/MMBtu（即9.80美元/MMBtu－7.10美元/MMBtu）（参见图9.3）。因为Amaranth希望增加其空头敞口，结果是，2006年4月份的期货头寸比2006年3月份的头寸大一点（即约25 000个合约）。

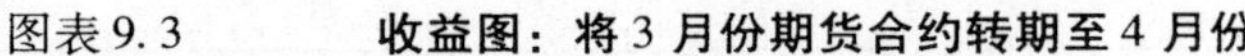
图表9.3　　**收益图：将3月份期货合约转期至4月份**

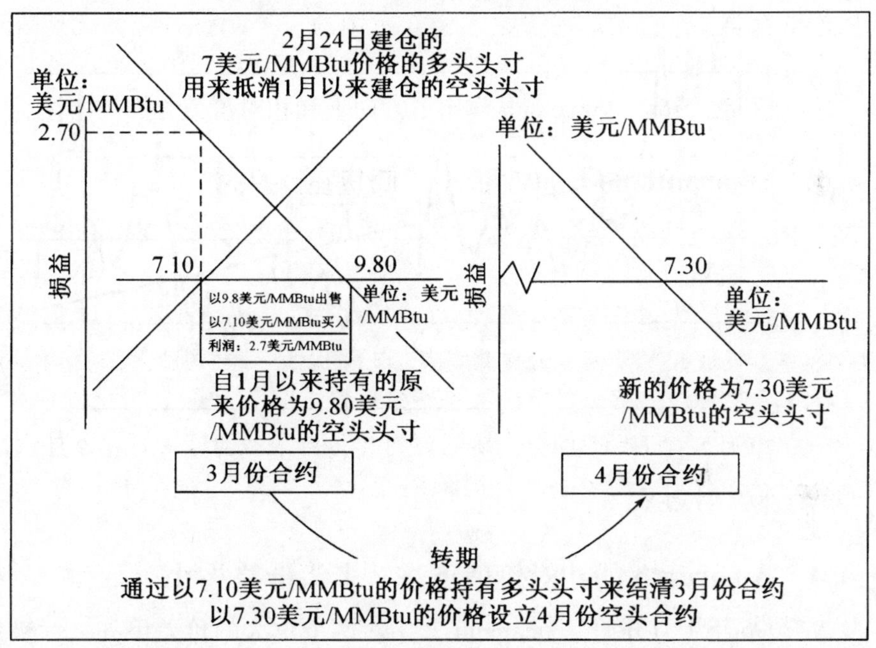

尽管被风暴破坏的天然气平台在2006年春天仍然无法开工，生产仍回到了飓风前的水平，主要是由于发现了新的天然气井。储存的天然气储备开始增加，伴随需求减少供应增加的前景引起天然气期货价格下降。只要公司转期，公司就会在每一个转期日获利，而通过将投资转期，公司同时又设立了基础，可以在下一个月赚取更多的利润。除了期货价格表现为过山车模式的某些很短暂的时期（参见图9.4），在2006年1月至8月的期间内，Amaranth的策略是有效的、盈利的。Amaranth方向性下注有问题的方面是其下注太大。到8月29日，Amaranth公司2006年9月份期货

空头头寸已增加到约105 000个合约![1]（参见风险提示板9.1）

图表9.4　下个月期货价格：2006年1月至2006年9月末

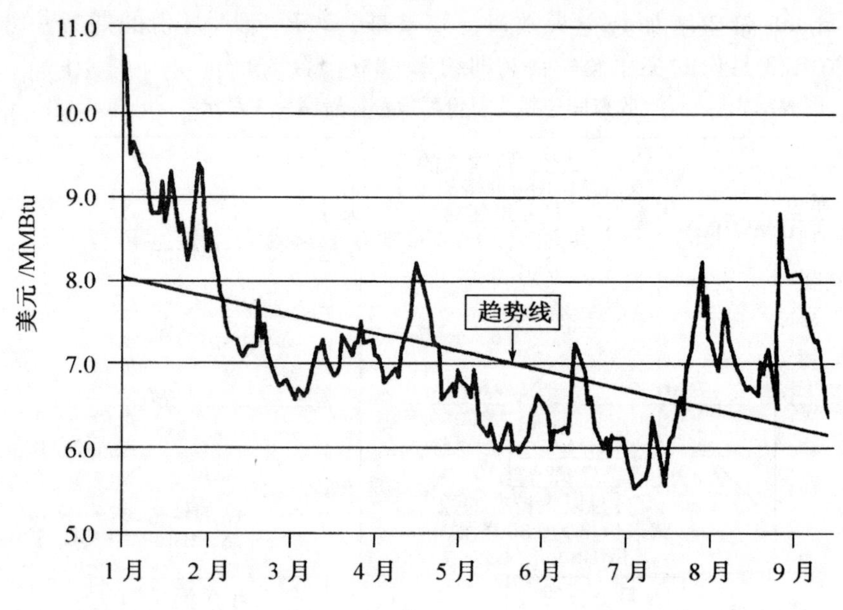

资料来源　NYMEX.

9.4.4　Amaranth的相对价值下注：多头价差头寸

从2006年1月开始，Amaranth开始对两个重大的价差下注，后被证明是致命的。预期2007年冬天相对2006年价格会上升，Amaranth买入2007年冬天到期的天然气合约，售出2006年秋天到期的合约。[2] 公司第二个重大的赌博是基于2007年3月份/2007年4月份的价格价差的。预期天然气价格在冬季的最后一个月（即3月）相对春季的第一个月（即4月）会上升，Amaranth买入2007年3月份期货合约，同时卖出2007年4月份合约。

---

① 2006年8月29日这一日期是重要的，因为是2006年9月份合约到期日。

② 事实上，Amaranth将其冬季/秋季价差赌注的期限一直延伸至2010年。最终使公司倒地的头寸是对2007年冬季/2006年秋季以及2007年3月份/2007年4月份的合约进行的赌注，因此，我们会将注意力集中在这些赌注上。

风险提示板 9.1

天然气的度量和 Amaranth 头寸的透视

有两种方法来度量天然气，一种是按能量，一种是按数量。能量是用英国热量单位（Btu）进行度量的，数量是用立方尺（cf）来度量的。在美国，商品期货交易委员会（CFTC）将拥有200或更多个天然气合约的任何人视为大交易商。2006年的某些时候，Amaranth 仅一个合约（原文为 contact，应为 contract，译者注）月份（即 2006 年 9 月）就持有 100 000个以上的天然气期货合约！100 000 个期货合约头寸相当于多少天然气呢？这表示多大的财务赌注呢？我们来透视一下。

●NYMEX 是指纽约商品交易所

●ICE 是指洲际交易所

●1 NYMEX NG（天然气）期货合约 = 100 亿 Btu（即 10 000MMBtu）

●1 ICE NG 期货合约 = 2 500MMBtu

●1 NYMEX NG 期货合约 = 4 ICE NG 期货合约①

●1 立方尺（cf）天然气 = 1 031 Btu

●1 NYMEX NG 期货合约 = 9 699 321.05 立方尺天然气

●100 000 NYMEX NG 期货合约 = 9 699.321 亿立方尺天然气

●（2006 年）美国居民天然气消费量 = 43 553.33 亿立方尺（MMcf）②

●100 000 NG 合约≅2006 年美国居民能源消费量的 22%

●100 000 NYMEX NG 天然气合约保证金≅6.75 亿美元

●100 000 NG 天然气期货合约价格变动 1 美分 = +/－1 000 万美元

图表 9.5 表示的是价格为 11 美元/MMBtu 的 2007 年 1 月份期货多头头寸和价格为 10 美元/MMBtu 的 2006 年 11 月份期货空头头寸的收益图。买入 2007 年 1 月份合约，同时卖出 2006 年 11 月份合约，被称为*买入价差*，因为增加 1 月份价格相对 11 月份价格之间价差的价格变动的任何组

---

① 在本章，所有提及的天然气合约都已按 NYMEX 合约进行了标准化，因此，买入 1 个 NYMEX 合约和 4 个 ICE 合约将会作为两个合约。

② 美国能源信息管理局，美国政府的官方能源统计数据，更新日期为 2007 年 12 月 21 日。可从 http：//tonto. eia. doe. gov/dnav/ng/hist/n3010us2A. htm 网站获得。2007 年 12 月 28 日从网站下载。

合都会盈利，当然，减少价差就会亏损。风险提示板 9.2 提供了一个详细的例子，说明价差交易是怎样盈利的。

图表 9.5　　Amaranth 公司 2007 年 1 月份 /2006 年 11 月份价差多头头寸

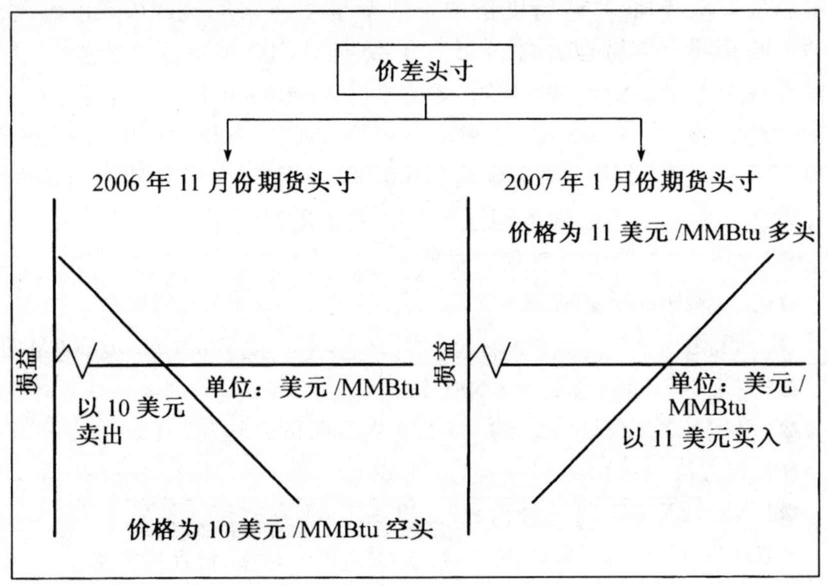

风险提示板 9.2
理解价差交易是怎样盈利的

理解 2007 年 1 月份 /2006 年 11 月份价差多头头寸是怎样盈利的一个简单方法是，通过固定两个期货价格中的一个，改变另一个价格，增加价格价差，来看看会发生什么。例如，假设，2006 年 4 月 10 日，Amaranth 通过买入 2007 年 1 月份天然气期货合约并卖出 2006 年 11 月份期货合约，来锁定 2007 年 1 月份 /2006 年 11 月份价差。假设，2006 年 11 月份价格是 10 美元/MMBtu，2007 年 1 月份的价格是 11 美元/MMBtu，意味着价差等于 1 美元/MMBtu。一个月后（2006 年 5 月 10 日），假设 2007 年 1 月份的期货价格上升至 12 美元/MMBtu，而 2006 年 11 月份的期货价格保持 10 美元/MMBtu 不变，使价差从 1 美元/MMBtu 上升至 2 美元/MMBtu。Amaranth 可以卖出

2007年1月份期货合约，买入2006年11月份期货合约，从而结清头寸。这样做的话，公司在2006年11月份期货合约上不盈利，因为买入价格和卖出价格是一样的。但是，公司会在2007年1月份合约上盈利，因为公司达成了协议，以11美元/MMBtu的价格为2007年1月份的交货买入天然气，同时，以12美元/MMBtu的价格卖出[①]（参见图表RN9.2.1）。

图表RN9.2.1　2007年1月份价格上升时Amaranth价差头寸的盈利

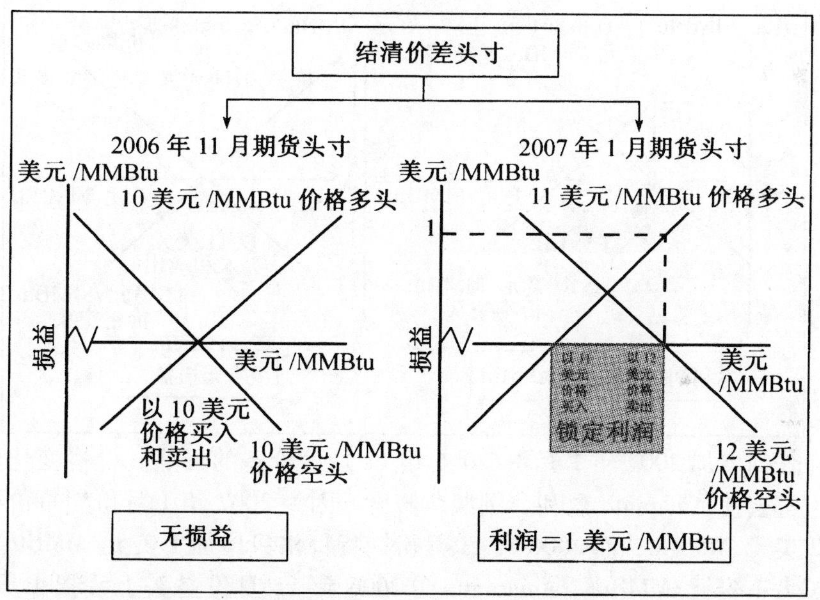

现在，我们重新开始，但是，这一次，假设在2006年4月10日和2006年5月10日之间，期货价格保持11美元/MMBtu不变，而2006年11月份期货价格从10美元/MMBtu下降至9美元/MMBtu，因此，价差从1美元/MMBtu上升至2美元/MMBtu。Amaranth可以买入2006年11月份合约，卖出2007年1月份合约，以便结清头寸。结果是，公司在2007年1月份合约上不盈利，但是，公司在2006年11月份合约上盈利1美元/

① NYMEX期货合约针对的是10 000/MMBtu的单位，因此，这个1美元/MMBtu的价格的上涨，会盈利10 000美元。

MMBtu（参见图表 RN9.2.2）。

图表 RN9.2.2　2006 年 11 月份价格下降时 Amaranth 价差头寸的盈利

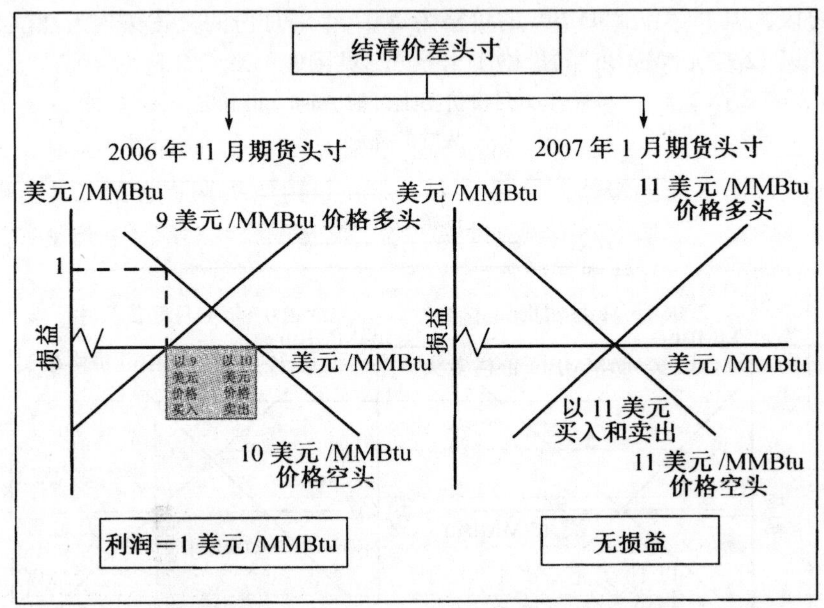

任何增加 2007 年 1 月份/2006 年 11 月份价差的天然气价格变化的组合，都会使 Amaranth 盈利。例如，假设，因为 2007 年 1 月份期货价格增加 2 美元/MMBtu，而 2006 年 11 月份期货价格只增加 1 美元/MMBtu，价差扩大 1 美元/MMBtu。Amaranth 在 2006 年 11 月份空头上亏损 1 美元/MMBtu，但是在 2007 年 1 月份多头上盈利 2 美元/MMBtu。类似地，如果 2007 年 1 月份期货价格下降 1 美元/MMBtu，而 2006 年 11 月份期货价格下降 2 美元/MMBtu，公司会在 2007 年 1 月份多头上亏损 1 美元/MMBtu，但是在 2006 年 11 月份空头上盈利 2 美元/MMBtu。

2006 年 2 月初，当价差低于 1.30 美元/MMBtu 时（见图表 9.6），Amaranth 开始在 2007 年 1 月份/2006 年 11 月份天然气期货合约上大量建仓，到月底，公司持有超过 25 000 个合约（即约 25 000 个 2007 年 1 月份多头合约和约 25 000 个 2006 年 11 月份空头合约）。在 3 月和 4 月期间，

Amaranth 将这一价差多头头寸增加至约 30 000 个合约。[①] 到 2006 年 4 月末，2007 年 1 月份/2006 年 11 月份价格价差已经增加到 2.20 美元/MMBtu 以上，看起来 Amaranth 发现了金矿，很多人认为，Brian Hunter 能点石成金。仅在 4 月，Amaranth 的资产组合盈利（至少是账面）超过 12 亿美元。如果情况像前 4 个月那样，2006 年的年化利润将会达到约 114%！Amaranth 寻求结清头寸，因为公司意识到，这些利润是很脆弱的，Amaranth 决定在 5 月进行部分的获利了结以减少风险。为此，公司试图采取两方面的策略。一是，Amaranth 想用空头期货合约来冲抵冬天的多头敞口。二是，公司想通过使财务上结清的合约到期，并通过冲抵实物上结清的合约并转期至较晚的月份，来减少其夏天的空头头寸。

图表 9.6　　2006 年期间 Amaranth 三个主要赌注的价格价差

2006 年 1 月至 2006 年 9 月

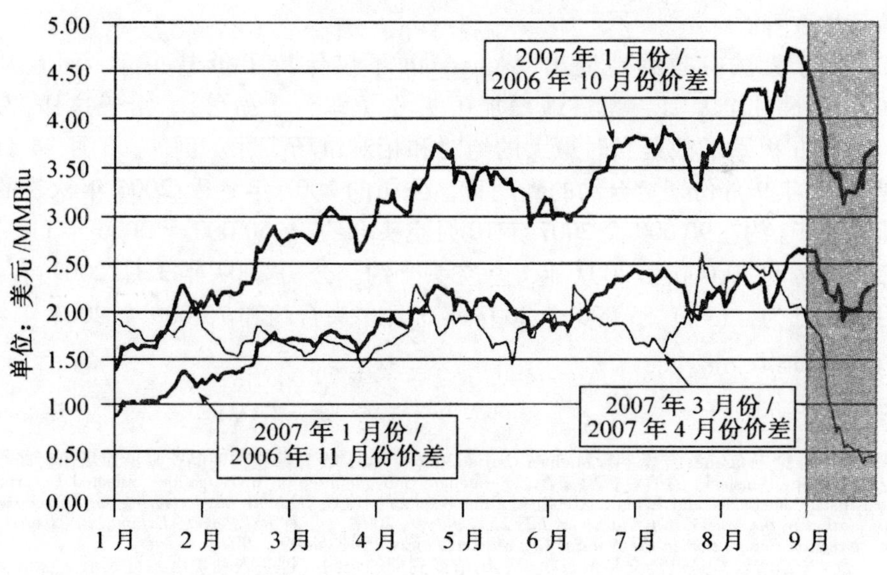

资料来源　NYMEX.

---

① 在 3 月期间，Amaranth 减少了 2006 年 11 月份公司持有的期货合约，但是，仍通过增加其对 2006 年 10 月份期货合约的持有量而保持公司的价差头寸。2006 年 4 月，公司又回过头，主要持有 2006 年 11 月份的期货合约。

问题是要为这些交易以 Amaranth 盈利的价格找到对手，而这样的对手就是找不到。[①] 在 2006 年 11 月份合约上，Amaranth 持有的头寸占纽约商品交易所（NYMEX）未结清权益的 60% 至 70%，在 2007 年 1 月份合约上，公司持有 50% 至 60%。[②] 公司也在洲际交易所（ICE）持有很大比例的合约，并在场外市场上持有大量未结清头寸。Amaranth 的担心是，在没有流动性的市场上卖出这些头寸会使其收益跳水，从而使这些头寸变成了天然气市场有毒垃圾的等价物。

在 5 月期间，价格价差开始下降（参见图表 9.6），抹掉了公司在 4 月几乎所有的盈利。更糟的情况是，Amaranth 在很多非能源投资上亏损。[③] 如果 Amaranth 在这一时点上结清头寸，损失约为 11 亿美元。但是，管理层不愿意接受如此大的损失，因为在过去曾是那样的成功，而其能源策略看起来仍然很有前途。结果是，公司决定持有头寸，等待市场环境和流动性改善。

由于无法有盈利地退出，Amaranth 不仅保持了价差头寸，而且从 2006 年 6 月至 8 月，激进地增加了头寸（即*头寸加倍*）。由于这样做，Amaranth 积累了截至当时最大的绝对和相对市场头寸。例如，8 月 24 日是 2006 年 9 月份期货合约的到期日，公司的 2007 年冬季/2006 年秋季的头寸为，（约）90 000 个 2007 年 10 月空头合约，[④] 50 000 个 2006 年 11 月多头合约和 70 000 个 2007 年 1 月空头合约。公司 2007 年 3 月/2007 年 4 月的头寸为，（约）55 000 个 2007 年 3 月多头合约和 75 000 个 2007 年 4 月空头合约。

---

① 参见 Amaranth 合规主管 Michael Carrieri2006 年 8 月 15 日给纽约商品交易所市场监督高级主管 Anthony Densieski 的信。资料来源：Permanent Subcommittee on Investigations Selected Excerpts from Instant Messages and E-mails Obtained from Amaranth LLC. *Exhibit List*: *Hearing on "Excessive Speculation in the Natural Gas Market*," *July* 25 & *July* 9, 2007.（下称 *PSI Report*, *Exhibit List*: *Hearing on "Excessive Speculation in the Natural Gas Market*," *July* 25 & *July* 9, 2007）。

② 未结清权益是已经交易但未执行、结清或到期的合约（即买入和卖出的订单对（pairs of buy and sell orders））的数量。如果未结清权益上升，资金流入市场；如果权益下降，资金流出。

③ 2006 年 5 月初，Amaranth 资本配置为：能源 38%、信用产品 23%、国际可转换套利和波动性产品 12%、多头/空头股票 8%、统计性套利产品 9%、大宗商品 6%、美国可转换套利产品 3%，以及合并套利产品 1%。参见 *Amaranth May* 2006 *Update to Investors*, prepared by Amaranth。资料来源：*PSI Report*, *Exhibit List*: *Hearing on "Excessive Speculation in the Natural Gas Market*," *July* 25 & *July* 9, 2007。

④ 2006 年 7 月底，Amaranth 将其 2007 年 11 月份的期货头寸从空头变成多头，并用 2006 年 10 月的期货空头头寸来平衡其 2007 年 1 月的多头头寸。

2006年8月末，以及进入9月后，天然气价差大幅下降（参见图9.6）。仅8月29日，Amaranth就亏损约6亿美元，但是，幸运的是，由于其余资产组合的收入，公司成功地在8月实现约6.35亿美元盈利。尽管如此，Amaranth投资策略的基础垮塌了。Amaranth的清算代理商JP Morgan Chase（JPM）持有超过20亿美元的保证金，越来越担心Amaranth可能无法满足未来的保证金要求。JPM有责任向交易所的清算所保证有足够的资金应对任何价格的突然而急剧的变动。天然气供应很充足，而飓风季节虽然远未结束但也渡过了一些重要的关口，因此，在8月的最后一个星期，天然气价格和价差迅速下滑，使Amaranth的保证金上升。Amaranth所希望（打赌）的冬天期货价格和价差的反弹看起来越来越不可能发生了，到了该认真对待损害控制的时候了。

8月底不利的价格变化使Amaranth背上了追加9.44亿美元保证金的负担，使其总的保证金达到25亿美元以上。为了对价差下滑的速度和深度有一个感觉，来看看以下的情况。在9月1日和9月20日之间，2007年1月份/2006年10月份价差下降30%以上（从4.69美元/MMBtu下降至3.28美元/MMBtu）。在8月25日和9月1日之间的这个星期内下降近12%以后，2007年3月份/2007年4月份的价差，在随后的3个星期内下降了近72%（从2.05美元/MMBtu下降至0.58美元/MMBtu）。由于库存不断上升，气候变凉减少了对空调的需求，引起天然气价格下降和价差收窄，仅在9月14日，Amaranth就亏损约5.6亿美元。

9月15日，星期五，Amaranth已知道，公司没有足够的资金来满足下个星期一早晨的追加保证金的要求，急需找到交易对手购买Amaranth的资产组合，Nick Maounis整个周末都在试图将公司的能源资产卖给潜在的买家，如Goldman Sachs Group（GS）、Merill Lynch（ML）、Morgan Stanley和Centaurus Energy。星期六，Maounis成功地将资产组合中2.5亿美元的部分卖给了ML，但是这还不够。

在星期日整夜与高盛谈判之后，Maounis认为，他已达成了协议，但是却付出了巨大的价格筹码。只有Amaranth作出让步支付18.5亿美元，高盛才会接管Amaranth的头寸。Maounis欢欣鼓舞，在最后时刻达成了交易，但同时，也很惊愕，他的对冲基金以如此廉价的最低价格被人攫取。

完成与高盛的交易只有一个重大的问题成为障碍，这个问题后来在那个星期一早晨变成了现实。为了向高盛支付让步的款项，Maounis 需要运用向 JP Morgan Chase（JPM）提交的抵押中的一部分，但是，JPM 不愿意解除。Amaranth—高盛的交易没有使 JPM 有作为清算代理商的风险。JPM 担心，高盛很有可能将 Amaranth 的资产组合中好的头寸剥离而留下有毒垃圾。如果高盛想得到 Amaranth 的能源资产组合，那么也应以其所有的权利和责任承担 JPM 的清算责任。JPM 的拒绝使交易失败。

由于没能与高盛谈成，也没有其他可靠的接手人，Maounis 于 2006 年 9 月 20 日同意将 Amaranth 的能源资产出售给 JPM 和 Citadel Investment Group LLC（Citadel），这是一家由 Kenneth Griffen 经营的 120 亿美元的对冲基金。JPM 和 Citadel 最初同意共同承担 Amaranth 能源资产中 20 000 笔交易的风险和收益。作为承担这些风险的补偿（即为使交易容易接受），Amaranth 同意向 JPM 和 Citadel 让步支付 25 亿美元。① 在致投资者的信中，Nick Maounis 写道："这些行动免除了天然气资产组合中出现更多的重大盯市损失的前景，并有助于我们避免授信的到期以及产生的被迫由债权人清算的风险。"

既然结局近在眼前，Amaranth 需要熟练而高效地清算资产组合的其余部分，将剩余资产支付给债权人和投资人。因此，Maounis 中止向客户偿还，并聘请位于纽约的有 240 亿美元资产的投资公司 Fortress Investment 帮助出售剩余的 30 亿美元资产。幸运的是，正面的市场环境使 Amaranth 能够以正常的价格出售很大一部分剩余资产。2007 年 3 月 31 日，Amaranth 正式关门，损失了 70% 的资产净值，使 400 多名在 Greenwich、London、Toronto、Singapore、Calgary 和 Houston 的员工失去工作。②

9.5 什么引发了 Amaranth 的灾难性损失

Amaranth 的终结是三个重大的独立因素的结果：不当的风险管理做

① 如果你想知道 JPM 在这笔交易中挣了多少钱以及获得这些利润的速度有多快，请读本章末尾的后记。

② 如果你想知道 Brian Hunter、Nick Maounis 和 Amaranth 灾难中其他参与者的遭遇，请读本章末尾的后记。

法造成资产组合过分集中于能源投资；缺少流动性；市场价格极大的不利变化。所有的对冲基金都会犯错误，但是，要克服这些错误，必须遵守三条基本的规则：第一条，确保好的猜测要多于坏的猜测，或者，好的猜测有更大的权重。第二条，要及时斩仓获利了结。第三条，要为最坏的情况作出规划。Amaranth 违反了所有这三条规则。

9.5.1 不当风险管理做法

如果仅集中关注 Amaranth 从 2006 年 1 月至 8 月的资产净值和利润，人们可能很容易受骗，认为该基金有一个稳固、理由充分的天然气策略。除 5 月和 6 月的例外情况之外，Amaranth 的资产净值在 1 月和 7 月之间每月都在增长。在 2006 年 8 月末，Amaranth 的资产净值为 102 亿美元，达到公司月末余额的最高值，比 2006 年 1 月增加约 13 亿美元（参见图表 9.7）。盈利也很好，2006 年 1 月和 8 月之间的累计净收入约为 25 亿美元（参见图表 9.7），当年当时为止的复合收益率超过 30%（参见图 9.8）。

图表 9.7 Amaranth 的月度资产净值、首日投资/支取、月末投资/支取和绩效情况：2006 年 1 月至 2006 年 8 月

（单位：百万美元）

月份	期初资产净值*	首日投资/支取	调整的期初资产净值	净业绩	月末投资/支取	期末资产净值
1 月	8 464	86	8 550	544	-191	8 904
2 月	8 884	7	8 890	357	-127	9 121
3 月	9 123	-38	9 086	264	-109	9 240
4 月	9 238	19	9 256	1 241	-173	10 325
5 月	10 347	155	10 502	-1 135	-48	9 319
6 月	9 297	274	9 571	633	-31	10 173
7 月	10 173	52	10 225	-46	-567	9 611
8 月	9 611	39	9 650	635	-56	10 228
与 1 月的变动			1 100			1 324
合计		593		2 493	-1 302	

*资产净值是 Amaranth LLC、Amanranth Partners LLC 和 Amaranth Global Equities 资产价值净值的加总。这些资金分别占 Amaranth 总的资产净值的 80%、15% 和 5%。

资料来源 Amaranth's CP Leverage Funds Due Diligence, prepared by JPMorgan Chase & Co.（Permanent Subcommittee on Investigations, *PSI Report*, *Exhibit List*: *Hearing on Excessive Speculation in the Natural Gas Market*, *July* 25 & *July* 9, 2007）.

图表 9. 8　Amaranth **每月收益和加权平均收益**：2006 **年** 1 **月至** 8 **月**

	Amaranth LLC		Amaranth Partners LLC		Amaranth Global Equities		
月份	收益	资产净值%	收益	资产净值%	收益	资产净值%	加权收益
1 月	6. 45%	80%	5. 23%	15%	3. 91%	5%	6. 13%
2 月	4. 30%	80%	3. 49%	15%	1. 26%	5%	4. 03%
3 月	2. 91%	80%	2. 49%	15%	4. 02%	5%	2. 90%
4 月	14. 42%	80%	11. 98%	15%	2. 04%	5%	13. 48%
5 月	-11. 66%	79%	-9. 58%	16%	-0. 41%	5%	-10. 78%
6 月	7. 07%	81%	5. 79%	16%	-0. 98%	3%	6. 63%
7 月	-0. 53%	82%	-0. 45%	15%	1. 64%	3%	-0. 45%
8 月	6. 98%	82%	5. 67%	15%	0. 68%	3%	6. 59%
	累积复合收益:			2006 年 1 月至 8 月			30. 16%

资料来源　Amaranth's CP Leverage Funds Due Diligence, prepared by JPMorgan Chase & Co. (Permanent Subcommittee on Investigations, *PSI Report*, *Exhibit List*: *Hearing on Excessive Speculation in the Natural Gas Market*, *July* 25 & *July* 9, 2007).

图表 9. 9　　Amaranth **的投资资产组合**：2006 **年** 9 **月**

投资	股权中用于投资的比例（%）
能源	56. 0
信用产品	17. 0
波动性	7. 0
多头/空头权益	7. 0
大宗商品	6. 0
统计性套利	4. 0
美国可转换套利	2. 0
合并套利	1. 0
合计	**100. 0**

资料来源　Amaranth's CP Leverage Funds Due Diligence, prepared by JPMorgan Chase & Co. (Permanent Subcommittee on Investigations, *PSI Report*, *Exhibit List*: *Hearing on Excessive Speculation in the Natural Gas Market*, *July* 25 & *July* 9, 2007).

但是，策略的判断不应只看收益率和顶线增长（顶线增长（top-line growth），即营销效应所产生的收入增长，与之相对的是底线增长（bottom-line growth），是指通过削减重叠组织机构降低运营成本产生的收入增长。译者注）。资产组合所固有的风险也应考虑。尽管公司聘用了12名风险经理，他们采取了大量的日常风险管理措施，Amaranth还是令人痛心地出现了敞口过大的情况。[①] 图表9.9显示，能源在Amaranth的资产组合中占有不成比例的权重（56%）。Nick Maounis对外广告称Amaranth是一个多重战略的对冲基金，意思是说其资产*和*策略都是多元化的。有谁会想到，对Amaranth来说，一个多种策略的对冲基金会从一个行业一头栽进另一个行业，取决于哪里的前景看起来会最好？将公司50%以上的资产配置在杠杆化的能源赌博中，基金远未多元化，而头脑简单地建立2007年冬季/2006年秋季的多头价差头寸，其策略不是多角度的。

9.5.2 缺乏流动性

Amaranth出售其能源资产并关闭基金的决定最终是由于缺乏流动性而被迫作出的。公司不仅疯狂寻找资金来满足保证金要求而且需要资金进行新的投资。正常情况下，天然气价格每一次的上涨都被Amaranth看做买入的机会，但由于要满足巨额的保证金要求，而资产组合变得越来越难以出售，Amaranth已没有能力利用市场中新的交易机会了。

这些流动性问题有三个重要的来源。第一，Amaranth在期货市场上的敞口头寸如此之大，以至于没有正常的交易对手能够以Amaranth盈利的价格来承担这些敞口头寸。第二，Amaranth是投资者巨额净撤资的受害者。最后，竞争对手很快意识到Amaranth无助的境地并毫不留情地利用了这一点。

9.5.2.1 巨额天然气期货合约敞口头寸

2006年的很多时候，Amaranth持有46%至81%的NYMEX最活跃的天然气期货合约未结清权益（见图表9.10）。同时，在不那么活跃的期货

① Amaranth的风险经理团队提交了每日头寸报表，以及有关的报告，涉及损益、在险价值（Value at Risk）、风险溢价、压力测试、敏感性系数（德尔塔、伽玛、theta、rho、vega [sic]）、杠杆系数、集中度和行业敞口。

合约上持有类似的巨额头寸，这些合约一直延续至2010年。在短时间内以盈利的价格减仓被证明是几乎不可能的。

图表9.10　Amaranth 在 NYMEX 天然气期货合约中的头寸

天然气期货合约	（2006全年不同时间）Amaranth 占未结清权益的百分比
8月合约	46
9月合约	51
10月合约	60
11月合约	70
12月合约	81
1月合约	60
3月合约	60
4月合约	60

资料来源　*PSI Report*, 25 June 2007.

9.5.2.2　投资者净撤资

表9.7显示，2006年1月至9月，投资者净支取为7.09亿美元。[①] 2006年7月，支取金额特别大，达到了5.67亿美元。[②] 看起来似乎是聪明的资金知道应离场——是有好的理由的。在当年的4、5、6月，Amaranth的月度利润急剧起伏，幅度分别为11%、-24%和17%（见表9.8）。使公司免遭更多撤资的是 Amaranth 的锁定（lock-up）规定和支取门控（gating）规定。

9.5.2.3　竞争对手对 Amaranth 财务危机的反应

Amaranth 的流动性问题，由于公司近在眼前的危机造成的市场反应而恶化。当竞争性的交易商风闻 Amaranth 的财务困难时，他们立即熟练地作出了预见性的反应，调整资产组合，使市场价格大幅地朝着不利于 Amaranth 仓位的方向变动。在9月15日那个星期五和9月20日那个星期三之间，Amaranth 由于价差的恶化而损失约8亿美元。公司从其不那么

① 第一天的5.93亿美元的净投资减去月末的净支取，等于-7.09亿美元（参见图表9.7）。

② 这些提款中的约4亿美元是由基金的投资者进行的，他们担心 Amaranth 波动性会增加。

多元化的资产组合中出售最具流动性的资产后，公司不能及时对其他的头寸进行足够的清仓来支付其狂飙的保证金。

9.5.3 市场价格超常地大幅变动

在险价值（VaR）分析会使很多投资者明白 Amaranth 是高风险投资的事实。[①] 根据月度历史数据，公司的 VaR（99% 置信水平）值为 28%，这就是说，每 100 个月中有 99 个月，Amaranth 发生的损失不高于其资产组合价值的 28%，也就是说，每 100 个月中有 1 个月（约每 8.3 年一次），公司的损失会超过 28%。[②] 用 2006 年 8 月末的数据，Amaranth 资产组合的 28% 相当于损失 29 亿美元。但是，Amaranth 最后在仅仅一个星期之中就损失超过 46 亿美元！根据历史数据，这种数量级的月度损失每 27，400，000，000，000，000 年才发生一次。[③]

一家管理资产达 43 亿美元的英国对冲基金 Fauchier 合伙公司的 Christopher Fawcett 可以作为一个很好的发言人，代表那些见证了 Amaranth 变成高风险投资的投资人。2005 年 12 月（在公司倒闭之前），Fawcett 从 Amaranth 撤出了 3 000 万美元 Fauchier 的资金，因为在一次实地拜访中，他发现了至少 11 条风险信息。[④] 在致投资者的信中，他说，Fauchier 愿意支付提前赎回罚金，因为“在我们不希望在对冲基金中看到的每一种特征中，Amaranth 简直差不多都具有”，包括没有独立的第三方管理人来确认基金的收益、风险管理的监督不善、高杠杆、透明度差、过于自信的管理层、过度依赖局限性的交易策略、会计内控不严、员工可以把公司的费用列入基金的支出。对 Fawcett 而言，Amaranth 的损失“绝不

---

① 参见图表 9.1：在险价值出了什么问题？可以在 Prentice Hall 网站的网址 http：//www. prenhall. com/marthinsen 上找到。

② 参见 Hillary Till，*EDHEC Comments on the Amaranth Case*：*Early Lessons from the Debacle*. Lille，France：EDHEC Risk and Asset Management Research Centre and Principal and Premia Capital Management，LLC，EDHEC Business Scholl，2006. 可以在网址 http：//www. edhec-risk. com/features/RISKArticle. 2006 - 10 - 02. 0711/attachments/EDHEC% 20Comments% 20on% 20Amaranth% 20Case. pdf 上找到。2007 年 12 月 28 日上网查询。

③ 上述数字是在 1 后面加上 15 个零（1E + 15）。2006 年 12 月 15 日，市场价格变动 9 倍标准差。假设收益正态分布，9 倍标准差的变动在单边情况下发生的概率是 1E - 19（译者注，即 1 后面加上 19 个零的倒数）。参见 Hillary Till，同上。

④ Fauchier 在 Amaranth 的投资来自收购，而不是一项独立地投资 Amaranth 的决定。

会是不可预见的”。①

9.6 是向外爆炸还是向内爆炸？伤害的是谁

Amaranth的损失超过这个世界的历史上任何一家对冲基金，产生损失的速度几乎比能够想象的还要快。但是，伤害似乎限制在Amaranth的投资者、股东和员工的范围内。Amaranth满足了所有的保证金要求，遵从了NYMEX的指令，并且仍然具有偿付能力，因为JPM和Citadel买进了公司的能源资产。这一买进行为避免了破产，而破产本来会引发债权人和交易对手抛售Amaranth的抵押品。Amaranth的交易员并没有像巴林银行倒闭事件（1994年）中Nick Leeson那样编造交易和交易价值，与Metallgesellschaft（1993年）也不同，Brian Hunter的策略似乎完全得到上级管理层（即Nick Maounis和董事会）的理解和支持。

美联储没有必要介入，没有造成国内和国际金融混乱，也几乎不用担心金融动荡的蔓延。在Amaranth为参议院分委会听证会准备的声明中所表明的，公司“没有发觉有任何金融机构由于Amaranth的遭遇而亏损，而一些机构大大地赚了一笔”。② CFTC Commissioner Annette L. Nazareth表示，尽管Amaranth的损失金额超过60亿美元，“从系统性的角度看，没有对市场产生重大影响”。③

公司崩盘的大多数的受害者是投资者，但是早在2005年，Amaranth就警告投资者，公司意欲进行重大的方向性押注，Amaranth的投资说明书中清晰地陈述道，公司“是一个投机性的投资，包括投资金额的全部

---

① 参见Patrick Hosking，“Investor Paid Out Extra Penalties to Quit Amaranth，” *The Times Online*，13 October 2006，可以在http：//business. timesonline. co. uk/tol/business/markets/united-states/article599997. ece的网址上获得。2007年12月28日查询。

② *Statement of Amaranth Advisors L. L. C. Before the Senate Committee on Homeland Security and Governmental Affairs Permanent Subcommittee on Investigations Concerning “Excessive Speculation in the Natural Gas Market” July 25 2007*。Lexecon，Inc. 公司的David J. Ross的分析。

③ 美国证券和交易委员会主席Annette L. Nazareth，*Speech by SEC Commissioner*：*Remarks before the PLI Hadge Fund Conference*。可以在http：//www. sec. gov/news/speech/2007/spch060607aln. htm的网站上获得。2007年12月28日查询。

损失或重大损失”。养老基金，像 San Diego County Employees Retirement Association,[①] 以及公用事业机构，像 the Municipal Gas Authority of Georgia[②] 都被发生的损失所震惊。如果 Amaranth 的交易实质性地提升了天然气价格，那么，很多消费者（例如，家庭、医院、学校、企业和电厂）都会受到伤害。类似地，如果 Amaranth 增加了天然气价格的震荡，那么，很多企业本来会被迫早早地进行对冲，因而与那些支付现货价格或在当年晚些时候锁定期货价格而采取等待的人相比，最后结果是，他们会为天然气支付高得多的价格。

最大的损害也许是很多市场参与者对市场体系的信心受到打击。如果天然气价格和价差由于某一个交易员的行为（这是一个没有得到证明的指控）而与基本经济状况完全不搭调，那么正常的市场标准似乎是很随意的，除非基本面重新确立自身的立场。但是，要多长时间，这种情况才会发生呢？答案是很关键的，因为期货头寸是每天盯市的，而满足出乎意料的保证金要求会迫使交易员在获得预期利润前清仓。凯恩斯曾经说过“长期来看，我们都会灭亡”，但是，任何参与期货市场的人都知道，短期内会看到一片狼藉的场景，未能满足保证金要求的交易员已尸横遍野。

9.7 后果

Amaranth 金融危机的后果分为两场相互交叉的辩论。一场辩论主要在监管机构、交易所和交易商之间展开，主要集中在期货市场在 Amaranth 金融危机的压力下怎样发挥作用，以及内在的金融保障措施是否有效发挥作用这些问题上。另一场辩论主要在选举的官员、公用事业公司和消费者集团之间展开，主要集中在 Amaranth 是否伤害到消费者的问题上。两场辩论中都很少有人因为 Amaranth 的消逝以及有钱的投资人遭受的损失而受到很多困扰。Amaranth 赌输了，其投资者付出了代价，事

---

① San Diego County Employees Retirement Association 因退休金投资损失超过 1.5 亿美元起诉 Amaranth 和 Brian Hunter。参见 SDCERA v. Maounis, No. 07 - CV - 2618（S. D. N. Y., complaint filed 29 March 2007）。

② Municipal Gas Authority of Georgia 作证说，当局在当年年初由于担心价格上升和波动加大为预期在未来购买天然气进行了对冲。结果是，当局最后比不做对冲多支付 1 800 万美元。

情就是这样简单。

9.7.1 期货市场有效地发挥作用了吗

监管体系和交易所似乎是有效地发挥了作用。尽管 Amaranth 损失的规模使人们手足无措，但 NYMEX 主要担心的是 JPM，它是交易所的清算会员，但并不是特别地担心 Amaranth。Amaranth 一直向 JPM 存入足够的保证金，而 JPM 从未处于破产的危险之中。联邦监管机构和 NYMEX 早在 2006 年 6 月已就 Amaranth 交流信息，并在当年 8 月进一步跟进。Amaranth 从未出现不理会补足保证金的要求，公司最终被出售。结果是，其信用工具并未终止，基金也没有破产，破产本来会使其抵押品在市场上抛售。美联储没有必要介入，金融市场上没有造成传染效应（contagion）。至于 Amaranth 令人难以置信的巨额损失，保护交易商自己并不是监管机构和交易所的职责。只要市场公平，有效发挥作用，而没有价格操纵、欺诈和交易不当，人们并不期望监管机构和交易所做得更多。

9.7.2 Amaranth 是否控制了期货市场、参与了过度投机和/或从事监管套利

2006 年 10 月，Amaranth 危机之后仅仅一个月，美国参议院永久调查分委会（PSI）开始了一项长达 9 个月的质询，直指这次财务灾难的成因和可能的拯救措施。PSI 的报告，题为“*天然气市场的过度投机*”，于 2007 年 6 月发布；紧随其后于 2007 年 6 月和 7 月初举行了听证会。这一充满了事实的 PSI 的报告中主要的结论包括，Amaranth 在 2006 年控制了天然气市场，进行了*过度的投机*，扭曲了天然气的价格，扩大了价格的利差，增加了波动。报告还得出结论，美国期货市场的监管架构使 Amaranth 能够逃避联邦的规则和规章。

9.7.2.1 Amaranth 是否控制了美国天然气期货市场

PSI 对控制市场的指控是基于两个支柱，即 Amaranth 在期货市场上持有很大比例的未结清权益，而基金的头寸与天然气期货合约的价格之间存在很强的相关关系。图表 9.10 表明，在 2006 年的很多时期，Amaranth 持有 NYMEX 最活跃的天然气期货合约未结清权益的比例在 46% 至 81% 之

间。基金在较长期限上持有类似的大额未结清权益头寸。PSI 关注的是，Amaranth 的大额买进和卖出可能扭曲价格，使其偏离对应的能源市场基本面，从而可能对消费者与金融和大宗商品市场产生灾难性的溢出效应。当然，如果生产型或一级产品公司在整体市场出售中控制如此大的比例，其行为应受到反托拉斯当局就不当操作进行的审查。

图表 9.11 表明，Amaranth2006 年 1 月的未结清权益与 2007 年 1 月/2006 年 11 月期货合约的价格利差之间存在极高的相关性。完全正相关系数是 1.0，那么，这些相关系数，范围在 0.75 和 0.93 之间，似乎很高，对 Amaranth 在 2006 年期间控制天然气期货市场这一点不会有任何疑问。

图表 9.11　　**Amaranth2007 年 1 月期货头寸与 2007 年 1 月/2006 年 11 月价格价差之间的相关性**

	下列两者之间的相关性、		
	Amaranth 的 NYMEX 头寸和价差价格	Amaranth 的 ICE 头寸和价差价格	Amaranth 的总头寸和价差价格
2006 年 1 月 3 日至 4 月 28 日	0.86	0.90	0.93
2006 年 1 月 1 日至 8 月 31 日	0.78	0.75	0.87

资料来源　*PSI Report*, 25 June 2007, P. 66.

PSI 报告所采用的两个论点，将 Amaranth 的行为与市场控制相联系是有问题的。其一，未结清权益和期货市场控制之间的关联，与市场份额和产品市场的力量之间的关联之间，是有很大差别的。实体的产品具有相对较高的生产和分销成本，以及相对较长的生产和分销周期。因此，实体的产品供应到市场上是很慢的，因为实体产品须进行生产、运输，然后出售。一个个人或公司可以通过买入很大比例的可能获得的供应量，储存、延后交货，从而推高产品价格，而在实体市场上囤积。

对比之下，设立一个新的期货合约的边际成本几乎为零，只要有需求，就可以瞬间交货。期货合约无法进行储存，以达到在以后延迟进入市场的意图。因此，持有一个合约的很大比例的未结清权益，几乎不能产生限制供应的能力。事实上，大多数个人持有期货的多头，最后结果都是在到期前平仓（即出售）。

图表 9.12　Amaranth2007 年 1 月头寸的变化与 2007 年 1 月/2006 年 11 月价格价差变化之间的相关性

时间阶段	下列两者变化之间的经调整的相关性		
	NYMEX 头寸和价差价格	ICE 头寸和价差价格	总头寸和价差价格
2006 年 1 月 3 日至 4 月 28 日	0.29	0.16	0.31
2006 年 1 月 1 日至 8 月 31 日	-0.15	0.07	-0.06

资料来源　*Statement of Amaranth Advisors L. L. C. Before the Senate Committee on Homeland Security and Government Affairs Permanent Subcommittee on Investigations Concerning "Excessive Speculation In the Natural Gas Market" July* 25, 2007. Analysis by David J. Ross, Lexecon, Inc..

PSI 报告的第二个问题是，报告运用了相关性分析。相关与因果不一样，因此，Amaranth 未结清权益与期货合约的价格利差之间的较高的相关性并不意味着，一个引发另一个。要理解为什么，我们可以来看一看一个小孩的脚的尺码与其词汇量之间存在的较高的相关性。没有人会宣称，脚的尺码与一个小孩所掌握的单词的数量之间有任何关系。脚的尺码不影响词汇量，词汇量不影响脚的尺码；相反，较高的相关系数是由第三个变量年龄引起的，年龄不仅影响脚的尺码，也影响词汇量。图表 9.12 运用的数据与图表 9.11 一样，但把趋势排除在因果关系的因素之外。[①] 注意，从 +0.75 和 +0.93 之间的范围，到 -0.15 和 +0.31 这一个低得多的范围，相关性是如何下降的。这些对趋势进行调整的数字提供的结果是模棱两可的。数字表明，Amaranth 的未结清权益的*变动值*和价格利差的*变动值*之间可以是一个负值、一个相对不大的正值，甚至为零。[②]

最后，Amaranth 仅仅是天然气期货市场上很多资本充足的参与者之一。其他的参与者包括约 200 家金融机构（例如，Goldman Sachs、Morgan Stanley、Deutsche Bank 和 Lehman Brothers）、对冲基金（例如，Citadel Investment Group、D. E. Shaw、Centaurus Energy、BP Capital 和 Ivy Asset Management Corp.）和生产商（例如，BP-Amoco、Sempra Energy 和

① 通过使数据错开一个阶段去除时间因素，从而消除了线性趋势。

② 回归分析（而不是相关性分析）可能是一个更有创意的方式，可以通过 Amaranth 来证明这一点。

Chevron-Texaco）。正常情况下，这些大型参与者约占 NYMEX 未结清权益的80%。[①] 如果 Amaranth 控制了天然气市场，那么，人们不禁要问，是什么阻止了这些其他的重要参与者施展财务力量来避免这一切呢？[②]

9.7.2.2 Amaranth 是否参与了过度投机

自从美国大宗商品期货交易委员会（CFTC）1974 年设立以来，它就赋予了通过避免*过度投机*来保护美国大宗商品期货和期权市场的诚信的职责。[③] 国会感到，过度投机引发极不正常的价格波动，从而阻碍了各州之间的商业。因此，CFTC 的使命就是使美国大宗商品金融市场避免价格“*突发的或不合理的波动或没有道理的变动*”。[④] 问题是，国会从未定义过价格“*突发的或不合理的波动或没有道理的变动*”。结果，在解释上还有很大的玩味的余地。

国会没有把过度投机变成真正的违反任何法律，如美国大宗商品交易所法案（CEA）的行为。因此，如果 Amaranth（或任何交易商）参与了过度投机，这并不是非法行为。相反，这一规定写入了 CFTC 的章程，来分清职责，并授权委员会实施阻止或避免过度投机的限制措施。

过度投机可能对一个国家是有害的，但正常的投机并非如此。投机者通过向市场提供流动性，为健康的、有活力的经济做出贡献，否则，市场会相对没有深度。在天然气行业中，投机者特别重要，因为在正常情况下，生产和/或储存天然气并希望保护其未来收益的人所提供的期货合约的数量，要比想要锁定期货成本的消费者提出的需求的数量大得多。投机者弥补了这一缺口。

9.7.2.3 Amaranth 是否从事了监管套利

2006 年 8 月 8 日，Amaranth 在 2006 年 9 月期货合约未结清权益中的占比超过了 44%[⑤]。因为这一合约会在约三星期后到期，NYMEX 与

---

① 参见 Testimony of Dr. James Newsome, CEO New York Mercantile Exchange Inc. before the Senate Committee on Homeland Security and Governmental Affairs Permanent Subcommittee on Investigations Concerning “Excessive Speculation in the Natural Gas Market” July 9, 2007。

② 参见风险提示板 9.3：两个对冲基金的故事。

③ *过度投机*的条款始见于 20 世纪 20 年代通过的立法，但该条款被*价格操纵*的条款所覆盖。PSI 在其报告中重新恢复了过度投机条款。

④ 参见 CEA Section 4a（a）U.S.C. § 6a（a）。

⑤ 2006 年 6 月，NYMEX 因 Amaranth 的大额头寸及其损失受到 CFTC 的市场监管处（Division of Market Oversight）监督人员的垂询，但积极的监督和监控在 8 月份才开始。

Amaranth 的合规官 Mike Carrieri 取得联系，并要求他以一种商业上来讲合理的交易方式，将 Amaranth 在 2006 年 9 月合约的未结清权益减少到 30% 和 40% 之间。Amaranth 还持有大额的 10 月合约的头寸，因此，Carrieri 得到指示，不要把 Amaranth 的 9 月合约的头寸滚动成 2006 年 10 月的合约。在得到通知的三天内，Amaranth 将其在 NYMEX 的 9 月合约敞口减少至 29%，从而满足了 NYMEX 的要求。之后不久，其 10 月合约的头寸也减仓。①

只有内部人和 Amaranth 的清算代理（JP Morgan Chase）才知道，Amaranth 减少在受监管的 NYMEX 的 2006 年 9 月和 10 月合约的方法是，将这些合约转换到不受监管的 ICE（见图表 9.13）。到当月月底，Amaranth 远没有超出 NYMEX 的头寸限额，② 但是，其在 ICE 的 2006 年 9 月的头寸实际却比 8 月初 NYMEX 对 Carrieri 提出警告时还要大。

图表 9.13　**Amaranth 为减少 2006 年 9 月天然气头寸在 NYMEX 订单前后对 NYMEX 和 ICE 的头寸**

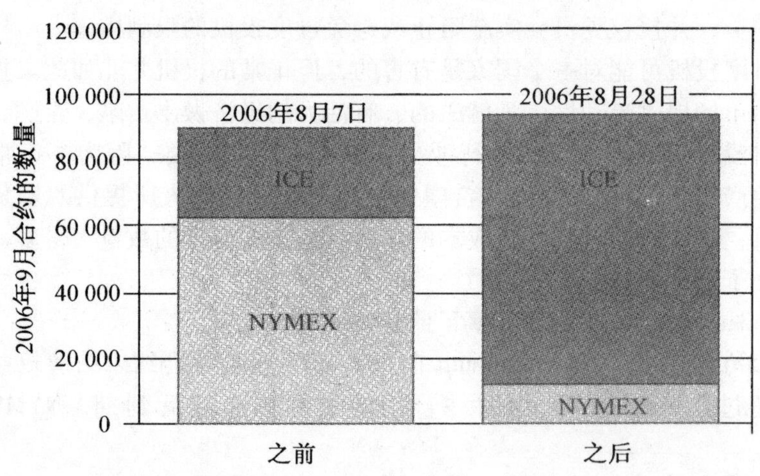

Amaranth 之所以能回避 NYMEX 的监管，是因为 2000 年大宗商品期

① Amaranth 实际是在 8 月 9 日将其 2006 年 10 月合约的未结清权益从 52% 提升到 8 月 10 日的 63.5%，这是 NYMEX 要求 Amaranth 减少其 2006 年 9 月合约的敞口的前一天，但此后很快将其头寸降低到可接受的水平。

② 参见 Appendix 9.2：Position Limits versus Accountability Levels，可以在 Prentice Hall 网站的 http：//www. prenhall. com/marthinsen 网址上找到。

货现代化法案（CFMA2000）中的规定，该规定设立了一个特别的交易部门，称作*豁免商业市场*（ECM）。ECM 是一种场外（OTC）机构，不要求通过 CFTC 注册、指定、辨识、许可和批准。[①] 为了符合标准，交易所必须进行*合格商业机构*之间的双边交易，合格商业机构是从事金融衍生品或豁免的大宗商品衍生品交易（exempt commodity derivatives），如金属和能源的任何机构或高净值个人。[②]

国会的推理是，运用 ECM 的富有投资者，不需要提供较小投资者的那些保护和保障措施。国会也认识到，电子交易所是在一个完全受监管的交易所和完全不受监管的 OTC 市场的竞争性的边缘区域内运作。此外，人们将电子交易所视作一个新的创新性合约的试验性场所，而如果美国想继续在全球金融市场扮演领导作用，这是一个美国需要推动的领域。通过 CFMA2000 法案，国会就从法律上去除了对电子交易平台的联邦法规和监控，对 OTC 交易提供法律的确定性。

因此，Amaranth 能够成功实施这种合约运作的手法而不被发现，因为 ICE 作为一个不受监管的交易所，它没有报告的责任，也不要求对 Amaranth 设置头寸限额的强制措施。因此，Amaranth 的这种合约转换的运作，对 NYMEX 的头寸限额的精神提出了挑战，但并未违反任何法律。在 2007 年秋天，美国参议院和众议院引入了两项议案，使 NYMEX 这样的受监管的交易所，和 ICE 这样的不受监管的交易所纳入共同的监管框架之下。[③] 如果国会决定，有必要制定更多的法规，国会必须确保，这一拯救措施不会比病症更糟糕，因为严厉的法规会使衍生交易远离受监管的交易所，而转向 OTC 和/或外国市场。目前，美国所有能源交易的约 75% 是在不受监管的 OTC 市场上进行的，而这些市场不会消失的原因是，有那么多的客户依赖这些市场进行度身定制的合约（例如，对冲新厂房建设

---

① 豁免商业市场（ECM）并没有完全避开 CFTC 的职权。参见 Appendix 9.3：Reporting Requirements for an Exempt Commercial Market，豁免商业市场的上报要求，可以在 Prentice Hall 网站的 http：//www. prenhall. com/marthinsen 网址上找到。

② 参见 CEA Sections 2（h）（3）－（5），7 U. S. C. §§2（h）（3）－（5）。

③ S. 2058，*Close the Enron Loophole Act* 由参议院永久调查分委会主席参议员 Carl Levin（民主党—密歇根）于 2007 年 9 月 17 日在美国参议院引入。H. R. 4066，*Close the Enron Loophole Act* 由众议员 Peter Welch（民主党—佛蒙特）和 Robert Andrew（民主党—新泽西）于 2007 年 11 月 1 日在美国众议院引入。

成本）的交易。国会也必须确保，国会重视其希望监管的市场。例如，ICE 提供了超过 400 多种特色合约，其中，很多合约建仓很少，因此，这些合约流动性很差。所有这些合约都要监管？抑或只是那些建仓数量很多的合约应该监管？[①]

9.7.3 Amaranth 是否操纵价格

在 PSI 关于*过度投机*的报告发布一个月期间内，CFTC 对 Amaranth 和 Brian Hunter 提起民事强制执行的诉讼。诉讼指控被告故意非法地*意图*操纵 NYMEX 天然气*期货*合约在 2006 年 2 月 24 日和 4 月 26 日这两个到期日的价格。[②] 在 CFTC 提出诉讼后的第二天，联邦能源监管委员会（FERC）在作出 Amaranth 的实体机构、[③] Brian Hunter 和 Amaranth 的交易员 Matthew Donohoe 操纵了 NYMEX 的价格并影响了三个期货合约到期日——2006 年 2 月 24 日、2006 年 3 月 29 日和 2006 年 4 月 26 日——的*实体*天然气价格的初步判定后，发出了"陈述理由命令（Show Cause Order）"[④]。[⑤] 这一针对 Amaranth 的诉讼，是 FERC 根据 2005 年能源政策法案进行的第一次对价格操纵案的诉讼，对这一过错的民事罚款是每一项违规每天 100 万美元。在 FERC 的"陈述理由命令"中，FERC 提出的罚款为 2.91 亿美元。[⑥]

CFTC 于 1974 年创立，是一个对涉及*在受监管交易所交易*的大宗商品*期货和期权合约*具有唯一管辖权的独立机构。[⑦] 与之相对照，FERC 是

---

① 2006 年，CE 的 Henry Hub 互换每天的交易超过 14 万笔，但第二大交易量的合约不到 2 万笔，而其他的合约每天交易的数量在这一水平上大大降低。

② *完美进行的操纵*（perfected manipulation）是一项严重得多的指控。

③ Amaranth 机构包括 Amaranth Advisors LLC，Amaranth LLC，Amaranth Management Limited Partnership，Amaranth International Limited，Amaranth Partners LLC，Amaranth Capital Partners LLC，Amaranth Group Inc. 和 Amaranth Advisors（Calgary）ULC。

④ 陈述理由命令（show cause order）是一项法官指令的诉讼，要求甲方（如 Amaranth）提供可信的理由说明为什么不应采纳乙方（如 FERC）的指控。参见 18 C. F. R. § 1C. 1（2006）（anti-manipulation）。CFTC 于 2006 年 7 月 25 日对 Amaranth 提起诉讼。FERC 于 2006 年 7 月 26 日发出陈述理由命令。

⑤ CFTC 的指控是针对企图进行的价格操纵，而 FERC 的指控是针对实际的价格操纵。

⑥ 参见 Daniel P. Collins，"Manipulating a Hedge Fund Blow-up" *Futures* 36（11）（7 September 2007），66 - 68。Amaranth 被诉的金额是 2 亿美元，Hunter 是 3 000 万美元，而 Donohoe 是 200 万美元，还对 Amaranth 提出侵吞利润 5 900 万美元的指控。

⑦ 参见 Commodity Futures Trading Commission，*About CFTC*。可以在 http：//cftc. gov/aboutthecftc/index. htm 的网站上获得。2007 年 12 月 28 日查询。

1977年创立的，以便确保美国公平的有竞争力的天然气市场。因此，FERC具有监管实体天然气的责任，而CFTC具有监管天然气（即期货和期权）的金融交易所的责任。

CFTC和FERC并未把其指控建立在Amaranth在NYMEX的巨额未结清权益这一点之上；相反，他们对该基金的指控针对的是通过在所选定的合约到期日卖出特别大额的NYMEX期货合约来操纵价格。CFTC立即宣称对该案具有管辖权，因为Amaranth从事的是天然气期货和期权合约，是CFTC的独有的管辖范围。FERC也宣称有管辖权，辩称，Amaranth影响了实体天然气的现金市场价格。尽管Amaranth从未在现金市场进行交易，从未对期货合约接受或进行天然气的实物交割，但NYMEX的天然气期货合约的结算价格是很多现金市场交易的依据，因此，FERC辩称，Amaranth的交易提高了批发市场参与者的天然气价格，因此伤害了天然气客户。

9.7.3.1 什么是价格操纵

FERC的诉讼是基于2005年能源政策法案（EPA 2005）提出的，该法案禁止“使用与天然气买卖相关的操纵或欺骗方法或手段”。EPA 2005价格操纵的标准来源于1934年美国证券交易所法案。[①] 与之相对照，CFTC的价格操纵的诉讼本质上违反了美国大宗商品交易所法案（CEA），因为它威胁到市场所履行的最基本的功能中的两项功能，这就是风险管理和价格发现。具体而言，CEA使“任何［一个］人操纵或试图操纵各州之间的商业中的，或在……任何注册的［交易所］用于未来交货的任何商品的价格，或囤积或试图囤积任何此类商品”变为非法。Amaranth立即大喊不正当，宣称他在两套不同的价格规则下受到起诉。

价格操纵通常的标准是不当影响价格的能力和意图。价格是否由于这一行为而实际变动这一点也很重要。当价格操纵发生时，通常是因为有人：

控制一个实体资产的供应、运输和/或储藏；

使一个交易所与另一个交易所相争而渔利；

进行错误账簿登录，伪造交易，编造交易信息和/或传播错误的传言/

① 参见 Energy Policy Act of 2005, Pub. L. No. 109 – 58, 119 Stat. 594 (2005)。

谣言。①

9.7.3.2　通过影响储存操纵价格利差

当期货价格高于或低于现货价格加持有成本时，就会产生无风险套利机会。持有的成本基本上就是在某一日期（例如，在4月）赎买一个标的产品，然后在较晚的日期（例如，在12月）再出售的净成本。因此，持有的成本是购买和储存一个标的产品的所有利息和储存费用之和，减去因为拥有该标的产品而获得的投资收益。当2007年冬季/2006年秋季合约和2007年3月/2007年4月合约之间的价差增加时，为什么套利商没有出击市场来获取无风险收益？他们需要做的只是，借入大额资金，用这笔资金在现货市场上买入天然气，储存天然气，然后以期货价格出售，从而确保盈利。套利商到哪里去了？

事实上，套利商是存在的！但是有一个大的问题。Amaranth 买入了大量的期货合约用于冬季交割，从而使2007年冬季/2006年秋季合约的价格价差上扬。较高的冬季价格助长了天然气的储存，但是，当套利商在现货市场买入越来越多的天然气而卖出更多的期货合约时，美国天然气储存设施的有限的能力逐渐被耗尽。结果，套利商进一步参与套利的能力达到了极限。Brian Hunter 的策略部分地是基于他这样的期望，期货价格上升会助长储存天然气，而到2006年秋季储存能力耗尽。一旦储存能力饱和，他预计天然气在现货市场上会被抛售，使2006年秋季的期货价格相对2007年冬季会下降。

风险提示板9.3

两个对冲基金的故事

2006年期间，市场交易商中有一个共同的调子，他们都害怕与

① 参见 Federal Energy Regulatory Commission, *Discussion on Commission Use of Natural Gas Price Indices*。Washington, DC: Federal Energy Regulatory Commission, (October 2002)。可以在 http://www.ferc.gov/legal/maj-ord-reg/land-docs/Harvey-01-15-03-CommissionPresentation-A-5.pdf 的网站上获得。2007年12月28日查询。也请参见 Federal Energy Regulatory Commission, *Derivatives and Risk Management in the Petroleum, Natural Gas, and Electricity Industries: Natural Gas Spot Markets: How Accurate Are Reported Prices?* Federal Energy Regulatory Commission。Washington, DC: Federal Energy Regulatory Commission, (October 2002)。可以在 http://www.eia.doe.gov/oiaf/servicerpt/derivative/ngsm.html 的网站上获得。2007年12月28日查询。

Amaranth 反方向持仓，因为市场基本面似乎不再是天然气价格波动的依据。如果市场不自我纠正就要支付保证金的风险实在太大。MotherRock（MR）和 Centaurus Energy（CE）是两个类似 Amaranth 的对冲基金。一个失败了，一个成功了。

MOTHERROCK LP

MR 由 NYMEX 前董事长 Bo Collins 创立，是一个有3亿规模的对冲基金，大量从事天然气期货合约的交易。认识到2007年3月/2007年4月合约的价差太大，MR 出售该价差，这与 Amaranth 所做的完全相反。长期而言，MR 的赌注会是赢家，本来会收获颇丰，但该基金却从未有机会获取利润，因为它被越来越高的保证金要求残杀了。MR 的最后一根稻草出现在2006年7月31日，当时2007年3月/2007年4月的价差增加了72美分。巧合的是，就在同一天，Amaranth 在 NYMEX 买入10 000多份2007年3月合约，而出售了相同数量的2007年4月合约，因而相当于交易所这两个合约交易量的约70%。Amaranth 还在 ICE 买入了约13 000份2007年3月合约，卖出11 000份2007年4月合约，分别占交易所这两个合约总交易量的约60%和50%。

是 Amaranth 的交易增加了价差而扼杀了 MR？还是2007年3月/2007年4月的价差因为预期天然气储存发生新情况和气候预测修改而增加呢？要证明因和果是困难的。具有讽刺意味的是，在2007年9月初 MR 倒闭时，正是 Amaranth 从 ABN Amro 那里买入了 MR 的资产组合，ABN Amro 是主持 MR 破产的清算机构。通过收购这些头寸，帮助冲抵，从而部分改善了 Amaranth 亏损极高的头寸。

CENTAURUS ENERGY

Centaurus Energy 是一家规模30亿美元，总部位于 Houston 的对冲基金，由 Enron 公司前交易员 John Arnold 创立。2006年8月29日，2006年9月天然气期货合约的到期日，Amaranth 和 CE 在 NYMEX 上演了肉搏战。NYMEX 的监测小组命令 Amaranth 不要在交易的最后半小时进行任何大额交易，因为9月合约的最后结算价要在这一短短的半小时内确定。Amaranth 当天都在出售9月合约，试图在2006年10月/2006年9月价差头寸上建立多头，而在另一边，CE 整天都在买入。Amaranth 卖出和 CE

买入之战在当天的大多数时间使9月期货的价格相对稳定。

为了遵守NYMEX限制其在最后半小时交易时间交易的命令，Amaranth大约在下午1:15退出NYMEX，随后不久退出ICE，比交易时段结束早1个多小时。由于Amaranth退出，CE成了最后一小时的主导交易商，它似乎占据了有利的形势。仅在交易的最后45分钟，CE就在ICE买入差不多10 000份9月合约，在NYMEX买入3 000份。9月期货的价格上升60美分，约上升10%。与此类似，2006年10月/2006年9月价差开盘时为36美分，到中午上升到50美分，而到收盘时大幅下跌约40美分，只有不到10美分。Amaranth的头寸损失大量现金，价值下降数百万美元。

Amaranth立即向NYMEX投诉，确信CE人为提高9月份的价格，大幅挤压2006年10月/2006年9月价差，并要求NYMEX进行调查。CE对这些指控答复说，它准备继续买入9月合约直到价格上升到与天然气现货价格相一致的水平，并且直到2006年10月/2006年9月价差跌至正常水平。很明显，在交易的最后45分钟，标的资产天然气的状况没有发生根本性的变化。价格上升是人为的，但同时，动刀者死于刀。共识似乎是，Amaranth共谋参与了推高2006年10月/2006年9月价差，从历史上的7至8美分，上升至2006年夏天的50美分，而到9月底为大约35美分，因此，Amaranth被自己的双刃剑所伤。

9.7.3.3 使一个交易所与另一个交易所相争而渔利

要理解对Amaranth提出的价格操纵的指控，重要的是要认识到NYMEX的结算和ICE的结算之间的相似点和不同点。这两个交易所相互之间竞争激烈，而他们的合约在功能上（即金融角度）是完全一样的。在两个交易所中，天然气期货合约都是在新的月份开始之前的三个工作日到期。两个交易所的一个重要的不同点是，NYMEX的期货合约需要在天然气期货合约持有到期时进行实物交割。[①] ICE的合约是从财务角度进行结算（即没有交割天然气的义务）。很多价格操纵的阴谋要求控制实物天然气的生产、运输和/或储存，因此，这一不同点可能很重要。

NYMEX要求对持有到期的天然气期货合约进行实物交割，而最终的

---

① 实际上，NYMEX也有一个电子交易平台，被分类为ECM（就像ICE一样），因此，豁免于CFTC规章之外。NYMEX的按财务方式结算的天然气合约在这一金融倒闭案中并不起作用。

结算价格是交易的最后30分钟（即从东部时间下午2：00到下午2：30）价格的加权平均值。[①] 大多数进行NYMEX期货合约交易的人并没有接受实物交割的意图。交割实在是太不方便了。如果他们要实际地购买天然气，他们会按照适合他们需要的价格条件来购买（例如，交割地点）而不是按NYMEX的标准化的条件。因此，绝大多数的NYMEX合约在到期前就会终止，从而使实物交割的要求作废。在NYMEX结清一笔头寸的一个问题是，一笔交易，如果足够大，可能使合约价格朝不利的方向变动。例如，一个持有大额空头的交易商在期货合约价格下降时会受益，但要冲抵空头，交易商必须买入期货合约，而该合约会提升价格而减少利润。类似地，如果价格上升，多头会受益，但要冲抵多头，交易商必须卖出期货合约，而该合约会降低期货价格而减少利润。

总部在Atlanta的ICE的天然气期货合约是从财务上结算的，而2006年的最终结算价格是直接取自NYMEX。[②] 因为ICE的合约是现金结算的，而不是实物的天然气，它们被称作互换（swap），但就做对冲的人、投机商和套利商而言，这两种合约功能上是一样的。由于不可能进行实物交割，交易商干脆让ICE合约到期，然后再收取或支付天然气现货价格和他们先前商定的期货价格之间的差价。因为不需要终止这些头寸，交易商不进行冲抵交易，而这些交易会使期货价格发生不利变动。

2006年3月合约的到期日是2006年2月24日。到期的前一天，Amaranth在NYMEX的2006年3月合约上是空头1 700份，而同时，在ICE的2006年3月互换合约上是空头12 000份。如果天然气价格下跌，Amaranth就会盈利丰厚。Brian Hunter在写给同事的信息中说，他想做“一点试验（原信息中如此）……”这样，“确保在明天MOC（市场收盘）时有很多期货可卖出… …”因为我们“就需要［3月合约］在结算时砸烂，然后［这］一天就结束了”。

在到期日，Hunter在ICE仍保有巨额的空头头寸，但在NYMEX上则对空头头寸反向操作，结果是约3 000份天然气期货合约的多头。然后，

---

① NYMEX的信息可以在http：//nymex. com的网站上获得。2007年12月28日查询。
② ICE的信息可以在https：//www. theice. com/homepage. jhtml的网站上获得。2007年12月28日查询。

在交易的最后半小时，当 NYMEX 的结算价格确定时，他卖出了所有的3 000份多头合约，对 NYMEX 的2006 年 3 月天然气期货合约产生下行压力。[①] 尽管较低的价格可能使 Hunter 在 NYMEX 卖出的 3 000 份合约的利润受损，仍使该基金在 ICE 的 12 000 份合约的头寸的利润增加。我们了解这一点，是因为 ICE 的最终结算价格直接取自 NYMEX。

监管机构宣称，Hunter 在 2006 年 4 月 26 日以同样方式操纵了价格，这一天，2006 年 5 月期货合约到期。在到期前的几天，Amaranth 被指控在 NYMEX 上累积了 3 000 份 2006 年 5 月期货合约的净多头头寸，同时，在 ICE 上有 19 000 份 2006 年 5 月的期货合约的空头头寸。在 4 月 26 日卖出的 3 000 份合约中，2 527 份是在最后 30 分钟交易的，其中，2 517 份是在最后 4 分钟交易的，而 1 897 份是在最后一分钟交易的。在这一天中，2006 年 5 月天然气期货价格从下午 2：00 的 7.15 美元/MMBtu 上升到下午 2：22 的 7.27 美元/MMBtu，然后又暴跌至收盘时的 7.10 美元。

9.7.4 与对 Amaranth 提出价格操纵的指控有关的问题

价格操纵的指控提出了很多重要的经济问题。投机商会使价格不稳定吗？期货价格的变动会影响标的资产的价格吗？CFTC 和 FERC 收集了可观的详尽的针对 Amaranth 的证据，但是，仍有很多人对指控提出质疑。

9.7.4.1 投机商会使价格稳定还是不稳定

如果投机商成功的话，他们就会通过高抛低吸而盈利。这就意味着，他们在市场价格低于应该具有的价位时买入天然气，然后在价格回升到或超过（稳定状态）均衡水平时再卖出。当投机商买入天然气时，他们的行为提升了价格，而当投机商卖出时，他们的行为则使价格下跌。因此，如果随着时间的不断推移，投机商是盈利的，那么投机商应该是减少了天然气价格的波动而不是增加了波动，因为在价格太低时投机商买入而在价格太高时投机商卖出。[②]

在 2005 年的一份研究中，CFTC 的经济分析处（Office of Economic

---

① Hunter 在交易的最后 8 分钟将这 3 000 份合约中的 2 000 份出售。

② 当然，在投机性泡沫中，或者，如果一个交易商具有某种垄断优势，就可能从投机性交易中获取人为产生的利润，这种做法会使价格脱离（基于基本面的）平衡水平。

Analysis）得出结论，受管理的市场交易商（MMT），如对冲基金，不会像做对冲的人那样频繁地变动其头寸①。NYMEX 的 2005 年 3 月的研究强化了这些结论，研究发现，对冲基金持有其头寸的时间会比一般的市场参与者要长得多，实际上减少了市场波动，而不是增加了波动。② 因此，这些研究支持这一观点，投机商会抑制波动，而不会增加波动。

9.7.4.2 期货投机影响标的资产的价格吗

期货合约的价值应当源于标的资产——因而才有*衍生品*的名称。当标的资产的现货价格变动时，期货价格应同步变动，而其与现货价格的差别应当是持有成本。如果不是这样，那么就会产生无风险套利。大宗商品的期权的价值也来源于标的资产的现货价格，但这些价值也会受到 4 个其他变量的影响，即成交价、期限、波动性和无风险利率。同样，因果关系应当是从现金市场指向衍生市场，而不是相反方向。

国际互换交易商协会（ISDA）对 CFTC 和 FERC 试图监管电子交易作出了有力的回复，认为，"认为在私下商定的衍生品行业中，行业行为在某种程度上影响了消费者，这种乏力的指控已经被负有监管职责的联邦机构彻底否定"。③ CFTC 的经济分析处得出结论，受管理的市场交易商（MMT）的头寸的变化是对大宗商品价格变动的反应，而不是这些价格变动的原因。此外，分析发现，MMT 对其他对冲基金的头寸的变化作出反应，并且反应与之相反，从而为市场提供了所需要的流动性。④

在参议院分委会的听证会上，CFTC 的首席经济学家说："［PSI］的分析没能得出结论，Amaranth 的交易应对 2006 年观察到的价格价差的水

---

① 参见 Michael S. Haigh, Jana Hranaiova, and James A. Overdahl, Office of the Chief Economist, U. S. Commodity Futures Trading Commission, *Price Dynamics, Price Discovery and Large Futures Trader Interactions in the Energy Complex*, Working Paper: First Draft: April 28th 2005。可以在 http://www.cftc.gov/files/opa/press05/opacftc-managed-money-trader-study.pdf 的网站上获得。2007 年 12 月 28 日查询。

② 参见 Testimony of Dr. James Newsome, CEO New York Mercantile Exchange Inc. Senate Committee on Homeland Security and Governmental Affairs Permanent Subcommittee on Investigations Concerning "Excessive Speculation in the Natural Gas Market" 9 July 2007。

③ 参见 Jeremy Grant, "Amaranth Gas Trades Hit US Consumer," *FT. Com* (24 June 2007)。2007 年 12 月 31 日查询。

④ 参见 Michael S. Haigh, Jana Hranaiova, and James A. Overdahl, Office of the Chief Economist, U. S. Commodity Futures Trading Commission, *Price Dynamics, Price Discovery and Large Futures Trader Interactions in the Energy Complex*, Working Paper: First Draft: April 28th 2005。可以在 http://www.cftc.gov/files/opa/press05/opacftc-managed-money-trader-study.pdf 的网站上获得。2007 年 12 月 28 日查询。

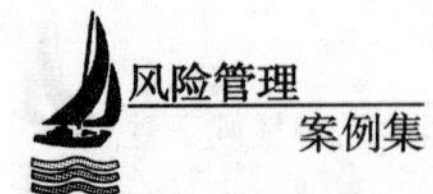

平负责。"[①] 相反，CFTC 将证据解释为表现出双向的因果关系，Amaranth 影响了市场价格，而市场价格也影响了 Amaranth[②]。首席经济学家继续说道："［所有］数据都与这一假说一致，3 月合约/4 月合约的价差，以及类似的冬季合约/夏季合约的价差，都因为对市场基本面的理解的变动而下降。"[③] CFTC 的代理董事长，Walt Lukken 同意并作证说，Amaranth 没有对天然气市场的价格产生任何影响。

9.7.4.3 Amaranth 的大额未结清权益影响期货价格吗

期货市场并不是固定数据的合约竞价的舞台。进行一笔新交易的边际成本几乎为零，而交割瞬间完成。即使第三方持有 100% 的现有未结清权益，交易双方也可设立一个新的合约。因此，持有期货合约未结清权益的很大比例并不构成进入市场的障碍，因为价格是由供需交易的流量决定的，而不是由现有头寸的存量决定的。

9.7.4.4 对 Amaranth 提出的价格操纵诉讼的其他疑问

对 Amaranth 提出价格操纵的诉讼，出现了其他的疑问。第一，有一个时机选择的问题。Amaranth 在 2006 年春天开始对 2007 年 3 月/2007 年 4 月合约建仓，但是这一合约的价格价差 2005 年由于 Katrina 和 Rita 的飓风已经变大。这就意味着，价差增加，并在 Amaranth 大额建仓*前的数月*保持较高水平。第二，Amaranth 的消亡使其对期货合约的需求和供给降低为零。如果 Amaranth 占市场的比例很高，人们可能会预计到他的离去会使 NYMEX 的未结清权益减少，但是，并未减少。相反，未结清权益"相当稳定，维持在创纪录的水平"。[④] 最后，当 Amaranth 离开市场时，他本来应该大幅减少对 NYMEX 的 2007 年 1 月天然气期货合约的需求，从而降低 2007 年 1 月的期货价格，但是，这一合约的价格随着 Amaranth 的离去而上升。独立的研究得出相同的结论，表明 Amaranth 只是对气候

---

① 参见 Daniel P. Collins, "Manipulating a Hedge Fund Blow-up," Futures 36 (11) (7 September 2007), 66 – 68。

② 这一发现是 2006 年 4 月 15 日至 2006 年 8 月 25 日的数据的子集。

③ 参见 Daniel P. Collins，同上。

④ 参见 Winter 2006 – 07 Energy Market Assessment Item No.：A – 3 19 October 2006 at 6。可以在 http：//www. ferc. gov/EventCalendar/Files/20061019110945 – A – 3 – talking. pdf 的网站上获得。2007 年 12 月 28 日查询。

下错赌注，并为自己冒失的赌博付出了高昂的代价。①

9.8 结论

辩论要成功是很难的，但是可以一点也不困难地发现，Brian Hunter在2005年的成功更多是由于运气而不是由于技巧。2005年初他所支付的期权价格中包含了对未来天然气现货价格的市场预期。这些预期是通过波动预测获取的，而预测进入到交易商的期权定价模型中。Hunter赌的是，天然气价格的波动会比市场预期的还要剧烈，因此，他买入（他认为）定价过低的买入期权。到年中，已经很清楚看到，他对市场作出的判断是完全错误的。

尽管如此，他仍在8月被两个飓风所拯救，而在2005年年初，Amaranth不会有人预测到有飓风。对这样的不值得奖励的偶然的成功存在一个问题，它常常会吸引大额的资金流，对可能挣到的钱充满了梦幻的想象，并对负有这一职责的资金经理们怀有浪漫的高度的期望。将这些大量的新的资金交给平庸的人成为灾难的秘方，因为这常常意味着，风险加大，而希望幸运（以有利的随机事件的形式）再次光临。

Amaranth消亡的原因不是非理性的策略，不是突然出错的复杂风险管理工具被误导的运用，也不是魔鬼交易员串通一气、管理人员不合格，或是对衍生市场运作原理缺乏了解。相反，Amaranth的消亡是基于错误的策略作出巨额赌注的结果。由于巨额的保证金要求不断逼近而无法融资，这些大额的赌注导致流动性危机。控制这些大额的赌注主要是Amaranth的风险经理们的职责，但他们没能承担职责。仅在9月的一个星期内，Amaranth就在其天然气的赌注上亏损46亿美元。到月底，亏损达到64亿美元，大约是Amaranth资产净值的70%。

当然，有受害者，但他们大多数是Amaranth的投资者、股东和员工。事实上，Amaranth危机的一个真正显著的特征是，危机非常轻松地被金融系统所化解，并且发生的抵押物的损失非常少。Amaranth像一艘沉没

① 例如，参见Hilary Till，同上。

在海洋中的巨大远洋班轮——当然是一个悲剧，但是这一悲剧很轻松地淹没在流动性的海洋之中。这归因于美国资本市场的巨额流动性，以至于Amaranth倒闭后没有什么不良影响。这也部分地归因于金融机构，像Citadel和JPM，能够以光一样速度运用其电子化的风险管理工具，在周末就对一个像Amaranth这样的即将沉没的基金的复杂的头寸进行估值。尽管如此，这些救助者在如此短的时间内获得的盈利也吸引其他机构开始在华尔街而不是在海湾的岸边挖掘天然气的利润。

在本书出版时，对Amaranth是否操纵或试图操纵天然气价格尚未裁决或和解，尽管我们知道，如果Amaranth实际上能够操纵价格，他实际上操纵得一点也不好。对于期货市场是否运作良好，以及Amaranth是否通过控制天然气期货市场，参与过度投机和/或从事监管套利而伤害了消费者，争论仍在继续。国会将会理清这些问题，以达到改善金融透明度的最终目的，以便投资者和监管机构可以作出更好的决定。

Amaranth的巨额亏损和消亡，把我们引向4个不断重复的风险管理的定理，即规模确实很重要，没有流动性就无法生存，不要买入无法卖出的东西，以及不要把鸡蛋放在一个篮子里——事实上，不要把大多数鸡蛋放在一个篮子里。Amaranth把自己宣传为是一个多策略的对冲基金，意思是说，资产和策略是多样化的，但是结果却证明，不是这回事。Amaranth超过50%的资产集中在能源，公司在天然气期货合约上持有巨额的高杠杆的表外头寸，而它运用的策略被证明是错误的。

9.9 后记

Amaranth的交易员和经理发生了什么事

Brian Hunter：Amaranth的首席交易员

Amaranth倒闭发生后6个月，Brian Hunter和Amaranth的其他的一些交易员（包括Karl Roster、Shane Lee和Matthew Calhoun）试图创立一个新的对冲基金，称作Solengo Managed Funds，Hunter当总裁并拥有60%的权益。Hunter和其他人在离开Amaranth后花半年时间扩展了一个自营交易室，成本170万美元，雇佣了11名员工。Hunter也能够从约25个高额

净资产个人那里获得8亿美元的初步的财务承诺。2007年8月3日，Hunter向美国哥伦比亚特区区法院提出申诉，认为由于FERC和CFTC的价格操纵指控，投资者的股权缩水到不到1亿美元。[①] Hunter提交了针对FERC的暂时性限制令。

●2007年晚些时候，Hunter成为一个总部在Bermuda的基金的咨询顾问，该基金与Helmsmen Advisers和Peak Ridge Commodities Volatility Fund Segregated Portfolio有关，后者是由一家私募基金Peak Ridge Capital运营的新推出的大宗商品对冲基金。

●据报道，在发生多起企图对Hunter的攻击之后，他雇佣了两个保镖。这些攻击是由同事策划的——不是投资者策划!

●到2007年12月，CFTC和FERC对Hunter的指控仍处于悬而未决的状态。

NICK MAOUS：AMARANTH的首席执行官和创立人

●到2007年10月，Nick Maous正努力创立一个新的对冲基金。基金两个可能的名称是Continuum和Segue。

HARRY ARORA：AMARANTH大宗商品部负责人（后期为共同负责人）和交易员；BRIAN HUNTER的前老板

●2006年3月，由于不同意Amaranth的投资政策而离开公司。他创立了一个新的对冲基金，称作ARCIM Adviser，总部位于康涅狄格州的Greenwich。

MATTEW DONOHOE：AMARANTH的交易员，也被FERC指控进行价格操纵

●在Amaranth的Calgary分部，Donohoe为Brian Hunter执行交易。

●在离开Amaranth后，Donohoe受聘于Bank of Nova Scotia（加拿大的第三大银行），任职于多伦多分部的全球能源衍生产品部。

●到2007年12月，对Donohoe进行价格操纵的指控仍处于悬而未决的状态。

---

① 参见Daniel P. Collins, "Manipulating a Hedge Fund Blow-up," *Futures* 36 (11) (7 September 2007), 66-68。

其他事件汇编

JPMORGAN CHASE & CO.：AMARANTH 的清算代理机构，2006 年 9 月买入了 AMARANTH 的能源资产

●在买入 Amaranth 头寸后不到两个星期，JPM 将其出售给 Citadel，盈利 7.25 亿美元。该收益帮助 JPM 冲抵了其能源资产三季度的糟糕的营业收入。

●2007 年 12 月 13 日，Amaranth 就 10 亿美元的损失控告 JPM。案件起诉 JPM 利用其作为 Amaranth 清算经纪人的地位阻止公司进行一项更好的交易，从公司索得巨额的让步性款项，并造成其他损失。

CITADEL：2006 年 9 月买入 AMARANTH 部分能源资产

●Citadel 只需两个星期就能使 Amaranth 的风险降低约 2/3。

●在 Amaranth 财务危机的两个星期内，Citadel 买入 JPM 在 Amaranth 的头寸，因而获得 Amaranth 同意支付的剩余的让步性款项。

●根据 Bloomberg，Citadel 从买入 Amaranth 的能源资产中的盈利可以用来解释其两个主要对冲基金在 9 月份的能源投资中获利 3% 的理由。

PALOMA PARTNERS MANAGEMENT COMPANY：NICK MAOUNIS 在创立 AMARANTH 之前所离开的对冲基金，该基金为 AMARANTH 提供了很多的最初融资

●Paloma 在 2004 年从 Amaranth 撤资，感觉 Amaranth 规模已经太大了。

思考题

1. 2005 年，Amaranth 对天然气价格作出重大的期权赌注。假设天然气价格下降的程度与上升的程度一样，Amaranth 的损失会与其在 2005 年的盈利一样多吗?

2. 假设现在是 8 月 29 日，你在 NYMEX 进行交易。请解释，你怎样将 40 000 份 9 月份多头期货合约延期成 50 000 份 10 月份多头期货合约。

a. 假设你最初的 9 月份期货价格是 10.50 美元/MMBtu，9 月份结清的价格是 10.75 美元/MMBtu，而 10 月份期货价格是 11 美元/MMBtu，计

算盈利（记住，1 份 NYMEX 期货合约是 10 000MMBtu）。

3. Amaranth 产生了毁灭性损失的原因就是由于首席交易员和首席执行官并不理解他们进行交易的衍生品市场，这种说法正确吗？

4. 最终是什么这么快造成 Amaranth 如此巨额的损失？

5. 在哪些重要的方面，FERC 和 CFTC 的监管职责出现差异？

a. 两个监管机构都处罚了 Amaranth。解释每一个监管机构认为他有管辖权的依据。

6. NYMEX 天然气期货合约与 ICE 天然气期货合约在交割条件上不同。差异在哪里？为什么这种差异在价格操纵的诉讼中很重要？

7. PSI 报告根据什么宣称 Amaranth 在 2006 年控制了天然气期货市场？

a. 对 PSI 的主张有什么反对的论据？

8. Amaranth 在 2006 年 8 月是否逃避 NYMEX 的法规？请解释。

a. 如果逃避了，这种逃避是否非法？

9. Amaranth 是否进行天然气投机？是否进行过度投机？什么是*过度投机*？

10. 解释 Amaranth2006 年可能操纵天然气价格的两种方法。

11. 请解释，获利的投机者要想在较长时期内获利，应该怎样稳定价格。

12. 财务外爆（explosion）和财务内爆（implosion）的区别是什么？Amaranth 的倒闭是外爆还是内爆？请解释。

阅读资料

请访问 http：//www. prenhall. com/marthinsen 的网址，你可以在该网址上找到对本章扩充和延伸的资料：

- Appendix 9. 1：What Are the Problems with Value at Risk?
- Appendix 9. 2：Position Limits and Accountability Levels
- Appendix 9. 3：Reporting Requirements for Exempt Commercial Markets

参考资料

Collins, Daniel P. "Manipulating a Hedge Fund Blow-up," *Futures* 36 (11) (7 September 2007), 66 – 68.

Commodity Futures Trading Commission. *About the CFTC.* Available at http: //cftc. gov/aboutthecftc/index. htm. Accessed 28 December 2007.

Commodity Futures Trading Commission. *FY 2008 President's Budget and Performance Plan.* Available at http: //www. cftc. gov/aboutthecftc/2008 budgetperf-txt. html. Accessed 28 December 2007.

Costello, Dave. *Reduced Form Energy Model Elasticities from EIA's Regional Short-Term Energy Mode RSTEM.* 9 May 2006. Available at http: // www. eia. doe. gov/emeu/steo/pub/pdf/elasticities. pdf. Accessed 28 December 2007.

Energy Information Administration. *Natural Gas Basics 101.* Available at http: //www. eia. doe. gov/basics/naturalgas_ basics. html. Accessed 28 December 2007.

Energy Information Administration. *The Basics of Underground Natural Gas Storage.* Available at http: //www. eia. doe. gov/pub/oil_ gas/natural_ gas/ analysis _ publications/storage-basics/storagebasics. html. Accessed 28 December 2007.

Federal Energy Regulatory Commission. *About FERC: What FERC Does.* Available at http: //www. ferc. gov/about/about. asp. Accessed 28 December 2007.

Federal Energy Regulatory Commission. *Derivatives and Risk Management in the Petroleum, Natural Gas, and Electricity Industries: Natural Gas Spot Markets: How Accurate Are Reported Prices?* Federal Energy Regulatory Commission, (Washington, D. C., October 2002). Available at http: // www. eia. doe. gov/oiaf/servicerpt/derivative/ngsm. html. Accessed 28 December 2007.

Federal Energy Regulatory Commission. *Discussion on Commission Use of Natural Gas Price Indices.* Washington, DC: Federal Energy Regulatory Commission, October 2002. Available at http://www. ferc. gov/legal/maj-ord-reg/land-docs/Harvey-01-15-03-Commission Presentation-A-5. pdf. Accessed 19 October 2007.

Federal Energy Regulatory Commission. *Natural Gas Market Summary, An Annotated Bibliography*, 2005-06 *FERC. Gov/Market Oversight.* Available at http://www. ferc. gov/ market-oversight/ reports-analyses/ overview/ gas-report. pdf. Accessed 28 December 2007.

Haigh, Michael S., Hranaiova, Jana, and Overdahl, James A. Office of the Chief Economist, U. S. Commodity Futures Trading Commission. *Price Dynamics, Price Discovery and Large Futures Trader lnteractions in the Energy Complex, Working Paper: First Draft*, April 28th 2005. Available at http:// www. cftc. gov/ files/ opa/ press05/ opacftc-managed-money-trader-study. pdf. Accessed 28 December 2007.

Hosking, Patrick. "Investor Paid Out Extra Penalties to Quit Amaranth." *The Times Online* (13 October 2006). Available at http://business. timesonline. co. uk/ tol/ business/ markets/ united_ states/ article 599997. ece. Accessed 28 December 2007.

Nazareth, Annette L. Commissioner, U. S. Securities and Exchange Commission. *Speech by SEC Commissioner: Remarks before the PLI Hedge Fund Conference.* Available at http://www. sec. gov/ news/ speech/2007/ spch060607aln. htm. Accessed 28 December 2007.

United States Senate Permanent Subcommittee on Investigations Committee on Homeland Security and Governmental Affairs. *Excessive Speculation in the Natural Gas Market and Appendix, Washington D. C. Government Printing Office*, 25 *June* 2007. *Staff Report -Excessive Speculation in the Natural Gas Market* is available at http://hsgac. senate. gov/_ files/062507 Reporl. pdf. *Appendix-Excessive Speculation in the Natural Gas Market* is available at http://hsgac. senate. gov/_ files/062507Appendix. pdf. Accessed 28

December 2007.

Shapiro, Robert J. and Pham, Nam D. *An Analysis of Spot and Futures Prices for Natural Gas: The Roles of Economic Fundamentals, Market Structure, Speculation, and Manipulation.* Sonecon (August 2006) Available at http://www.pulp.tc/Nat_ Legal_ Policy_ Center_ Gas _ Manip_ August_ 29_ 2006.pdf. Accessed 28 December 2007.

Till, Hilary. *EDHEC Comments on the Amaranth Case: Early Lessons from the Debacle.* Lille, France: EDHEC Risk and Asset Management Research Centre and Principal and Premia Capital Management, LLC, EDHEC Business School, 2006. Available at http://www.edhec-risk.com/features/RISKArticle.2006-10-02.0711/attachments/EDHEC% 20 Comments% 20on% 20Amaranth%20Case.pdf. Accessed 28 December 2007.

United States Energy Information Administration. *Official Energy Statistics from the U.S. Government.* Updated 21 December 2007. Available at http://tonto.eia.doe.gov/dnav/ng/ hist/n3010us2A.htm. Accessed 28 December 2007.

United States Senate Permanent Subcommittee on Investigations Committee on Homeland Security and Governmental Affairs. *Excessive Speculation in the Natural Gas Market and Appendix.* Washington, DC Government Printing Office, 25 June 2007. Available at Staff Report—Excessive Speculation in the Natural Gas Market, http://hsgac.senate.gov/_ files/062507Report.pdf. Appendix—Excessive Speculation in the Natural Gas Market, http://hsgac.senate.gov/_ files/062507Appendix.pdf. Accessed 28 December 2007.

术语表

负债水平　当交易员的净头寸达到交易所设定的（负债）水平时，就会向交易所督察员工发送通知单。交易所可以决定什么都不做，或增加交易员的限额，要求提交更多信息，或要求减仓。负债水平不是严格的头寸限额，是信息促发者。

管理（administration）　管理是一种法律程序，类似于美国的第11章破产。

代理交易　为客户的账户买卖资产和衍生产品。

美式期权　一种可以在到期日之前包括到期日的任何营业日行使的期权。

套利　同时买入和卖出标的商品或衍生产品，以便获得无风险收益。

公平交易（arm's length transaction）　买卖双方独立行动并处于同等地位的交易。交易对手相互之间没有使价格或职责的履行对任何其他买方和卖方而言变得特殊的关联关系。

卖出价 交易商向交易对手卖出标的资产或衍生产品的价格。

资产管理 根据客户的风险收益偏好对资金进行专业投资。

平价（平值） 如果标的资产的市场价格等于履行价格，那么期权处于平价。

后台 后台处理公司（例如，银行或经纪事务所）业务的行政职能。其特定的职责包括但不限于交易确认、结算、记录、会计、监管合规、对账和清算。

现货溢价（backwardation） 标的资产的现货价格超过其远期/期货价格的情况。

熊市价差工具 一种使投资者下行的亏损（或收益）封顶并使上行的收益封顶的期权策略，但标的资产有一个价格区间，在该区间内，投资者的收益随着标的资产价格的下跌而上升。

买入价 交易商从交易对手处买入标的资产或衍生产品的价格。

二项网格模型 跟踪不连续时间期间内标的资产价格变化的一种风险中性的期权定价模型。产生的价格和期权的可能结果的排列在结构上类似网格，并从这一结果的排列中推导出期权的价格。

Black-Scholes 公式 基于价格、预期波动性、预期股息收益、无风险利率、行使价格和期限六个变量的期权定价模型。

过桥贷款（bridge loan） 在公司可以安排长期或中期贷款之前所利用的短期贷款。过桥贷款在中期融资需求和最优长期融资的策略之间填补缺口。过桥贷款也称作“吊桥贷款（swing loan）”。

牛市价差工具 一种使投资者下行的亏损（或收益）封顶并使上行的收益封顶的期权策略，但标的资产有一个价格区间，在该区间内，投资者的收益随着标的资产价格的上升而上升。

看涨期权 以特定的价格（即履约价格）在到期日当日或之前买入标的资产的权利，但不是义务。

结清（终止）权利 结清（终止）权利允许交易对手在某种按协定定义的事件发生时终止协议。在终止后，合约结束，交易对手对所欠的净余额进行结算。因为这些权利减少交易对手的敞口，减少市场风险，结清权利提升了市场的稳定性，减少了系统性风险。

期货（或远期）溢价 标的资产的现货价格小于其远期/期货价格的现象。

确定期限互换（CMS） 除了交易的浮动利率相对标的资产的固定期限市场利率而言进行阶段性重置这一点之外，与常规利率互换类似，期限延伸至互换的重置期间以外（例如，基于12个月LIBOR但每6个月进行重置的互换）。

趋同交易 以两种在未来*必须*趋于一致的不同价格同时买入和卖出一个或多个标的资产。如果持有到期，趋同交易*必须*获得利润。

可转债套利 买入可转债，同时卖空各种金额的债券所转换成的标的普通股票。

可转债 允许持有人在一定条件下将债务转换成股票的债务融资。

持有成本 在某一日期买入一标的资产，然后在销后的日期卖出的情况下，所有利息加总，减去所有投资收益的价值，加上所有的储藏成本。

便利价值 一个个人，对于拥有的在交易、生产或消费中具有某种实际用途的资产，所赋予的价值。该价值是占有资产而不仅仅在未来拥有买入该资产的权利的一种优势。

交易对手 交易中的交易对手，是交易中涉及的（两个或更多）当事人中的一方当事人。

信用套利 买卖不同种类的证券，以便从这些证券所标注的信用价差中受益。这种套利常常与信用违约互换结合运用。

信用风险 借款人未来不能够或不愿意偿还债务的可能性。

交叉交易 当交易员在内部而不是在交易所的场地上就某些合约（例如，具有相同标的资产、期限和价格的合约）将客户的买入和卖出指令进行匹配时就产生交叉交易。

德国马克 德国的货币，一直到1999年，才作为会计单位（即账户记账形式）由欧元替代，最终于2002年作为实物形式（即钞票和硬币）由欧元替代。

加倍下注 当交易员在每次损失时将其赌注加倍，以期在市场朝有利的方向变动时挽回之前所有的亏损（或获得很小的利润），这时就发生加倍下注。

有弹性 当弹性这一测量值的绝对值大于 1 时，就称作有弹性。因此，当作为反应的（例如，所消费的数量）变动百分比大于刺激措施（例如，价格）的变动百分比时，形成的关系就是有弹性的。

弹性 作为反应的（例如，所消费或生产的数量）变动百分比除以刺激措施（例如，价格）的变动百分比。

能源套利 在相同或不同的地点所进行的与能源相关的合约的交易。有很多不同的种类，包括对不同等级的能源、能源价格波动性的预期变化和日历价差（calendar spread）的预期变化所进行的交易。

欧洲市场 对发行国以外的一种货币进行短期借贷的市场。例如，在加拿大银行的美元短期存款（或贷款）就是欧洲美元存款（贷款）的一个例子。

欧洲美元市场 在美国以外的一家银行进行的美元存款（或贷款）。

欧式期权 只在到期日履行的期权。

欧洲日元存款 在日本以外的一家银行进行的日元存款（或贷款）。

履行 履行一份看涨期权是指，以行使价格执行买入标的资产的权利。履行一份看跌期权是指，以行使价格执行卖出标的资产的权利。

FAS 123（R）规则 是财务会计标准委员会第 123 条规则（修订）的简称。该规则于 2004 年 12 月通过，具有重要意义，因为该规则要求美国公司将员工股票期权作为费用进行报告，并采用基于公允价格的方法来确定其价值。

FASB 133 美国财务会计准则委员会第 123 项准则是一项直接、明确的美国会计公告，认为，表外交易的披露对于理解任何公司的财务稳健状况都是很关键的。

联邦基金利率 美元同业拆借利率。正常情况下，这些拆借是隔夜的，但也会商定较长的期限。

固定实价合约（firm-fixed contract） 要求客户在固定的合约日期交割石油或天然气的合约。

机动实价合约（firm-flexible contract） 允许客户改变石油或天然气交割时间，但同时要求这些客户在合约期末买入任何所延迟的数量的一

种合约。

五个8账户　Nick Leeson 所使用的记录巴林银行未经授权交易的差错账户。

前台　前台涉及直接的客户交互以及其他的业务运营事宜。

门闸规定（gating provision）　就对冲基金投资者撤回投资所设置的限制措施。门闸规定防止投资者挤兑对冲基金。这些规定为对冲基金提供了较长期限融资的保证。门闸规定的范围大小，各个基金各有不同。

削价差额（haircut）　削价差额是资产的市场价值与其作为抵押物的价值之间的差额。当债券被卖空时，是从本金中减去的很小的一部分（通常为1%至2%），因此，债权人只能借入债券的市场价格的98%至99%的金额。

对冲　买卖资产和/或衍生产品，以便冲抵现有或预期头寸的现金流或损益的影响。

高水位线条款　投资合约中的一项规定，只有当所投资的金额增长到先前最高水平之上时才能收到激励费用。换言之，亏损必须完全挽回时激励费用才会适用。

混合工具　一种融合了固定收益证券、股票和/或衍生产品工具的风险—收益特征的金融工具。通常，这些工具是没有抵押物支持的，其衍生工具相关的特征源于具有嵌入式期权的认购权证，也称作“结构性票据。”

无弹性　当弹性这一测量值的绝对值小于1时，就称作无弹性，因此，当作为反应的（例如，所消费的数量）变动百分比大于刺激措施（例如，价格）的变动百分比时，形成的关系就是无弹性的。

价内（实值）　当看涨期权的履约价格小于标的资产的市场价格时，称其为价内。当看跌期权的履约价格大于标的资产的市场价格时，称其为价内。

交易所间套利　在一个交易所买入一份合约，同时在另一个交易所卖出类似的合约，也称作“转换（switching）”。

内在价值　对于一份看涨期权而言，内在价值是履约价格低于标的资产的市场价格的金额。对于一份看跌期权而言，内在价值是履约价格超过标的资产的市场价格的金额。

杠杆 用融资来增加资产组合或业务活动的风险和预期收益状况的做法。

LIBOR 伦敦同业拆借利率。它是伦敦的一家银行在向伦敦的另一家银行拆出资金时所获得的短期同业利率。这一利率作为其他浮动利率的基础，因为这些伦敦的银行的信用风险是很低的。

流动性 流动性是将资产快速转变为现金而不产生价值的实质性损失的能力。

流动性风险 手中没有足够的现金来满足需求的可能性。

锁定规定 防止投资者在某一时间期间内（例如，从一个对冲基金）撤资对所投资的资金作出的限制措施。

多头 买入标的资产或衍生产品，就会产生多头。

多/空股票策略 对股票进行直接下注。

多头跨式期权 以相同的履约价格和期限同时买入看涨期权和看跌期权。

亏损阈值 亏损阈值是一个限额，低于（应为高于，译者注）该限额时，一个交易对手须额外支付保证金。例如，一个对冲基金可能的亏损阈值为100万美元，这意味着，如果盯市亏损超过100万美元，该对冲基金须额外支付保证金。

维持保证金付款 交易所交易的衍生产品由于标的资产价格的不利变动每天（或日间）须进行的支付，也称作“变动保证金付款”。

保证金 按合约向交易所支付的固定支付款项，通常是合约名义总价值的很小的比例。与其说保证金是真正的首付款，还不如说是履约保证，向交易商和交易所保证，合约将以恰当的程序进行结算。

保证金催缴通知（margin call） 当保证金账户的金额低于维持（或变动）保证金要求（即在交易商要求交易员提供更多资金前保证金账户所允许的最低金额）时，就会发出催缴保证金通知，该账户须立即提高到全额起始保证金的水平。

市场风险 由于市场变量，如利率、汇率、股票价格和大宗商品价格的变动，而产生的标的资产价格的变动。

盯市　衍生产品合约在每一个交易员重新进行评估，资金从亏损一方的保证金账户转账到盈利一方的保证金账户，就好像合约被结清然后再重新签订一样。交易所这样做是为了自我保护，因为，如果交易商破产，交易所就须兑现交易商的承诺。

市场中性资产组合　不管市场价格是上升还是下降都会获得收益的资产组合。市场中性资产组合通常是通过在各种不同的资产和/或衍生产品中同时建立多头和空头头寸而实现的。

合并套利　买入和/或卖出预期涉入未来合并、收购、重组或注资的公司的证券。

商人银行　商人银行与当今的投资银行类似。商人银行向客户提供诸如承销和贷款等金融服务并投入自己的资本。

蒙特卡洛模型　一种依靠模拟标的资产价格变动产生预期收益的变化的期权定价模型。

裸仓　未对冲（投机性）的头寸。

资产净值　资产净值（NAV）是通过从基金的资产价值中减去其负债再除以现有股票的数量计算得出的。NAV 也对须盯市的所有设立的头寸的价值进行调整。

轧差　轧差是指，通过从一个交易对手所欠金额中减去他人所欠金额来得出净头寸。通过轧差，交易对手可避免（万一违约时）进入市场去为每一个未结清头寸进行平仓。轧差提升了市场的稳定性，减少了系统性风险。

日经 225 指数　在东京股票交易所交易的 225 种规模最大股票的股价的指数。自该指数于 1950 年启动以来，日经 225 股票平均指数已成为最广泛采用的日本股市活动的测度值。

非清算会员　不能在清算所独立注册或对交易进行结算的经纪商。对这些业务活动，他们须依靠清算会员。

名义价值　在一笔交易中不进行交换的标的资产的面值。在互换交易中，其作用只是确定阶段性现金流。

非当期证券（off-the-run security）　旧的（已发行）证券，比当期（即新发行）证券的市场活跃度要差。

当期证券（on-the-run security） 新发行证券，通常比非当期（即旧的）证券市场活跃度高。

公开叫卖交易 交易员在实际的交易所通过叫喊和运用手势来传达买盘和卖盘信息，发生的就是公开叫卖交易。

未结清权益 沿未行使、结清或到期的合约的数量。一个新启动的买卖交易会使未结清权益增加一个单位，随后向现有的所有者出售会使未结清权益减少一个单位，而向新的所有者出售则使其保持不变。在启动和到期时，未结清权益等于零。

OSE 大阪股票交易所。

价外（虚值） 当看涨期权的履约价格大于标的资产的市场价格时，称其为价外。当看跌期权的履约价格小于标的资产的市场价格时，称其为价外。

场外交易 通过交易商网络进行的交易，运用全球电话、电传、传真和高速因特网连接执行和结算。

收益图 标的资产的价值和标的资产或衍生产品头寸的*价值*之间的关系图。

PLC PLC 是 Public Limited Company（公众有限公司）的缩写，类似于美国的注册公众股份公司（即 Inc.）。

头寸限额 一个客户在确定期间（例如，在期货合约到期前 3 天）内可持有的交易所交易的合约的数量的严格的规则。

损益图 损益图包括标的资产或衍生产品的收益及其最初的成本。

自营交易 为一个事务所（例如，交易商事务所）的账户而不是为客户的账户买入和卖出资产或衍生产品。

看跌期权 以特定的价格（即履约价格）在到期日当日或之前卖出标的资产的权利，但不是义务。

对账 将资金的收入和支出与特定客户的账户进行匹配。

相对价值交易 按在未来应趋同的两种不同价格同时买入和卖出一个或多个标的资产。

回购协议 在回购协议（简称 Repo）中，证券交易商向交易对手出售证券（即该交易对手是买入的一方），同时承诺在未来的特定日期按固定价格回购相同或类似的证券。

限售股 基于股票的薪酬，向员工赠予股票，对股票的出售、转让和/或作废的风险作出一定的限制，直至服务期满为止。

逆向回购协议 在逆向回购协议（简称 reverse repo）中，证券交易商从交易对手处买入证券（即该交易对手是卖出的一方），同时承诺在未来的特定日期按固定价格售回相同或类似的证券。

风险回避 风险回避是一个个人对非预期结果的厌恶。当面对具有相同预期收益但不同风险的两种选择方案时，风险回避的个人会选择风险较低的选择方案。

空头 卖出标的资产或衍生产品，就会产生空头。

空头跨式期权 以相同的履约价格和期限同时卖出看涨期权和看跌期权。

SIMEX 新加坡国际货币交易所。1999 年 12 月 1 日，SIMEX 与新加坡股票交易所（SES）合并，形成新加坡交易所有限公司（SGX）。

投机 风险决定部分或全部结果的交易，也称作“未对冲交易”或“未对冲头寸”。

价差交易 同时买入和卖出一个（或多个）标的资产，以便从价格或收益差异的变化中获利。

堆叠和滚动对冲 买入或卖出足够的较近日期到期日的期货合约，以对冲一系列的长期远期合约的总敞口。

统计套利 利用基础指数（例如，Russell 2000）、证券篮子或汇率的价格相关性之间的不一致进行的交易。

履约价格 期权行使的价格。

结构性票据 混合了固定收益证券、股票和/或衍生工具的风险收益特征和金融工具。通常，这些工具没有抵押物支持，其与衍生产品相关的特征源于嵌入期权的认购权证，也称作“混合工具”。

即决判决 即决判决是在有利益关系的当事人对于案件的事实没有争议时作出的判决。当这种情况发生时，法官可以根据提交的辩词和证据就此裁决。

互换利率 在利率互换中按固定利率付款的当事人所支付的利率。

转换交易（switching） 在一个交易所买入期货合约，同时在另一个交易所卖出相似的期货合约，也称作“交易所间套利”。

尾随对冲 根据衍生产品合约每日盯市产生的预期所获得或支付的利息，调整对冲比率。

时间价值 从到期前所剩的时间中所获得的期权的价值。该价值等于期权的价格超出其内在价值的金额。

“为机构”交易（trading “for the House”） 用机构的股本而不是客户的资金设立自营头寸。

TSE 东京股票交易所。

变动保证金付款 由于标的资产价格不利变动对衍生产品合约每天（或日间）进行的付款，也称作“维持保证金”。

服务期 在一个个人无条件拥有一份期权并能行使期权或直至他/她无条件拥有标的资产（例如，股票）并能出售之前的时间阶段。

波动性套利 买入或卖出对一标的资产的期权，然后卖出或买入不同金额的该标的资产。

认购权证 通常与债券一起发行的一种金融工具，赋予其所有人有关在未来买入股票的特定权利。通常，认购权证由公司发行。